보카톡

보카톡VOCA TALK

지은이 심인섭
펴낸이 안용백
펴낸곳 (주)넥서스

출판신고 1992년 4월 3일 제311-2002-2호 ①
121-840 서울시 마포구 서교동 394-2
Tel (02)330-5500 Fax (02)330-5555

ISBN   978-89-5994-372-2   53740

www.nexusEDU.kr
NEXUS Edu는 (주)넥서스의 초·중·고 학습물 전문 브랜드입니다.

이미지와 어원으로
자동 숙달되는
영단어 암기장

VOCA TALK

어원
VocaTalk

심인섭
이영신
지음

보카톡

NEXUS Edu

이 책을
쓰며

영어 단어를 2시간 꼬박 50개나 외웠는데……
'빽빽이'까지 써가며 열심히 외웠는데……

영어 단어만 보면 어질어질, 본 듯한 단어인데 전혀 생각이 나지 않는, 말 그대로 영어 울렁증에 시달리는 많은 학생을 위해 이 책을 집필했다. 영단어 학습은 독해, 청해, 회화 등 영어의 전 영역을 학습하는 데 있어 바탕이 되고, 영어 실력 향상에 중요한 역할을 한다. 특히 요즈음은 학생들의 영어 실력이 향상됨에 따라 고난이도 독해 문제가 출제되고 있고, 독해 문제를 해결하는 데 가장 직접적인 해결 방법인 어휘력 향상이 외국어 영역 정복의 가장 중요한 열쇠가 되고 있다.

영어 어휘는 너무나도 방대해서 영어 단어를 암기하고자 하는 학생들의 사기를 저하시키고 영어 교과에 대한 흥미를 잃게 한다. 이러한 학생들의 고충을 덜어 주고자 영어 어휘 학습에 가장 효과적이고 효율적인 방법이 무엇인지 고민하게 되었고 필자의 20년의 오랜 강의 경험에 비추어 어원을 활용하여 단어를 암기하는 것이 가장 효율적인 방법이라는 결론에 이르렀다. 수천, 수만 개의 영단어를 정복하는 데 필수적인 접두어, 접미어와 어근을 정리하여 어휘를 분석하고, 의미를 파악하는 연습을 할 수 있도록 본 교재를 구성했다. 또한 주제별 어휘 학습을 통해 단순 암기 방법이 아닌 어휘 활용법을 익히고 발음법을 학습하여 영어의 소리 변화과정을 이해할 수 있게 했다.

이 책을 탈고하기까지 격려와 수고를 아끼지 않고 헤아릴 수 없이 많은 도움을 주신 분들께 두 손 모아 감사드린다.

• • •

This book is dedicated to my lovely son,
Shim Jae-Hyun.

영단어, 어원으로 이해하고 상상하라!

많은 시간과 열정을 투자하면서도 영어에 흥미를 느끼지 못하는 학생들의 문제점은 암기에 의존하여 공부를 하고 있다는 것이다. 무턱대고 암기만 하다 보면 곧 잊어버리는 것은 물론 응용력이 떨어지는 것은 자명한 사실이다. 학습자가 반복되는 암기 과정을 거쳐야만 지식을 습득할 수 있다는 점에서 단순 암기가 그리 나쁜 방법은 아니지만 단어에 대한 이해와 상상력이 동반된다면 훨씬 더 능률적인 학습이 이루어지지 않을까?

이에 대한 해결책이 어원 분석(etymology)에 의한 어휘 학습법이며, 본 교재는 160여 개의 최소한의 어원을 수단으로 영단어를 가장 능률적으로 해설하였다.

1. 암기 위주식 어휘 학습법

autobiography	**n.** 자서전
prejudice	**n.** 편견, 선입관
antibody	**n.** 항체
revive	**v.** 되살아나다[나게 하다], 부활하다[시키다]; 재상영하다
transplant	**v.** (식물을) 옮겨 심다; (장기·조직 등을) 이식하다　　**n.** 옮겨심기; 이식
amphibian	**n.** (수륙) 양서 동물; 수륙 양용 비행기[장갑차]
captivate	**v.** 마음을 사로잡다, 매혹하다
naive	**a.** 순진한, 천진난만한, 단순한
novice	**n.** 초보자, 초심자; 신출내기
impede	**v.** 방해하다, 훼방을 놓다

단순 암기법으로 위의 열 단어를 학습하는 데 10여 분이면 충분할 것이다. 그러나 과연 이 단어들이 학습자의 살아있는 지식이라고 할 수 있을까?

2. 본 교재의 어원 분석에 의한 어휘 학습법

equanimity   n. 침착, 차분함(calmness, composure)

| 어원 | equ (same) | ➕ | anim (mind) | ➕ | -ity (명접) | ➡ | 항상 마음이 같은 상태 |

decadent   a. 퇴폐적인, 타락적인(deteriorating); 쇠퇴하는(declining)

| 어원 | de- (down) | ➕ | cad (fall) | ➕ | -ent (형접) | ➡ | (도덕이) 아래로 떨어진 |

dedicate   vt. (어떤 목적에) 바치다, 헌신하다(devote); (작품을) 바치다(inscribe)

| 어원 | de- (강조) | ➕ | dic (say) | ➕ | -ate (동접) | ➡ | 말하여 다 주다 |

위의 예는 어원 분석에 의한 어휘 학습법이 암기 위주식보다 얼마나 더 이해하기 쉽고 상상력을 자극하는지 보여주기 위한 본 교재 본문 내용이다. 또한 현재의 영어 단어를 어원상으로 나누었을 때 고대 영어(Old English), 즉 앵글로 색슨어(Anglo-Saxon)를 포함한 게르만어(Germanic) 계통이 약 35%, 라틴어(Latin) 계통이 약 50%, 그리스어(Greek) 계통이 약 10%를 차지하는데, 이 세 언어는 문자 자체에 의미가 있는 '표의문자', 즉 '뜻글자'의 기능을 한다. 우리의 한글이 '뜻글자'인 중국의 한자어(Chinese)에서 많은 어휘를 빌려다 쓰고 있으므로, 어원 분석에 의한 어휘 학습법의 효율성을 어느 누구도 의심할 수 없을 것이다.

3. 어원 분석(etymology)에 의한 어휘 학습의 장점

① 이해를 돕고 상상력을 자극하므로 어휘 공부에 흥미를 느낀다.
② 단어의 근본적인(fundamental) 의미, 파생 의미 등 동일 계통의 단어를 쉽게 이해할 수 있다.
③ 기억에 오래 남는다.
④ 접두어(prefix), 어근(root), 접미어(suffix)를 활용하여 모르는 단어도 의미를 추론할 수 있다.

4. 본 교재에서 사용되는 접두어, 어근은 모두 몇 개인가?

영어의 복잡하고 많은 200여 개의 접두어, 500여 개의 어근을 어떻게 공부하고 기억하며 응용할지 학습자는 전혀 걱정할 필요가 없다. 필자는 20년의 강의 경험을 토대로 6,000~7,000개 수준의 영단어를 정복하는 데 반드시 필요한 필수 접두어 50여 개, 어근 110여 개로 본 교재를 구성했다.

효율적인 어휘 학습법

1. 첫 번째 단계: 언어 습득, 그 첫 단계는 소리의 인식이다.
단어의 의미를 처음 접하는 순간부터 귀로 들으면서 큰 소리로 자신 있게 따라 읽어라. 억양
(intonation), 강세(accent), 모음(vowel)의 장단, 그리고 소리의 변화에 주의하여 발음하
라. 교재에 실린 「발음법」을 활용하여 꾸준히 원어민(native speaker)의 발음을 듣고 따라 읽
는 연습을 한다면 학습자의 듣기(listening) 실력 향상에 많은 도움을 줄 것이다.

2. 두 번째 단계: 영단어, 어원으로 이해하고 상상하라.
단어의 소리에 익숙해지면 비로소 의미 파악에 접근할 수 있다. 단어의 의미를 파악하고 그 단
어가 그려내는 다양한 상황(situation)을 상상하라. 특히 이해력과 상상력을 자극하고 향상시
키는 본 교재의 어원 분석을 통해 학습자는 숲의 나무를 봄과 동시에 나무가 어우러진 숲, 즉
스스로 어원 분석을 해보는 훈련을 배움으로 영단어 학습에 많은 도움을 줄 것이다.

3. 세 번째 단계: 영단어, 동의어와 반의어를 습득하라.
일반적으로 호환 가능한(interchangeable) 단어를 동의어(synonym)라 부르지만 엄밀히
구분하면 의미, 어감, 용법, 사용 상황 등에서 의미가 정확히 일치하는 단어는 매우 드물다. 그
러나 정확성(accuracy)보다는 유창함(fluency)에 중점을 두고 활용 예문을 제시하여 의미가
비슷한 단어나 반의어를 더욱 효율적으로 학습할 수 있도록 하였다. 본 교재는 가능한 한 많은
동의어와 반의어를 수록하여 학습에 도움을 주고자 했다.

4. 네 번째 단계: 영단어, 예문을 통해서 자신의 것으로 만들어라.
이해와 상상의 과정이 끝나면 단어가 포함된 구절을 통해서 단어의 의미가 구체화되어 비로소
그 단어는 학습자의 것이 된다. 단어의 의미를 정확하게 이해하고 독해나 문법 문제 해결에 자
유자재로 활용하는 데까지 상당한 반복 학습이 필요하다. 본 교재에 실린 예문, '*cf.*', 'Word
Grammar' 등을 잘 활용하여 단어의 용법을 확실하게 학습해 보자.

5. 다섯 번째 단계: 반복하여 학습하고 'Daily Test'를 반드시 거쳐라.
위의 네 과정을 제대로 수행하였다면 이미 그 단어들은 확실히 자신의 것으로 소화되었을 것
이다. 마지막 단계로 효율적인 암기를 위해 적당한 분량을 정독(精讀)보다 다독(多讀)으로 여
러 번 반복 학습하기를 권한다. 또한 가능한 한 많은 영어 문장을 암기하는 것은 어휘력 향상
뿐만 아니라 영어 실력을 향상시키는 최고의 방법 중 하나이다.

구성과 특징

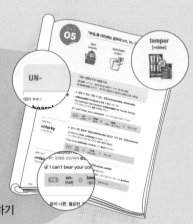

그림단어
그림을 통한 연상학습 preview, 학습할
어휘나 어원을 그림으로 먼저 이해하기

표제어
어원을 통해 학습하는 필수 단어로
파생어, 유의어, 동의어도 한 번에 OK!

어원
수천여 단어를 학습하는 데 필수적인 160여 개의
접두어와 어근을 정리하여 어떤 단어도 쉽게 분석하기

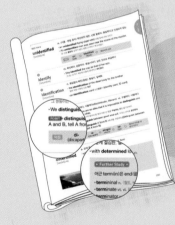

Further Study
표제어와 어원은 물론 관련 어휘까지 한 번 더 심화 학습하기

Word Grammar
어휘와 관련된 문법이나 구문을
정리, 예문을 통해 실제 활용법까지 익히기!

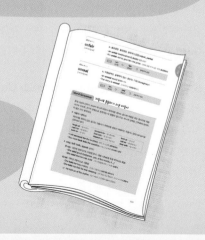

접미어 Suffix
접미어 하나만 제대로 익혀도
어휘 활용이 수백, 수천 개로 무궁무진

연습문제

각 DAY에서 학습한 단어를
반복하여 익히고 기출 예문으로 복습하기!

부록

주제별 어휘
EBS 교재에 실린 빈출
어휘를 주제별로 수록

발음법
저자의 똑소리 나는 아홉 가지 발음
법으로 영어의 소리
변화 과정을 확실히 이해하기

생략기호

v. 동사(verb)	**conj.** 접속사(conjunction)	● 반의어
vi. 자동사	**동접** 동사형 접미어	*cf.* 참고사항, 비교
vt. 타동사	**명접** 명사형 접미어	**POINT▶** 핵심, 요점
n. 명사(noun)	**형접** 형용사형 접미어	**Further Study▶** 심화 학습
a. 형용사(adjective)	**부접** 부사형 접미어	★☆☆ 초급 어휘
ad. 부사(adverb)	● 단어가 지닌 어원적 의미	★★☆ 중급 어휘
prep. 전치사(preposition)	〔 〕 대체 가능	★★★ 고급 어휘
interj. 감탄사(interjection)	( ) a. 동의어 b. 생략 가능 c. 부연 설명	

목차

접두어 일람표

un-	❶ not(~이 아닌)　❷ reversal(되돌리기)
in-	not(~이 아닌)
dis-	❶ apart(떨어져서); away(멀리, 딴 곳으로) ❷ not(~이 아닌)　❸ opposite of(~의 반대 행위)
ab-	❶ away(멀리); from(~에서, ~으로부터) ❷ intensive(강조)
ant(i)-	❶ against(반대하여, 저항하여) ❷ opposite to(정반대의, 반대 위치의)
contra- counter-	❶ against(반대하여, 저항하여) ❷ opposite to(정반대의, 반대 위치의)
ob-	❶ against(반대하여, 저항하여) ❷ in the way(방해가 되는; 길 위에) ❸ to(~으로); toward(~을 향하여) ❹ intensive(강조)
con-	❶ together(함께, 같이)　❷ intensive(강조)
syn-	❶ same(같은)　❷ together(함께, 같이)
in-	❶ in(안에); into(안으로)　❷ on(위에)
en-	❶ make(~하게 하다, ~이 되게 하다) ❷ in(안에); into(안으로)
ex- e-	❶ out(밖에, 밖으로) ❷ from(~에서, ~으로부터)
out-	❶ out(밖에, 밖으로) ❷ longer than(~보다 더 오래), 　more than(~보다 더 오래), 　better(~보다 더 오래), faster(~보다 더 오래)
pre-	before(앞에, 미리, 먼저)
fore-	before(앞에, 미리, 먼저)
ant(e)-	before(앞에, 미리, 먼저)
pro-	❶ forward(앞으로 ⇨ 공간의 개념) ❷ before(앞에, 미리, 먼저)
post-	after(뒤에, 후에)
re-	❶ back(뒤의, 뒤로)　❷ again(다시, 반복하여)
with-	❶ back(뒤의, 뒤로) ❷ against(반대하여, 저항하여)
up-	up(위로, 위쪽으로)
over-	❶ over(위에; 넘어서, 너머로) ❷ too much(너무 많이, 지나치게)
super- sur-	❶ above(위에)　❷ beyond(초월하여, 넘어)

sub-	under(아래; 미만의; 종속된)
under-	under(아래; ~보다 못한)
de-	❶ down(아래로) ❷ apart(떨어져서); away(멀리); from(~에서) ❸ intensive(강조
ad-	❶ to(~으로); toward(~를 향하여) ❷ near(가까이)
inter-	❶ between(~ 사이에); among(~가운데) ❷ mutually(서로, 상호간에)
per-	❶ through(관통하여, 꿰뚫어) ❷ thoroughly(완전히, 철저히)
trans-	across(이쪽에서 저쪽으로, 가로질러)
dia-	❶ across(이쪽에서 저쪽으로, 가로질러) ❷ between(~ 사이에)
amb(i)- amphi-	❶ both(양쪽)　❷ around(주위에, 여기저기에)
auto-	self(스스로, 자신의)
mis- mal(e)-	❶ wrong(잘못된)　❷ bad(나쁜)
multy-	many(많은, 다수의)
omni- pan-	all(모든, 전체의, 전부의)
tele-	far(먼, 멀리)
mon(o) uni-	one(하나), alone(혼자)
bi- du- twi-	two(둘)
tri-	three(셋)
quadr- tetra-	four(넷)
penta-	five(다섯)
hexa-	six(여섯)
sept(em)-	seven(일곱)
oct(o)-	eight(여덟)
novem-	nine(아홉)
decem deca- deci-	ten(열), tenth(10분의 1)
cent(i)- hect(o)-	hundred(백), hundredth(100분의 1) hundred(백)
milli-	thousand(천)
kilo-	thousand(천)
semi- hemi- demi-	half(반)

어근 일람표

ag, act ➡ do(하다; 행하다)

alter, ali ➡ other(다른)

anim ➡ mind(정신; 마음), life(생명; 삶)

art ➡ art(예술; 기술; 인위)

astr(o), sider ➡ star(별)

bar ➡ bar(막대기; 장애)

belle ➡ beauty(미), war(전쟁)

bio ➡ life(생명; 삶)

cad, cas, cid ➡ fall(떨어지다)

cap, cip, cept, ceive ➡ take(잡다; 취하다)

cap(it), chief ➡ head(머리; 우두머리)

carn ➡ flesh(살; 육신)

cede, ceed, cess ➡ go(가다)

cis(e), cide ➡ cut(자르다), kill(죽이다)

clude, clus, clos ➡ shut(닫다)

cord, cour, cor(e) ➡ heart(심장; 마음; 중심)

corp ➡ body(신체; 단체)

cre(a) ➡ make(만들다), grow(자라다)

cred ➡ believe(믿다; 신뢰하다)

cur(s), cour ➡ run(달리다), flow(흐르다)

cult, colon ➡ till(경작하다)

dic(t), dex ➡ say(말하다)

don, dos, dot, dit ➡ give(주다)

duc(e), duct ➡ lead(이끌다)

dur ➡ last(지속되다)

eco ➡ house(집)

empt, amp ➡ take(잡다; 취하다)

equ ➡ same(같은; 동등한)

ess, est, sent ➡ be, exist(존재하다)

fac(t), fec(t), fic(t), -fy ➡ make(만들다), do(하다; 충분하다)

fare ➡ go(가다)

fer ➡ carry(나르다), bear(열매를 맺다)

fid ➡ trust(믿다; 신뢰하다)

fin ➡ end(끝), limit(한정)

flect, flex ➡ bend(구부리다)

flu ➡ flow(흐르다)

for(t) ➡ strong(강한; 튼튼한)

frag, fract ➡ break(부수다)

fug ➡ flee(도망치다)

fus, fut ➡ pour(붓다), melt(녹이다)

grad, gress ➡ go(가다), step(단계)

graph, gram ➡ write(쓰다), draw(그리다)

grat ➡ thank(감사), please(기쁘게 하다)

gen(er) ➡ birth(탄생), race(인종; 종족)

habit, hibit ➡ live(살다), have(갖다)

it ➡ go(가다)

ject ➡ throw(던지다)

jus, jur, jud ➡ right(올바른), law(법률)

lect, leg ➡ gather(모으다), read(읽다)

leg ➡ law(법률)

liter ➡ letter(문자)

log ➡ word(말)

lud(e), lus ➡ play(놀다; 연주하다)

magn(i), major, max ➡ great(거대한)

mania ➡ madness(벽; 광증)

man(u) ➡ hand(손)

medi, mid ➡ middle(중간)

meter, mens ➡ measure(측정하다)

migr ➡ move(이동하다)

min(i) ➡ small(작은)

mit, miss ➡ send(보내다)

mo(b), mot ➡ move(움직이다)

mod(e) ➡ manner(방법; 형식), change(변화)

mor(t) ➡ death(죽음)

nat ➡ born(태어난)

nounce ➡ report(알리다)

nov ➡ new(새로운)

ped, pod ➡ foot(발)

pel, puls ➡ drive(물리적·심리적으로 몰다)

pend, pens ➡ hang(매달다), weigh(달다; 숙고하다)

ple(n), pli ➡ fill(채우다)

plic, plex, ply ➡ fold(접다), weave(짜다)

popul, publ ➡ people(사람들)

port ➡ carry(나르다; 휴대하다)

pos, pon ➡ put(놓다)

press ➡ press(물리적·심리적으로 누르다; 압박하다)

rect, reg ➡ straight(똑바른), right(올바른), rule(통치하다)

rupt ➡ break(부수다)

sci ➡ know(알다)

scribe, script ➡ write(쓰다)

sent, sens ➡ feel(느끼다)

sequ, secut, su ➡ follow(따라가다; 이어지다)

sid, sed, sess ➡ sit(앉다)

sol ➡ one(하나), alone(혼자)

solv, solut ➡ loosen(풀다, 느슨하게 하다)

soph ➡ wise(현명한)

spec(t), spic, spise ➡ look(보다)

spir(e) ➡ breathe(호흡하다)

sta(t), sti, sist ➡ stand(서다, 세우다)

tact, tang, teg ➡ touch(만지다; 접촉하다)

tain, ten, tin ➡ hold(잡다; 유지하다)

tend, tens ➡ stretch(뻗다)

terr(a) ➡ earth(땅; 지구)

test ➡ witness(증언하다; 입증하다)

tor(t) ➡ twist(비틀다)

tra(ct) ➡ draw(끌다)

vac, va(n), void ➡ empty(빈)

val, vai ➡ strong 강한, worth(가치 있는)

ven(t) ➡ come(오다)

vers, vert ➡ turn(돌다, 돌리다)

vi(a), vey, voy ➡ way(길)

vis, vid ➡ see(보다)

viv, vit ➡ live(살다), life(삶)

voc, vok ➡ call(부르다), voice(목소리)

volv(e), volu ➡ roll(말다; 구르다)

DAY 01

『부정』을 의미하는 접두어

happy   ⊕ un- ⊝   unhappy

un-
[=not] [=reversal]

---

un-	'부정; 되돌리기'의 개념을 지님 ❶ **not** ~이 아닌 _ 보통 형용사, 부사, 명사와 결합 ❷ **reversal** 되돌리기 _ 동사와 결합하여 행위의 되돌리기를 나타냄

0001 ★★☆

unbearable
[ʌ̀nbɛ́ərəbl]

a. 참을 수 없는, 견딜 수 없는(intolerable)

- **unbearable heat[pain]** 참을 수 없는 더위[고통]
- Air pollution has become **unbearable** for human beings.
  대기오염은 인간에게 **참을 수 없게** 되었다.

cf. I can't bear your complaint. 나는 너의 불평을 참을 수가 없다.

어원	un- (not)	⊕	bear (참다)	⊕	-able (형접: ~할 수 있는)	⇨	참을 수 없는

0002 ★☆☆

unlucky
[ʌnlʌ́ki]

a. 운이 나쁜, 불운한(unfortunate); 불길한, 재수 없는(ominous)

- Lucky at cards, **unlucky** in love. 〔속담〕
  카드 게임에 행운이 따를 때는 연애는 **운이 따르지 않는**다.
- Four is an **unlucky** number.
  4는 **불길한** 숫자이다.

어원	un- (not)	⊕	lucky (운이 좋은)	⇨	운이 나쁜

0003 ★☆☆

unfair
[ʌnfɛ́ər]

a. 불공평한, 편파적인(unjust, partial)

- **an unfair law[treatment]** 불공평한 법률[대우]
- It's **unfair** not to give such a model student the prize.
  그런 모범생에게 상을 주지 않는 것은 **불공평하**다.

어원	un- (not)	⊕	fair (공평한)	⇨	공평하지 않은

0004 ★★☆

untimely
[ʌntáimli]

a. 때 아닌, 제철이 아닌(inopportune); 때 이른, 시기상조의(premature)
- **an untimely birth[death]** 조산[요절]
- An **untimely** snow is falling. 때 **아닌** 눈이 내리고 있다.

| 어원 | un-
(not) | ⊕ | timely
(적시의) | ➡ | 적시가 아닌 |

0005 ★☆☆

unreal
[ʌnríːəl;-ríəl]

a. 비현실적인(unrealistic), 가상의(imaginary)
- **an unreal world** 가상의 세계
- Her plan is just **unreal**. 그녀의 계획은 정말 **비현실적**이다.

| 어원 | un-
(not) | ⊕ | real
(현실의) | ➡ | 현실적이지 않은 |

0006 ★★☆

uneasy
[ʌníːzi]

a. (몸·마음이) 편치 않은(uncomfortable); 불안한, 걱정되는(worried)
- **feel uneasy about the weather** 날씨가 **걱정이 되다**
- He sometimes feels **uneasy** when he stays with Grace.
  그는 Grace와 함께 있을 때 때때로 **불편함**을 느낀다.

| 어원 | un-
(not) | ⊕ | easy
(편안한) | ➡ | 편안하지 않은 |

0007 ★★☆

untidy
[ʌntáidi]

a. 단정하지 못한(slovenly); 어수선한, 정돈되지 않은(messy)
- **an untidy girl** 단정치 못한 소녀
- Although her room was **untidy**, her clothes were always neat and clean. 그녀의 방은 **어수선했**지만, 옷은 항시 단정하고 깨끗했다.

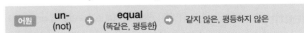

| 어원 | un-
(not) | ⊕ | tidy
(단정한; 정돈된) | ➡ | 단정하지 않은, 정돈되지 않은 |

0008 ★★☆

unequal
[ʌníːkwəl]

a. (수·양 등이) 같지 않은, 동등[평등]하지 않은; (능력이) ~을 감당 못하는
- **rooms of unequal size** 크기가 **같지 않은** 방들
- Men are **unequal** in their capacities. 사람은 능력에 있어서 **같지 않다**.
- She is **unequal** to the task. 그녀는 그 일을 **감당 못한다**.
  = The task is beyond her ability.

| 어원 | un-
(not) | ⊕ | equal
(똑같은, 평등한) | ➡ | 같지 않은, 평등하지 않은 |

---

inequality
[ìnikwáləti]

n. 같지 않음, 불균등, 불평등(lack of equality, disparity)
- **the inequality between the rich and the poor** 부자와 빈자 간의 **불평등**
- **Inequality** among nations can cause war.
  국가 간의 **불평등**은 전쟁을 야기할 수 있다.

0009 ★★★

unlike
[ʌnláik]

a. 닮지[비슷하지] 않은(dissimilar) (목적어를 수반하여 전치사로 간주됨)

- It's **unlike** him to be late; he's usually on time.
  늦다니 그 사람**답지 않**다. 그는 보통 시간을 정확히 지킨다.
- She is **unlike** her mother in many ways.
  그녀는 많은 점에서 어머니와 **닮지 않았**다.

cf. He is just like his father. 그는 아버지를 꼭 닮았다.

| 어원 | un-
(not) | ⊕ | like
(닮은) | ➡ | 닮지 않은 |

0010 ★☆☆

unselfish
[ʌnsélfiʃ]

a. 이기적이 아닌, 이타적인(altruistic)

- There is no love so **unselfish** as parental love.
  부모의 사랑만큼 **이타적인** 사랑은 없다.

| 어원 | un-
(not) | ⊕ | selfish
(이기적인) | ➡ | 이기적이지 않은 |

0011 ★★★

unidentified
[ʌnaidéntəfaid]

a. (이름·본질 등이) 확인되지 않은, 신원 불명의; 동일하다고 인정되지 않는

- **an unidentified flying object** 미확인 비행 물체(약어 UFO)
- An **unidentified** man was seen near the scene of the murder.
  한 **신원 불명의** 남자가 살인 현장 근처에서 목격되었다.

| 어원 | un-
(not) | ⊕ | identified
(확인된) | ➡ | 확인되지 않은 |

identify
[aidéntəfai;id-]

vt. 확인하다, 검증하다; 동일시하다, 같은 것으로 취급하다

- She **identified** the cap as that of her son.
  그녀는 그 모자가 자기 아들의 것임을 **확인했다**.

identification
[aidèntəfikéiʃən
;id-]

n. 동일함의 확인[증명]; 동일시

- **the identification of the dead body by the brother**
  형제에 의한 시체의 **신원 확인**
- **an identification card** 신분증명서(identity card, ID card)

identity
[aidéntəti]

n. 동일함; 신원; 정체성(a sense of oneself)

- When she quit her job, she lost her **identity** as an individual.
  그녀는 일을 그만두었을 때 한 개체로서의 **정체성**을 상실했다.

identical
[aidéntikəl;id-]

a. 똑같은, 동일한

- **identical twins[voices]** 일란성 쌍둥이[**똑같은** 목소리]

0012 ★★☆

unlock
[ʌ̀nlák]

vt. (열쇠로) 자물쇠를 열다(undo the lock of)

- She **unlocked** the door with a key and stepped into the room.
  그녀는 열쇠로 문을 **열고** 방 안으로 들어갔다.

어원 un- (reversal) + lock (잠그다) → 잠근 것을 열다

0013 ★★★

uncover
[ʌnkávər]

vt. 덮개를 벗기다; 폭로하다, 털어놓다(reveal, disclose)

- The police have **uncovered** a plot against the President.
  경찰은 대통령을 반대하는 음모를 **폭로했다.**

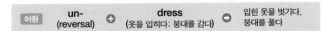

어원 un- (reversal) + cover (덮다) → 덮은 것을 벗기다

0014 ★★★

undress
[ʌ̀ndrés]

vt. ~의 옷을 벗기다; (상처의) 붕대를 풀다 **vi.** 옷을 벗다

- **undress and go to bed** 옷을 **벗고** 잠자리에 들다
- His mother **undressed** him and put him to bed.
  그의 어머니는 그의 **옷을 벗기고** 잠자리에 눕혔다.

어원 un- (reversal) + dress (옷을 입히다; 붕대를 감다) → 입힌 옷을 벗기다, 붕대를 풀다

0015 ★★☆

unload
[ʌ̀nlóud]

vt. (배·차 등에서) 짐을 내리다, 부리다(discharge)

- A worker **unloaded** cargo from a ship. 일꾼이 배에서 **짐을 내렸다.**

어원 un- (reversal) + load (짐을 싣다) → 실은 짐을 내리다

0016 ★★★

unwind
[ʌ̀nwáind]

vt. (감긴 것을) 풀다(unravel)

- **unwind a rolled bandage** 감긴 붕대를 **풀다**
- She **unwound** thread from a spool. 그녀는 실패에서 실을 **풀었다.**

어원 un- (reversal) + wind (감다) → 감긴 것을 풀다

0017 ★★☆

untie
[ʌntái]

vt. (묶인 것을) 풀다, 끄르다

- **untie a tie[package]** 넥타이[짐 꾸러미]를 **풀다**
- You can't **untie** the knot. 당신은 그 매듭을 **풀 수** 없다.

어원 un- (reversal) + tie (묶다) → 묶인 것을 풀다

0018 ★★☆

undo
[ʌndúː]

vt. (일단 한 일을) 원상태로 돌리다(reverse)

- What's done cannot be **undone.** 〔속담〕
  일단 행해진 일은 **원래대로 되돌릴** 수 없다.(엎질러진 물은 다시 담을 수 없다.)
- The prisoner tried to **undo** the past, but it was impossible.
  그 죄수는 과거를 **되돌리려** 했으나, 그것은 불가능했다.

어원	un- (reversal)	⊕	do (하다)	➡	한 일을 되돌리다

---

in-

'부정'의 개념을 지님 (주로 형용사 어근을 동반함)

not ~이 아닌

철자 변형 **im-**(자음 b, m, p 앞에서), **il-**(자음 l 앞에서), **ir-**(자음 r 앞에서)

0019 ★☆☆

insensitive
[insénsətiv]

a. 무감각한, 둔감한; 감수성이 둔한

- an **insensitive** obese woman 감수성이 **둔한** 비만의 여자
- After living in Alaska, she is almost **insensitive** to cold.
  알래스카에 산 이후로 그녀는 추위에 거의 **무감각하**다.

어원	in- (not)	⊕	sensitive (민감한)	➡	민감하지 않은

0020 ★★☆

inseparable
[insépərəbl]

a. 분리할 수 없는, 불가분의; 헤어질 수 없는

- two **inseparable** friends 헤어질 수 없는 두 친구
- Nationalism is **inseparable** from the desire for power.
  국가주의는 권력욕과 **불가분의** 관계에 있다.

어원	in- (not)	⊕	separable (분리할 수 있는)	➡	분리할 수 없는

0021 ★☆☆

incompetent
[inkámpətənt]

a. 무능한(incapable)

- an **incompetent** candidate 무능한 지원자
- The politician is thoroughly **incompetent** as a leader.
  그 정치인은 지도자로서 철저히 **무능력하**다.

어원	in- (not)	⊕	competent (유능한)	➡	능력이 없는

0022 ★★★

inhospitable
[inháspitəbl;
inhɑspít-]

a. 대접이 나쁜, 불친절한(unfriendly); (기후 때문에) 살기 힘든

- an **inhospitable** humid climate 살기 힘든 습한 기후
- The doctor was very **inhospitable** to patients.
  그 의사는 환자들에게 매우 **불친절했**다.

어원	in- (not)	⊕	hospitable (대접이 좋은)	➡	손님 대접이 나쁜

0023 ★★☆

inevitable
[inévətəbl]

a. 피할 수 없는(unable to be evaded), 필연적인
- an inevitable fate[result] 피할 수 없는 운명(결과)
- Death is inevitable. 죽음은 피할 수 없다.

| 어원 | in-
(not) | ⊕ | evitable
(피할 수 있는) | ⇒ | 피할 수 없는 |

0024 ★☆☆

inescapable
[ìniskéipəbl]

a. 도망칠 수 없는, 피할 수 없는(unavoidable, inevitable)
- Drug abuse is an inescapable problem that must be solved.
  약물 남용은 반드시 해결되어야 하는 **피할 수 없는** 문제이다.

| 어원 | in-
(not) | ⊕ | escapable
(도망칠 수 있는) | ⇒ | 도망칠 수 없는 |

0025 ★★☆

inadequate
[inǽdikwət]

a. 불충분한, 부족한(insufficient); 부적절한
- inadequate equipment[nutrition] 불충분한 설비(영양)
- Her income was inadequate to support her family.
  그녀의 수입은 가족을 부양하기에 **부족했**다.

| 어원 | in-
(not) | ⊕ | adequate
(충분한) | ⇒ | 충분하지 않은 |

0026 ★★☆

indispensable
[ìndispénsəbl]

a. 없어서는 안 되는, 필수적인(absolutely necessary) (보통 to, for를 수반)
- Your help is indispensable for the success of the scheme.
  그 계획의 성공을 위해서 너의 도움이 **필수적**이다.
- Books are indispensable to students. 책은 학생에게 **필수적**이다.
  = Students cannot do without books. 학생은 책 없이 지낼 수 없다.
- *cf.* do without ~ 없이 지내다(go without, dispense with)

| 어원 | in-
(not) | ⊕ | dispensable
(~ 없이도 되는) | ⇒ | 없어서는 안 되는 |

0027 ★☆☆

incessant
[insésnt]

a. 끊임없는, 그칠 새 없는(ceaseless)
- an incessant noise[rainfall] 끊임없는 소음(끊임없이 내리는 비)
- The incessant barking of the dog kept him awake.
  끊임없이 들리는 개 짖는 소리가 그를 깨어 있게 했다.

| 어원 | in-
(not) | ⊕ | cess
(cease) | ⊕ | -ant
(형접) | ⇒ | 멈추지 않는 |

0028 ★☆☆

infamous
[ínfəməs]

a. 평판이 나쁜, 악명 높은(notorious)
- an infamous dictator[liar] 악명 높은 독재자(거짓말쟁이)
- Bangkok is an infamous city. 방콕은 **평판이 나쁜** 도시이다.

| 어원 | in-
(not) | ⊕ | famous
(유명한) | ⇒ | 명예롭지 못한 |

infamy
[ínfəmi]

n. 악명, 악평(evil reputation)
- The **infamy** of Hitler lives on in history books.
  히틀러의 **악명**은 역사책에 계속 살아 있다.

0029 ★★★
inappropriate
[ìnəpróupriət]

a. 부적절한, 타당하지 않은(unsuitable, improper)
- an **inappropriate** example[relationship] **부적절한** 예[관계]
- These words are **inappropriate** to express my ideas.
  이 단어들은 내 생각을 표현하기에 **부적절하**다.

| 어원 | in-
(not) | ⊕ | appropriate
(적절한) | ⊜ | 적절하지 않은 |

0030 ★★☆
impersonal
[impə́:rsənl]

a. 비개인적인, 개인과 관계없는; 비인간적인, 비인격적인, 인격을 가지지 않은
- an **impersonal** deity 비인격적인 신(神)
- The boss is **impersonal** in her hiring of employees.
  그 사장은 직원을 채용할 때 **개인적인 감정을 섞지 않는**다.

| 어원 | im-
(in-: not) | ⊕ | personal
(개인적인) | ⊜ | 개인적이 아닌 |

0031 ★★☆
impure
[impjúər]

a. 불순물이 섞인(contaminated); 불순한, 부도덕한(immoral)
- an **impure** motive[life] **불순한** 동기[음란한 생활]
- That **impure** gasoline is full of sand. 그 **불순물이 섞인** 휘발유는 모래가 많다.

| 어원 | im-
(in-: not) | ⊕ | pure
(순수한) | ⊜ | 순수하지 않은 |

---

impurity
[impjúərəti]

n. 불순; 부도덕; (종종 -ies) 불순물
- **impurities** in drinking water 식수 속의 **불순물**

0032 ★☆☆
immobile
[imóubəl;-bi:l]

a. 움직일[이동할] 수 없는(unmovable), 정지된(motionless)
- That boat is **immobile**, frozen in the ice. 그 배는 얼어붙어서 **움직일 수 없**다.

| 어원 | im-
(in-: not) | ⊕ | mobile
(움직일 수 있는) | ⊜ | 움직일 수 없는 |

0033 ★☆☆
imbalance
[imbǽləns]

n. 불균형(unbalance)
- the **imbalance** between supply and demand 공급과 수요의 **불균형**

| 어원 | im-
(in-: not) | ⊕ | balance
(균형) | ⊜ | 균형이 잡히지 않음 |

0034 ★☆☆

illegal
[ilíːgəl]

a. 불법의, 위법의(illicit, unlawful)
- It's **illegal** to park your car here. 여기에 차를 주차하는 것은 **불법**이다.

| 어원 | il-
(in-: not) | ⊕ | legal
(합법적인) | ⇒ | 합법적이 아닌 |

illegalize
[ilíːgəlàiz]

vt. 불법화하다, 법으로 금지하다
- Most women want to **illegalize** smoking.
  대부분의 여성은 흡연을 **법으로 금지시키기**를 원한다.

0035 ★★★

illiterate
[ilítərət]

a. 읽고 쓸 줄 모르는, 문맹의(unable to read and write); 무학의, 무식한
  (uneducated, ignorant)

n. 문맹자
- Most of mankind is still **illiterate**. 인류의 대부분은 아직 **문맹**이다.
- A surgeon is psychiatrically **illiterate**. 외과 의사는 정신의학적 **지식이 없**다.

| 어원 | il-
(in-: not) | ⊕ | literate
(읽고 쓸 수 있는) | ⇒ | 읽고 쓸 수 없는 |

illiteracy
[ilítərəsi]

n. 읽고 쓰는 능력의 결여, 문맹; 무학, 무식
- **an illiteracy rate** 문맹률

0036 ★★☆

irrelevant
[iréləvənt]

a. 관련이 없는(having no relevance, unrelated); 부적절한 (보통 to를 수반)
- **irrelevant** details[questions] **관련이 없는** 세부 사항들[질문들]
- What he said is **irrelevant** to the matter. 그가 한 말은 그 문제와 **관련이 없**다.

| 어원 | ir-
(in-: not) | ⊕ | relevant
(관련된) | ⇒ | 관련되지 않은 |

0037 ★☆☆

irresponsible
[ìrispánsəbl]

a. 무책임한, 책임감이 없는(not accountable)
- The boy's behavior was **irresponsible**.
  그 소년의 행동은 **무책임했**다.

| 어원 | ir-
(in-: not) | ⊕ | responsible
(책임이 있는) | ⇒ | 책임이 없는 |

0038 ★☆☆

irrational
[iræʃənl]

a. 이성이 없는; 이치에 맞지 않는, 불합리한(unreasonable)
- Animals are **irrational**. 동물은 **이성이 없**다.
- His opinion sounds **irrational**. 그의 의견은 **이치에 맞지 않게** 들린다.

| 어원 | ir-
(in-: not) | ⊕ | rational
(이성적인) | ⇒ | 이성적이지 않은 |

Daily Test 01

A 다음 영어를 우리말로, 우리말을 영어로 쓰시오.

1 unwind _____
2 unselfish _____
3 impure _____
4 inhospitable _____
5 illiterate _____
6 unequal _____
7 inseparable _____
8 immobile _____
9 indispensable _____
10 unload _____

11 닮지 않은, 비슷하지 않은 _____
12 확인되지 않은, 신원 불명의 _____
13 도망칠 수 없는, 피할 수 없는 _____
14 무감각한, 둔감한 _____
15 운이 나쁜; 불길한 _____
16 비현실적인, 가상의 _____
17 단정하지 못한; 어수선한 _____
18 참을 수 없는, 견딜 수 없는 _____
19 원상태로 돌리다 _____
20 때 아닌; 때 이른 _____

B 다음 빈칸에 알맞은 단어를 쓰시오.

1 uneasy ⊜ u_____
2 inadequate ⊜ i_____
3 irrelevant ⊜ u_____
4 irrational ⊜ u_____
5 infamous ⊜ n_____

6 untidy ⊜ s_____
7 uncover ⊜ r_____
8 inappropriate ⊜ u_____
9 illiterate ⊚ n_____
10 illegal ⊜ i_____

C 다음 빈칸에 들어갈 알맞은 말을 보기 에서 고르시오. (문장: 기출 또는 기출 변형)

보기	unlocked	indispensable	uneasy	unidentified

1 He suddenly felt an _____ darkness consume him from within.

2 The _____ soldier extended his hand to my father, palm up.

3 The doll had rings on her fingers and held a tiny key, which _____ the box.

4 Science, of course, is an _____ source of information for the contemporary writer.

20

DAY 02

『분리·이탈』을 의미하는 접두어

cover   ⊕ dis- ⊙   discover

dis-
[=apart, away] [=not] [=opposite of]

---

dis-

'분리·이탈; 부정; 반대'의 개념을 지님

❶ **apart** 떨어져서, 갈라져서, 따로; **away** 멀리, 딴 곳으로
❷ **not** ~이 아닌
❸ **opposite of** ~의 반대 행위

〔철자 변형〕 **di-, dif-**

0039 ★★★

disarm
[disá:rm]

vi. vt. 무장 해제시키다, 군비를 축소하다

• Seven hundred rebels were captured and **disarmed**.
700명의 반란군이 체포되어 **무장 해제되었다**.

| 어원 | **dis-** (away) | ⊕ | **arm** (무기, 팔) | ⊙ | 무기를 멀리 떼어 놓다 |

---

disarmament
[disá:rməmənt]

n. 무장 해제, 군비 축소

• **a disarmament conference** 군축 회의
• **nuclear disarmament** 핵무기 **군축**

cf. rearmament 재무장, 재군비

0040 ★☆☆

display
[displéi]

vt. 보여주다(**show**); 진열하다, 전시하다(**exhibit**)

n. 보여주기; 진열, 전시(**exhibition**)

• The store **displays** merchandise in glass cases.
그 가게는 유리 진열장에 상품을 **진열한다**.

• Her paintings and sculptures are on **display** at the art gallery downtown.
그녀의 그림과 조각들은 시내의 화랑에서 **전시** 중이다.

| 어원 | **dis-** (apart) | ⊕ | **play** (plic: fold) | ⊙ | 접힌 것을 갈라 펴 보이다 |

0041 ★☆☆

dismiss
[dismís]

vt. 해고하다, 해직하다(fire, lay off); (모인 사람을) 해산시키다(disperse)

• **dismiss an assembly** 집회를 **해산시키다**.
• The company **dismissed** two employees for being lazy.
  회사는 두 명의 직원을 게으르다는 이유로 **해고했다**.

| 어원 | dis-
(away) | ➕ | miss
(send) | ➡ | 멀리 보내다 → 떠나게 하다 |

dismissal
[dismísəl]

n. 해고, 해직; 해산

• **dismissal from the Navy** 해군에서의 **해직**

0042 ★★☆

dissent
[disént]

vi. 의견을 달리하다, 동의하지 않다(disagree) (보통 from을 수반)

n. 의견 차이, 이의

• **pass a bill without** dissent 이의 없이 의안을 통과시키다
• One member of the Supreme Court **dissented** from the majority opinion.
  대법원의 법관 한 명이 다수 의견에 **동의하지 않았다**.

| 어원 | dis-
(apart) | ➕ | sent
(feel) | ➡ | 떨어져서 (따로) 느끼다 |

0043 ★☆☆

disperse
[dispə́:rs]

vt. 흩어지게 하다(scatter); ~을 퍼뜨리다, 보급하다(spread widely)

• **disperse a book throughout the world** 전 세계에 책을 **보급하다**
• The seeds of many plants are **dispersed** by the wind.
  많은 식물의 씨는 바람에 의해 **흩어진다**.

| 어원 | dis-
(apart) | ➕ | perse
(scatter) | ➡ | 뿔뿔이 흩뿌리다 |

0044 ★★★

disseminate
[diséməneit]

vt. (씨 등을) 흩뿌리다, 살포하다(scatter, disperse); (종교·사상·지식 등을) 퍼뜨리다, 유포하다(spread widely)

• News is **disseminated** by means of television and radio.
  뉴스는 TV와 라디오를 통해 **퍼진다**.

| 어원 | dis-
(apart) | ➕ | semin
(semen: 씨) | ➕ | -ate
(동접) | ➡ | 여기저기 씨를 뿌리다 |

---

dissemination
[disèmənéiʃən]

n. 씨 뿌리기, 살포; 유포, 보급

• **the dissemination of knowledge** 지식의 **보급**

0045 ★☆☆

distinguish
[distíŋgwiʃ]

vt. 구별하다, 식별하다(discriminate, discern) (종종 from을 수반)

vi. 구별하다, 식별하다 (보통 between을 수반)

- The twins are so alike that it is impossible to **distinguish** one from the other.
  그 쌍둥이는 너무 닮아서 한 명과 다른 한 명을 **구별하는** 것은 불가능하다.
- We **distinguish** between good and evil. 우리는 선악을 **분간한다**.

cf. distinguish A from B A와 B를 구분하다(distinguish between A and B, tell A from B)

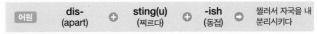

| 어원 | dis-
(apart) | ⊕ | sting(u)
(찌르다) | ⊕ | -ish
(동접) | ⊙ | 찔러서 자국을 내
분리시키다 |

distinguished
[distíŋgwiʃt]

a. 뚜렷한, 현저한(marked); 탁월한, 유명한(eminent)

- a **distinguished** dramatist[performance] **탁월한** 극작가[연주]

distinct
[distíŋkt]

a. 다른, 별개의(different); 뚜렷한, 명확한(noticeable)

- a **distinct** difference between the twins 쌍둥이 사이의 **뚜렷한** 차이

distinctive
[distíŋktiv]

a. (다른 것과) 구별하는; 독특한(characteristic)

- Spices give that dish **distinctive** flavor.
  양념이 그 요리에 **독특한** 맛을 더해준다.

distinction
[distíŋkʃən]

n. 구별, 식별; 차이(difference); 탁월, 저명(eminence)

- **make a clear distinction between two cases**
  두 경우를 명백히 **구별**하다

0046 ★★★

dispose
[dispóuz]

vt. 배열하다, 배치하다(arrange); ~할 마음이 내키게 하다(incline)

vi. (of를 수반하여) 처분하다, 처리하다; 매각하다, 팔아 버리다

- **dispose** of a house for $1,000,000 집을 백만 달러에 **매각하다**
- The cruisers were **disposed** in a single line.
  순양함들이 일렬로 **배치되어 있다**.
- Her account **disposed** him to believe her.
  그녀의 설명으로 그는 그녀를 믿고 싶은 **마음이 생겼다**.

| 어원 | dis-
(apart) | ⊕ | pos(e)
(put) | ⊙ | 따로 떨어뜨려 놓다 |

disposed
[dispóuzd]

a. ~할 마음이 내키는(inclined)

- I'm not **disposed** to argue with him. 나는 그와 논쟁할 **마음이 내키지** 않는다.

disposable
[dispóuzəbl]

a. 처분할 수 있는; (종이 제품 등을) 사용 후 버리게 되어 있는, 일회용의
- **a disposable diaper[cup, razor]** 일회용 기저귀[컵, 면도기]

---

disposal
[dispóuzəl]

n. 처분, 처리; 매각
- He was at her **disposal** whenever she needed him.
  그녀가 그를 필요로 할 때마다 그는 그녀의 **말[처분]**에 따랐다.

cf. at one's disposal ~가 마음대로 처분[사용]할 수 있는

---

disposition
[dìspəzíʃən]

n. 기질, 성질(temper, temperament); 배열, 배치(arrangement)
- **a girl with a good disposition** 마음씨 고운 소녀

0047 ★☆☆
dishonest
[disánist]

a. 부정직한, 불성실한(untruthful); (행위·수단 등이) 부정한(fraudulent)
- The politician got money by **dishonest** means.
  그 정치인은 **부정한** 방법으로 돈을 얻었다.

어원	dis- (not)	➕	honest (정직한)	➡	정직하지 않은

---

dishonesty
[disánəsti]

n. 부정직, 불성실; 부정행위, 사기(fraud)
- I can forgive a mistake, but I can't forgive **dishonesty**.
  나는 실수는 용서할 수 있지만, **부정직함**은 용서할 수 없다.

0048 ★☆☆
disgrace
[disgréis]

n. 불명예, 치욕(dishonor, shame)

vt. 명예를 더럽히다, 체면을 잃게 하다(dishonor)
- **the disgrace of criminals** 죄인의 몸이라는 **불명예**
- Don't **disgrace** the family name. 가문의 이름을 **더럽히지** 마라.

어원	dis- (not)	➕	grace (우아함)	➡	우아함이 없는 상태

0049 ★★☆
disease
[dizíːz]

n. 질병, 질환(illness, ailment)
- **a chronic[hereditary] disease** 만성 질환[유전병]
- **Disease** destroys many lives in poor parts of the world.
  세계의 빈곤한 지역에서 **질병**은 많은 목숨을 앗아 간다.

어원	dis- (not)	➕	ease (편안함)	➡	편안함이 없는 상태

0050 ★★☆

disinterested
[disíntərestid;- trist-]

a. 사심이 없는, 이해관계가 없는, 공평한(impartial)

· We need a **disinterested** person to decide what is fair.
무엇이 공정한지를 결정할 수 있는 **사심이 없는** 사람이 필요하다.
cf. I'm entirely uninterested in political problems. 나는 정치 문제에 전혀 관심이 없다.

| 어원 | dis-
(not) | + | interested
(사심이 있는) | ⇒ | 사심이 없는 |

0051 ★☆☆

discontinue
[dìskəntínju:]

vt. 중지하다, 정지하다(cease)

· **discontinue nuclear tests[peace talks]** 핵실험(평화 회담)을 **중지하다**
· The company **discontinued** manufacturing that item.
회사는 그 품목의 제조를 **중단했다**.

| 어원 | dis-
(not) | + | continue
(계속하다) | ⇒ | 계속하지 않다 |

discontinuance
[dìskəntínjuəns]

n. 중지, 정지(cessation, discontinuation)

· **the discontinuance of business[work]** 사업(작업)의 **중단**

0052 ★☆☆

disorder
[disɔ́:rdər]

n. 무질서, 혼란(confusion, chaos); (가벼운) 병, 질환(sickness)

· **a mild stomach disorder** 가벼운 위장**병**
· Your papers are in **disorder**. 당신의 서류가 **어질러져** 있다.

| 어원 | dis-
(not) | + | order
(질서) | ⇒ | 질서가 없는 상태 |

0053 ★☆☆

disable
[diséibl]

vt. 무능하게 하다(incapacitate); 불구가 되게 하다(cripple)

· **disable the alarm[domain]** 경보장치(도메인)를 **사용 불가능하게 하다**
· The accident **disabled** her, so she lost the use of her legs.
그 사고로 그녀는 **불구가 되어** 두 다리를 쓸 수 없게 되었다.

| 어원 | dis-
(not) | + | able
(~할 수 있는) | ⇒ | ~할 수 없게 하다 |

disabled
[diséibld]

a. 무능력하게 된; 불구의, 신체장애가 있는(crippled)

· **a disabled soldier** 상이군인

disability
[dìsəbíləti]

n. 무능, 무력(incapacity); 불구, 신체장애

· She lived a happy life despite the **disability**.
그녀는 **신체장애**에도 불구하고 행복한 삶을 살았다.

0054 ★★☆

disregard
[dìsrigá:rd]

vt. 무시하다(neglect, ignore); 소홀히 하다

n. 무시(neglect); 소홀함, 등한시하기

- **Disregarding** both hunger and fatigue, she traveled forward.
  굶주림과 피로를 **무시하고서** 그녀는 여행을 계속했다.
- He had a total **disregard** for rank.
  그는 지위에 전혀 **개의치 않았다.**

| 어원 | dis-
(not) | ⊕ | regard
(주의하다) | ⇨ | 주의하지 않다 |

0055 ★☆☆

disobey
[dìsəbéi]

vt. (사람·명령 등에) 복종하지 않다, 거역하다, (규칙·법을) 위반하다

- **disobey** one's parents 부모 말을 **거역하다**
- The nun **disobeyed** the law of God. 그 수녀는 신의 계율을 **어겼다.**

| 어원 | dis-
(not) | ⊕ | obey
(복종하다) | ⇨ | 복종하지 않다 |

---

disobedience
[dìsəbí:diəns]

n. 불복종, 위반(lack of obedience)

- **Disobedience** of orders is a serious offense in the military.
  명령에의 **불복종**은 군대에서 중죄이다.

0056 ★★☆

displease
[displí:z]

vt. 불쾌하게 하다, 기분 상하게 하다(hurt, offend)

- Her arrogant manner **displeased** him.
  그녀의 거만한 태도가 그를 **불쾌하게 했다.**

| 어원 | dis-
(not) | ⊕ | please
(기쁘게 하다) | ⇨ | 기쁘지 않게 하다 |

---

displeasure
[displéʒər]

n. 불쾌, 언짢음(offense)

- She showed her **displeasure** at his bad manners.
  그녀는 그의 무례함에 **불쾌함**을 나타냈다.

0057 ★★☆

discourage
[diskə́:ridʒ]

vt. ~의 용기를 잃게 하다, 낙담시키다(dishearten ⬌ encourage);
단념시키다(dissuade) (보통 from을 수반)

- Don't be **discouraged** at the news.
  그 소식에 **낙담하지** 마라.
- His father tried to **discourage** him from becoming an actor.
  그의 아버지는 그가 배우가 되는 것을 **단념시키려고** 애썼다.

| 어원 | dis-
(not) | ⊕ | courage
(용기) | ⇨ | 용기를 잃게 하다 |

discouraged
[diskΛridʒd]

a. 낙담한, 낙심한(disheartened)

- The pupil felt **discouraged** after receiving bad grades.
그 학생은 나쁜 점수를 받고서 **낙담했**다.

0058 ★☆☆
dislike
[disláik]

vt. 싫어하다, 좋아하지 않다(hate, loathe)

n. 싫음, 반감, 혐오(hatred, disgust)

- The naive girl **dislikes** wearing a necklace.
그 순진한 소녀는 목걸이 하는 것을 **싫어한다**.
- He felt a growing **dislike** to living on credit.
그는 외상으로 사는 것이 점점 **싫어졌다**.

| 어원 | dis-
(not) | ⊕ | like
(좋아하다) | ⇨ | 좋아하지 않다 |

0059 ★★★
disapprove
[dìsəprú:v]

vi. 찬성하지 않다, 못마땅해 하다 (보통 of를 수반)

vt. 승인하지 않다

- I **disapprove** of ladies' smoking. 나는 여성의 흡연에 **찬성하지 않는다**.
- The court **disapproved** the verdict. 법관은 배심원의 평결을 **승인하지 않았다**.

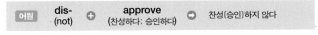

| 어원 | dis-
(not) | ⊕ | approve
(찬성하다; 승인하다) | ⇨ | 찬성(승인)하지 않다 |

disapproval
[dìsəprú:vəl]

n. 불찬성, 못마땅함; 불승인

- **express disapproval of the plan** 계획에 대한 **불찬성**을 표명하다

0060 ★★☆
disagree
[dìsəgrí:]

vi. (진술·보고서 등이) 일치하지 않다; 의견이 다르다, 이의가 있다(dissent)

- His theory **disagrees** with the facts. 그의 이론은 사실과 **일치하지 않는다**.
- He **disagreed** with her on that point. 그는 그 점에서 그녀와 **의견이 달랐다**.

| 어원 | dis-
(not) | ⊕ | agree
(일치하다) | ⇨ | 일치하지 않다 |

disagreement
[dìsəgrí:mənt]

n. (사실·상태·행동의) 불일치; 의견의 다름, 이의 있음

- **such violent disagreement as to make discussion difficult**
토론을 어렵게 할 정도로 격렬한 **의견 대립**

disagreeable
[dìsəgrí:əbl]

a. 불쾌한, 마음에 안 드는(unpleasant)

- **a disagreeable experience** 불쾌한 체험

0061 ★★★

discontent
[dìskəntént]

a. 불만스러운, 불평을 품은(dissatisfied, discontented) (종종 with를 수반)

n. 불만, 불평(dissatisfaction)

vt. 불만을 느끼게 하다, 불평을 품게 하다(dissatisfy)

- **discontent among unemployed university graduates**
  대학 졸업 실업자들 사이의 **불만**
- The greedy woman is **discontent** with her life and wants a major change.
  그 탐욕스러운 여자는 자신의 삶에 **만족하지 못하고** 큰 변화를 원한다.

| 어원 | dis-
(not) | ⊕ | content
(만족스러운) | ⇒ | 만족스럽지 않은 |

0062 ★☆☆

disappear
[dìsəpír]

vi. 사라지다(vanish); 멸종하다, 소멸하다(perish)

- The little dog was just here and then **disappeared**.
  그 작은 개가 방금 여기 있었는데 **사라져 버렸다**.
- Dinosaurs **disappeared** from the earth long ago.
  공룡은 오래 전에 지구상에서 **멸종했다**.

| 어원 | dis-
(opposite of) | ⊕ | appear
(나타나다) | ⇒ | '나타나다'의 반대 의미 |

disappearance
[dìsəpíərəns]

n. 사라짐, 보이지 않음; 멸종, 소멸(dying out)

- The **disappearance** of the custom is still a mystery.
  그 관습의 **소멸**은 아직도 불가사의다.

0063 ★☆☆

discover
[diskʌ́vər]

vt. 발견하다(make a discovery); 깨닫다, 알아차리다(realize)

- Columbus **discovered** America in 1492.
  콜럼버스는 1492년에 아메리카를 **발견했다**.
- She **discovered** that his love was false.
  그녀는 그의 사랑이 거짓임을 **알아차렸다**.

| 어원 | dis-
(opposite of) | ⊕ | cover
(덮다) | ⇒ | '덮다'의 반대 의미 |

discovery
[diskʌ́vəri]

n. 발견(물)

- **make many discoveries about the sun**
  태양에 관한 많은 것을 **발견**하다

0064 ★★★

discharge
[distʃáːrdʒ]

vt. (짐을) 내리다(unload); 해고하다(fire, dismiss); 석방하다(release); 발산하다(give off, emit); 배출하다(let out); 발사하다(fire)

- **discharge a ship of its cargo** 배에서 짐을 **내리다**
- The incompetent employee was **discharged** from the firm.
  그 무능한 직원은 회사에서 **해고되었다**.
- The company **discharged** its wastes in the river.
  그 회사는 강에 폐기물을 **배출했다**.

| 어원 | dis-
(opposite of) | ⊕ | charge
(짐을 싣다) | ⇒ | '짐을 싣다'의 반대 의미 |

Word Grammar | **타동사구 ①**

POINT▶ 2개 이상의 단어가 모여서 하나의 목적어를 취하는 타동사의 역할을 하는 동사구를 타동사구라 부르며, 3가지 유형으로 분류되는 이 용법의 동사구는 하나의 단위로 간주하여 분리하지 않는 것이 원칙이다.

○ **자동사+전치사**: 목적어를 취하지 않는 동사인 자동사가 목적어를 취하려면 "자동사+전치사"의 형식을 갖추어야 한다.

laugh at ~을 비웃다	**account for** ~을 설명하다	**look at** ~을 보다
care for ~을 돌보다	**look into** ~을 조사하다	**call on** ~(사람)을 방문하다
look for ~을 찾다	**depend on** ~에게 의존하다	**deal with** ~을 다루다

- I will account for the incident. 내가 그 사건을 설명하겠다.
- You must look into the question. 너는 그 문제를 조사해야 한다.

---

ab-

'분리·이탈'의 개념을 지님

❶ **away** 멀리, 딴 데로, 떨어진; **from** ~에서, ~으로부터
❷ **intensive** 강조

철자 변형 **abs-, a-**

0065 ★★☆

abduct
[æbdʌ́kt]

vt. 납치하다, 유괴하다(kidnap)

- A stranger **abducted** the child from his home.
  한 낯선 사람이 집에서 아이를 **납치했다**.

| 어원 | ab-
(away) | ⊕ | duct
(lead: 이끌다) | ⇒ | 멀리 끌고 가다 |

---

abduction
[æbdʌ́kʃən]

n. 납치, 유괴

- The **abduction** of children has become a national problem.
  아동 **유괴**는 국가적인 문제가 되었다.

0066 ★☆☆

absorb
[əbsɔ́ːrb; -zɔ́ːrb]

vt. (액체·기체·빛 등을) 흡수하다, 빨아들이다(suck up, take in);
열중[몰두]하게 하다(engross, immerse)

- The sponge **absorbed** water from the sink.
  스펀지가 싱크대에서 물을 **흡수했다.**
- The boss was completely **absorbed** in her business.
  그 사장은 사업에 완전히 **몰두해 있었다.**

cf. be absorbed in ~ ~에 열중[몰두]하다(be engrossed in, be immersed in)

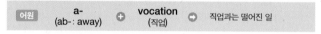

| 어원 | ab- (from) | ➕ | sorb (suck) | ➡ | ~에서 빨아 들이다 |

absorption
[əbsɔ́ːrpʃən;-zɔ́ːr-]

n. 흡수; 열중, 몰두(engrossment)

- the **absorption of light[heat]** 빛[열]의 흡수

0067 ★★☆

avocation
[æ̀vəkéiʃən]

n. 부업(minor occupation); 취미(hobby, taste)

- She is a doctor by profession and a poet by **avocation**.
  그녀는 직업상은 의사이고 **취미**로는 시인이다.

| 어원 | a- (ab-: away) | ➕ | vocation (직업) | ➡ | 직업과는 떨어진 일 |

0068 ★★★

amend
[əménd]

vt. (법·규칙 등을) 개정[수정]하다(modify); 정정[교정]하다(correct)

- The politicians **amended** the law to provide more money.
  정치가들은 더 많은 돈을 제공하기 위해서 법을 **개정했다.**
- The troublemaker **amended** his ways recently.
  그 문제아는 최근에 행실을 **고쳤다.**

| 어원 | a- (ab-: away) | ➕ | mend (결점을 고치다) | ➡ | 결점을 멀리하여 고치다 |

amendment
[əméndmənt]

n. 개정(안), 수정(안); 정정, 교정

- **make an amendment to a bill[constitution]** 법안[헌법]을 **개정**하다

0069 ★☆☆

abnormal
[æbnɔ́ːrməl]

a. 비정상적인, 보통이 아닌(unusual)

- **abnormal condition[act]**
  비정상적 상태[행동]
- The low temperatures are **abnormal** for this time of year.
  낮은 온도는 매년 이맘때에 비하여 **비정상적**이다.

| 어원 | ab- (away) | ➕ | normal (정상적인) | ➡ | 정상적인 것에서 멀리 떨어진 |

normal
[nɔ́:rməl]

a. 표준의(standard); 정상적인, 보통의(usual)
- **normal condition[temperature]** 정상 상태(체온)

0070 ★☆☆

abuse
v.[əbjú:z]

n.[əbjú:s]

vt. (권력·권리·재능을) 악용[남용, 오용]하다(use wrongly, misuse); 학대[혹사]하다(maltreat); 욕하다, 비방하다(malign, revile)
n. 악용, 남용, 오용; 학대, 혹사; 욕설, 욕지거리(insulting language)
- **drug[power] abuse** 약물(권력) 남용
- **abuse a horse[one's eyesight]** 말(시력)을 혹사하다
- It's easy to **abuse** your power.
  권력을 **남용하는** 것은 쉽다.
- The candidates **abused** each other during the campaign.
  그 입후보자들은 선거운동 중에 서로를 **비방했다.**

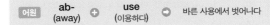

| 어원 | ab-
(away) | ⊕ | use
(이용하다) | ➡ | 바른 사용에서 벗어나다 |

0071 ★★★

absurd
[æbsə́:rd]

a. 이치에 맞지 않는, 불합리한(unreasonable); 터무니없는(ridiculous)
- **an absurd explanation** 불합리한 설명
- Don't be **absurd**.
  터무니없는 소리하지 마라.

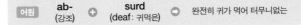

| 어원 | ab-
(강조) | ⊕ | surd
(deaf: 귀먹은) | ➡ | 완전히 귀가 먹어 터무니없는 |

---

absurdity
[æbsə́:rdəti;-zə́:rd-]

n. 불합리; 터무니없음; (문학·연극의) 부조리
- **the height of absurdity** 어리석음의 극치, **불합리**의 극치

0072 ★★★

abhor
[æbhɔ́:r]

vt. 몹시 싫어하다, 혐오하다(abominate, loathe)
- **abhor snakes[liars]** 뱀(거짓말쟁이)을 **혐오하다**
- Most people **abhor** child abuse.
  사람들 대부분은 아동 학대를 **혐오한다.**

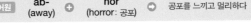

| 어원 | ab-
(away) | ⊕ | hor
(horror: 공포) | ➡ | 공포를 느끼고 멀리하다 |

---

abhorrence
[æbhɔ́:rəns]

n. 혐오(aversion, loathing)
- **my abhorrence of flattery** 아첨에 대한 나의 **혐오**

abundant
[əbʌ́ndənt]

a. 풍부한, 많은(rich, plentiful) (보통 in을 수반)

- **a country abundant in natural resources**
  천연자원이 **풍부한** 나라
- The factory has an **abundant** supply of water.
  그 공장은 **풍부한** 물을 공급 받는다.

어원	ab- (away)	+	und (wave)	+	-ant (형접)	⇒	파도쳐서 흘러 넘치는

abundance
[əbʌ́ndəns]

n. 풍부, 다량

- **an abundance of valuable knowledge** 소중한 지식의 **풍부함**

abound
[əbáund]

vi. 풍부하다, 많다 (보통 in을 수반); (장소 등이) ~으로 가득하다 (보통 in, with 수반)

- Wild animals **abound** in this park. 이 공원에는 야생 동물이 **많다**
  = This park **abounds** in[with] wild animals.

Daily Test 02

정답 및 해설 p.465

A 다음 영어를 우리말로, 우리말을 영어로 쓰시오.

1	abuse	11	개정하다, 수정하다
2	avocation	12	부정직한, 불성실한
3	disobey	13	구별하다, 식별하다
4	disseminate	14	싫어하다; 싫음
5	dispose	15	일치하지 않다
6	disperse	16	~의 용기를 잃게 하다
7	abhor	17	사라지다, 소멸하다
8	abduct	18	보여주다; 진열하다
9	discontent	19	중지하다, 정지하다
10	disgrace	20	찬성하지 않다, 승인하지 않다

B 다음 빈칸에 알맞은 단어를 쓰시오.

1	abundant	⊜ p	6	abnormal	⊜ u
2	disease	⊜ i	7	dismiss	⊜ d
3	discourage	⟳ e	8	disable	ⓐ
4	disorder	⊜ c	9	disappear	ⓝ
5	disregard	⊜ n	10	discover	ⓝ

C 다음 빈칸에 들어갈 알맞은 말을 보기 에서 고르시오. (문장: 기출 또는 기출 변형)

보기	distinguish	scattered	absorbing	disappear

1 If the itches do not _____, stop scratching and take the medicine.

2 Consider that making paper uses trees that could be _____ carbon dioxide.

3 We need to constantly _____ right from wrong, and to model appropriate behavior.

4 After Beethoven's death, these sketchbooks were _____ and in many cases broken up.

33

DAY 03

『반대·저항』을 의미하는 접두어

ant(i)-
[=against] [=opposite to]

ant(i)-	'반대·저항'의 개념을 지님
	❶ against 반대하여, 저항하여　**❷ opposite to** 정반대의, 반대 위치의

0074 ★☆☆

anti-
communist
[ǽntikámjunist;
-tai-]

n. 반공산주의자　**a.** 반공산주의의, 반공의

• Most of the members of the communist party have **anti-communist** beliefs.
공산당원들 대부분은 **반공산주의적** 신념을 지니고 있다.

| 어원 | anti-
(against) | ➕ | communist
(공산주의자) | ➡ | 공산주의자에 반대하는 (사람) |

0075 ★☆☆

anti**body**
[ǽntibɑdi]

n. 항체(抗體)

• A mother's milk passes **antibodies** on to her baby.
모유는 아기에게 **항체**를 전해 준다.

| 어원 | anti-
(against) | ➕ | body
(물체) | ➡ | (질병에) 저항하는 물체 |

0076 ★☆☆

antarctic
[æntɑ́:rktik]

a. 남극(south pole)의 (종종 A-)　**n.** (the A-) 남극 지역

• **an Antarctic expedition** 남극 탐험대
• Can you imagine the killing cold of the **Antarctic** nights?
남극의 밤의 살인적인 추위를 상상할 수 있습니까?

| 어원 | ant-
(opposite to) | ➕ | arctic
(북극의; 북극) | ➡ | '북극'의 반대 위치의 |

0077 ★★★

anti**biotic**
[ǽntibaiɑ́tik]

n. 항생물질, 항생제　**a.** 항생물질의

• Penicillin and tetracycline are widely used **antibiotics**.
페니실린과 테트라사이클린은 널리 이용되는 **항생제**이다.

| 어원 | anti-
(against) | ➕ | biotic
(생물의) | ➡ | 생물의 번식에 저항하는 |

0078 ★☆☆

antonym
[ǽntənim]

n. 반의어(◎ synonym)

• "Young" is an **antonym** of "old." '젊은'은 '늙은'의 **반의어**이다.

| 어원 | ant-
(against) | ⊕ | onym
(name) | ⊙ | (사물에 대해) 반대되는 이름 |

0079 ★★★

antipathy
[æntípəθi]

n. 반감, 혐오(aversion, abhorrence ◎ sympathy)

• She has a deep **antipathy** to foreigners.
그녀는 외국인들에게 깊은 **반감**을 가지고 있다.

| 어원 | anti-
(against) | ⊕ | pathy
(feeling) | ⊙ | 반대 감정 |

Word Grammar 타동사구 ②

○ **자동사＋부사＋전치사**

speak well of ~을 칭찬하다	**make up for** ~을 보상(보충)하다
put up with ~을 인내하다	**look up to** ~을 존경하다
do away with ~을 제거하다	**go through with** ~을 끝마치다
look forward to ~을 기대하다	**fall back upon** ~에 의지하다
speak ill of ~을 욕하다	

• They all looked up to him as their leader. 그들 모두는 그를 자신들의 지도자로 존경했다.
• I had to work hard to make up for lost time.
나는 잃어버린 시간을 보충하기 위해 열심히 일해야만 했다.

---

contra-, counter-

'반대·저항'의 개념을 지님
❶ **against** 반대하여, 저항하여
❷ **opposite to** 정반대의, 반대 위치의

0080 ★☆☆

contrast
v.[kəntrǽst;
  kántræst]

n.[kántræst]

vt. 대조[대비]하다 vi. 대조를 이루다 (보통 with를 수반)

n. 대조, 대비

• **Contrast** these imported goods with the domestic products.
이 수입품과 국산품을 **대조해 보아라**.
• This color **contrasts** well with black. 이 색깔은 검정색과 잘 **대조를 이룬다**.
• His white hair is in sharp **contrast** to his dark skin.
그의 흰 머리는 검은 피부와 뚜렷한 **대조**를 이룬다.

| 어원 | contra-
(against) | ⊕ | st
(stand) | ⊙ | 반대로 마주 서 있다 |

0081 ★★★

contraband
[kántrəbænd]

n. 밀수품(smuggled goods)　a. 밀수품의

- **contraband traders** 밀수꾼들
- Customs officials went through each bag looking for **contraband**.
  세관원들은 **밀수품**을 찾아 각 가방을 샅샅이 조사했다.

| 어원 | contra-
(against) | + | band
(ban: 금지) | ⇒ | 금지를 위반한 물건 |

0082 ★☆☆

contrary
[kántreri]

a. (성질·방향 등이) 반대인, 정반대의(opposite)

n. 반대되는 것(opposite)

- She holds an opinion **contrary** to mine.
  그녀는 내 의견과 **반대되는** 의견을 지니고 있다.
- I have nothing to say to the **contrary**.
  나는 아무런 **이의**가 없다.
- "You hate jazz." – "On the **contrary**, I love it."
  "너는 재즈를 싫어하지." – "**반대**로 나는 재즈를 좋아해."

| 어원 | contra-
(opposite to) | + | -ary
(형접) | ⇒ | 반대의 |

0083 ★★☆

counterattack
n.[káuntərətæk]
v.[kàuntərətæk]

n. 역습, 반격

v. 역습[반격]하다(attack an attacker)

- **the massive counterattack on the enemy**
  적에 대한 대규모 **역습**
- Government forces **counterattacked** with cannon fire.
  정부군은 대포를 쏘아 **반격했다**.

| 어원 | counter-
(against) | + | attack
(공격) | ⇒ | 반대 공격(하다) |

0084 ★★☆

controversy
[kántrəvə:rsi]

n. 논박, 논쟁; (특히 지상(紙上)에서의) 논쟁

- **a heated controversy over a topic**
  어떤 화제에 대한 열띤 **논쟁**
- There is a lot of **controversy** over freedom of speech.
  언론의 자유에 대한 많은 **논쟁**이 있다.

| 어원 | contro-
(opposite to) | + | vers
(turn) | + | -y
(명접) | ⇒ | 의견을 반대 방향으로
돌리는 것 |

controvert
[kántrəvə:rt]

vt. 논박[논쟁]하다

- A young scientist **controverted** Einstein's theory.
  한 젊은 과학자가 아인슈타인의 이론에 **논박했다**.

cf. discussion 토론, 토의   debate (공식적인) 토론, 토의
argument 논쟁, 언쟁   dispute (싸움 직전의) 논쟁
contradiction 반박, 반대 주장, 부인

0085 ★★★

counterfeit
[káuntərfit]

a. 가짜의(not genuine), 모조의, 위조의(forged, fake)

n. 모조품, 위조물(forgery)

v. 모조[위조]하다(forge)

- **a counterfeit note[signature]** 위조지폐[서명]
- The ten-dollar bill turned out to be a **counterfeit**.
  그 10달러짜리 지폐는 **가짜**로 판명되었다.

| 어원 | counter-
(against) | + | feit
(fect: make) | ➡ | 진짜와 반대로 만든 |

---

counterfeiter
[káuntərfitər]

n. (화폐) 위조자

- **a skillful counterfeiter** 숙련된 화폐 **위조자**

---

ob-

'반대·저항; 방해; 방향'의 개념을 지님

❶ **against** 반대하여, 저항하여   ❷ **in the way** 방해가 되는; 길 위에
❸ **to** ~으로; **toward** ~을 향하여   ❹ **intensive** 강조

철자 변형 oc-(자음 c 앞에서), of-(자음 f 앞에서)
op-(자음 p 앞에서), o-(자음 m 앞에서 b가 탈락)

0086 ★★☆

oppose
[əpóuz]

vt. (의견에) 반대하다; 저항하다(resist), 대립하다

- **oppose the enemy** 적에 **저항하다**
- The clergy are **opposed** to the death penalty.
  성직자들은 사형 제도에 **반대한다**.
- The radicals **opposed** the government's plan for reform.
  급진주의자들은 정부의 개혁안에 **반대했다**.

cf. be opposed to + (동)명사 ~에 반대하다(object to)

| 어원 | op-
(ob-: against) | + | pos(e)
(put) | ➡ | 반대 방향으로 놓다 |

---

opposition
[àpəzíʃən]

n. 반대; 저항, 대립

- The Democratic Party was in **opposition**. 민주당은 **야당**이었다.

opposite
[ápəzit;-sit]

a. 맞은편의, 마주보는(facing); (성질·의미 등이) 정반대의(contrary)

prep. ~의 맞은편에

n. 정반대의 사람[것]

- **two opposite opinions on how to stop poverty**
  빈곤을 막는 방법에 관한 **정반대의** 두 의견
- Her house is **opposite** to mine.
  그녀의 집은 내 집과 **마주보고** 있다.
- Light is the **opposite** of darkness.
  빛은 어둠의 **반대**이다.

opponent
[əpóunənt]

n. (게임 등의) 적수, 상대자(adversary, rival); 반대자

- **beat an opponent at an election**
  선거에서 **상대자**를 이기다

0087 ★★★
offend
[əfénd]

vt. ~의 감정[기분]을 해치다(hurt), 불쾌하게 하다(displease); (법·규칙 등을) 위반하다, 어기다(violate, infringe)

- **a contract offending a statute**
  법령을 **위반하는** 계약
- Her son was **offended** that she forgot his birthday.
  그녀의 아들은 어머니가 자신의 생일을 잊어버려서 기분이 **상했다**.

어원	of- (ob-: against)	➕	fend (strike)	➡	저항하여 때리다

offense
[əféns]

n. 기분을 상하게 하는 것, 불쾌한 것; 위반, 반칙(violation); 공격(attack)

- **an offense to the eye** 눈에 **거슬리는 것**
- **an offense against the law** 법률 위반

offensive
[əfénsiv]

a. 불쾌한, 비위에 거슬리는(unpleasant); 공격의[적인](aggressive)

- **an offensive sound[smell]** 불쾌한 소리[냄새]

0088 ★☆☆
obstacle
[ábstəkl]

n. 장애(물), 방해(물)(obstruction)

- **an obstacle to progress** 진보에의 장애물
- We found various **obstacles** in our way.
  우리는 도중에 갖가지 **장애물**을 발견했다.

어원	ob- (in the way)	➕	sta (stand)	➕	-cle (명접)	➡	방해하며 서 있는 것

0089 ★☆☆

obstruct
[əbstrʌ́kt]

vt. (길을) 막다, 봉쇄하다(block, form a barrier); 방해하다

- **obstruct** a road[plan] 길을 **막다**(계획을 **방해하다**)
- One political party **obstructed** the passage of laws proposed by another.
  한 정당이 다른 정당이 제안한 법안의 통과를 **방해했다**.

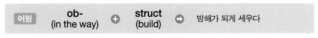

| 어원 | ob-
(in the way) | ➕ | struct
(build) | ➡ | 방해가 되게 세우다 |

obstruction
[əbstrʌ́kʃən]

n. 방해, 훼방; 방해물, 장애물(obstacle, barrier)

- It caused no **obstruction** to traffic.
  그것은 교통에 아무런 **방해**도 주지 않았다.

0090 ★★☆

obscene
[əbsíːn]

a. 외설스러운, 음란한(lewd, dirty)

- an **obscene** book[picture] 음란한 책[그림]
- The dance was **obscene**.
  그 춤은 **음란했**다.

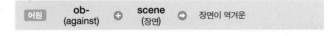

| 어원 | ob-
(against) | ➕ | scene
(장면) | ➡ | 장면이 역겨운 |

0091 ★★☆

officious
[əfíʃəs]

a. 간섭하는, 참견하기 좋아하는(meddlesome)

- She is so **officious** that she tells everyone what to do.
  그녀는 매우 **참견하기 좋아해서** 모든 사람에게 이래라저래라 지시한다.

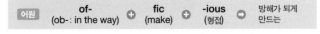

| 어원 | of-
(ob-: in the way) | ➕ | fic
(make) | ➕ | -ious
(형접) | ➡ | 방해가 되게
만드는 |

0092 ★☆☆

occasion
[əkéiʒən]

n. (특정의) 때, 경우 (보통 on을 수반); 특별한 행사[의식](event)

- On that **occasion**, she was not at home.
  그**때** 그녀는 집에 없었다.
- The opening of a new school is always a great **occasion**.
  신설 학교의 개교는 언제나 큰 **행사**이다.

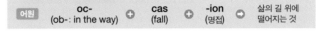

| 어원 | oc-
(ob-: in the way) | ➕ | cas
(fall) | ➕ | -ion
(명접) | ➡ | 삶의 길 위에
떨어지는 것 |

occasionally
[əkéiʒənəli]

ad. 가끔, 때때로(on occasion, from time to time)

- She takes a cocktail **occasionally**.
  그녀는 **가끔** 칵테일을 마신다.

oblige
[əbláidʒ]

vt. 강요하다, 강제로 시키다(**compel, force**); 은혜를 베풀다, 감사하게 하다
- Everyone is **obliged** to pay his taxes. 누구나 세금을 내지 **않을 수 없다.**
- I'm much **obliged** to you for your help. 당신의 도움에 대단히 **감사합니다.**

cf. be obliged to + 동사 ~하지 않을 수 없다(be compelled to)
be obliged to + 사람 ~에게 감사하다(be thankful to)

| 어원 | ob-
(to) | ⊕ | lig(e)
(bind) | ⇒ | ~쪽으로 얽매이게 하다 |

obligate
[ábləgèit]

vt. 의무를 지우다(**bind**)
- He was **obligated** to pay a debt. 그는 부채를 지불할 **의무가 있었다.**

cf. obligate는 대개 수동형이나 재귀용법으로 쓰인다.

obligation
[àbləgéiʃən]

n. 의무, 책무(**duty**)
- You have an **obligation** to support your family.
너는 가족을 부양해야 하는 **의무**를 지녔다.

observe
[əbzə́:rv]

vt. 지켜보다; 관찰하다(**watch**); (법·기념일 등을) 지키다, 준수하다(**obey**);
(의견으로) 말하다, 비평하다
- **observe a surgical operation[an eclipse]** 외과 수술[일식]을 **관찰하다**
- **observe a law[the Sabbath]** 법[안식일]을 **지키다**
- She **observed** the thief open the lock of the door.
그녀는 도둑이 문의 자물쇠를 여는 것을 **지켜보았다.**

| 어원 | ob-
(to) | ⊕ | serv(e)
(keep: 지키다) | ⇒ | ~을 향해 (주의 깊게)
지켜보다, 지키다 |

observer
[əbzə́:rvər]

n. 관찰자, 감시자; (회의 등의) 옵서버, 참관인, 입회인; 의견을 말하는 사람;
(규칙·종교 의식 등의) 준수자
- **observers to watch military exercises** 군사 훈련을 지켜보는 **옵서버들**

observation
[àbzərvéiʃən]

n. 지켜봄, 주시, 주목(**notice**); 관찰, 관측; (관찰에 따른) 의견, 논평
- His powers of **observation** are poor. 그는 **관찰**력이 부족하다.

observance
[əbzə́:rvəns]

n. 준수, 따르기; 의식, 의례(**ceremony, ritual**)
- **the observance of traffic laws** 교통법규의 준수

observatory
[əbzə́:rvətɔ̀:ri]

n. 관측소, 기상대
- The **observatory** is located on a mountain top.
그 **관측소**는 산꼭대기에 위치해 있다.

0095 ★☆☆

obedient
[oubí:diənt]

a. 순종하는, 유순한(docile, amenable ↔ disobedient)

· Be **obedient** to your parents.
부모님께 **순종하라**.

| 어원 | ob-
(toward) | ➕ | edi
(hear) | ➕ | -ent
(형접) | ➡ | ~를 향하여 귀 기울이는 |

obedience
[oubí:diəns]

n. 순종, 복종(submission), (법률·규칙 등의) 준수(↔ disobedience)

· Military service demands **obedience** from its members.
병역은 구성원들에게 **복종**을 요구한다.

obey
[oubéi]

vt. (사람·명령 등에) 복종하다, 따르다, (규칙·법을) 준수하다(follow)

· **obey** one's parents[traffic lights] 부모님[교통신호]을 **따르다**
· We must **obey** the laws of nature.
우리는 자연의 법칙에 **따라야 한다**.

0096 ★☆☆

obtain
[əbtéin]

vt. ~을 손에 넣다, 얻다, (노력하여) 획득하다(acquire, come by)

· **obtain** information[permission] 정보[허락]를 **얻다**
· The professor managed to **obtain** the book she wanted.
그 교수는 자신이 원하는 책을 겨우 **입수했다**.

| 어원 | ob-
(강조) | ➕ | tain
(hold) | ➡ | 손으로 잡다 |

obtainable
[əbtéinəbl]

a. 획득[입수]할 수 있는(accessible)

· Are Elvis Presley's records still **obtainable**?
엘비스 프레슬리의 음반을 아직도 **구할 수 있을**까요?

0097 ★★☆

obese
[oubí:s]

a. 비만한(very fat, overweight)

· a diet program for **obese** children 비만한 아이들을 위한 식사 계획표
· A person who weighs 300 pounds is **obese**.
몸무게가 300파운드인 사람은 **비만하**다.

| 어원 | ob-
(강조) | ➕ | ese
(eat) | ➡ | 지나치게 많이 먹는 |

obesity
[oubí:səti]

n. 비만(corpulence)

· the chief cause of his **obesity** 그의 **비만**의 주된 원인

Daily Test 03

정답 및 해설 p.465

A 다음 영어를 우리말로, 우리말을 영어로 쓰시오.

1	antibody		11	남극의; 남극 지역
2	occasionally		12	대조하다, 대비하다
3	obese		13	논박, 논쟁
4	observe		14	반대하다; 저항하다
5	obscene		15	항생물질, 항생제
6	obedient		16	역습, 반격
7	officious		17	가짜의; 모조품
8	anti-communist		18	(길을) 막다, 봉쇄하다
9	contraband		19	때, 경우; 특별한 행사
10	offend		20	장애(물), 방해(물)

B 다음 빈칸에 알맞은 단어를 쓰시오.

1	antipathy	⟳ s	6	obtainable	⊜ a
2	antonym	⟳ s	7	opponent	⊜ r
3	obtain	⊜ a	8	obese	ⓝ
4	observe	⊜ w	9	offend	ⓐ
5	contrary	⊜ o	10	oblige	⊜ f

C 다음 빈칸에 들어갈 알맞은 말을 보기 에서 고르시오. (문장: 기출 또는 기출 변형)

보기	controversy	contrary	obstacles	occasions

1 _____ to popular belief, most octopuses are poor swimmers.

2 In childhood, you learn how to handle _____ and adversity for your later life.

3 Clydesdales have made a comeback as parade horses for special _____ such as weddings.

4 Due to the _____ over the vaccine, I insist the governor wait for the vaccine to prove itself perfect.

DAY 04

『함께·같음』을 의미하는 접두어

con-
[=together] [=intensive]

con-	'시간적·공간적 일체성'의 개념을 지님
	❶ **together** 함께, 같이
	❷ **intensive** 강조
	철자 변형 **com-**(자음 b, m, p 앞에서), **col-**(자음 l 앞에서)
	cor-(자음 r 앞에서), **co-**(모음 앞에서), **coun-**

0098 ★☆☆

contemporary
[kəntémpəreri]

a. 동시대의; 현대의, 당대의(modern)

n. 동시대 사람; 동기생

- **a lecture on the contemporary novel** 현대 소설에 관한 강연
- Goethe was **contemporary** with Beethoven.
  괴테는 베토벤과 **같은 시대의** 사람이었다.
- The female writer was a **contemporary** of T. S. Eliot
  그 여류 작가는 T. S. 엘리엇과 **동시대 사람**이었다.
- She and I were **contemporaries** at university.
  그녀와 나는 대학 **동기생**이다.

| 어원 | **con-** (together) | ➕ | **tempo(r)** (time) | ➕ | **-ary** | ➡ | 시대를 함께하는 (사람) |

• Further Study •
temporary   **a.** 일시적인, 임시의(transient ↔ eternal)
tempo   **n.** (음악·생활의) 템포, 속도

0099 ★☆☆

conceal
[kənsíːl]

vt. 감추다, 비밀로 하다(hide, keep secret)

- **conceal one's feelings** 감정을 숨기다
- The spy **concealed** the gun under her coat.
  그 스파이는 권총을 자신의 외투 밑에 **감췄다**.

| 어원 | **con-** (강조) | ➕ | **ceal** (hide: 숨기다) | ➡ | 숨기다 |

43

concealment
[kənsíːlmənt]

n. 감춤, 은닉
- **the concealment of crime** 범죄의 은닉

0100 ★☆☆

construct
[kənstrʌ́kt]

vt. (건물·도로·등을) 건설하다(build ↔ destroy); 조립하다(put together)
- **construct a bridge[road]** 다리[도로]를 **건설하다**
- Builders **construct** buildings. 건축업자들은 건물을 **짓는다.**

어원	con- (together)	+	struct (build)	⇒	함께 세우다

---

construction
[kənstrʌ́kʃən]

n. 건설, 건축(↔ destruction); 건축술, 건축물
- **two new hotels under construction** 새로 **건축** 중인 두 개의 호텔

---

constructive
[kənstrʌ́ktiv]

a. 건설적인, 발전적인(↔ destructive)
- **constructive suggestions[criticism]** **건설적인** 제안[비평]

0101 ★☆☆

contain
[kəntéin]

vt. (공간 안에) 들어 있다(hold, include); (성분으로) 포함[함유]하다
- The box **contains** 50 apples. 그 상자에는 50개의 사과가 **들어 있다.**
- This vegetable **contains** abundant vitamins.
  이 채소는 풍부한 비타민을 **포함한다.**

어원	con- (together)	+	tain (hold)	⇒	함께 잡고 있다

---

container
[kəntéinər]

n. 용기, 그릇(vessel); (화물 운송용) 컨테이너
- The housekeeper went to the store to buy a watertight **container.**
  그 가정부는 물이 새지 않는 **용기**를 사러 가게에 갔다.

0102 ★★★

contaminate
[kəntǽmənèit]

vt. (더러운 것으로) 불순하게 하다, 오염시키다(pollute)
- **believers contaminated by infidels** 무신론자들에 의해 **불순해진** 신자들
- The atmosphere of Japan is **contaminated** by radioactivity.
  일본의 대기는 방사능으로 **오염되어 있다.**

어원	con- (together)	+	tamin (touch)	+	-ate (동접)	⇒	함께 접촉하여 더럽히다

---

contamination
[kəntǽmənéiʃən]

n. 더럽히기, 오염(pollution)
- **radioactive contamination** 방사능 오염

0103 ★★☆

consult
[kənsʌ́lt]

vt. ~에게 조언을 청하다, 상의[상담]하다; (책을) 참고하다(refer to)

vi. 상의[의논]하다(confer) (보통 with를 수반)

- **consult a dictionary** 사전을 **참고하다**
- **consult with someone about something** 남과 어떤 일을 **상의하다**
- **Consult** your lawyer before signing the contract.
  계약서에 서명하기 전에 변호사의 **조언을 구하세요.**

  | 어원 | 'take counsel(조언을 취하다)'에서 유래 |

consultation
[kɑ̀nsəltéiʃən]

n. 조언을 청하기, 자문; 참고, 참조; 상의, 협의(conference)

- **through the steady consultation of a dictionary**
  사전을 끊임없이 **참고**하면서

0104 ★★★

condense
[kəndéns]

vi. vt. 농축하다[되다], 응축하다; (글을) 요약하다(summarize)

- Milk is **condensed** by removing much of the water from it.
  우유는 자체에서 많은 수분을 제거함으로써 **농축된다.**
- The writer **condensed** his letter from seven pages to two.
  그 작가는 자신의 편지를 7쪽에서 2쪽으로 **요약했다.**

  | 어원 | con- (강조) + dense (진한, 밀도 있는) → 매우 진하게 만들다 |

condensation
[kɑ̀ndenséiʃən]

n. 농축, 응축; 요약, 간략(abridgement)

- This 7-page summary is a **condensation** of an 80-page report.
  이 7쪽의 요약문은 80쪽의 보고서를 **요약**한 것이다.

0105 ★☆☆

concentrate
[kɑ́nsəntreit]

vi. vt. 집중하다[시키다](focus) (보통 on을 수반); ~을 집결시키다

- **concentrate soldiers in a town** 군인들을 한 마을에 **집결시키다**
- You should **concentrate** (your attention) on your work.
  너는 네 일에 (주의를) **집중해야 한다.**

  | 어원 | con- (together) + centr (center) + -ate (동접) → 가운데로 모으다 |

concentration
[kɑ̀nsəntréiʃən]

n. (힘·정신 등의) 집중, 집중력; 집결

- **Concentration** is the ability to keep your thoughts and attention on one fact until you know it thoroughly.
  정신 집중이란 완전히 알 때까지 한 가지 사실에 생각과 주의를 기울이는 능력이다.

0106 ★★☆

confirm
[kənfə́:rm]

vt. 입증[확증]하다(prove); (틀림이 없음을) 확인하다(make certain)

- **confirm airline reservations**
  항공편 예약을 **확인하다**
- This report **confirms** my suspicions.
  이 보고서는 나의 의혹을 **입증한다**.

| 어원 | con-
(강조) | ➕ | firm
(확고한) | ➡ | 완전히 확고하게 하다 |

---

confirmation
[kànfərméiʃən]

n. 입증, 확증(proof); 확인

- **the confirmation of the statements** 진술의 **확인**

0107 ★★☆

conform
[kənfɔ́:rm]

vt. (규칙·관습·지시 등에) 따르다, 순응하다(comply) (보통 to를 수반)

- **conform to directions[wishes]** 지시〔소망〕에 **따르다**
- His company **conforms** to government regulations on worker safety.
  그의 회사는 근로자 안전에 대한 정부의 규제에 **따른다**.

| 어원 | con-
(together) | ➕ | form
(모양) | ➡ | 서로 모양을 같이하다 |

---

conformity
[kənfɔ́:rməti]

n. 따름, 순응

- **conformity to the law** 법에 **순응**

---

conformist
[kənfɔ́:rmist]

n. (특히 못마땅한) 순응자, 순응주의자

- **a conformist to the rules** 규칙에 **따르는 사람**

0108 ★☆☆

confront
[kənfrʌ́nt]

vt. 마주 보다(meet face to face); 맞서다, 직면하다(be faced with)

- **two buildings confronting each other**
  서로 **마주 보는** 두 건물
- My mother **confronted** the problem of losing her job by working hard.
  나의 어머니는 열심히 일해서 직장을 잃는 문제에 **맞섰다**.

| 어원 | con-
(together) | ➕ | front
(이마) | ➡ | 이마를 마주하고 대하다 |

---

confrontation
[kànfrəntéiʃən;
-frʌn-]

n. 마주 대함, 대면; (역경·위험에) 맞섬, 직면, 대결

- **the East-West confrontation** 동서 양 진영의 **대결**

0109 ★★☆

conserve
[kənsə́ːrv]

vt. (현 상태를 유지하여) 보존[보호]하다, 유지하다(preserve)

- **conserve moral standards[one's health]**
  도덕적 기준(건강)을 **유지하다**
- The ecologists discussed how to **conserve** natural resources.
  생태학자들은 천연자원을 **보존하는** 방법에 대해 토론했다.

| 어원 | con-
(강조) | ⊕ | serve
(keep) | ➡ | 잘 간직하다 |

conservation
[kὰnsərvéiʃən]

n. 보존, 보호, 유지

- **the conservation of wildlife** 야생 동물의 **보호**

conservative
[kənsə́ːrvətiv]

a. 보수적인(◐ progressive, liberal)

n. 보수적인 사람

- **conservative views** 보수적인 관점
- **conservatives in matters of education**
  교육 문제에 있어서 **보수적인 사람들**

0110 ★★☆

council
[káunsəl]

n. (특히 정치가의) 자문위원회, 협의회

- The City **Council** advises the mayor on what to do.
  시**의회**는 시장에게 무엇을 해야 할지에 대하여 조언한다.

| 어원 | coun-
(con-: together) | ⊕ | cil
(call) | ➡ | 함께 말하는 단체 |

0111 ★☆☆

combine
[kəmbáin]

vi. vt. 결합[연합]하다[시키다](unite)

- Hydrogen **combines** with oxygen to form water.
  수소는 산소와 **결합하여** 물을 만든다.
- We can't always **combine** theory with practice.
  우리는 이론과 실제를 항상 **결합시킬** 수는 없다.

| 어원 | com-
(together) | ⊕ | bine
(two by two) | ➡ | 둘씩 합하여 하나로 하다 |

combination
[kὰmbənéiʃən]

n. 결합, 연합; (자물쇠의) 숫자[문자] 조합

- **a combination of people from all social classes**
  모든 사회 계층의 사람으로 구성된 **연합체**
- I can't remember my locker **combination**.
  개인 사물함 (비밀) **번호**가 기억이 나지 않는다.

commence
[kəméns]

vt. vi. 시작하다[되다], 개시하다[되다](**begin, start**)

- Should we **commence** the attack? 공격을 **개시해야** 할까요?
- The first term **commences** in April. 첫 학기는 4월에 **시작한다**.

| 어원 | com-
(con: 강조) | + | mence
(begin) | ⇒ | 시작하다 |

commencement
[kəménsmənt]

n. 시작, 개시(**beginning**); 졸업식(**graduation ceremony**)

- **hold a commencement** 졸업식을 거행하다

communicate
[kəmjú:nəkeit]

vt. (정보·의사 등을) 전달하다　**vi.** 통신하다, 의사소통하다

- **communicate one's ideas[happiness]** ~의 생각[행복함]을 **전하다**
- People **communicate** with each other by spoken or written language or by gestures.
  사람들은 말이나 글, 몸짓을 사용하여 서로 **의사소통을 한다**.

| 어원 | commun
(common: 공유하는) | + | -(ic)ate
(동접) | ⇒ | 공유하게 하다 |

communication
[kəmjù:nəkéiʃən]

n. 전달, (병의) 전염; 통신, 의사소통; (-s) 통신 기관[시설]

- **mass communications** 매스컴

commonplace
[kámənpleis]

a. 평범한(**ordinary, usual**); 흔해 빠진

- **a commonplace remark[marriage]** 흔해 빠진 말[**평범한 결혼**]
- Soon it will be **commonplace** for people to travel to the moon.
  머지않아 사람들이 달로 여행을 가는 것은 **평범한** 일이 될 것이다.

| 어원 | common
(보통의, 흔한) | + | place
(장소) | ⇒ | 어느 장소에나 흔한 |

compete
[kəmpí:t]

vi. 경쟁하다, 겨루다(**contend, vie**)

- The girl **competed** with the boys for a prize.
  그 소녀는 상을 타려고 소년들과 **경쟁했다**.

| 어원 | com-
(con-: together) | + | pete
(seek) | ⇒ | (하나의 상을 얻기 위해)
함께 구하다 |

competition
[kàmpətíʃən]

n. 경쟁, 겨루기(**rivalry**); 시합, 경기(**contest, match**)

- **the Olympic competition** 올림픽 **경기**

competitive
[kəmpétətiv]

a. 경쟁의, 경합하는
- **a competitive market[power]** 경쟁 시장[경쟁력]

competitor
[kəmpétətər]

n. 경쟁자, 경쟁 상대(rival)
- **competitors in business** 사업상의 **경쟁자들**

0116 ★★☆

compromise
[kámprəmaiz]

n. 타협, 절충(negotiation)

vi. 타협하다, 화해하다   vt. 양보하다, (불명예스러운) 양보를 하다

- After lengthy talks, the two sides reached a satisfactory compromise.
  오랜 회담 끝에 양측은 만족스러운 **타협**에 이르렀다.
- He **compromised** with his opponent on the dispute.
  그는 자신의 적대자와 그 분쟁에 관하여 **타협했다**.

| 어원 | com-
(con-: together) | + | promise
(약속) | ➡ | 함께 한 약속 |

0117 ★☆☆

company
[kámpəni]

n. 〈집합적〉 동료, 친구(companions); 함께 있음, 교제(companionship); 회사(firm); (군사) 중대

- A man is known by the **company** he keeps. 〔속담〕
  사람은 사귀는 **친구**를 보면 됨됨이를 알 수 있다.
- A woman falling in love likes his **company**.
  사랑에 빠져 있는 여성은 그와 **함께 있는 것**을 좋아한다.
- Which **company** do you work for?
  당신은 어떤 **회사**에서 근무합니까?

| 어원 | com-
(con-: together) | + | pan
(bread) | + | -y
(명접) | ➡ | 빵을 함께 먹는
사람 |

0118 ★★★

compile
[kəmpáil]

vt. (자료를) 모으다(gather); (자료를 모아 책·사전을) 편찬[편집]하다

- **compile an encyclopedia[a guidebook]** 백과사전[안내서]을 **편찬하다**
- His secretary **compiled** materials into a magazine.
  그의 비서는 자료를 모아 잡지를 **편찬했다**.

| 어원 | com-
(con-: together) | + | pile
(쌓아 올리다) | ➡ | 함께 쌓아 놓다 |

---

compilation
[kàmpəléiʃən]

n. 편찬, 편집

- **the compilation of a dictionary** 사전 **편찬**

cf. edit (신문·잡지·서적·영화 등을 인쇄·상영에 알맞게) 편집하다

0119 ★☆☆

compose
[kəmpóuz]

vt. 구성하다(make up); (문학 작품·음악 작품·미술 작품·안무 등을) 창작하다(create); (태도·마음을) 진정시키다(make calm)

- **compose a poem[song]** 시를 짓다(노래를 **작곡하다**)
- **compose one's emotions[mind]** 감정(마음)을 **가라앉히다**
- Water is **composed** of hydrogen and oxygen.
  물은 수소와 산소로 **구성되어 있다**.
  = Water is made up of hydrogen and oxygen.

| 어원 | com-
(con-: together) | ⊕ | pos(e)
(put) | ⇒ | 함께 놓다 |

composition
[kàmpəzíʃən]

n. 구성; (문학·음악·미술 등의) 창작; 작문

- **the composition of short stories** 단편 소설의 **창작**

composure
[kəmpóuʒər]

n. 차분함, 침착(calmness)

- **lose[recover] one's composure** 차분함을 잃다(되찾다)

composer
[kəmpóuzər]

n. 작곡가

- Beethoven was an excellent **composer**. 베토벤은 뛰어난 **작곡가**였다.

0120 ★☆☆

collaborate
[kəlǽbəreit]

vi. 공동으로 일하다(work jointly), 협력하다(cooperate)

- Two authors **collaborated** in writing a textbook.
  두 명의 저자가 교과서를 **공저했다**.

| 어원 | col-
(con-: together) | ⊕ | labor
(일) | ⊕ | -ate
(동접) | ⇒ | 함께 일하다 |

collaboration
[kəlæbəréiʃən]

n. 공동 연구, 협력

- The biologist is working in **collaboration** with her students.
  그 생물학자는 자신의 제자들과 **협력**하여 일하고 있다.

0121 ★★☆

correspond
[kɔ̀:rəspánd;kàr-]

vi. 일치하다, 부합하다(be in agreement) (보통 with, to를 동반);
편지 왕래하다, 통신하다(exchange letters) (보통 with를 수반)

- His actions don't **correspond** with his words.
  그의 행동은 말과 **일치하지** 않는다.
- He **corresponded** with her while she was away.
  그는 그녀가 떠나 있는 동안 그녀와 **편지를 주고받았다**.

| 어원 | cor-
(con-: together) | ⊕ | respond
(응답하다) | ⇒ | 함께 응답하다 |

correspondence
[kɔ̀:rəspándəns
;kàr-]

n. 일치(agreement), 조화(harmony); 편지 왕래, 통신

• **correspondence between separated friends**
떨어져 있는 친구 사이의 **편지 왕래**

---

correspondent
[kɔ̀:rəspándənt;kàr-]

n. 통신원, 통신 기자

• **a war correspondent** 종군 **기자**

0122 ★★★

correlate
[kɔ́:rəleit;kàr-]

vt. vi. 서로 관련시키다[되다] (보통 with, to를 수반)

• Try to **correlate** geography with history.
지리학을 역사와 **서로 관련시켜** 보시오.

• Geography **correlates** with many other studies.
지리학은 다른 많은 학문과 **관련이 있다**.

 cor-
(con-: together) ⊕   relate
(관련시키다) ⟹ 서로 관련시키다

---

correlation
[kɔ̀:rəléiʃən;kàr-]

n. 상호 관계(mutual relation)

• **the correlation of chemistry with physics**
화학과 물리학의 **상호 관계**

---

correlative
[kərélətiv]

a. 상호 관련된(mutually related)

• Her research results are **correlative** with his.
그녀의 연구 결과는 그의 것과 **상호 관계가 있다**.

0123 ★☆☆

cooperate
[kouápəreit]

vi. 협력[협동]하다(work together, collaborate)

• All of them **cooperated** with her in the work.
그들 모두 그 일에 있어서 그녀와 **협력했다**.

 co-
(con-: together) ⊕   operate
(일하다)   함께 일하다

---

cooperation
[kouàpəréiʃən]

n. 협력, 협동(joint action)

• **the full cooperation of the government** 정부의 전면적인 **협력**

---

cooperative
[kouápərətiv;
-ápəreit-]

a. 협동의, 협조적인

• **a cooperative attitude** 협조적인 태도

0124 ★☆☆

coexist
[kòuigzíst]

vi. 공존하다, 같은 시간[공간]에 존재하다

- Love and hate can **coexist** within the same person.
  사랑과 증오가 한 인물 속에 **공존할** 수 있다.

| 어원 | co-
(con-: together) | ⊕ | exist
(존재하다) | ⊃ | 함께 존재하다 |

coexistence
[kòuigzístəns]

n. 공존

- **peaceful coexistence** 평화 공존

0125 ★★☆

coed
[kòuéd]

a. 남녀 공학의(coeducational)

n. (남녀 공학의) 여학생

- That high school is **coed**. 저 고등학교는 **남녀 공학**이다

cf. 미국에서 대부분의 학교와 대학은 남녀 공학이지만, 일부는 남학교와 여학교가 있다.
이들은 주로 사립학교로 boys' school, men's college, girls' school, women's college 등으로 불린다.

| 어원 | coed | ⊃ | coeducational의 생략형 |

Word Grammar 타동사구 ③

○ 「타동사＋명사＋전치사」

find fault with ~의 흠을 잡다	**make use of** ~을 이용하다
make fun of ~을 놀리다	**take care of** ~을 보살피다
pay attention to ~에 주의를 기울이다	**take notice of** ~을 알아차리다
make allowance for ~을 참작[고려]하다	**make much of** ~을 중시하다

- She took good care of the orphan. 그녀는 고아를 잘 보살폈다.
- You should pay attention to what you are doing.
  너는 네가 하고 있는 일에 주의를 기울여야 한다.

cf 「타동사＋부사」: 이제까지의 세 가지 타동사구와 함께 학습하세요.

put off ~을 연기하다, 미루다	**give up** ~을 포기하다	**put on** ~을 입다
take off ~을 벗다	**carry out** 실행하다	**turn on** ~을 켜다
see off 전송하다	**turn down** 거절하다	**call** (**up**) 전화하다

- Take off your shoes. (= Take your shoes off.) 신발을 벗어라.
- You should give up the attempt to change him.
  너는 그를 변화시키려는 시도를 포기해야 한다.

syn-

'같음; 일체성'의 개념을 지님

❶ **same** 같은
❷ **together** 함께, 같이

[철자 변형] **sym-** (자음 b, m, p 앞에서)

0126 ★☆☆

synergy
[sínərdʒi]

n. 동반 상승효과, 시너지 효과

- If we join our efforts, we will benefit from a new **synergy**.
  우리가 노력을 합하면 새로운 **시너지 효과**가 생겨 이익을 얻을 것이다.

| 어원 | syn-
(together) | ⊕ | ergy
(energy) | ➡ | 함께 모아진 에너지 |

0127 ★☆☆

synonym
[sínənim]

n. 동의어(⊖ antonym)

- "Sad" and "unhappy" are **synonyms**.
  'sad'와 'unhappy'는 **동의어**이다.

| 어원 | syn-
(same) | ⊕ | onym
(name) | ➡ | (사물에 대한) 같은 이름 |

0128 ★★★

synopsis
[sinápsis]

n. (영화·책·논문 등의) 줄거리, 개요, 시놉시스(**outline, summary**)

- The actress had no time to read the script, so she read a **synopsis** of it.
  그 여배우는 대본을 읽을 시간이 없어서 그것의 **줄거리**를 읽었다.

| 어원 | syn-
(together) | ⊕ | op
(eye) | ⊕ | -sis
(명접) | ➡ | 한눈에 볼 수 있도록 함께
모여 있는 것 |

0129 ★☆☆

symphony
[símfəni]

n. 교향곡, 심포니

- She went to the concert hall to hear a romantic **symphony**.
  그녀는 연주회장에 가서 낭만적인 **교향곡**을 들었다.

| 어원 | sym-
(syn-: together) | ⊕ | phon(e)
(sound: 소리) | ⊕ | -y
(명접) | ➡ | 함께 어울리
는 소리 |

0130 ★☆☆

sympathy
[símpəθi]

n. 동정, 연민(**compassion, pity**); 공감, 동감

- She feels a deep **sympathy** for the poor.
  그녀는 가난한 사람들에게 깊은 **연민**을 느낀다.
- There was a certain **sympathy** between the young couple.
  그 젊은 연인 사이에는 어떤 **공감**이 있었다.

| 어원 | sym-
(syn-: same) | ⊕ | pathy
(feeling) | ➡ | 같은 감정 |

sympathize
[símpəθaiz]

vi. 동정하다, 불쌍히 여기다 (종종 with를 수반); 공감하다
- An angel of a girl **sympathized** with the poor boy.
  천사 같은 소녀는 그 가난한 소년을 **동정했다**.

sympathetic
[sìmpəθétik]

a. 동정적인, 동정심이 있는; 공감을 느끼는
- She was **sympathetic** to my ideas.
  그녀는 내 생각에 **공감했**다.

0131 ★☆☆

symmetry
[símətri]

n. (좌우) 대칭(↔ asymmetry); 균형(balance, proportion)
- **the perfect symmetry of the building's design**
  빌딩 디자인의 완벽한 **대칭**
- The man and woman danced in perfect **symmetry**.
  그 남자와 여자는 완벽한 **균형**을 이루어 춤을 추었다.

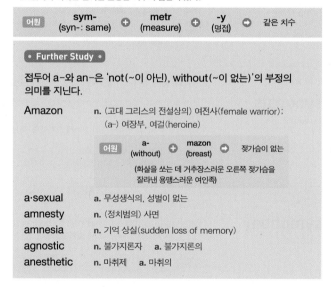

어원 | **sym-** (syn-: same) ➕ **metr** (measure) ➕ **-y** (명접) ➡ 같은 치수

● Further Study ●

접두어 a-와 an-은 'not(~이 아닌), without(~이 없는)'의 부정의 의미를 지닌다.

Amazon   n. (고대 그리스의 전설상의) 여전사(female warrior); (a-) 여장부, 여걸(heroine)

어원 | **a-** (without) ➕ **mazon** (breast) ➡ 젖가슴이 없는

(화살을 쏘는 데 거추장스러운 오른쪽 젖가슴을 잘라낸 용맹스러운 여인족)

a·sexual   a. 무성생식의, 성별이 없는
amnesty   n. (정치범의) 사면
amnesia   n. 기억 상실(sudden loss of memory)
agnostic   n. 불가지론자   a. 불가지론의
anesthetic   n. 마취제   a. 마취의

symmetrical
[simétrikəl]

a. (좌우) 대칭의; 균형 잡힌(balanced)
- Our bodies are not perfectly **symmetrical**.
  우리의 신체는 완벽하게 **(좌우) 대칭이** 아니다.

A 다음 영어를 우리말로, 우리말을 영어로 쓰시오.

1	consult	11	마주보다; 맞서다, 직면하다
2	collaborate	12	들어 있다, 포함하다
3	correspond	13	동시대의; 동시대 사람
4	council	14	불순하게 하다, 오염시키다
5	synergy	15	보존하다, 유지하다
6	compile	16	협력하다, 협동하다
7	confirm	17	집중하다, 집중시키다
8	condense	18	서로 관련시키다
9	symphony	19	타협, 절충
10	coexist	20	동료, 친구; 회사

B 다음 빈칸에 알맞은 단어를 쓰시오.

1	conceal	⊜ h	6	symmetry	↻ a
2	commence	⊜ b	7	conservative	↻ p
3	sympathy	⊜ p	8	combine	ⓝ
4	commonplace	⊜ o	9	communicate	ⓝ
5	construct	↻ d	10	compete	ⓐ

C 다음 빈칸에 들어갈 알맞은 말을 보기 에서 고르시오. (문장: 기출 또는 기출 변형)

보기	confirmed	composed	contains	construct

1 It _____ almost no sulfur, little ash, and gives off few pollutants, so it is very clean.

2 The hospital had planned to _____ its parking lot over seven acres of occupied bird habitat.

3 One might be surprised to discover that such a grand structure is _____ entirely of ordinary stones.

4 Belgian researchers at Leuven University _____ just how the link between temperature and taste works.

DAY
05

『내부』를 의미하는 접두어

in-
[=in, into] [=on]

in-	'내부'의 개념을 지님 (주로 동사 어근, 명사 어근을 지님)
	❶ **in** 안에; **into** 안으로
	❷ **on** 위에
	철자변형 **im-**(자음 b, m, p 앞에서), **il-**(자음 l 앞에서), **ir-**(자음 r 앞에서)

0132 ★☆☆

insight
[ínsait]

n. (직관에 의한) 통찰, 식견; 통찰력

• A playboy has a keen **insight** into the complexity of women's emotions.
바람둥이는 여성의 복잡한 감정을 꿰뚫어 보는 예리한 **통찰력**을 지니고 있다.

어원	in- (into)	➕	sight (보기)	➡	사물의 속을 꿰뚫어 보기

---

insightful
[ínsaitfəl]

a. 통찰력이 있는(intuitive)

• an **insightful** new discovery 통찰력 있는 새로운 발견

cf. intuition 직관(력)
perception 지각(력), 인식(력)
cognition 인식(력), 인지
discernment 식별(력)
foresight 선견지명

0133 ★☆☆

income
[ínkʌm]

n. 수입, 소득(revenue outgo, expense)

• an earned[unearned] **income** 근로[불로] **소득**

• His **income** increased when he changed his job and bought stocks.
그가 직업을 바꾸고 주식을 샀을 때 그의 **수입**은 증가했다.

어원	in- (into)	➕	come (오다)	➡	안으로 들어오는 돈

0134 ★★☆

indeed
[indíːd]

ad. (문장 전체 또는 단어를 강조하여) 실로, 참으로, 정말로(really, truly); (이미 말한 것을 확인하여) 사실은, 실제로는(in reality)

· **Indeed,** he was elected president.
정말로 그가 총장에 선출되었다.

· It is **indeed** a beautiful sight.
참으로 아름다운 경치다.

· The henpecked husband is a cautious fellow, **indeed** a timid man.
그 공처가는 조심성이 많은 사람, **사실은** 겁쟁이야.

| 어원 | in-
(in) | ⊕ | deed
(행위, 실행) | ⇒ | 실제로, 실로 |

0135 ★☆☆

indoor
[índɔ́ːr]

a. 실내의, 실내에서 하는(⊙ outdoor)

· **indoor** games[dresses] 실내 경기[의복]

· Some rich people have **indoor** swimming pools.
일부 부자들은 **실내** 수영장을 소유하고 있다.

| 어원 | in-
(in) | ⊕ | door
(문) | ⇒ | 문 안쪽의 |

---

indoors
[ìndɔ́ːrz]

ad. 실내로, 실내에서(⊙ outdoors)

· **stay indoors** 실내에 머무르다

0136 ★★★

inhale
[inhéil]

vt. vi. 들이마시다, 흡입하다(breathe in ⊙ exhale)

· **inhale deeply** 숨을 깊이 들이마시다

· Patients **inhale** painkilling medicine before an operation.
환자는 수술 전에 마취제를 **흡입한다.**

| 어원 | in-
(into) | ⊕ | hale
(breathe) | ⇒ | 안으로 호흡하다 |

0137 ★★☆

inland
a.[ínlənd]
ad.n.[ínlænd;-lənd;
ìnlǽnd]

a. (해변에서 멀리 떨어진) 내륙의, 오지의; 국내의(domestic)

ad. 내륙으로, 오지로   **n.** 내륙, 오지(outback)

· **an inland lake** 내륙호(內陸湖)

· **the far inland of Africa** 아프리카의 아주 깊은 **오지**

· We moved **inland,** from the California coast to the Nevada desert.
우리는 **내륙으로,** 즉 캘리포니아 해변에서 네바다 사막으로 이동했다.

| 어원 | in-
(in) | ⊕ | land
(육지) | ⇒ | 육지 안에 |

invest
[invést]

vt. vi. 투자하다; (돈·시간·노력을) 들이다(expend); (남에게 옷을) 입히다 (dress)

- The billionaire **invested** all her money in stocks.
  그 억만장자는 자신의 모든 돈을 증권에 **투자했다**.
- The donor **invested** a lot of money in helping the handicapped.
  그 기부자는 장애인을 돕는 데 많은 돈을 **썼다**.
- The mother **invested** a baby in his dress.
  어머니는 아기에게 **옷을 입혔다**.

| 어원 | in- (on) | ➕ | vest (옷을 입히다) | ➡ | 옷을 입히다 |

investment
[invéstmənt]

n. 투자; 투자 자금

- **make an investment in gold** 금에 **투자**하다

---

input
[ínput]

vt. vi. 〈컴퓨터〉 입력하다

n. 입력(◎ output); 〈경제〉 (시간·재화 등의) 투입(량)

- **increase the input of fertilizer**
  화학 비료의 **투입량**을 늘리다.
- The clerk **input** 6,000 words for sorting.
  그 사무원은 분류하기 위해 6천 단어를 **입력했다**.

| 어원 | in- (in) | ➕ | put (놓다) | ➡ | ~안에 놓다 |

---

invade
[invéid]

vt. 침략[침입]하다(enter forcefully)

- Germany **invaded** Poland in 1939.
  독일은 1939년에 폴란드를 **침략했다**.

| 어원 | in- (into) | ➕ | vad(e) (go) | ➡ | (적군이) 안으로 들어가다 |

---

invader
[invéidər]

n. 침략자, 침입자

- **execute an infamous invader** 악명 높은 **침략자**를 처형하다

---

invasion
[invéiʒən]

n. 침략, 침입(aggression)

- **Napoleon's invasion of Russia** 나폴레옹의 러시아 **침략**

0141 ★★★

impact
[ímpækt]

n. 충돌(collision); 충격(shock), 영향(influence, effect)

- The **impact** of the colliding cars broke the windshield.
  충돌하는 자동차의 **충격**으로 방풍 유리가 깨졌다.
- Economic conditions have an **impact** on our daily life.
  경제 상황은 우리의 일상생활에 **영향**을 미친다.

어원	im- (in-:on)	⊕	pact (strike)	⊃	(물체와 물체의) 부딪치기

0142 ★★★

illuminate
[ilú:mǝneit]

vt. 밝게 하다, 조명하다(brighten, light up); 계몽[교화]하다(enlighten)

- **a teacher gifted to illuminate young students**
  젊은 학생들을 **계몽하는** 데 재능이 있는 교사
- The moon **illuminated** our path very clearly.
  달이 우리의 길을 매우 **밝게 비추었다.**

어원	il- (in-: in)	⊕	lumin (light)	⊕	-ate (동접)	⊃	안에 빛을 넣다

illumination
[ilù:mǝnéiʃǝn]

n. 밝게 하기, 조명(lighting); 계몽, 교화(enlightenment)

- **stage illumination** 무대 조명

0143 ★★☆

illustrate
[íləstreit;ilʌ́streit]

vt. (예를 들어) 설명하다, 예시하다(exemplify); (책에) 삽화를 넣다

- She always **illustrates** everything from her experience.
  그녀는 항시 모든 것을 자신의 경험으로 **설명한다.**
- The history book was **illustrated** with many maps and photographs.
  그 역사책에는 많은 지도와 사진들이 **수록되어 있다.**

어원	il- (in-: on)	⊕	lustr (light)	⊕	-ate (동접)	⊃	위에 빛을 드리우다

illustration
[ìləstréiʃǝn]

n. 실례; 삽화, 도해

- **a full-color illustration** 완전 컬러로 된 **삽화**

0144 ★★☆

imprison
[imprízn]

vt. ~을 교도소에 넣다, 투옥하다(put in jail, confine)

- The judge **imprisoned** the criminal for murder.
  판사는 범인을 살인죄로 **감옥에 보냈다.**

어원	im- (in-: into)	⊕	prison (교도소)	⊃	교도소에 넣다

imprisonment
[impríznmənt]

n. 투옥 (상태)(confinement)
- **life imprisonment** 종신형

Word Grammar 타동사로 혼동하기 쉬운 자동사

POINT 우리말로 옮기면 목적어(~을·를)를 취하는 타동사처럼 보이지만, 실제로는 자동사이므로 목적어를 취하기 위해서는 반드시 전치사가 있어야 한다.

account for ~을 설명하다	**add to** ~을 증가시키다	**apologize to** ~에게 사과하다
complain about ~을 불평하다	**consent to** ~에 동의하다	**decide on** ~으로 결정하다
experiment with ~을 실험하다	**interfere with** ~을 방해하다	**operate on** ~을 수술하다
sympathize with ~을 동정하다	**wait for** ~을 기다리다	**graduate from** ~을 졸업하다

- She graduated from high school in 2012. (O) 그녀는 2012년에 고등학교를 졸업했다.
- *cf.* (X) She graduated high school in 2012. ⟨graduate은 목적어를 취할 수 없는 자동사⟩
- How do you account for your absence? 너는 너의 결석을 어떻게 설명하겠느냐?
- He experimented with the new method of teaching. 그는 새로운 교수법을 시도했다.
- I couldn't but sympathize with him. 나는 그를 동정하지 않을 수 없었다.

---

en-

'동사 형성; 내부'의 개념을 지님

❶ **make** ~하게 하다, ~이 되게 하다
❷ **in** 안에; **into** 안으로

철자 변형 **em-**(자음 b, m, p 앞에서)

0145 ★☆☆

enable
[inéibl;en-]

vt. ~할 수 있게 하다; ~할 권한[수단]을 주다(empower)
- Endurance **enabled** him to win the race.
  지구력 덕분에 그는 경주에서 이길 **수 있었다**.

어원	en- (make)	➕	able (가능한)	➡	가능하게 만들다

0146 ★☆☆

enlarge
[inlá:rdʒ;en-]

vt. 확대[확장]하다(broaden, expand)
- an **enlarged** photograph[business] 확대된 사진[확장된 사업]
- We **enlarged** our hospital by adding an east wing.
  우리는 동쪽 병동(부속 건물)을 더 만들어 병원을 **넓혔다**.

어원	en- (make)	➕	large (큰)	➡	크게 만들다

enlargement
[inlá:rdʒmənt;en-]

n. 확대, 확장; 확대된 것
- I can send you an **enlargement** of the picture.
  당신에게 그 사진을 **확대한 것**을 보내줄 수 있습니다.

0147 ★★★

enforce
[infɔ́:rs;en-]

vt. (법률 등을) 시행[집행]하다(put in force); 강요하다(impose)
- The police **enforce** laws.
  경찰이 법을 **집행한다**.
- The mother **enforced** her will on the child.
  어머니는 자신의 뜻을 자식에게 **강요했다**.

| 어원 | en-
(make) | ⊕ | force
(힘) | ⟹ | 힘으로 하게 만들다 |

---

enforcement
[infɔ́:rsmənt;en-]

n. 시행, 집행; 강요
- **strict law enforcement** 엄격한 법 **집행**

0148 ★★☆

entitle
[intáitl;en-]

vt. 제목을 붙이다(name); 권리[자격]를 주다(qualify)
- The book is **entitled** "Gone with the Wind."
  그 책은 "바람과 함께 사라지다"라는 **제목이 붙어 있다**.
- The pass **entitles** you to enter the concert for free.
  그 무료입장권은 당신에게 콘서트에 무료로 입장할 **권리를 준다**.

| 어원 | en-
(make) | ⊕ | title
(제목) | ⟹ | 제목을 만들어 붙이다 |

0149 ★☆☆

enrich
[inrítʃ;en-]

vt. 부유하게 하다(make rich); 풍부하게 하다(make rich)
- **enrich the mind with poems** 시(詩)로 마음을 **풍요롭게 하다**
- Commerce **enriches** a nation.
  무역은 나라를 **부유하게 만든다**.

| 어원 | en-
(make) | ⊕ | rich
(부유한, 풍부한) | ⟹ | 부유하게(풍부하게) 만들다 |

0150 ★★★

enlighten
[inláitn;en-]

vt. 계몽[교화]하다(illuminate, edify); 가르치다(teach, instruct)
- **enlighten ignorant inhabitants** 무지한 주민을 **계몽하다**
- His eyes were **enlightened** by the love of God.
  하나님의 사랑으로 그의 눈이 **뜨였다**.

| 어원 | en-
(make) | ⊕ | light
(빛) | ⊕ | -en
(동접) | ⟹ | (어두운 곳에) 빛을 비추게 만들다 |

enlightenment
[inláitnmənt;en-]

n. 계몽, 교화; 가르침
• **the Age of Enlightenment** 계몽 시대

0151 ★★★

enslave
[insléiv;en-]

vt. 노예로 만들다, 노예의 처지로 만들다(enthrall)
• **a girl enslaved by a millionaire** 백만장자에 의해 **노예가 된** 소녀
• The rich woman **enslaved** herself to greed.
  그 부유한 여자는 <u>스스로</u> 탐욕의 **노예가 되었다.**

 en- (make) ➕ **slave** (노예) ➡ 노예로 만들다

0152 ★★★

empower
[impáuər;en-]

vt. (법적) 권리[권한]를 주다(authorize)
• The new law **empowered** the police to search private houses.
  새 법률은 경찰에게 개인 주택을 수색할 **권한을 주었다.**

 em- (en-: make) ➕ **power** (힘) ➡ 힘을 만들어 주다

0153 ★★★

endear
[indíər;en-]

vt. ~을 사랑 받게 하다(make dear)
• Her humor **endeared** her to all.
  그녀의 유머는 그녀를 모든 사람에게 **사랑 받게 했다.**

 en- (make) ➕ **dear** (사랑하는) ➡ 사랑하게 만들다

---

endearing
[indíəriŋ;en-]

a. (남에게) 귀여움을 받는
• **an endearing smile** 귀여운 미소

0154 ★★☆

endanger
[indéindʒər]

vt. 위험에 빠뜨리다, 위태롭게 하다(imperil, jeopardize)
• The fire **endangered** the hotel's guests.
  화재로 인해 호텔의 손님들이 **위험에 빠졌다.**

en- (in) ➕ **danger** (위험) ➡ 위험 속에 빠뜨리다

---

endangered
[indéindʒərd;en-]

a. (동·식물이) 멸종 위기에 처한
• **an endangered dolphin 멸종 위기에 처한** 돌고래

0155 ★★★

enclose
[inklóuz;en-]

vt. 둘러싸다, 에워싸다(surround, environ); 동봉하다

- The pond is **enclosed** by trees.
  그 연못은 나무에 **둘러싸여 있다.**
- I **enclose** a check for $1,000 with this letter.
  이 편지에 천 달러 수표를 **동봉합니다.**

| 어원 | en-
(into) | ⊕ | close
(닫다) | ⇒ | 안에 넣고 닫다 |

enclosure
[inklóuʒər;en-]

n. 둘러싸기; 울타리, 담(fence); 동봉(한 것)

- **a letter and its enclosure** 편지와 그 속에 동봉된 것
- **a barbed-wire enclosure** 가시 철조망 울타리

0156 ★★★

enthusiasm
[inθú:ziæzəm;en-]

n. 열광, 열의(ardor, zeal)

- **enthusiasm for collecting stamps** 우표 수집열
- He loves his job and works with **enthusiasm** every day.
  그는 자신의 일을 사랑하여 매일 **열의**를 가지고 일한다.

| 어원 | en-
(in) | ⊕ | thu(s)
(god) | ⊕ | -iasm
(명접) | ⇒ | 신들린 상태 |

enthusiastic
[inθù:ziǽstik;en-]

a. 열광적인, 열렬한(ardent, zealous)

- **an enthusiastic collector of stamps** 열렬한 우표 수집가

enthusiast
[inθú:ziæst;en-]

n. 열광자, 광신자

- **a baseball enthusiast** 야구광

0157 ★★★

embody
[imbádi;en-]

vt. (사상·감정 등을) 구체화하다, 구현하다(materialize)

- The Statue of Liberty **embodies** the hope of a better life for all.
  자유의 여신상은 모든 사람들에게 더 나은 삶에 대한 희망을 **구체화한다.**

| 어원 | em-
(en: in) | ⊕ | body
(실체) | ⇒ | (추상적인 것에) 실체를 넣다 |

embodiment
[imbádimənt;en-]

n. 구체화, 구현; 화신(incarnation)

- The devil is the **embodiment** of evil.
  악마는 악의 **화신**이다.

0158 ★★★

ensnare
[insnέər]

vt. 덫[올가미]에 빠뜨리다(entrap); (계략을 써서) 함정에 빠뜨리다

- The hunter **ensnared** five birds.
  사냥꾼은 다섯 마리 새를 **올가미로 잡았다.**
- The victim was **ensnared** by his lies.
  그 희생자는 그의 거짓말에 의해 **함정에 빠졌다.**

| 어원 | en-
(into) | ⊕ | snare
(덫) | ⇨ | 덫에 빠져들게 하다 |

Word Grammar 자동사로 혼동하기 쉬운 타동사

POINT ▶ 우리말로 옮기면 전치사를 취하는 자동사처럼 보이지만 타동사이므로 전치사를 취할
수 없다.

address ~에게 말을 걸다	**answer** ~에 대답하다	**approach** ~에 접근하다
become ~에 어울리다	**comprise** ~으로 구성되다	**discuss** ~을 토론하다
enter ~에 들어가다	**greet** ~에게 인사하다	**inhabit** ~에 살다
marry ~와 결혼하다	**accompany** ~와 동반하다	**resemble** ~와 닮다

- She resembles her mother.(O) 그녀는 어머니와 닮았다.
  cf. (X) She resembles with her mother. 〈resemble은 타동사이므로 전치사가 올 수 없다.〉
- She addressed me in French. 그녀는 나에게 불어로 말을 걸었다.
- Such conduct doesn't become a gentleman. 그러한 행동은 신사에게 어울리지 않는다.

Daily Test 05

정답 및 해설 p.466

A 다음 영어를 우리말로, 우리말을 영어로 쓰시오.

1	illuminate		11	들이마시다, 흡입하다
2	ensnare		12	수입, 소득
3	inland		13	예시하다; 삽화를 넣다
4	empower		14	열광, 열의
5	imprison		15	둘러싸다, 에워싸다
6	enlighten		16	위험에 빠뜨리다
7	endear		17	부유하게 하다
8	enslave		18	통찰, 식견; 통찰력
9	embody		19	침략하다, 침입하다
10	entitle		20	시행하다; 강요하다

B 다음 빈칸에 알맞은 단어를 쓰시오.

1	impact	⊜	c	6	invade	ⓝ	
2	enlarge	⊜	e	7	endanger	ⓐ	
3	indeed	⊜	r	8	enclose	ⓝ	
4	income	⟳	o	9	enforce	ⓝ	
5	indoor	⟳	o	10	invest	ⓝ	

C 다음 빈칸에 들어갈 알맞은 말을 보기 에서 고르시오. (문장: 기출 또는 기출 변형)

보기	income	impact	endanger	invest

1 Some frauds ＿＿＿＿＿ the health and even the lives of citizens.

2 This graph shows the distribution of ＿＿＿＿＿ among all U.S. and world families.

3 For important purchases, it is wise to ＿＿＿＿＿ a bit more time before making a final decision.

4 Concern over the environmental ＿＿＿＿＿ of burning fossil fuels has helped spur interest in an alternative fuel.

DAY 06

『외부』를 의미하는 접두어

ex-, e-
[=out] [=from]

---

ex-, e-

'외부'의 개념을 지님

❶ **out** 밖에, 밖으로
❷ **from** ~에서, ~으로부터

철자 변형 **ec-, ef-, es-**

0159 ★☆☆

export
v.[ikspɔ́:rt]
n.[ékspɔːrt]

vt. (상품을) 수출하다(◎ import)

n. 수출(exportation ◎ importation); 수출품, 수출액(◎ import)

· **ban the export of coffee**
  커피 **수출**을 금하다

· Korea **exports** automobiles to many foreign countries.
  한국은 많은 외국에 자동차를 **수출한다**.

· Coffee is a major **export** of Colombia.
  커피는 콜롬비아의 주요 **수출품**이다.

| 어원 | ex-
(out) | ➕ | port
(carry) | ➡ | 밖으로 나르다 |

0160 ★☆☆

excuse
v.[ikskjú:z]
n.[ikskjú:s]

vt. 용서하다(forgive, condone); 변명하다, 핑계를 대다

n. (용서를 구할 때 말하는) 변명, 핑계(pretext, plea)

· **a persuasive[poor] excuse**
  설득력 있는(서투른) **변명**

· The gentleman **excused** the lady for being late.
  그 신사는 그 숙녀가 늦게 온 것을 **용서했다**.

· He **excused** his absence by saying that he was ill.
  그는 병을 앓았다고 말하여 결석에 대한 **변명을 했다**.

| 어원 | ex-
(out) | ➕ | cuse
(charge: 고발) | ➡ | 고발에서 벗어나게 하다 |

0161 ★★☆

emerge
[imə́:rdʒ]

vi. (물·어둠·안개 등에서) 나타나다, 출현하다(appear)

- The full moon will soon **emerge** from behind the clouds.
  보름달이 구름 뒤에서 곧 **나타날 것이다**.

| 어원 | e-
(out) | + | merge
(dip: 담그다) | | 물속에서 밖으로 나오다 |

---

emergence
[imə́:rdʒəns]

n. 나타남, 출현(appearance)

- the **emergence** of a powerful country out of the war's devastation
  전쟁으로 인한 황폐로부터 강력한 나라의 **출현**

---

emergency
[imə́:rdʒənsi]

n. 긴급[비상]사태, 돌발 사건

- **emergency** stairs[bell] 비상계단[벨]

0162 ★☆☆

emotion
[imóuʃən]

n. (희로애락의) 감정, 정서(feeling ⟷ reason 이성, will 의지)

- **appeal to one's emotion** 감정에 호소하다
- Man is essentially a creature of **emotion**, not of reason.
  인간은 본질적으로 **감정**의 동물이지 이성의 동물이 아니다.

| 어원 | e-
(out) | + | motion
(움직임) | | (마음의) 움직임이 밖으로 드러난 것 |

---

emotional
[imóuʃənl]

a. 감정의, 정서의; 감정적인

- When she disagrees with me, she becomes **emotional**.
  그녀는 나와 의견이 맞지 않을 때 **감정적**이 된다.

0163 ★★☆

evaporate
[ivǽpəreit]

vi. vt. 증발하다[시키다]; (희망·기억 등이) 사라지다(disappear, fade)

- The water soon **evaporated** in the warm sunshine.
  물이 따뜻한 햇볕 속에서 곧 **증발했다**.
- Without a job, his savings **evaporated**.
  일자리가 없어서 그가 저축한 돈이 **바닥났다**.

| 어원 | e-
(out) | + | vapor
(증기) | + | -ate
(동접) | | 증기가 밖으로 나가다 |

---

evaporation
[ivǽpəréiʃən]

n. 증발; 소멸, 사라짐

- the **evaporation** process 증발 과정

extinguish
[ikstíŋgwiʃ]

vt. (불·등불을) 끄다(put out); (희망·열정을) 잃게 하다; (종족·생물 등을) 멸종시키다

- **extinguish a candle[fire]** 촛불(불)을 **끄다**
- **extinguish a race** 인종을 **멸종시키다**
- One failure after another **extinguished** her hope.
  거듭되는 실패는 그녀의 희망을 잃게 했다.

| 어원 | ex-
(out) | ⊕ | (s)ting
(찌르다) | ⊕ | u | ⊕ | -ish
(동접) | ⇒ | 찔러서
없애다 |

---

extinction
[ikstíŋkʃən]

n. 끄기, 소화; (희망·열정의) 소멸; 멸종

- **the extinction of hopes** 희망의 소멸

---

extinct
[ikstíŋkt]

a. 멸종한, 절멸한; (불이) 꺼진

- A dinosaur is an **extinct** animal. 공룡은 **멸종한** 동물이다.

---

expose
[ikspóuz]

vt. (햇빛·환경·위험 등에) 노출시키다, 드러내 놓다(lay open); (비밀·계획 등을) 폭로하다(disclose); 진열하다, 전시하다(exhibit)

- **be exposed to the sunlight[danger]** 햇빛(위험)에 **노출되다**
- **expose goods for sale in a store** 가게에 팔 상품을 **진열하다**
- A politician **exposed** a plot to overthrow the government.
  한 정치인이 정부를 전복시키려는 음모를 **폭로했다.**

| 어원 | ex-
(out) | ⊕ | pos(e)
(put) | ⇒ | 밖에 내어놓다 |

---

exposure
[ikspóuʒər]

n. 노출, 드러내 놓기; 폭로, 누설(disclosure)

- **exposure to the weather[danger]** 비바람(위험)에의 **노출**

---

exposition
[èkspəzíʃən]

n. 전시회, 박람회(exhibition, show)

- **an art[automobile] exposition** 미술(자동차) **전시회**

---

efface
[iféis]

vt. 지우다, 삭제하다(erase, delete)

- **efface some lines from a book** 책에서 몇 행을 **삭제하다**
- She **effaced** the writing on the wall by painting over it.
  그녀는 벽에 쓰인 글을 페인트로 덧칠해 **지웠다.**

| 어원 | ef-
(ex: out) | ⊕ | face
(표면) | ⇒ | 표면에서 밖으로 내보내다 |

0167 ★★★

exhaust
[igzɔ́ːst]

vt. 다 써버리다, 고갈시키다(use up); 기진맥진하게 하다(tire out)

n. 배기가스(gas from cars, emission)

- The war **exhausted** the resources of the country.
  전쟁은 그 나라의 자원을 **고갈시켰다.**
- The student has **exhausted** himself by his studies.
  그 학생은 공부하느라 **기진맥진해졌다.**

| 어원 | ex-
(out) | | haust
(draw) | | 밖으로 끌어내다 |

---

exhaustion
[igzɔ́ːstʃən]

n. 다 써버리기, 고갈; 기진맥진

- **the exhaustion of one's fortune** 재산을 다 **써버리기**

---

exhausted
[igzɔ́ːstid]

a. 다 써버린, 고갈된(used up); 기진맥진한(tired out, worn out)

- After the long race, the runners felt **exhausted.**
  장거리 경주가 끝나자 주자들은 **녹초가 되었다.**

---

exhaustive
[igzɔ́ːstiv]

a. 다 써버리는, 고갈시키는, 남김 없는; 철저한(thorough)

- **an exhaustive study of a labor problem** 노동 문제의 **철저한** 연구

0168 ★☆☆

exchange
[ikstʃéindʒ]

vt. vi. 주고받다(give and receive mutually), 교환하다

n. 주고받기, 교환

- **the exchange of money for goods** 돈을 물품과 **교환하기**
- Friends often **exchange** gifts at Christmas.
  크리스마스에 친구들은 종종 선물을 **주고받는다.**

| 어원 | ex-
(from) | | change
(바꾸다) | | 서로 바꾸다 |

> **• Further Study •**
>
> 접두어 ex-는 'former(이전의)'의 의미를 지녀 이전의 관직명·신분을
> 나타내기도 한다.
>
> **ex·president** n. 전 대통령(총장, 총재, 사장)(former president)
> **ex·convict** n. 전과자
> **ex·husband** n. 전남편
> **ex·wife** n. 전처

POINT 다음의 동사는 자주 쓰이지만 항상 혼동되기 때문에 시험의 출제빈도가 가장 높다. 각각의 동사의 쓰임에 세밀한 주의가 요구된다.

○ **lie ; lay**

> **lie – lay – lain** **vi.** 눕다, 놓여 있다
> **lay – laid – laid** **vt.** ~을 눕히다, ~을 놓다

- She lay down on the grass. 그녀는 풀 위에 누웠다.
- She laid him on the grass. 그녀는 그를 풀 위에 눕혔다.

cf. lie – lied – lied **vi.** 거짓말하다

○ **take ; bring ; fetch**

> **take** (다른 곳으로) 가져가다, 데려가다
> **bring** (이곳으로) 가져오다, 데려오다
> **fetch** (직접) 가서 가져오다, 데려오다

- She took me to the zoo. 그녀는 나를 동물원에 데려갔다.
- Bring me a cup of tea. 차 한 잔 갖다 주세요.
- Fetch a policeman. 가서 경찰을 데려와라.

---

out-

'외부; 비교의 기능'의 개념을 지님

❶ out 밖에, 밖으로
❷ longer than ~보다 더 오래; more than ~보다 더 많이;
better than ~보다 더 잘; faster than ~보다 더 빨리

철자 변형 **utt-**

0169 ★☆☆

outline
[áutlain]

n. 윤곽, 외형(contour); 개요, 요점(summary)

vt. 윤곽을 그리다; 개요[요점]를 말하다

- **the outline of her face in the light of the candle**
  촛불에 비친 그녀의 얼굴 **윤곽**
- **an outline of Korean history** 한국사의 **개요**
- The designer **outlined** his plans for the new kitchen.
  그 디자이너는 새 부엌에 대한 계획의 **요점을 말했다**.

| 어원 | out-
(out) | ➕ | line
(선) | ➡ | (사물의) 외부를 그린 선 |

0170 ★☆☆

outstanding
[autstǽndiŋ]

a. 두드러진, 눈에 띄는(conspicuous); 뛰어난, 걸출한(excellent)

• **an outstanding example** 두드러진 예
• Vincent van Gogh was an **outstanding** painter who received no recognition.
  빈센트 반 고흐는 세상의 인정을 받지 못한 **뛰어난** 화가였다.

cf. stand out 눈에 띄다, 걸출하다
  She stands out in a crowd. 그녀는 군중 속에서 눈에 띈다.

| 어원 | out- (out) | ➕ | standing (서 있는) | ➡ | 밖에 서 있는 |

0171 ★☆☆

outlook
[áutluk]

n. 전망, 조망(prospect), 경치; 장래의 전망, 전도(prospect of the future); 견해, 견지(mental view)

• **the outlook for the future economy** 미래의 경제에 대한 **전망**
• The hill has a picturesque **outlook** on the lake.
  그 언덕은 그림 같은 호수의 **경관**을 지녔다.
• The fortune-teller is a woman with a narrow **outlook** on the world.
  그 점쟁이는 편협한 세계**관**을 지닌 여성이다.

cf. look out 밖을 보다; 주의하다
  Look out! A truck is coming. 조심해! 트럭이 온다.

| 어원 | out- (out) | ➕ | look (보다) | ➡ | 밖을 보기 |

0172 ★★☆

output
[áutput]

n. 생산(량, 물)(production, yield); 〈컴퓨터〉 출력, 산출된 정보

• **an output of 100,000 cars a year** 연간 100,000대의 자동차 **생산량**
• You can't finish this project without the accounting **output**.
  너는 회계 **출력** 없이는 이 프로젝트를 끝낼 수 없다.

cf. 1) put out 생산하다(produce, yield)
  2) input 입력 → processing 처리 → output 출력

| 어원 | out- (out) | ➕ | put (놓다) | ➡ | 만들어서 밖에 내놓기(내놓은 것) |

0173 ★☆☆

outcome
[áutkʌm]

n. 결과, 성과(result, consequence)

• What was the **outcome** of the election? 선거 **결과**가 어땠지?

| 어원 | out- (out) | ➕ | come (오다) | ➡ | 밖으로 나온 것 |

0174 ★★☆

outbreak
[áutbreik]

n. (전쟁·화재·질병 등의) 발생, 발발(occurrence)

- **an outbreak of influenza** 유행성 감기의 **발생**
- Nobody expected the **outbreak** of World War II.
  누구도 제2차 세계대전의 **발발**을 예상치 못했다.

> 어원 **break out** ➡ (전쟁·화재·질병 등이) 발생하다

0175 ★★★

outlaw
[áutlɔ:]

n. 무법자, 상습 범죄자(habitual criminal)

vt. 불법화하다(make unlawful)

- Sheriffs chased **outlaws** on horseback in the old West.
  옛 서부시대에 보안관들은 말을 타고 **무법자들**을 추적했다.
- They will **outlaw** smoking in the school.
  교내에서의 흡연을 **법으로 금지할** 것이다.

> 어원 **out-**(out) ➕ **law**(법) ➡ 법 밖에 있는 사람

0176 ★☆☆

outlet
[áutlet;-lit]

n. 배출구, 출구(exit); (감정·에너지의) 배출구; 할인 판매점

- **an outlet for his feeling[energy]** 그의 감정[에너지]의 **배출구**
- There was no **outlet** for the flood waters.
  홍수로 인한 물이 빠져나갈 **배출구**가 없었다.
- She shopped at a clothing **outlet** to buy shorts.
  그녀는 반바지를 사려고 의류 **할인 판매점**에서 쇼핑을 했다.

> 어원 **let out** ➡ 밖으로 내보내다

0177 ★★☆

outspoken
[autspóukən]

a. 솔직한(frank, candid), 노골적인

- **an outspoken critic[criticism]** 솔직한 비평가[비평]
- The politician was **outspoken** in his remarks.
  그 정치인은 말을 **거리낌 없이 했다**.

> 어원 **speak out** ➡ 털어놓고[솔직히] 말하다

0178 ★★☆

outskirt
[áutskə:rt]

n. (보통 -s) (도시의) 변두리, 교외(suburb)

- The painter lives on the **outskirts** of Paris.
  그 화가는 파리의 **변두리**에 산다.

> 어원 **out-**(out) ➕ **skirt**(가장자리) ➡ 바깥쪽에 위치한 가장자리

0179 ★☆☆

utter
[ʌ́tər]

vt. 말하다, 발언하다(**speak**)

a. 완전한, 전적인(**complete, absolute**)

- **an utter fool[mystery]** 완전한 바보[미스터리]
- We waited for the prophet to **utter** words of wisdom.
  우리는 예언자가 지혜가 담긴 **말을 하기**를 기다렸다.

| 어원 | utt-
(out) | ⊕ | -er | ⇨ | 소리를 입 밖에 내다
out and out (철저한) |

---

utterly
[ʌ́tərli]

ad. 완전히, 전혀(**completely, absolutely**)

- **utterly surprised[useless]** 완전히 놀란[쓸모없는]

0180 ★★☆

outlive
[àutlív]

vt. ~보다 오래 살다(**live longer than, survive**)

- She **outlived** her husband by seven years.
  그녀는 남편**보다** 7년 **오래 살았다**.

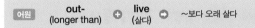

| 어원 | out-
(longer than) | ⊕ | live
(살다) | ⇨ | ~보다 오래 살다 |

0181 ★★★

outlast
[àutlǽst]

vt. ~보다 오래 지속되다[가다]

- Generally people say that bad habits **outlast** good ones.
  사람들은 일반적으로 나쁜 습관이 좋은 습관**보다 오래 지속된다**고 말한다.

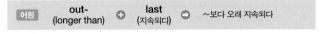

| 어원 | out-
(longer than) | ⊕ | last
(지속되다) | ⇨ | ~보다 오래 지속되다 |

0182 ★★★

outnumber
[àutnʌ́mbər]

vt. ~보다 수가 많다(**exceed in number**)

- We were **outnumbered** by the enemy.
  우리는 적보다 수가 적었다. (적이 우리**보다 수가 많았다**.)

| 어원 | out-
(more than) | ⊕ | number
(~의 수에 이르다) | ⇨ | ~보다 수가 많다 |

0183 ★★★

outweigh
[àutwéi]

vt. ~보다 무겁다(**weigh more than**); ~보다 중요하다(**be more important than**)

- The champion will probably **outweigh** his opponent.
  그 챔피언은 아마 상대**보다 체중이 더 나갈 것이다**.
- The differences **outweigh** the similarities. 차이점이 유사점**보다 중요하다**.

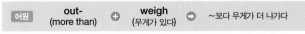

| 어원 | out-
(more than) | ⊕ | weigh
(무게가 있다) | ⇨ | ~보다 무게가 더 나가다 |

0184 ★★★

outgrow
[àutgróu]

vt. ~보다 빨리 성장하다(grow faster than); 너무 자라 (옷을) 입지 못하게 되다

- The girl **outgrew** her sister. 그 소녀는 언니**보다 키가 더 커졌다.**
- The young boy has **outgrown** the trousers.
  그 어린 소년은 너무 자라서 그 바지를 **입지 못하게 되었다.**

| 어원 | out-
(faster or larger than) | ➕ | grow | ➡ | ~보다 빨리(크게) 자라다 |

0185 ★★☆

outdo
[àutdú:]

vt. ~을 능가하다, ~보다 뛰어나다(do better than, excel)

- The athlete **outdoes** his rival in patience.
  그 운동선수는 인내력에서 자신의 맞수**를 능가한다.**

| 어원 | out-
(better than) | ➕ | do | ➡ | ~보다 더 잘하다 |

> **Word Grammar** 용법에 주의할 동사 ②

○ rise ; raise ; arise

> **rise – rose – risen** vi. (물가가) 오르다; (해가) 뜨다
> **raise – raised – raised** vt. ~을 올리다; 기르다, 양육하다(nourish)
> **arise – arose – arisen** vi. 발생하다, 일어나다(happen)

- The sun rises in the east. 태양은 동쪽에서 뜬다.
- Raise the flag up. 깃발을 올려라.
- A dreadful storm arose. 무서운 폭풍이 일었다.

Daily Test 06

A 다음 영어를 우리말로, 우리말을 영어로 쓰시오.

1	efface	_____	11	끄다; 멸종시키다	_____
2	outbreak	_____	12	~을 능가하다	_____
3	evaporate	_____	13	용서하다; 변명하다	_____
4	outweigh	_____	14	~보다 오래 살다	_____
5	output	_____	15	나타남, 출현	_____
6	outspoken	_____	16	두드러진, 눈에 띄는	_____
7	outlast	_____	17	전망; 장래의 전망; 견해	_____
8	outlet	_____	18	노출시키다; 폭로하다	_____
9	outskirt	_____	19	말하다; 완전한	_____
10	outlaw	_____	20	주고받다; 교환	_____

B 다음 빈칸에 알맞은 단어를 쓰시오.

1	outcome	⊜	r _____	6	outlook	⊜	p _____
2	outline	⊜	s _____	7	utter	ad	_____
3	emotion	◎	r _____	8	exhaust	a	_____
4	export	◎	i _____	9	extinguish	a	_____
5	emergence	⊜	a _____	10	emerge	n	_____

C 다음 빈칸에 들어갈 알맞은 말을 보기 에서 고르시오. (문장: 기출 또는 기출 변형)

보기	expose	exchanged	emerges	exhausted

1 A blind spot _____ from a resistance to learning in a particular area.

2 He was drenched to the skin and looked utterly _____ from the long wait.

3 While these stories _____ the darker side of American business, this book does not offer legal advice.

4 The more contact a group has with another group, the more likely it is that objects or ideas will be _____.

DAY 07

『앞(前)』을 의미하는 접두어

pre-
[=before]

pre-	'앞(前)'의 개념을 지님 **before** 앞에, 미리, 먼저 →**before in time** 시간상으로 앞선 →**before in place** 공간적으로 앞에 있는

0186 ★☆☆

preview
[prí:vju:]

n. 사전 검토(previous view); (영화·연극·쇼 등의) 시사(회)[공개 쇼]
(advance showing), 시사평; (영화의) 예고편(trailer)

vt. 미리 보다, 사전 검토하다; 시연을 보다[보이다]

- **watch a preview of a new film** 새 영화의 **시사회**를 관람하다
- The reviewers **previewed** the movie in Seoul.
  비평가들은 서울에서 그 영화의 **시사회를 가졌다.**

어원	**pre-** (before)	➕	**view** (보기)	➡	미리 보기

0187 ★★☆

precaution
[prikɔ́:ʃən]

n. 예방 조치, 예방책(prevention); (사전의) 조심, 경계

- **take an umbrella as a precaution** 미리 **조심**하여 우산을 가지고 가다
- The government took proper **precautions** in case of an
  earthquake. 정부는 지진에 대비하여 적절한 **예방 조치**를 취했다.

어원	**pre-** (before)	➕	**caution** (조심)	➡	미리 조심하기

0188 ★★☆

premature
[prì:mətjúər;
prí:mətʃuər]

a. 너무 이른, 시기상조의(too early, untimely); 조숙한, 조산의

- **a premature judgment[birth]** 때 이른 판단[출산]
- The baby was **premature**, born at seven months.
  그 아기는 **조산하여** 7개월 만에 태어났다.

어원	**pre-** (before)	➕	**mature** (무르익은)	➡	미리 익은

0189 ★☆☆

predict
[pridíkt]

vt. 예측[예보]하다(foretell, forecast), 예언하다(prophesy)

- **predict the fall of a civilization** 문명의 몰락을 **예언하다**
- The fortune-teller **predicted** her destiny. 점쟁이가 그녀의 운명을 **예언했다.**

| 어원 | pre-
(before) | + | dict
(say: 말하다) | → | 미리 말하다 |

prediction
[pridíkʃən]

n. 예측, 예보, 예언

- The weatherman's **prediction** that it would rain today was correct.
  오늘 비가 내릴 것이라는 일기 예보관의 **예보**가 맞았다.

0190 ★★★

predominant
[pridámənənt]

a. (다른 것에 대하여) 우세한, 탁월한; 지배적인, 주된

- **the predominant opinion in the party** 정당에서의 **우세한** 의견
- Bright red was the **predominant** color in the room.
  밝은 빨강색은 그 방의 **주된** 색깔이었다.

| 어원 | pre-
(before) | + | dominant
(지배하는) | → | (힘·중요성이) 앞서 지배하는 |

predominate
[pridáməneit]

vi. 우세하다, 우위를 차지하다(prevail)

- Fear of chaos and revolution **predominated** among the middle class. 혼돈과 혁명에 대한 공포가 중산층 사이에서 **우세했다.**

0191 ★☆☆

prejudice
[prédʒudis]

n. 편견, 선입관(bias)

- **have a prejudice against modern jazz** 현대 재즈에 대해 **편견**을 갖다
- Racial **prejudice** is one of society's great problems.
  인종적 **편견**은 사회의 큰 문제 중 하나이다.

| 어원 | pre-
(before) | + | jud
(judge: 판단하다) | + | -ice
(명접) | → | 앞서 내린 판단 |

prejudiced
[prédʒudist]

a. 편견[선입관]을 가진(biased), 편파적인(partial)

- She never hires men because she is **prejudiced.**
  그녀는 **편견이** 있어 남성을 결코 고용하지 않는다.

0192 ★☆☆

preserve
[prizə́:rv]

vt. 보호[보존]하다(protect); 유지[지속]하다(maintain)

- **preserve one's eyesight** 시력을 유지하다
- The government **preserves** the rights of the individual.
  정부는 개인의 권리를 **보호한다.**

| 어원 | pre-
(before) | + | serve
(keep) | → | (손상되기 전에) 미리 간직하다 |

preservation
[prèzərvéiʃən]

n. 보호, 보존; 유지, 지속
- **be in poor preservation** 보존 상태가 나쁘다

---

preservative
[prizə́:rvətiv]

n. 방부제 a. 보존하는
- **food free from preservatives** 방부제가 들어가지 않은 음식

0193 ★★★

preoccupy
[pri:ákjupai]

vt. ~의 마음을 사로잡다[빼앗다], 열중[몰두]하게 하다(absorb, engross)
- His private cares have **preoccupied** him lately.
  최근에 사적인 근심거리가 그의 **마음을 사로잡고** 있다.

| 어원 | pre-
(before) | ➕ | occupy
(마음을 차지하다) | ➡ | 먼저 마음을 차지하다 |

---

preoccupied
[pri:ákjupaid]

a. 몰두한, 정신이 팔린(absorbed, engrossed)
- **preoccupied with an idea** 어떤 생각에 **몰두한**

> **● Further Study ●**
>
> **pre·**war   a. 전쟁 이전의
> **pre·**history n. 유사 이전의 역사
> **pre·**human   a. 인류 발생 이전의
> **pre·**fix   n. 접두어(↔ suffix 접미어)

Word Grammar 용법에 주의할 동사 ③

○ **say; tell; talk; speak** 말하다

ⓐ **say**: 주로 3형식 문장에서 사용 (명사, 대명사, that절 등을 목적어로 취함)
  - She said good-bye[amen, yes...] 그녀는 안녕[아멘, 네...]이라고 말했다.
  - She said that he was a liar. 그녀는 그가 거짓말쟁이라고 말했다.

ⓑ **tell**: 주로 4형식 문장에서 사용
  - She told her boy a story. 그녀는 아들에게 이야기를 해주었다.
  - She told me that he was sleeping. 그녀는 내게 그가 잠을 자고 있다고 말했다.
  cf. He told us of the matter. 그는 우리에게 그 문제에 대해서 말했다.

ⓒ **talk**: 일상대화에서 사용 (자동사로 주로 with, to, over, about 등의 전치사와 함께 쓰임)
  - He talked with her over a cup of coffee. 그는 그녀와 커피를 마시면서 이야기했다.
  - He talks too much. 그는 말이 너무 많다.

ⓓ **speak**: 언어적·사회적 생활에서 사용
  - She speaks five languages. 그녀는 5개 국어를 말한다.
  - Speak when you are spoken to. 너에게 말을 걸어오면 말하라.

fore-

'앞(前)'의 개념을 지님

before 앞에, 미리, 먼저
→**before in time** 시간상으로 앞선
→**before in place** 공간적으로 앞에 있는

0194 ★☆☆

forecast
[fɔ́ːrkæst;-kɑːst]

vt. 예측[예상]하다(foresee), (날씨를) 예보하다

n. 예측[예상], 예보

• **forecast** the future 미래를 예측하다
• According to the weather **forecast**, it's going to snow tonight.
  일기**예보**에 따르면, 오늘밤 눈이 올 것이다.

| 어원 | fore-
(before) | ⊕ | cast
(던지다) | ⇨ | 미리 던지다 |

0195 ★☆☆

foresee
[fɔːrsíː]

vt. 예지하다, 예견하다(predict)

• It was impossible to **foresee** the coming war.
  다가오는 전쟁을 **예견하는** 것은 불가능했다.

| 어원 | fore-
(before) | ⊕ | see
(보다) | ⇨ | 미리 내다보다 |

0196 ★★☆

foresight
[fɔ́ːrsait]

n. 선견지명, 통찰(력)(⊜ hindsight 뒤늦은 지혜)

• The government's policies show lack of **foresight**.
  정부의 정책들은 **선견지명**의 결여를 보여 준다.

| 어원 | fore-
(before) | ⊕ | sight
(보기) | ⇨ | (미래를) 미리 보는 것 |

0197 ★☆☆

forebear
[fɔ́ːrbɛ́ər]

n. (보통 -s) 조상, 선조(ancestor ⊜ descendant)

• His **forebears** came to Japan from Korea.
  그의 **선조**들은 한국에서 일본으로 왔다.

| 어원 | fore-
(before) | ⊕ | bear
(낳다) | ⇨ | 앞서 태어난 사람 |

0198 ★☆☆

forehead
[fɔ́ːrid;fɔ́ːrhed]

n. 이마(brow)

• She wiped her **forehead** with the back of her hand.
  그녀는 손등으로 **이마**를 닦았다.

| 어원 | fore-
(before) | ⊕ | head
(머리) | ⇨ | 앞머리 |

foremost

[fɔ́ːrmoust;-məst]

a. 맨 먼저의(first); 가장 중요한(most important), 으뜸의(best)

- the foremost poet of the age 당대 제일의 시인
- Park Kyung-ri was one of the foremost novelists in Korea.
  박경리는 한국에서 **최고의** 소설가 중 한 명이었다.

| 어원 | fore-
(before) | ➕ | most
(최상급) | ➡ | 가장 먼저의 |

Word Grammar 용법에 주의할 동사 ④

○ hang

| hang-hung-hung vt. ~을 걸다, 매달다 | hang-hanged-hanged vt. 교수형에 처하다 |

- She hung a lamp from the ceiling. 그녀는 천장에 등을 매달았다.
- She was hanged for murder. 그녀는 살인죄로 교수형을 받았다.

○ sit; seat; set

| sit-sat-sat vi. 앉다, 앉아 있다, 놓여 있다
seat-seated-seated vt. 앉히다
set-set-set vt. 놓다, 배치하다 |

- She is sitting on the bench. 그녀는 벤치에 앉아 있다.
- Her book is sitting on a table. 그녀의 책이 테이블 위에 놓여 있다.
- Please seat yourself.(= Please be seated.) 어서 앉으세요.
- He set a book on a shelf. 그는 책을 선반 위에 놓았다.

---

ant(e)-

'앞(前)'의 개념을 지님

before 앞에, 미리, 먼저
→**before in time** 시간상으로 앞선
→**before in place** 공간적으로 앞에 있는

철자 변형 an-, ant(i)-, anc(i)-

antique

[æntíːk]

a. 고대의; 구식의, 시대에 뒤진(antiquated, old-fashioned)

n. 골동품(curio)

- antique style in art 고대의 미술 양식
- an antique dealer[shop] 골동품상[점]
- Her room was filled with antiques. 그녀의 방은 **골동품**으로 가득 차 있었다.

| 어원 | anti-
(ante: before) | ➕ | -que
(형접) | ➡ | 이전의, 옛날의 |

0201 ★☆☆

ancient
[éinʃənt]

a. 고대의(antique); 옛날의, 오랜 옛날부터의

- the ancient Greek and Roman civilizations 고대 그리스와 로마 문명
- I used to date her, but that's ancient history now.
  나는 그녀와 데이트를 했었는데, 지금은 **오래된** 이야기다.

| 어원 | anci-
(ante: before) | ⊕ | -ent
(형접) | ⇒ | 이전의, 옛날의 |

0202 ★☆☆

ancestor
[ǽnsestər;-səs-]

n. 조상, 선조(forebear, forefather, 〈집합적〉 ancestry)

- His ancestors came to America as refugees.
  그의 **조상들**은 난민으로 미국에 왔다.

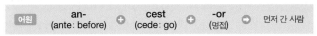

| 어원 | an-
(ante: before) | ⊕ | cest
(cede: go) | ⊕ | -or
(명접) | ⇒ | 먼저 간 사람 |

0203 ★★☆

anticipate
[æntísəpeit]

vt. 예상하다, 기대하다(expect, look forward to)

- We anticipate that the economy will improve next year.
  우리는 내년에는 경제가 좋아질 것으로 **예상한다**.
- She anticipated getting a letter from her friend in England.
  그녀는 영국에 있는 친구로부터 편지 받기를 **기대했다**.

| 어원 | anti-
(ante: before) | ⊕ | cip
(take: 잡다) | ⊕ | -ate
(동접) | ⇒ | (일어나기 전
에) 앞서 잡다 |

anticipation
[æntìsəpéiʃən]

n. 예상; 기대, 기다림

- in anticipation of an increase in salary 봉급 인상을 **예상**하여

0204 ★★☆

advance
[ædvǽns;əd-]

vi. vt. 앞으로 나아가다, 전진하다[시키다]; 진보[발전]하다(progress)

n. 전진; 진보, 발전; 선불(금)

- The general advanced his troops to the new position.
  장군은 자신의 부대를 새 진지로 **전진시켰다**.
- Knowledge of science has greatly advanced since the 16th century. 과학 지식은 16세기 이후로 대단히 **진보해 왔다**.
- We always pay the rent in advance. 우리는 항상 집세를 **선금**으로 치른다.

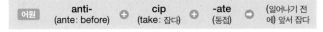

| 어원 | adv
(ab-: from) | ⊕ | anc(e)
(ante: before) | ⇒ | ~로부터 앞으로 나아가다 |

advanced
[ædvǽnst;əd-]

a. 선진의, 진보한; (학습과정이) 고급[상급]의

- the advanced industrial nations 선진 공업국들
- an advanced course 고급 과정

○ lend; borrow; rent, lease; hire; let; loan

lend (물건·돈·힘을) 빌려 주다	**borrow** (물건·돈·힘을) 빌려 쓰다
lease (토지·집을) 임대하다; 임차하다	**hire** (사람·물건을) 고용하다, 빌리다
let (집을) 임대하다, 세놓다	**loan** (이자를 받고) 대출하다(lend)
rent (토지·집·방 등을) 임대하다; 임차하다	

- Please lend me your book. 내게 당신의 책을 빌려 주세요.
  = Please let me borrow the book from you.
- He rented (out) a room to Mrs. Sanders.
  그는 Sanders 부인에게 방 한 칸을 임대했다(세놓았다).
  = Mrs. Sanders rented a room from him.
  Sanders 부인은 그로부터 방 한 칸을 임차했다(세내었다).

---

pro-

'앞(前)'의 개념을 지님

❶ **forward** 앞으로 ⇨ 공간의 개념
❷ **before** 앞에, 미리, 먼저

철자 변형 **pur-, pru-**

0205 ★★☆

promote
[prəmóut]

vt. 조성[촉진]하다(further), 장려하다(encourage); 승진시키다(move up)
- **promote world peace[development]** 세계 평화(발전)를 **촉진하다**
- His boss **promoted** him to a director. 사장은 그를 이사로 **승진시켰다.**

어원	pro- (forward)	⊕	mot(e) (move)	⇒	앞으로 움직이다

---

promotion
[prəmóuʃən]

n. 조성, 촉진(furtherance), 장려(encouragement); 승진
- **the promotion of learning[health]** 학문(건강)의 **장려**

---

promoter
[prəmóutər]

n. 프로모터(경기·증권·부동산 등의 추진자); 장려자
- That fellow is a **promoter** of boxing events.
  저 사람은 권투 경기의 **프로모터**이다.

0206 ★★☆

pursue
[pərsú:]

vt. 뒤쫓다, 추적하다(chase, run after); 추구하다(seek after)
- **pursue one's object[pleasure]** 목적(쾌락)을 **추구하다**
- The police are **pursuing** a bank robber. 경찰은 은행 강도를 **추적하고 있다.**

어원	pur- (pro-: forward)	⊕	su(e) (follow)	⇒	앞을 향해 따라가다

pursuit
[pərsúːt]

n. 추적, 추격(chase); 추구
- **children in pursuit of butterflies** 나비를 쫓는 아이들

0207 ★☆☆

project
n.[prɑ́dʒekt;-dʒikt]
v.[prədʒékt]

n. 계획, 기획(plan, scheme); (대규모) 사업(enterprise)
vt. 계획[기획]하다; (광선을) 투사[영사]하다
- **a project to build a new gymnasium** 새 체육관을 건설하려는 **계획**
- **project a film on a screen** 영화를 스크린에 **영사하다**
- We are **projecting** a new dam. 우리는 새 댐을 **기획하고 있다**.

| 어원 | pro-
(forward) | | ject
(throw) | | 앞으로 던진 것(던지다) |

---

projector
[prədʒéktər]

n. 투사기, 영사기; 계획[기획]자(schemer)
- **a film projector** 영사기

0208 ★☆☆

propose
[prəpóuz]

vt. 제안[제의]하다(suggest)　　vi. 청혼하다(offer marriage)
- She **proposed** a new method to him. 그녀는 그에게 새로운 방법을 **제안했다**.
- She **proposed** reducing[to reduce] the loan.
  = She **proposed** that the loan (should) be reduced.
  그녀는 대부금을 줄일 것을 **제안했다**.
- She **proposed** to her boyfriend. 그녀는 남자 친구에게 **청혼했다**.

| 어원 | pro-
(forward) | | pos(e)
(put) | | 의견을 앞으로 내놓다 |

---

proposal
[prəpóuzəl]

n. 제안, 제의(offer); 청혼
- **make proposals for peace** 평화 **제의**를 하다

---

proposition
[prɑ̀pəzíʃən]

n. 제안, 제의; 〈논리〉 명제(thesis)
- **the proposition of a plan for a new school** 새 학교 계획의 **제안**
- **a true[false] proposition** 참[거짓] 명제

0209 ★☆☆

produce
v.[prədjúːs]
n.[prɑ́djuːs;próu-]

vt. 생산하다, 제조하다(manufacture ⟷ consume); (아이를) 낳다(give birth to, bear); 야기하다(cause, bring about)
n. 〈물질적 집합명사〉 농산물
- The factory **produces** cotton goods. 그 공장은 면제품을 **생산한다**.
- Last year she also **produced** a baby boy. 작년에 그녀도 남자아이를 **낳았다**.
- **Produce**, especially lettuce, is fresh at that store.
  농산물, 특히 상추는 저 가게가 신선하다.

| 어원 | pro-
(forward) | | duc(e)
(lead) | | 앞으로 이끌어 내다 |

producer
[prədjú:sər]

n. 생산자(◎ consumer); (영화·텔레비전 등의) 프로듀서, 제작자

· She is a **producer** of movies and the plays.
  그녀는 영화와 연극의 **프로듀서**이다.

production
[prədʌ́kʃən]

n. 생산, 제조; 제조품, 제품(product)

· Our company is famous for the **production** of electronic gadgets.
  우리 회사는 전자 제품 **생산**으로 유명하다.

product
[prάdʌkt;-dəkt]

n. (노동에 의한) 생산물, 제품

· **foreign[domestic] products** 외국[국내] 제품

productive
[prədʌ́ktiv]

a. 생산적인; 풍요로운, 비옥한, 다산(多産)의(fertile)

· **a productive farm[vineyard]** 비옥한 농장[포도밭]

productivity
[proudʌktívəti
;prɑdək-]

n. 생산성, 생산력; 풍요, 비옥, 다산

· Computers have greatly increased **productivity** in business offices.
  컴퓨터는 사무실에서의 **생산성**을 크게 향상시켰다.

> ● Further Study ●
>
> 접두어 by-는 secondary(부수적인), beside(옆)의 의미를 지닌다.
>
> **by**·product   n. 부산물
> **by**·election   n. 보궐 선거
> **by**·stander   n. 구경꾼, 방관자(onlooker)
> **by**·path   n. 옆길, 샛길
> **by**·gone   a. 과거의, 지난(past)

0210 ★☆☆

prudent
[prú:dnt]

a. 신중한, 조심성 있는(discreet)

· His son was **prudent** in choosing friends.
  그의 아들은 친구를 선택하는 데 있어서 **신중했**다.

> 어원   foresee(미리 보다)에서 유래한 단어

prudence
[prú:dns]

n. 신중함, 조심성(discretion)

· **prudence in dealing with the problem**
  문제를 처리하는 데 있어서의 **신중함**

Daily Test 07

정답 및 해설 p.467

A 다음 영어를 우리말로, 우리말을 영어로 쓰시오.

1	preoccupy		11	너무 이른, 시기상조의
2	forebear		12	사전 검토; 미리 보다
3	prudent		13	선견지명, 통찰(력)
4	production		14	조상, 선조
5	foremost		15	이마
6	predominant		16	조성하다; 승진시키다
7	proposal		17	뒤쫓다; 추구하다
8	forecast		18	고대의; 옛날의
9	precaution		19	보호하다;유지하다
10	promotion		20	전진하다; 진보하다

B 다음 빈칸에 알맞은 단어를 쓰시오.

1	antique	⊜ o	6	producer	⟲ c
2	produce	⊜ m	7	prejudice	ⓐ
3	propose	⊜ s	8	anticipate	ⓝ
4	prejudice	⊜ b	9	advance	ⓐ
5	project	⊜ p	10	preserve	ⓝ

C 다음 빈칸에 들어갈 알맞은 말을 보기 에서 고르시오. (문장: 기출 또는 기출 변형)

보기	promote	preserve	forehead	predicted

1 It is _____ that the expansion of tax cuts to parents will increase the birth rate greatly.

2 The hat protects the head and _____ from freezing winds.

3 Many people take numerous photos while traveling or on vacation to _____ the experience for the future.

4 Bike lanes help _____ an orderly flow of traffic and increase the predictability of both motorists and bicyclists.

DAY
08

『뒤(後)』를 의미하는 접두어

post-
[=after]

---

post-

'뒤(後)'의 개념을 지님

after 뒤에, 후에
→**after in time** 시간상으로 뒤에
→**after in place** 공간적으로 뒤에

0211 ★☆☆

postpone
[poustpóun]

vt. 연기하다, (뒤로) 미루다(**put off, delay**)

- **postpone one's departure until tomorrow**
  출발을 내일까지 **연기하다**
- You must not **postpone** answering her letter any longer.
  당신은 그녀의 편지에 답장하는 것을 더 이상 **미뤄서는** 안 된다.

| 어원 | post-
(after) | ⊕ | pon(e)
(put) | ⟹ | 뒤에 놓다 |

0212 ★☆☆

postscript
[póustskript]

n. (편지의) 추신; (책·논문 등의) 후기

- **P.S.** Send my love to everyone in your family.
  추신, 당신 가족 모두에게 안부를 전해 주세요.

| 어원 | post-
(after) | ⊕ | script
(write) | ⟹ | 뒤에 쓴 것 |

0213 ★☆☆

post
meridiem
[pòust-mərídiəm]

n. 오후(PM/P.M./pm/p.m.)(**after midday**)

- **10: 13 p.m. 오후** 10시 13분

cf. ante meridiem 오전 (AM/A.M./am/a.m.)(before midday)

| 어원 | post-
(after) | ⊕ | meridiem
(meridian: 자오선) | ⟹ | 정오 후에 |

0214 ★★☆

posterity
[pɑstérəti]

n. 〈집합적〉 후세, 후대(offspring)

- He's famous today, but his name will mean little to **posterity**.
  그는 현재는 유명하지만, **후대**에는 그의 이름이 별 의미를 지니지 않을 것이다.

| 어원 | post-
(after) | + | er | + | -ity
(명접) | ➡ | 이후에 태어난 사람들 |

0215 ★★☆

postwar
[poustwɔ́:r]

a. 전후의(◎ prewar)

- **postwar** problems[reconstruction] **전후의** 문제점들〔재건〕

| 어원 | post-
(after) | + | war
(전쟁) | ➡ | 전후의 |

0216 ★★★

posthumous
[pɑ́:stʃəməs]

a. 사후의, 사후에 일어나는; 사후에 출판된

- a **posthumous** work 유작

| 어원 | post-
(after) | + | hum
(earth:흙) | + | -ous
(형접) | ➡ | 땅 속에 묻힌 후에 |

---

posthumously
[pɑ́stʃuməsli]

ad. 사후에

- Most of Emily's poems were published **posthumously**.
  Emily의 시 대부분은 **사후에** 출간되었다.

Word Grammar 용법에 주의할 동사 ⑥

○ **thank; appreciate** 감사하다

| **thank** vt. 사람을 목적어로 취함 | **appreciate** vt. 사물이나 동명사를 목적어로 취함 |

- She thanked him for his help. 그녀는 그의 도움에 감사했다.
- She appreciated his help in getting on the bus.
  그녀는 버스를 타도록 도와준 것에 대해 그에게 감사했다.

○ **bear – bore – born**: 수동태가 되어 '~가 태어나다'인 경우(by가 없는 경우)
  bear – bore – borne: 그 이외의 뜻일 때(아이를 낳다, 책임을 지다, 참다 등)

- He was born in 1964. 그는 1964년에 태어났다.
  ⇨ He was borne by an American woman. 그는 미국인 여성에게서 태어났다.
- She has borne his six daughters. 그녀는 그의 여섯 딸을 낳았다.
- He has borne the burden of a large family on his shoulders.
  그는 대가족에 대한 책임을 떠맡아 왔다.

re-	'뒤(後); 반복'의 개념을 지님
	❶ **back** 뒤의, 뒤로
	❷ **again** 다시, 반복하여

0217 ★☆☆

repay
[ri:péi]

vt. (돈을) 돌려주다, 갚다(pay back); 보답하다; 보복하다

- **repay a debt[one's kindness]**
  빚을 **갚다**(친절에 **보답하다**)
- She loaned me some money, and I **repaid** her.
  그녀는 나에게 약간의 돈을 빌려 주었고, 나는 그녀에게 **돈을 갚았다**.

어원	re- (back)	⊕	pay (지불하다)	⇨	되돌려 지불하다

repayment
[ripéimənt]

n. 상환, 변제; 보답, 보복

- **repayment of your loan** 대부금의 **상환**

0218 ★☆☆

reveal
[rivíːl]

vt. (숨겨진 것을) 드러내다(make known), 폭로[누설]하다(disclose)

- **reveal a secret** 비밀을 **폭로하다**
- Biology **reveals** the harmony of nature.
  생물학은 자연의 조화를 **밝힌다**.

어원	re- (back)	⊕	veal (veil: 베일로 덮다)	⇨	베일을 뒤로 끌다

revelation
[rèvəléiʃən]

n. (숨겨진 것을) 드러내기, 폭로, 누설(disclosure)

- **the revelation of her hiding place** 그녀의 은신처의 **폭로**

0219 ★☆☆

remove
[rimúːv]

vt. 옮기다; (장애물을) 제거하다, 없애다(eliminate, get rid of); 해임하다

- **remove a desk to another room** 책상을 다른 방으로 **옮기다**
- The sweeper **removed** the dirt from the floor with soap and water.
  그 청소부는 비누와 물로 바닥에서 때를 **제거했다**.

어원	re- (back)	⊕	move (옮기다)	⇨	뒤로 옮겨 놓다

removal
[rimúːvəl]

n. 이동, 이전(移轉); 제거, 치우기(elimination); 해임, 면직(dismissal)

- **the removal of snow[dishes]** 눈(접시) **치우기**

0220 ★☆☆

recover
[rikʌ́vər]

vt. (잃은 것을) 되찾다, 회복하다(get back, regain)

vi. (병·부상 등에서) 회복되다, 낫다(get well) (보통 from을 수반)

• **recover** one's confidence[freedom] 자신감(자유)을 **회복하다**
• The patient **recovered** his health. 그 환자는 건강을 **회복했다.**
• She has quite **recovered** from her cold. 그녀는 감기가 거의 **나았다.**

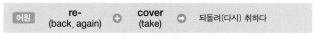

| 어원 | re-
(back, again) | ➕ | cover
(take) | ➡ | 되돌려(다시) 취하다 |

recovery
[rikʌ́vəri]

n. 되찾기(regaining a loss); (병의) 회복

• The **recovery** of the stolen painting took several months.
도난 당한 그림을 **되찾는 데** 수개월이 걸렸다.

0221 ★☆☆

resign
[rizáin]

vi. (공식적으로) 사임하다, 사직하다(retire)

vt. (지위·관직 등을) 사임하다, 그만두다(renounce); (보통 재귀용법 또는 수동형으로) 단념하게 하다, 몸을 (운명 등에) 맡기다

• **resign** one's post[job, seat] **사직하다**
• She **resigned** from her job because she wanted to travel.
그녀는 여행을 하고 싶어서 **사직했다.**
• She **resigned** herself to fate. 그녀는 운명에 자신을 **맡겼다.**

| 어원 | re-
(again) | ➕ | sign
(서명하다) | ➡ | (사직하겠다고) 다시 서명하다 |

resignation
[rèzignéiʃən]

n. 사임, 사직; 사표, 사직원; 단념, 체념(renunciation)

• **hand in** one's **resignation** 사표를 제출하다

0222 ★☆☆

revive
[riváiv]

vi. vt. 되살아나다[나게 하다], 부활하다[시키다](resurrect); 재상영하다

• **revive** an old play 오래된 연극을 **재상연하다**
• A nurse **revived** a man who had lost consciousness.
한 간호사가 의식을 잃은 사람을 **소생시켰다.**

| 어원 | re-
(again) | ➕ | viv(e)
(live: 살다) | ➡ | 다시 살아나다 |

revival
[riváivəl]

n. 되살아남, 부활(resurrection, rebirth); (영화·연극 등의) 재상영

• **a revival of** tradition[interest] 전통(관심)의 **부활**

0223 ★★☆

represent
[rèprizént]

vt. (물건이) 나타내다, 의미하다(mean), 상징하다(symbolize, stand for); 대표[대신]하다(stand for); 묘사하다(depict)

- In this painting, the cat **represents** evil and the bird, good.
  이 그림에서 고양이는 악을, 새는 선을 **상징한다**.
- The first lady **represented** Korea at the conference.
  영부인은 회의에서 한국을 **대표했다**.

representative
[rèprizéntətiv]

n. 대표자(delegate), 대리인 **a.** 대표하는

- **a sales representative for a company** 회사의 판매 **대리인**

representation
[rèprizentéiʃən]

n. 나타내기, 표시; 대표 (파견); 묘사(depiction)

- **a realistic representation of life** 인생의 사실적 **묘사**

0224 ★★☆

replace
[ripléis]

vt. 대신하다, 뒤를 잇다(take the place of, supplant); (대용품으로) 바꾸다, 교체하다 (보통 with를 수반)

- Electricity has **replaced** gas as a means of illumination.
  조명의 한 수단으로 전기가 가스를 **대신했다**.
- The fat woman **replaced** meat with fish in her diet.
  = The fat woman substituted fish for meat in her diet.
  그 뚱뚱한 여자는 자신의 식단에서 고기를 생선으로 **교체했다**.

| 어원 | re-
(again) | ⊕ | place
(놓다) | ⇒ | (다른 것으로 바꾸어서) 다시 놓다 |

replacement
[ripléismənt]

n. 대신하는 사람[물건](substitute); 교체(substitution)

- She broke a dish and bought a **replacement**.
  그녀는 접시를 깨고서 **대체할 것을** 샀다.

0225 ★★☆

reproduce
[rìːprədjúːs]

vt. vi. 〈생물〉 자식을 낳다, 번식하다(multiply); 복사[복제]하다(make a copy)

- **reproduce roses[offspring]** 장미(자손)를 **번식시키다**
- **reproduce copies of an article** 기사의 복사물을 **복사하다**
- Mice **reproduce** (themselves) very quickly. 쥐는 매우 빨리 **번식한다**.

| 어원 | re-
(again) | ⊕ | produce
(낳다) | ⇒ | 반복하여 낳다 |

reproduction
[rìːprədʌ́kʃən]

n. 생식, 번식; 복사(물), 복제(품)(duplication)

- **Reproduction** is necessary to preserve each species.
  생식은 각각의 종을 보존하는 데 필수적이다.

0226 ★★☆

renown
[rináun]

n. 명성, 유명(fame, celebrity)

- His **renown** as a singer is worldwide. 가수로서 그의 **명성**은 전 세계적이다.

| 어원 | re-
(again) | ＋ | nown
(name) | ➡ | 다시 갖는 이름 |

renowned
[rináund]

a. 유명한, 명성이 있는(famous, celebrated)

- Korea is **renowned** for its beautiful temples.
  한국은 아름다운 사원으로 **유명하**다.

0227 ★☆☆

retail
[rí:teil]

n. v. a. ad. 소매(하다, 의, 로)(ⓒ wholesale)

- a **retail** price[store] 소매가격(가게)
- Grocers buy at wholesale and sell at **retail**.
  식료품 잡화상들은 도매로 사서 **소매**로 판다.

| 어원 | re-
(again) | ＋ | -tail
(cut) | ➡ | 다시 잘라서 조각을 팔다 |

0228 ★☆☆

renew
[rinjú:]

vt. 다시 시작하다, 재개하다(resume); 갱신하다, 계약을 지속하다

- **renew** one's efforts to break a record 기록을 깨려는 노력을 **재개하다**
- He **renewed** her magazine subscription. 그는 잡지의 구독을 **갱신했다**.

| 어원 | re-
(again) | ＋ | new
(새로운) | ➡ | 다시 새롭게 만들다 |

renewal
[rinjú:əl]

n. 재개; 갱신, 기한 연장; 부흥, 부활(revival)

- the **renewal** date 갱신 날짜
- He found spiritual **renewal** in religion. 그는 종교에서 정신적 **부활**을 찾았다.

Word Grammar 용법에 주의할 동사 ⑦

○ **find vs. found**

> **find-found-found** vt. ~을 발견하다
> **found-founded-founded** vt. ~을 설립하다(set up, establish)

- **found** a hospital[an institute] 병원(연구소)을 설립하다

○ **shine vs. shine**

> **shine-shone-shone** vi. 빛나다, 비치다
> **shine-shined-shined** vt. ~을 닦다, 윤을 내다(polish)

- have one's shoes **shined** 구두를 닦게 하다

with-	'뒤(後); 반대·저항'의 개념을 지님
	❶ **back** 뒤의, 뒤로
	❷ **against** 반대하여, 저항하여

0229 ★★☆

withdraw
[wiðdrɔ́ː;wiθ-]

vt. (예금을) 인출하다(draw out); 철회하다(retract); 철수시키다

vi. 철수하다(retreat), 물러나다

- **withdraw one's offer[support]**
  제의[지지]를 **철회하다**
- She **withdrew** $50 from her bank account.
  그녀는 자신의 은행 구좌에서 50달러를 **인출했다**.
- Our troops had to **withdraw**. 아군은 **철수해야**만 했다.

어원	with- (back)	➕	draw (끌다)	➡	뒤로 끌어당기다

withdrawal
[wiðdrɔ́ːəl;wiθ-]

n. 인출(↔ deposit); 철회, 취소; 철수

- **the withdrawal of the troops from that country**
  그 나라로부터 군대의 **철수**

withdrawn
[wiðdrɔ́ːn;wiθ-]

a. 교제를 끊은, 고립된; 내성적인, 수줍어하는(shy)

- **a withdrawn existence[community]** **고립된** 존재[사회]

0230 ★★★

withhold
[wiθhóuld;wið-]

vt. 보류하다, 유보하다(hold back); 억제하다, 제지하다(restrain)

- **withhold one's approval[agreement]**
  승인[동의]을 **보류하다**
- You had better **withhold** your payment for the time being.
  당신은 당분간 지불을 **보류하는** 것이 좋겠다.

어원	with- (back)	➕	hold (잡다)	➡	뒤에 잡아두다

0231 ★★★

withstand
[wiθstǽnd;wið-]

vt. 저항하다(resist); 잘 견디다, 버티어 내다(endure)

- **withstand rust[temptation]**
  녹[유혹]에 **잘 견디다**
- The soldiers **withstood** the Indians' attack for seven days.
  군인들은 인디언의 공격에 7일간 **저항했다**.

어원	with- (against)	➕	stand (서다, 견디다)	➡	저항하며 서다, 견디다

notwithstanding
[nàtwiθstǽndiŋ
;wiθ-]

prep. ~에도 불구하고(despite)

ad. 그럼에도 불구하고(nevertheless)

- **Notwithstanding** the long delay, I will still go.
  오래 지체되었지만, 그래도 나는 가야겠다.
- **Notwithstanding**, the problem is a significant one.
  그럼에도 **불구하고**, 그 문제는 중요한 것이다.

Word Grammar 상태의 변화를 나타내는 동사

POINT come, go, get, grow, turn, run, fall 등의 동사가 become처럼 상태의 변화를 나타내어 '~이 되다'의 의미를 나타낸다. 형용사를 주격 보어(subjective complement)로 취하는 이 어법을 어휘 실력의 일부분으로 간주하여 학습해야 한다.

become tired 피곤해지다	**become warmer** 더 따뜻해지다	**come true** 실현되다
come loose 느슨해지다	**go mad** 미치다	**go bad** 썩다
get dark 어두워지다	**get angry** 화를 내다	**grow old** 늙어가다
grow tall 키가 자라다	**turn red and yellow** 단풍이 들다	**turn pale** 창백해지다
run short 부족해지다	**run dry** 마르다	**fall sick** 병이 들다
fall asleep 잠이 들다		

- The sky became cloudy. 하늘이 흐려졌다.
- Your dream will come true someday. 네 꿈은 언젠가 실현될 것이다.
- Eggs soon go bad in hot weather. 계란은 더운 날씨에 빨리 상한다.
- It is getting dark. 날이 저물고 있다.
- He has grown old and weak. 그는 늙고 허약해졌다.
- She turned pale. 그녀의 얼굴이 창백해졌다.

Daily Test 08

정답 및 해설 p.467

A 다음 영어를 우리말로, 우리말을 영어로 쓰시오.

1	replace		11	나타내다, 대표하다
2	postscript		12	돌려주다; 보답하다
3	withhold		13	되살아나다; 재상영하다
4	posthumous		14	드러내다, 폭로하다
5	representative		15	옮기다; 제거하다
6	posterity		16	명성, 유명
7	withstand		17	사임하다, 사직하다
8	postwar		18	되찾다, 회복하다
9	retail		19	인출하다; 철회하다
10	post meridiem		20	번식하다; 복사하다

B 다음 빈칸에 알맞은 단어를 쓰시오.

1	postpone	⊜	p	6	retail	⟳	w
2	reveal	⊜	d	7	withdrawal	⟳	d
3	renown	⊜	c	8	repay	ⓝ	
4	remove	⊜	e	9	renew	ⓝ	
5	reproduce	⊜	m	10	resign	ⓝ	

C 다음 빈칸에 들어갈 알맞은 말을 보기 에서 고르시오. [문장: 기출 또는 기출 변형]

보기	renowned	reveal	revived	reproduced

1 The project was _____ four years later in a new and greatly modified form.

2 Van Gogh's paintings have been _____ endlessly on posters, postcards, coffee mugs, and T-shirts.

3 There is an old Japanese legend about a man _____ for his flawless manners visiting a remote village.

4 His portraits _____ a psychological insight into man's inner nature.

94

DAY 09

『위(上)』를 의미하는 접두어

up-
[=up]

up-	'위(上)'의 개념을 지님
	up 위로, 위쪽으로

0232 ★☆☆

upstairs
[ʌ̀pstéərz]

ad. 위층으로[에서], 2층으로[에서](◎ downstairs)

a. 위층의, 2층의

• **an upstairs window** 2층의 창문
• The child climbed the steps to go **upstairs**.
  그 어린이는 계단을 올라 **2층으로** 갔다.

어원	up- (up)	➕	stairs (계단)	➡	계단 위로

0233 ★☆☆

upgrade
v.[ʌ̀pgréid]
n.[ʌ́pgrèid]

vt. 개선하다, 개량하다(improve, better)

n. 개선, 향상(improvement)

• The company **upgraded** its computer system by buying new software.
  그 회사는 새로운 소프트웨어를 구입하여 컴퓨터 시스템을 **개선했다**.

어원	up- (up)	➕	grade (등급을 정하다)	➡	등급을 올리다

0234 ★☆☆

update
v.[ʌ̀pdéit]
n.[ʌ́pdèit]

vt. 최신의 것으로 하다, 갱신하다

n. 최신 정보, 갱신

• **update production methods[computer systems]**
  생산 방법[컴퓨터 시스템]을 **최신식으로 하다**
• **a traffic update** 최신 교통 정보, 교통 속보
• Maps need regular **updates**. 지도는 규칙적인 **갱신**이 필요하다.

어원	up- (up)	➕	date (날짜를 적다)	➡	날짜를 올려서 적다

0235 ★☆☆

upset
v. [ʌpsét]
a. [ʌpsét]

vt. 뒤집어엎다, 전복시키다(overturn); 마음을 어지럽히다(disturb)

a. 뒤집힌, 전복된(overturned); 기분이 상한, 당황한(disturbed)

- **upset a kettle[boat]** 주전자[배]를 **뒤집어엎다**
- I will not **upset** your present mind.
  나는 너의 현재 마음을 **혼란스럽게 하**지 않을 것이다.

| 어원 | up-
(up) | ⊕ | set
(놓다) | ⇨ | (아래 부분을) 위쪽으로 놓다 |

0236 ★☆☆

upright
a. [ʌ́prait]
ad. [ʌpráit]

a. 똑바로 선(erect); (사람이) 곧은, 강직한　**ad.** 수직으로

- **an upright position[post]** 똑바로 선 자세[기둥]
- Her grandfather is an **upright** citizen who obeys the law.
  그녀의 할아버지는 법을 지키는 **곧은** 시민이다.

| 어원 | up-
(up) | ⊕ | right
(똑바른) | ⇨ | 위를 향하여 똑바로 선 |

0237 ★☆☆

uprising
[ʌ́praiziŋ]

n. 반란, 봉기(rebellion, insurrection)

- **a student uprising** 학생 **봉기**
- The **uprising** in Libya was foreseen by many people.
  리비아에서의 그 **반란**은 많은 사람들에 의해서 예견된 것이었다.

| 어원 | up-
(up) | ⊕ | rising
(일어나기) | ⇨ | 위로 일어나기 |

0238 ★★★

uphold
[ʌphóuld]

vt. 떠받치다, 지탱하다(support); 지지[옹호]하다(back up)

- The four columns **uphold** the building's heavy roof.
  네 개의 기둥이 건물의 무거운 지붕을 **떠받치고 있다.**
- We can't **uphold** your conduct. 우리는 너의 행동을 **지지할** 수 없다.

| 어원 | up-
(up) | ⊕ | hold
(붙잡고 있다) | ⇨ | (밑에서) 위로 붙잡고 있다 |

---

over-

'위(上); 과다'의 개념을 지님

❶ **over** 위에; 넘어서, 너머로
❷ **too much** 너무 많이, 지나치게

0239 ★☆☆

overhear
[òuvərhír]

vt. 우연히 듣다; 엿듣다, 도청하다(wiretap)

- The girl **overheard** the killer's plot of murdering the mayor.
  그 소녀는 시장을 살해할 것이라는 살인 청부업자의 음모를 **엿들었다.**

| 어원 | over-
(over) | ⊕ | hear
(듣다) | ⇨ | (담장) 너머로 듣다 |

0240 ★★☆

overthrow
[òuvərθróu]

vt. 뒤집어엎다, 무너뜨리다(overturn); (정부·제도 등을) 전복시키다

- **overthrow a government[capitalism]**
  정부(자본주의)를 **전복시키다**

| 어원 | over-
(over) | ⊕ | throw
(던지다) | ➡ | 위로 던지다 |

0241 ★☆☆

overflow
v.[òuvərflóu]
n.[óuvərflou]

vt. ~에 범람하다(flood, inundate)　**vi.** 범람하다, 넘치다

n. 범람, 홍수(overflowing); 과잉, 과다(superabundance)

- **the annual overflow of the Nile**
  해마다 일어나는 나일 강의 **범람**
- **an overflow of population** 인구 **과잉**
- After the heavy rains, the river **overflowed** its banks.
  폭우가 쏟아진 후에 강물이 둑 위로 **넘쳐흘렀다.**

| 어원 | over-
(over) | ⊕ | flow
(흐르다) | ➡ | 위로 넘쳐흐르다 |

0242 ★★☆

overcome
[òuvərkʌ́m]

vt. (역경·장애·유혹 등을) 극복하다, 이겨내다(get over, surmount);
(상대를) 이기다(get the better of, defeat)

- **overcome one's temptation[enemy]**
  유혹(적)을 **이기다**
- The pioneer tried to **overcome** a lot of difficulties.
  그 선구자는 많은 역경을 **극복하려고** 애썼다.

| 어원 | over-
(over) | ⊕ | come
(오다) | ➡ | (역경을) 넘어 오다 |

0243 ★★☆

overlook
[òuvərlúk]

vt. 내려다보다(look over); (결점·실수 등을) 간과하다(neglect); 눈감아 주다

- **a house overlooking the ocean**
  바다가 **내려다보이는** 집
- Her sharp senses **overlook** nothing.
  그녀의 날카로운 감각은 **간과하는** 게 없다.
- The broad-minded boss sometimes **overlooked** his employees' mistakes.
  관대한 상사는 때때로 직원들의 실수를 **눈감아 주었다.**

| 어원 | over-
(over) | ⊕ | look
(보다) | ➡ | 위에서 내려다 보다 |

0244 ★★★

overwhelm
[òuvərhwélm]

vt. (정신적으로) 압도하다, 맥을 못 추게 하다; (힘으로) 제압하다

• The death of her best friend **overwhelmed** her with grief.
가장 친한 친구의 죽음으로 그녀는 슬픔에 **압도되었다.**

• Roman troops were **overwhelmed** by superior forces.
로마 군은 우세한 병력에 **제압되었다.**

| 어원 | over-
(over) | ➕ | whelm
(짓누르다) | ➡ | 위에서 짓누르다 |

overwhelming
[òuvərhwélmiŋ]

a. 압도적인, 맥을 못추게 하는

• **an overwhelming desire[victory]** 압도적인 욕망〔승리〕

0245 ★★☆

overtake
[òuvərtéik]

vt. (여행·추적에서) 따라잡다(**catch up with**); (뒤진 일을) 만회하다;
(재난 등이) 갑자기 덮치다(**befall**)

• One runner **overtook** the leading runner and passed him.
한 주자가 선두 주자를 **따라잡아** 추월했다.

| 어원 | over-
(over) | ➕ | take
(잡다) | ➡ | 위에서 덮쳐 잡다 |

0246 ★★★

overhead
ad.[òuvərhéd]
a.[óuvərhèd]

ad. 머리 위에(over one's head), 하늘 높이(aloft)　**a.** 머리 위의[를 지나는]

• **an overhead railway** 고가 철도
• There was a cloud **overhead**. 하늘 높이 한 조각구름이 떠 있었다.

| 어원 | over-
(over) | ➕ | head
(머리) | ➡ | 머리 위에 |

0247 ★☆☆

overseas
[òuvərsíːz]

ad. 해외로, 외국으로(abroad)　**a.** 해외에 있는, 외국행의

• **overseas travel** 해외여행
• Have you ever traveled **overseas**? 당신은 **해외** 여행을 해본 적이 있나요?

| 어원 | over-
(over) | ➕ | sea
(바다) | ➕ | -s
(어미) | ➡ | 바다를 넘어서 |

0248 ★★☆

overnight
[òuvərnáit]

ad. 하룻밤 (내내), 밤새도록; 하룻밤 사이에, 갑자기(suddenly)

• She stayed **overnight** at her friend's house.
그녀는 친구 집에서 **하룻밤** 머물렀다.

• The boxer became famous **overnight**.
그 권투 선수는 **하룻밤 사이에** 유명해졌다.

| 어원 | over-
(over) | ➕ | night
(밤) | ➡ | 밤을 새워서 |

0249 ★☆☆

overwork
[òuvərwə́:rk]

vt. 과로시키다, 혹사시키다　　**vi.** 과로하다, 지나치게 일하다

n. 과로

- **overwork employees[eyes]** 종업원(눈)을 혹사시키다
- Don't **overwork** (yourself) on the new job.
  그 새로운 일로 **과로하**지 마라.
- She was tired out from **overwork**.
  그녀는 **과로**로 기진맥진했다.

 어원 ｜ over- (too much) ➕ work (일하다) ➡ 너무 많이 일하다

0250 ★☆☆

overeat
[òuvərí:t]

vt. (재귀용법으로) 과식하다　　**vi.** 과식하다

- If you **overeat** (yourself), you will get obese.
  과식하면 비만해질 것이다.

 어원 ｜ over- (too much) ➕ eat (먹다) ➡ 너무 많이 먹다

0251 ★☆☆

oversleep
[òuvərslí:p]

vt. (재귀용법으로) 늦잠 자다　　**vi.** 늦잠 자다

- She **overslept** (herself) and missed her appointment.
  그녀는 **늦잠을 자서** 약속을 놓쳤다.

 어원 ｜ over- (too much) ➕ sleep (자다) ➡ 너무 많이 자다

0252 ★☆☆

overdrink
[òuvərdríŋk]

vt. (재귀용법으로) 과음하다　　**vi.** 과음하다

- The well-known heavy drinker **overdrank** (himself) last night.
  그 소문난 술꾼은 어젯밤에 **과음했다**.

 어원 ｜ over- (too much) ➕ drink (마시다) ➡ 너무 많이 마시다

• Further Study •

over·estimate	**v.** 과대평가하다
over·spend	**v.** 너무 많이 돈을 쓰다, 낭비하다(waste)
over·state	**v.** 지나치게 진술하다, 과장하다(exaggerate)
over·book	**v.** 예약을 너무 많이 받다
over·lap	**v.** 겹치다; 겹쳐지다, 포개지다
over·heat	**v.** 과열시키다(되다)
over·coat	**n.** 오버코트, 외투
over·crowding	**n.** 초만원, 혼잡

POINT 미래시제를 나타낼 때 사용하는 조동사를 대신하여 사용하는 어구로 will이나 should 등의 조동사가 나타내지 못하는 뉘앙스를 표현한다.

○ **be about to**+동사원형: 막 ~하려고 하다(be on the point of ~)
- I was about to propose to her. 나는 그녀에게 막 청혼하려고 했다.

○ **be due to**+동사원형: ~할 예정이다
- The President is due to speak here. 대통령이 이곳에서 연설할 예정이다.

○ **be supposed to**+동사원형: (법·관습·의무로) ~하기로 되어 있다(should)
- We are supposed to pay income taxes. 우리는 소득세를 내도록 되어 있다.

---

sup(e)r-, sur-

'위(上); 초월'의 개념을 지님

❶ **above** 위에
❷ **beyond** 초월하여, 넘어

0253 ★☆☆

superpower
[súːpərpàuər]

n. 초강대국

- The **superpowers** held a meeting to promote cooperation.
초강대국들이 협력을 촉진하기 위해 회담을 열었다.

어원	super- (beyond)	⊕	power (강대국)	⊜	초월적인 힘을 가진 국가

• Further Study •

super·man　　n. 초인(超人)
super·computer　n. 슈퍼컴퓨터
super·star　　n. 슈퍼스타
super·market　n. 슈퍼마켓

0254 ★☆☆

supersonic
[sùːpərsánik]

a. 음속보다 빠른, 초음속의

- a **supersonic** aircraft[flight]
초음속 비행기[비행]
- Aircraft are able to fly at **supersonic** speeds.
항공기는 초음속으로 비행할 수 있다.

어원	super- (beyond)	⊕	sonic (소리의, 음속의)	⊜	음속을 초월하는

0255 ★☆☆

supreme
[səprí:m;su-]

a. (위치가) 최고의(highest); (정도가) 최고의, 대단한

- the Supreme Court 대법원
- Art historians consider Cezanne a supreme painter.
  미술사 학자들은 세잔느를 **최고의** 화가로 여긴다.

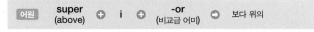

| 어원 | supr-
(super-: above) | + | -eme
(최상급 어미) | → | 가장 위에 있는 |

supremacy
[səprémәsi su-]

n. 최고, 패권, 지배권(dominance)

- seek supremacy in a marketplace 시장에서 **패권**을 잡으려 하다

0256 ★☆☆

superior
[səpíəriər su-]

a. 보다 나은, 우월한(better) (종종 to를 수반); 상급의, 상위의

n. 우월한 사람, 상수(上手); 상관, 상급자

- This product is superior to that one. 이 상품이 저 상품**보다 더 좋**다.
  = This product is better than that one.
- The wrestler is my superior in physical strength.
  그 레슬링 선수는 체력에 있어서 나**보다 우월한 사람**이다.

| 어원 | super
(above) | + | i | + | -or
(비교급 어미) | → | 보다 위의 |

superiority
[səpíərió:rəti;
-ár-; su-]

n. 우월, 우세(◎ inferiority)

- superiority in strength[intellect] 힘[지능]의 **우월**

0257 ★★★

supernatural
[sù:pərnǽtʃərəl]

a. 초자연의, 불가사의한(mysterious, occult)

n. 초자연적 신비[현상]

- a fear of the supernatural 초자연적 현상에 대한 두려움
- Supernatural events are not so uncommon.
  초자연적 사건이 그리 진귀한 것은 아니다.

| 어원 | super-
(beyond) | + | natural
(자연의) | → | 자연을 초월하는 |

0258 ★☆☆

surface
[sə́:rfis]

n. 표면(outer face); 외관, 겉모습(appearance)

- the surface of the earth[a table] 지구[탁자]의 **표면**
- On the surface, it looks like a good car, but the engine is bad.
  겉보기에 그것은 좋은 자동차 같아 보이지만, 엔진이 나쁘다.

| 어원 | sur-
(above) | + | face
(얼굴, 표면) | → | 겉으로 드러난 표면 |

0259 ★☆☆

superficial
[sùːpərfíʃəl]

a. 표면의; 피상적인, 깊이 없는(skin-deep ↔ profound)

- **superficial reading[writers]** 깊이가 없는 독서(작가들)
- The stranger has only a **superficial** knowledge of this subject.
  그 문외한은 이 주제에 대해 단지 **피상적인** 지식만을 가지고 있다.

어원	super- (above)	➕	fic (face: 표면)	➕	-ial (형접)	➡	표면상의

0260 ★★★

superb
[suːpɔ́ːrb;sə-]

a. 최고[최상]의(superlative), 대단히 훌륭한

- **superb player[condition]** 최고의 선수들(상태)
- It would serve as a **superb** example.
  그것은 **최상의** 실례로써 도움이 될 것이다.

어원	super- (above)	➕	-b (형접)	➡	(다른 것보다) 위에 있는

0261 ★★☆

survive
[sərváiv]

vt. ~보다 오래 살다(live longer than); (사고에서) 살아남다, 생존하다

vi. 살아남다(remain alive); 존속하다

- Three daughters **survived** the deceased.
  고인(故人)에게는 **유족으로** 세 딸이 있었다.
  = The deceased was **survived** by three daughters.
- Only a little girl **survived** the plane crash.
  단 한 명의 어린 소녀만이 비행기 추락에서 **살아남았다**.
- The custom still **survives**. 그 관습은 여전히 **존속한다**.

어원	sur- (beyond)	➕	viv(e) (live)	➡	~을 넘어 보다 오래 살다

survival
[sərváivəl]

n. 살아남기, 생존; 존속

- **the survival of the soul after death** 사후 영혼의 존속

survivor
[sərváivər]

n. 생존자, 유가족

- The **survivors** were rescued by a helicopter.
  생존자들은 헬리콥터로 구조되었다.

0262 ★★☆

superstition
[sùːpərstíʃən]

n. 미신

- **the thirteen superstition** 13의 수를 불길하다고 믿는 **미신**
- As knowledge increases, **superstition** decreases.
  지식이 증가함에 따라 **미신**은 감소한다.

어원	super- (beyond)	➕	sti (stand)	➕	-tion (명접)	➡	(지식을) 초월하는 것

superstitious
[su̇ːpərstíʃəs]

a. 미신적인, 미신을 믿는
- **a superstitious tale[old man]** 미신적인 이야기[미신을 믿는 노인]

0263 ★★★
sovereign
[sávərən]

n. 군주, 국왕(king); 주권자, 통치자(ruler)

a. 절대 권력을 지닌; (나라가) 독립된(independent)
- **a sovereign ruler** 절대 권력을 지닌 통치자
- **Sovereign** power must lie with the people. **주권**은 국민에게 있어야 한다.

 sover-
(super-: above) **(r)eign**
(통치) ➡ 최고 통치자

---

sovereignty
[sávərənti;sɔ́v-]

n. 주권, 통치권
- No nation can claim **sovereignty** over frozen Arctic waters.
  어떤 나라도 얼어붙은 북극해에 대한 **주권**을 주장할 수 없다.

0264 ★☆☆
surround
[səráund]

vt. 둘러싸다, 에워싸다(encircle, environ)
- **the prison surrounded by a high wall** 높은 담으로 **둘러싸인** 교도소
- England is **surrounded** by the sea on all sides.
  영국은 사방이 바다로 **둘러싸여 있다.**

 sur-
(above) **round**
(둘러싸다) ➡ 둘러싸다

---

surrounding
[səráundiŋ]

n. (-s) 환경, 주위의 상황(environment, circumstances)
- **live in comfortable surroundings** 안락한 **환경**에서 살다

Word Grammar 밀접한 관계가 있는 하나의 개념

POINT 두 개 이상의 단어가 접속사 and로 연결된 경우, 대부분 복수 취급하지만, 서로 밀접한 관계가 있는 것은 하나의 개념으로 간주하여 단수 취급한다.
- Bread and butter is my favorite breakfast. 버터 바른 빵은 내가 가장 좋아하는 아침이다.
- Bread and butter have risen in price. 버터와 빵 값이 올랐다.

a watch and chain 시곗줄 달린 시계	**a coach and two** 쌍두마차
brandy and water 물 탄 브랜디	**a needle and thread** 실을 꿴 바늘
a cup and saucer 받침 접시가 있는 찻잔	**curry and rice** 카레라이스
trial and error 시행착오	**all work and no play** 일만 하고 놀지 않는 것

Daily Test 09

정답 및 해설 p.467

A 다음 영어를 우리말로, 우리말을 영어로 쓰시오.

1	sovereign	_____	11 보다 나은; 상급의	_____
2	superpower	_____	12 표면의; 피상적인	_____
3	overwhelm	_____	13 둘러싸다, 에워싸다	_____
4	supernatural	_____	14 극복하다, 이겨내다	_____
5	uphold	_____	15 표면; 외관, 겉모습	_____
6	overflow	_____	16 위층으로, 2층으로	_____
7	supersonic	_____	17 ~보다 오래 살다; 생존하다	_____
8	overhead	_____	18 내려다보다; 간과하다	_____
9	uprising	_____	19 똑바로 선, 강직한	_____
10	superstition	_____	20 우연히 듣다; 도청하다	_____

B 다음 빈칸에 알맞은 단어를 쓰시오.

1	upgrade	⊜ i_____	6	superb	⊜ s_____
2	overseas	⊜ a_____	7	upstairs	⊜ d_____
3	supreme	⊜ h_____	8	superiority	⊜ i_____
4	supernatural	⊜ m_____	9	overwhelm	ⓐ _____
5	uphold	⊜ s_____	10	surround	ⓝ _____

C 다음 빈칸에 들어갈 알맞은 말을 [보기] 에서 고르시오. (문장: 기출 또는 기출 변형)

보기	overlook	upset	survive	superior

1 It is hard for street trees to _____ with only foot-square holes in the pavement.

2 Many kinds of _____ coffee beans are being decaffeinated in ways that conserve strong flavor.

3 I was so annoyed and _____ by his response that I worked tirelessly for the remainder of the school year.

4 Whether their grandchildren have special needs or not, grandparents shouldn't _____ the value of incidental learning experiences.

DAY 10

『아래(下)』를 의미하는 접두어

sub-
[=under]

under-
[=under]

---

sub-

'아래(下); 종속'의 개념을 지님

under 아래; 미만의; 종속된

철자 변형 suc-, suf-, sug-, sum-, sup-, sur-, sus-, sou-

0265 ★☆☆

subway
[sʌ́bwei]

n. 〈美〉 지하철(metro); 〈英〉 지하도(underpass)

· We went downtown on the **subway** because of traffic jams.
우리는 교통 체증 때문에 **지하철**을 타고 시내로 갔다.

| 어원 | sub-
(under) | ➕ | way
(길) | ➡ | 아래 있는 길 |

0266 ★☆☆

souvenir
[sùːvəníər]

n. 기념품

· She bought this bag as a **souvenir** of her visit to Los Angeles.
그녀는 로스앤젤레스를 방문한 **기념품**으로 이 가방을 샀다.

| 어원 | sou-
(sub-: under) | ➕ | ven
(come) | ➕ | -ir
(어미) | ➡ | 아래에서 (마음에)
떠오르게 하는 것 |

0267 ★☆☆

subconscious
[sʌ̀bkάnʃəs]

a. 잠재의식의　n. 잠재의식(subconsciousness)

· His behavior always comes from his desire in the **subconscious**
for success. 그의 행동은 항상 성공에 대한 **잠재의식** 속의 욕망에서 나온다.

| 어원 | sub-
(under) | ➕ | conscious
(의식하는) | ➡ | 아래에서 의식하는 |

0268 ★☆☆

submarine
[sʌ̀bməríːn;sʌ́b-]

a. 해저의　n. 잠수함

· a **submarine** volcano[cable] 해저 화산[케이블]
· **Submarines** are used in war because they cannot be seen easily.
잠수함은 쉽게 눈에 띄지 않기 때문에 전쟁에 이용된다.

| 어원 | sub-
(under) | ➕ | marine
(바다의) | ➡ | 바다 밑의 |

0269 ★☆☆

suburb
[sʌ́bəːrb]

n. (보통 -s) 교외, 근교, 주변(**outskirts**)

- **a suburb** of Seoul 서울의 한 **교외**
- She lives in the **suburbs** of San Francisco.
  그녀는 샌프란시스코의 **교외**에 산다.

| 어원 | sub-
(under) | ➕ | urb
(urban: 도시의) | ➡ | 도시 아래의 |

0270 ★☆☆

suggest
[səgdʒést]

vt. 암시하다, 시사하다(**imply**); 제안[제의]하다(**propose, move**) (종종 that절, 동명사를 목적어로 취함)

- Her words **suggest** that she loves him.
  그녀의 말은 그녀가 그를 사랑하고 있음을 **암시한다**.
- She **suggested** to me that we (should) have lunch at the hotel.
  그녀는 나에게 호텔에서 점심을 먹자고 **제의했다**.
- The principal **suggested** going on a picnic.
  그 교장은 소풍 갈 것을 **제안했다**.

| 어원 | sug-
(sub-: under) | ➕ | gest
(carry) | ➡ | 아래로 나르다 |

cf. '제안[제의]하다'라는 의미를 지니는 동사 suggest, propose, move가 that절을 목적어로 취할 때, that절 안의 형태는 「(should)+동사원형」을 사용한다.
Mr. Chairman, I move that we (should) adjourn. 의장님, 휴회를 제의합니다.

suggestion
[səgdʒéstʃən]

n. 암시, 시사(**implication**); 제안, 제의(**proposal**)

- The secretary made the **suggestion** that her boss (should) resign.
  비서는 자신의 상사가 사직해야 한다고 **제의했다**.

suggestive
[səgdʒéstiv]

a. 암시하는, 시사하는 바가 많은

- **a suggestive** critical essay 시사하는 바가 많은 비평

0271 ★★☆

support
[səpɔ́ːrt]

vt. (무게를 밑에서) 떠받치다, 지탱하다(**uphold, sustain**); 지지[옹호]하다(**back up**); 부양하다(**provide for**)

n. 받침, 지탱; 지지, 옹호; 부양

- **receive general support** from students
  학생들 사이에서 전반적인 **지지**를 받다
- **support a political party[a claim]** 정당[요구]을 **지지하다**
- Walls **support** the roof. 벽이 지붕을 **떠받친다**.
- He **supports** his family by working two jobs.
  그는 두 가지 일을 해서 가족을 **부양한다**.

| 어원 | sup-
(sub-: under) | ➕ | port
(carry) | ➡ | 밑에서 (위로) 나르다 |

supporter
[səpɔ́:rtər]

n. 버팀목; 지지자, 후원자(advocate, backer); 부양자
- **a passionate supporter of reform** 개혁의 열성적인 **지지자**

0272 ★★☆

sublime
[səbláim]

a. 고상한, 기품 있는(lofty, noble); 장엄한, 숭고한(grand); 최고의(best)
- **a sublime genius** 최고의 천재
- We admired her **sublime** spirit of sacrifice.
  우리는 그녀의 **숭고한** 희생정신에 감탄했다.
- Switzerland has **sublime** scenery.
  스위스는 **웅장한** 경치를 지니고 있다.

| 어원 | sub-
(under) | ⊕ | lime
(석회) | ⊃ | 석고상(신의 동상) 아래 보관하는 |

0273 ★★★

substitute
[sʌ́bstətʃuːt]

vt. vi. (사람·물건을) 대신하다, 대용하다 (보통 for를 수반)

n. 대신하는 사람[것], 대리인, 대용품 (보통 for를 수반)
- We can **substitute** nylon for silk.
  우리는 비단 **대신에** 나일론을 **이용할** 수 있다.
  = We can replace silk with nylon.
- The new player **substituted** for the injured star.
  그 신인 선수가 부상 당한 스타 선수를 **대신했다.**
- Money is no **substitute** for happiness.
  돈은 행복의 **대용품**이 아니다.

| 어원 | sub-
(under) | ⊕ | sti(t)
(stand) | ⊕ | -ute | ⊃ | 밑에 대신하여 세우다 |

0274 ★☆☆

suffer
[sʌ́fər]

vi. 고통 받다, 병을 앓다(undergo pain) (종종 from을 수반)

vt. (고통·고난 등을) 겪다, 경험하다(undergo, go through)
- His father **suffers** from headaches.
  그의 아버지는 두통을 **앓고 있다.**
- The army **suffered** heavy losses in the battle.
  그 군대는 전투에서 막대한 손실을 **입었다.**

| 어원 | suf-
(sub-: under) | ⊕ | fer
(carry: 나르다) | ⊃ | 밑에서 나르다 |

---

suffering
[sʌ́fəriŋ]

n. (심신의) 고통, 고생
- How much **suffering** is there in the world?
  세상에는 얼마나 많은 **고통**이 있는가?

under-	'아래(下); 열등'의 개념을 지님
	under 아래; ~보다 못한

0275 ★☆☆

underline
v.[ʌ̀ndərláin]
n.[ʌ́ndərlàin]

vt. 밑줄을 긋다(underscore); 강조하다(emphasize, stress)

n. 밑줄

- **underline words in a book**
  책에 있는 낱말에 **밑줄을 긋다**
- The boss **underlined** the necessity to cut costs.
  상사는 비용을 줄여야 하는 필요성을 **강조했다**.

어원	under- (under)	⊕	line (줄을 긋다)	⊙	아래에 줄을 긋다

0276 ★★★

underground
a.n.[ʌ́ndərgraund]
ad.[ʌ̀ndərgráund]

a. 지하의(subterranean); (반체제 활동을 하는) 지하의, 비밀의

ad. 지하에[로]

n. 지하조직; 〈英〉 지하철(tube, subway)

- **an underground passage[cellar]**
  지하 통로[저장실]
- **an underground resistance movement**
  지하 저항 운동
- They had an **underground** plot to kill the president.
  그들은 대통령을 죽이려는 **비밀** 음모를 꾸몄다.

어원	under- (under)	⊕	ground (땅)	⊙	땅 아래의

0277 ★★☆

underpass
[ʌ́ndərpæs]

n. 〈美〉 지하도(underground passage ⊙ overpass)

- The **underpass** was poorly lighted.
  그 **지하도**는 조명이 어두웠다.

어원	under- (under)	⊕	pass (통로)	⊙	밑으로 난 통로

0278 ★☆☆

undergraduate
[ʌ̀ndərgrǽdʒuət;
 -eit]

n. (대학원생에 대하여 학부 재학 중인) 대학생(college student)

- He is an **undergraduate** at the state university.
  그는 주립대학교 **재학생**이다.

cf. graduate 졸업생, 대학원생

어원	under- (under)	⊕	graduate (졸업생)	⊙	졸업생보다 아랫사람

0279 ★★★

under**take**
[ʌ̀ndərtéik]

vt. (일·책임 등을) 떠맡다(take on, assume); 착수하다(begin)

- **undertake a task[research]** 일[연구]에 **착수하다**
- I'm willing to **undertake** the responsibility for the project.
  내가 기꺼이 그 프로젝트에 대한 책임을 **떠맡겠다.**

| 어원 | under-
(under) | ➕ | take
(잡다) | ➡ | 밑에서 짐을 잡다 |

under**taking**
[ʌ̀ndərtéikiŋ]

n. 맡은 일, 사업(enterprise)

- To build a dam across the river is a large **undertaking**.
  강을 가로질러 댐을 건설하는 일은 큰 **사업**이다.

cf. undertaker 장의사(mortician)

0280 ★☆☆

under**developed**
[ʌ̀ndərdivéləpt]

a. 저개발의, 후진국의

- America helped two **underdeveloped** nations improve their standard of living. 미국은 두 **후진국**의 생활수준을 향상시키는 데 도움을 주었다.

cf. a developing country 개발도상국
an advanced country 선진국(a developed country)

| 어원 | under-
(under) | ➕ | developed
(발전한) | ➡ | 발전이 되지 않은 |

0281 ★★☆

under**go**
[ʌ̀ndərgóu]

vt. (역경·수술·변화 등을) 겪다, 경험하다(experience, suffer)

- She is **undergoing** an operation at the hospital.
  그녀는 병원에서 수술을 **받고 있다.**
- The explorers had to **undergo** much suffering.
  탐험가들은 많은 고통을 **겪어야** 했다.

| 어원 | under-
(under) | ➕ | go
(가다) | ➡ | 밑으로 (역경을 겪으며) 가다 |

0282 ★☆☆

under**stand**
[ʌ̀ndərstǽnd]

v. 이해[파악]하다(comprehend, grasp)

- **understand Kant[a poem]** 칸트 철학[한 편의 시]을 **이해하다**
- Do you **understand** (this idea)? (이 개념을) **이해하겠니?**

| 어원 | under-
(under) | ➕ | stand
(서 있다) | ➡ | 글 밑에 서 있다 |

under**standing**
[ʌ̀ndərstǽndiŋ]

n. 이해(하는 일)(comprehension); 이해력, 지력(intelligence)

- **a clear understanding of the reasons** 이유에 대한 명확한 **이해**

de-	**'아래(下); 저하; 분리·이탈'의 개념을 지님** ❶ **down** 아래로 ❷ **apart** 떨어져서, 갈라져서, 따로; **away** 멀리, 딴 곳으로; **from** ~에서, ~로부터 ❸ **intensive** 강조

---

depress
[diprés]

vt. 의기소침하게 하다, 낙담시키다(deject); 불경기로 만들다

- Rain doesn't **depress** the man who likes to read.
  비가 내려도 독서를 좋아하는 사람은 **침울해하지** 않는다.

어원	**de-** (down)	➕	**press** (누르다)	➡	밑으로 누르다

---

depressed
[diprést]

a. 의기소침한, 낙담한(dejected); 불경기의, 불황의

- **a depressed market** 침체 시장

---

depression
[dipréʃən]

n. 의기소침(dejection), 우울(gloom); 불경기, 불황

- **the Great Depression** (1929년부터 1930년대의 세계적인) 대공황
- **a depression in trade** 무역의 **부진**

0284 ★★☆

depict
[dipíkt]

vt. (그림으로) 묘사하다, 그리다(paint); (글로) 묘사하다(describe)

- **a novel depicting sea life** 해상 생활을 **묘사한** 소설
- These souvenir scarfs **depict** scenes of San Francisco.
  이 기념품 스카프들은 샌프란시스코의 풍경을 **묘사한다**.

어원	**de-** (down)	➕	**pict** (picture: 그리다)	➡	그려 내려가다

0285 ★★★

descend
[disénd]

vi. vt. 내려가다(climb down ⊙ ascend); ~의 자손이다, 계통을 잇다

- **descend from a tree[mountain]** 나무[산]에서 **내려가다**
- She's **descended** from the first English settlers in America.
  그녀는 미국에 최초로 정착한 영국인의 **후손이었다**.

어원	**de-** (down)	➕	**scend** (climb)	➡	아래로 내려가다

---

descendant
[diséndənt]

n. 자손, 후손(⊙ ancestor)

- **the descendants of King David** 다윗 왕의 **자손**

---

descent
[disént]

n. 하강, 내려가기(⊙ ascent); 혈통, 가계(lineage)

- **a sudden descent** 급강하

0286 ★☆☆

despise
[dispáiz]

vt. 경멸하다, 깔보다(look down on, disdain)

• Honest people **despise** those who lie.
정직한 사람들은 거짓말하는 사람들을 **경멸한다**.

| 어원 | de-
(down) | ➕ | spise
(look) | ➡ | 내려다보다 |

despicable
[déspjkəbl;
dispíkəbl]

a. 경멸한 만한, 비열한(contemptible, mean)

• He was drunk, and his behavior at the party was **despicable**.
그는 술에 취했고, 파티에서의 그의 행동은 **천박했**다.

0287 ★★★

destitute
[déstətʃuːt]

a. 빈곤한, 궁핍한(poor, indigent); ~이 없는, 결핍된(devoid)

• a **destitute** family **빈곤한** 가족
• The miserable woman is **destitute** of her children.
그 비참한 여인은 자식**이 없**다.

| 어원 | de-
(down) | ➕ | sti(t)
(stand) | ➕ | -ute | ➡ | (생활 수준이) 아래에
서 있는 |

0288 ★★☆

desert
v.[dizə́ːrt]
n.[dézərt]

vt. 버리다, 아주 떠나다(abandon, forsake); 탈영[탈주]하다

n. 사막, 황야

• the Sahara **Desert** 사하라 **사막**
• the silent **deserted** streets of the city 도시의 조용한 **인적이 끊긴** 거리
• All my friends have **deserted** me! 내 친구 모두가 나를 **버렸어**!

| 어원 | de-
(away) | ➕ | sert
(join: 가담하다) | ➡ | 가담하지 않고 멀리 떠나다 |

0289 ★☆☆

defend
[difénd]

vt. ~을 지키다, 방어하다(protect, guard) (보통 from, against를 수반);
변호하다, 옹호하다

• **defended** a suit[oneself] 소송의 **변호를 하다**(자신을 **변호하다**)
• The soldiers **defended** their country against the enemy.
군인들은 적에 대항하여 조국을 **방어했다**.

| 어원 | de-
(away) | ➕ | fend
(strike) | ➡ | 떨어지도록 때리다 |

defense
[diféns]

n. 방어, 수비(protection ⟷ attack, offense); 변호, 옹호

• Offense is the best **defense**. 공격은 최선의 **방어**이다.

defensive
[diffénsiv]

a. 방어(용)의, 수비의(⬄ offensive aggressive)
- **a defensive alliance[war]** 방위 동맹(전쟁)

cf. defender 방어자   defendant 피고(↔ plaintiff 원고)

0290 ★☆☆

deceased
[disíːst]

a. 사망한(dead)

n. (the -) 사망한 사람(들), 고인(the dead person or people)
- The body of the **deceased** was removed from his home.
  고인의 시신이 그의 집에서 옮겨졌다.

| 어원 | de-
(away) | ➕ | cease
(끝나다) | ➕ | -(e)d | ➡ | 생명의 끝나 사라진 |

0291 ★★☆

despair
[dispéər]

n. 절망, 좌절(loss of hope, desperation)

vi. 절망하다
- He fell into the depths of **despair** at his failure.
  그는 실패하여 **절망**의 구렁텅이에 빠졌다.

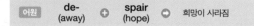

| 어원 | de-
(away) | ➕ | spair
(hope) | ➡ | 희망이 사라짐 |

---

desperate
[déspərət]

a. (절망하여) 자포자기한(reckless); 필사적인
- **desperate efforts[attempt]** 필사적인 노력(시도)

0292 ★★☆

detach
[ditǽtʃ]

vt. 떼다, 분리하다(separate ⬄ attach) (보통 from을 수반)
- **detach oneself from one's prejudice** 편견에서 **벗어나다**
- The child **detached** a stamp from a sheet.
  아이는 우표를 시트에서 **떼어냈다**.

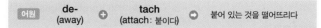

| 어원 | de-
(away) | ➕ | tach
(attach: 붙이다) | ➡ | 붙어 있는 것을 떨어뜨리다 |

---

detached
[ditǽtʃt]

a. 분리된, 떨어져 있는(separated); 초연한(aloof)
- **a detached attitude[view]** 초연한 태도(견해)

---

detachment
[ditǽtʃmənt]

n. 분리, 이탈; 초연함(aloofness)
- **detachment from the turmoil of the outside world**
  외부 세계의 소요로부터의 **초연함**

0293 ★☆☆

depart
[dipá:rt]

vi. (특히 여행을) 떠나다, 출발하다; (세상을) 떠나다, 하직하다(**pass away**)

- The plane **departed** from Gimpo at 10 a.m.
  비행기는 오전 10시 김포를 **떠났다**.
- The old woman **departed** this life in her sleep last night.
  그 노파는 어젯밤에 자다가 **세상을 떠났다**.

 | **de-** (away) | ➕ | **part** (나누어지다) | ➡ | 떨어져 나누어지다

---

departure
[dipá:rtʃər]

n. 떠남, 출발

- **arrival and** **departure** 도착과 출발

0294 ★☆☆

detect
[ditékt]

vt. 찾아내다, 발견하다(**discover**); (정체를) 간파하다, 탐지하다(**find out**)

- **detect a spy[his lie]** 스파이(그의 거짓말)를 **간파하다**
- The expert **detected** a fault in the computer program.
  그 전문가는 컴퓨터 프로그램에서 결함을 **발견했다**.

 | **de-** (from) | ➕ | **tect** (cover) | ➡ | 덮개를 벗기다

---

detective
[ditéktiv]

n. 탐정, 형사   **a.** 탐정의, 형사의

- **a private** **detective** 사립 **탐정**
- **a** **detective** **story** 탐정 소설

0295 ★☆☆

determine
[ditə́:rmin]

vt. 결정[확정]하다(**fix**); 결심[결의]하다(**decide, resolve**)

- Demand for a product **determines** supply. 제품의 수요가 공급을 **결정한다**.
- The loser firmly **determined** to try again.
  그 패자는 다시 시도해 보겠다고 굳게 **결심했다**.

 | **de-** (강조) | ➕ | **termin(e)** (limit: 한계) | ➡ | 한계를 분명히 정하다

---

determined
[ditə́:rmind]

a. 굳게 결심한, 단호한(**resolved, firm**)

- **with** **determined** **looks** 단호한 표정으로

• Further Study •

어근 term(in)은 end(끝), limit(한계)의 의미를 지닌다.

terminal   n. (철도·버스·항공의) 종착역, 터미널; 컴퓨터 단말기 a. 말단의, 종말의
terminate   vt. vi. 끝내다(나다), 종결시키다(되다)
terminator   n. 종결시키는 사람(것), 해결사
term   n. 한정된 기간(임기, 학기); 용어, 전문어; (-s) 조건(conditions)

0296 ★★★

declare
[diklέər]

vt. 선언[공표]하다(proclaim, announce officially); (과세품을) 신고하다

- **declare a state of emergency** 비상사태를 **선포하다**
- The referee **declared** her the winner of the fight.
  심판은 그녀가 그 승부의 승자임을 **선언했다**.
- Do you have anything to **declare**?
  신고할 과세품이 있습니까?

| 어원 | de-
(강조) | ⊕ | clare
(clear) | ⊖ | 완전히 분명하게 하다 |

declaration
[dèkləréiʃən]

n. 선언, 공표; (과세품의) 신고

- **the Declaration of Independence** 미국 독립 **선언서**

0297 ★★★

deform
[difɔ́ːrm;diː-]

vt. 기형으로 만들다, 불구로 만들다(disfigure)

- The drug taken during pregnancy **deformed** the infants.
  임신 중에 복용된 약은 아기들을 **기형으로 만들었다**.

| 어원 | de-
(from) | ⊕ | form
(모양) | ⊖ | (원래의) 모양을 없애다 |

deformed
[difɔ́ːrmd;diː-]

a. 기형의, 불구의(crooked)

- **give birth to a terribly deformed baby** 심한 **기형**아를 낳다

0298 ★☆☆

detail
[díːteil;ditéil]

n. (전체 속의 개개의) 세부 사항(minute part); 세목, 항목(item)

- **the details of a plan** 계획의 **세목들**
- Forget the **details** for now, so we can focus on the overall plan.
  전체 계획에 집중할 수 있도록 **세부 사항**은 일단 잊으세요.
- She explained the problem in **detail** to me.
  그녀는 그 문제를 나에게 **상세**히 설명했다.

| 어원 | de-
(강조) | ⊕ | tail
(cut) | ⊖ | 완전히 잘린 조각 |

● Further Study ●

어근 tail은 'cut(자르다)'의 의미를 지닌다.

tailor   n. 재봉사

tailor-made   a. (옷이) 꼭 맞게 지은, 맞춤의

cur**tail**   v. 짧게 줄이다(shorten); (수·양을) 절감하다(reduce)

0299 ★★☆

destine
[déstin]

vt. 운명 지우다, 미리 정하다(doom) (보통 수동형으로 사용)

- She was **destined** to be a queen from her birth.
  그녀는 태어날 때부터 여왕이 될 **운명이었다**.

| 어원 | de-
(강조) | ➕ | sti(ne)
(stand) | ➡ | 완전히 서게 하다 |

---

destiny
[déstəni]

n. 운명, 숙명(fate, doom)

- **work out one's own destiny** 자신의 **운명**을 개척하다

0300 ★☆☆

devour
[diváuər]

vt. 게걸스럽게 먹다(eat up hungrily, consume)

- **devour one's dinner** 정찬을 게걸스럽게 먹다
- The lions **devoured** a zebra in a short time.
  사자들은 얼룩말 한 마리를 순식간에 **게걸스럽게 먹어 치웠다**.

| 어원 | de-
(강조) | ➕ | vour
(eat) | ➡ | 다 먹어 치우다 |

0301 ★☆☆

devout
[diváut]

a. 독실한, 경건한(religious, pious)

- **a devout Christian[Buddhist]** 독실한 기독교 신자(불교 신자)
- My old friend was a **devout** believer in God.
  나의 옛 친구는 신을 믿는 **독실한** 신자였다.

| 어원 | de-
(강조) | ➕ | vout
(vow : 맹세하다) | ➡ | 완전히 맹세한 |

0302 ★☆☆

debate
[dibéit]

vt. vi. (격식을 갖추어서) 토론[토의]하다(discuss), 논쟁하다(dispute)

n. 토론[토의](discussion), 논쟁(dispute)

- **hold a debate on a problem on TV** TV에서 어떤 문제에 대해 **토론**하다
- The political parties **debated** the merits of the bill before voting.
  정당들은 표결에 앞서 의안의 장점에 대해 **토의했다**.

| 어원 | de-
(강조) | ➕ | bate
(beat : 부딪히다) | ➡ | 강렬하게 부딪히다 |

• Further Study •

de·tour	**v.** 우회하다, 빙 돌아가다	**n.** 우회 도로
de·pose	**vt.** (고위직에서) 면직시키다, (왕을) 폐위시키다	
de·grade	**v.** ~의 지위를 떨어뜨리다, 강등시키다	
de·frost	**v.** 성에를 제거하다	
de·fame	**vt.** 명성(명예)을 손상시키다	
de·stroy	**vt.** 파괴하다, 부수다(demolish, raze, tear down)	
de·crease	**v.** 감소하다, 줄다(diminish, lessen ⟷ increase) **n.** 감소(량)(diminution)	

Daily Test 10

정답 및 해설 p.468

A 다음 영어를 우리말로, 우리말을 영어로 쓰시오.

1	despise	11	기념품
2	desert	12	결정하다; 결심하다
3	subconscious	13	고상한; 장엄한
4	destitute	14	절망, 좌절; 절망하다
5	deceased	15	내려가다; ~의 자손이다
6	submarine	16	대신하다, 대용하다
7	deform	17	의기소침하게 하다
8	underpass	18	밑줄을 긋다; 강조하다
9	undertake	19	이해하다, 파악하다
10	depart	20	저개발의, 후진국의

B 다음 빈칸에 알맞은 단어를 쓰시오.

1	declare	= p	6	detach	↔ a
2	understand	= c	7	defense	↔ a
3	undergo	= e	8	suggest	ⓝ
4	detect	= d	9	depart	ⓝ
5	descendant	↔ a	10	suffer	ⓝ

C 다음 빈칸에 들어갈 알맞은 말을 보기 에서 고르시오. (문장: 기출 또는 기출 변형)

보기	undergone	underground	declared	depart

1 All travellers should have adequate travel insurance before they _____.

2 This tiny creature has the distinction of being the first fly to be _____ an endangered species in the U.S.

3 Children who learn to fear thunder by watching their parents react to it have _____ similar conditioning.

4 Pressure from _____ sources of water would separate and suspend the granular particles, reducing the friction between them.

DAY
11

『방향』을 의미하는 접두어

ad-
[=to, toward] [=near]

inter-
[=between, among] [=mutually]

ad-

'방향; 접근'의 개념을 지님

❶ to ~으로; toward ~를 향하여

❷ near 가까이

[철자 변형] ❶ a-

❷ 자음 c, f, g, l, m, p, r, s, t 앞에서 각각 ac-, af-, ag-, al-, an-, ap-, ar-, as-, at-로 변함 → 동화작용(assimilation)

0303 ★★☆

advent
[ǽdvent;-vənt]

n. (중요한 사건·시대의) 출현, 도래(coming, arrival)

• the Second Advent 예수의 재림

• Since the advent of modern science, many wonderful discoveries have been made.
현대 과학의 출현 이후로, 많은 놀라운 발견이 이루어졌다.

| 어원 | ad-
(to) | ➕ | vent
(come) | ➡ | ~로 다가옴 |

0304 ★★★

adjoin
[ədʒɔ́in]

vt. ~에 인접하다, 이웃하다(neighbor, border)　　vi. 인접하다

• The bedroom adjoins the bathroom.
침실은 욕실에 붙어 있다.

| 어원 | ad-
(to) | ➕ | join
(결합하다) | ➡ | ~에 인접하다 |

---

adjoining
[ədʒɔ́iniŋ]

a. 인접한, 접속한(neighboring, adjacent)

• two adjoining houses 인접한 두 채의 집

0305 ★★★

addict
v.[ədíkt]
n.[ǽdikt]

vt. (약물·습관·일 등에) 중독시키다, 빠지게 하다(apply) (보통 to를 수반, 수동태 또는 재귀용법으로 사용)

n. (약물·게임 등의) 중독자

- **addict oneself to gambling[pleasure]** 도박〔쾌락〕에 **빠지다**
- **a drug[golf] addict** 약물 중독자〔골프광〕
- The jazz vocalist is **addicted** to painting.
  그 재즈 가수는 그림에 **빠져 있다.**

| 어원 | ad-
(to) | ✚ | dict
(say) | ➡ | ~에게 (접근하여) 말하다 |

0306 ★★★

adverse
[ædvə́:rs]

a. (방향이) 반대의; 반대하는; 불리한(unfavorable), 불운한(unlucky)

- **an adverse wind[current]** 역풍〔역류〕
- The judge gave us an **adverse** decision.
  그 판사는 우리에게 **불리한** 판정을 내렸다.

| 어원 | ad-
(to) | ✚ | vers(e)
(turn) | ➡ | 반대쪽으로 방향이 돌려진 |

adversity
[ədvə́:rsəti]

n. 역경, 불운(misfortune, mishap)

- Sweet are the uses of **adversity**. **역경**의 공덕은 달다.

0307 ★★☆

adopt
[ədápt]

vt. 채택하다, 선택하다(choose); 양자로 삼다

- **adopt the child as his heir** 그 어린이를 그의 상속인으로 **양자 삼다**
- The committee **adopted** his suggestions. 위원회는 그의 제안을 **채택했다.**

| 어원 | ad-
(to) | ✚ | opt
(선택하다) | ➡ | ~으로 선택하다 |

adoption
[ədápʃən]

n. (정책·제안·방법 등의) 채택, 선택; 입양

- **the adoption of literature as a hobby** 문학을 취미로 **택하기**

0308 ★★☆

adapt
[ədǽpt]

vt. (환경·목적에) 적합하게 하다, 적응시키다(make fit, adjust); (소설 등을) 개작[각색]하다

vi. 적응하다(become adjusted)

- **a play adapted from his novel** 그의 소설에서 **각색된** 연극
- The beginner **adapted** (herself) quickly to the new environment.
  그 초보자는 새로운 환경에 빨리 **적응했다.**

| 어원 | ad-
(to) | ✚ | apt
(적합한) | ➡ | ~에 맞추다 |

adaptation
[ӕdəptéiʃənp;
ӕdǽp-]

n. 적합, 적응; 개작, 각색; 개작물

• **an adaptation of an opera for television**
오페라를 텔레비전용으로 **각색한 것**

0309 ★★☆

adjust
[ədʒʌ́st]

vt. (어떤 것을 다른 것에) 맞추다(fit), 적응시키다(adapt); (기계 등을) 조절하다, 조정하다(make suitable for use)

vi. 적응하다

• **adjust oneself to one's circumstances** 환경에 **적응하다**

• You should **adjust** your expenses to your income.
너는 지출을 수입에 **맞춰야 한다.**

• She **adjusted** the air conditioner to stay cool.
그녀는 에어컨을 **조절해서** 서늘하게 했다.

| 어원 | ad-
(to) | ⊕ | just
(올바른) | ⇒ | ~한 목적에 올바르게 하다 |

---

adjustment
[ədʒʌ́stmənt]

n. 적응, 적합(adaptation); 조절, 조정; 조절 장치

• **the adjustment of a microscope** 현미경의 조절 장치

0310 ★☆☆

await
[əwéit]

vt. ~을 기다리다, 대기하다(wait for)

• **the long-awaited winter vacation** 오랫동안 **기다렸던** 겨울 방학

• She has **awaited** his arrival for two weeks.
그녀는 그의 도착을 2주 동안 **기다렸다.**

| 어원 | a-
(ad-: toward) | ⊕ | wait
(기다리다) | ⇒ | ~을 향하여 기다리다 |

0311 ★☆☆

accessory
[ӕksésəri;ək-]

n. (보통 -ies) 부속품(addition); 액세서리, 장신구

a. 부속된, 보조적인

• **automobile accessories** 자동차 **부품**

• **Accessories** mean small items of clothing, such as jewelry, shoes, belts, and ties.
액세서리는 보석, 신발, 벨트, 넥타이 같은 옷에 대한 작은 품목을 뜻한다.

| 어원 | ac-
(ad-: to) | ⊕ | cess
(go) | ⊕ | -ory
(명접) | ⇒ | ~에 따라가는 것 |

0312 ★☆☆

accustom
[əkʌ́stəm]

vt. 익숙해지게 하다, 습관을 들이다(habituate) (보통 to를 수반)

• You can **accustom** yourself to hard work.
당신은 중노동에 **익숙해질** 수 있다.

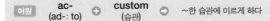

| 어원 | ac-
(ad-: to) | ⊕ | custom
(습관) | ⇒ | ~한 습관에 이르게 하다 |

accustomed
[əkʌ́stəmd]

a. 익숙해진, 늘 하는(habitual)

- The novelist is **accustomed** to staying up late.
  그 소설가는 밤늦은 시간까지 자지 않는 것에 **익숙해져** 있다.
- *cf.* 「be accustomed to + (동)명사」 ~에 익숙하다(be used to + (동)명사)

0313 ★★☆
account
[əkáunt]

n. 계산; 회계(counting); 기술, 설명(explanation); 이유(reason); 중요성(importance); 계좌, 예금(액); 고려, 참작(consideration)

vi. 설명하다(explain) (보통 for를 수반)

- **on account** of the heavy snow 폭설 때문에
- **a matter of great account** 매우 **중요**한 일
- You've got to have a full **account** of this accident.
  당신은 이 사고에 대해 상세히 **설명**해야 한다.
- I will **account** for the accident by showing the photos.
  사진을 보여 주어 내가 그 사고를 **설명하겠다.**

| 어원 | ac-
(ad-: to) | ➕ | count
(계산하다) | ➡ | ~에 계산하여 넣다 |

---

accountable
[əkáuntəbl]

a. 해명해야 할, 책임이 있는(answerable, responsible)

- You are **accountable** for the loss. 당신은 그 손실에 대해 **책임이 있다.**

---

accountant
[əkáuntənt]

n. 회계사

- **a competent accountant** 유능한 **회계사**

0314 ★☆☆
accompany
[əkʌ́mpəni]

vt. 동행하다, ~와 함께 가다(go together with); 〈음악〉 반주하다

- **accompany friends to the party** 파티에 친구들과 **동행하다**
- The executive was **accompanied** by his secretary.
  그 임원은 자신의 비서와 **동행했다.**
- She will **accompany** a singer on the piano.
  그녀는 피아노로 가수를 **반주해** 줄 것이다.

| 어원 | ac-
(ad-: to) | ➕ | company
(일행) | ➡ | ~에 일행이 되다 |

---

accompaniment
[əkʌ́mpənimənt]

n. 반주; 곁들인 것(안주, 반찬)

- **sing a carol to a guitar accompaniment** 기타 **반주**로 캐럴을 부르다
- **a good accompaniment to a drink** 좋은 술안주

0315 ★☆☆

accumulate
[əkjúːmjuleit]

vt. (물건·돈 등을 서서히) 모으다, 축적하다(gather); 쌓아 올리다(pile up)

vi. 축적되다, 늘어나다

- The millionaire **accumulated** a fortune by hard work.
  그 백만장자는 열심히 일해서 재산을 **모았다**.
- Social evils **accumulate**. 사회악이 **늘어난다**.

| 어원 | ac-
(ad-: toward) | + | cumulate
(쌓아 올리다) | ⇒ | ~을 향해 쌓아 올리다 |

accumulation
[əkjùːmjuléiʃən]

n. 축적; 축적물, 모인 돈

- the **accumulation** of wealth[knowledge] 부[지식]의 **축적**

0316 ★★★

accuse
[əkjúːz]

vt. 고발[고소, 기소]하다(charge) (보통 of를 수반); 비난[책망]하다(blame)

- The police **accused** him of murder. 경찰은 그를 살인 혐의로 **기소했다**.
  = The police charged him with murder.
- His wife was **accused** of envy. 그의 아내는 질투로 인해 **책망을 받았다**.

| 어원 | ac-
(ad-: to) | + | cuse
(cause: 소송) | ⇒ | 소송으로 끌고 가다 |

accusation
[ækjuzéiʃən]

n. 고발, 고소, 기소(charge, indictment); 비난, 책망(blame)

- under an **accusation** of theft 절도죄로 **고소되어**

0317 ★☆☆

approach
[əpróutʃ]

vt. vi. (장소·사람·상태 등에) 가까이 가다, 접근하다(come near to)

n. 접근(access); 접근법, 처리 방법

- a man **approaching** middle age 중년에 **가까운** 남자
- the **approach** of the night[enemy] 밤[적]의 **접근**
- adopt a different **approach** to a problem 문제에 다른 **접근법**을 채택하다
- The astronauts **approached** the moon. 그 우주비행사들은 달에 **접근했다**.

| 어원 | ap-
(ad-: to) | + | proach
(near) | ⇒ | ~에 가까워지다 |

0318 ★☆☆

appoint
[əpɔ́int]

vt. 임명하다, 지명하다(name); (시간·장소 등을) 정하다, 약속하다

- The members **appointed** her as chairperson.
  회원들은 그녀를 의장으로 **지명했다**.
- The President **appointed** her to a high office.
  대통령은 그녀를 높은 관직에 **임명했다**.
- He **appointed** the time for the meeting. 그는 모임 시간을 **정했다**.

| 어원 | ap-
(ad-: to) | + | point
(가리키다) | ⇒ | ~로 가리키다 |

appointment
[əpɔ́intmənt]

n. 임명, 지명; 약속(engagement), (병원의) 예약

• I have a doctor's **appointment** tomorrow.
나는 내일 의사의 진찰이 **예약**되어 있다.

0319 ★★★

accommodate
[əkámədeit]

vt. 숙박시키다(lodge); 적응시키다(adapt, adjust)

• **accommodate** oneself to new surroundings 새로운 환경에 **적응하다**
• The hotel can **accommodate** 1,000 guests.
그 호텔은 천 명의 손님을 **수용할** 수 있다.

| 어원 | ac-
(ad-: to) | ➕ | commod
(fit: 적합한) | ➕ | -ate
(동접) | ➡ | ~에 적합하게 하다 |

accommodation
[əkàmədéiʃən]

n. 숙박 (시설) (보통 -s); 적응, 조절

• the high cost of **accommodations** 비싼 **숙박**비

0320 ★★☆

arrogant
[ǽrəgənt]

a. 건방진, 오만한, 교만한(haughty, conceited)

• The politician is an **arrogant** little man. 그 정치꾼은 **오만한** 소인배다.

| 어원 | ar-
(ad-: to) | ➕ | rog
(ask) | ➕ | -ant
(형접) | ➡ | (자신에게) 많은 것을 요구하는 |

arrogance
[ǽrəgəns]

n. 오만, 교만(haughtiness, conceit)

• the **arrogance** of the rich toward the poor
가난한 사람들에 대한 부자들의 **오만**

Word Grammar 상시 복수 ①

POINT▶ 항상 복수형의 형태로 사용되는 명사로 문법이 아닌 어휘 학습의 일부분으로 간주하고 상상력을 이용하여 재미있게 학습하세요.

o 짝을 이루는 의류 및 도구: 언제나 복수 형태를 취하고 복수 취급한다.

stockings 긴 양말	socks 양말	shorts 반바지	pajamas 파자마
pants 바지	slacks 헐렁한 바지	trousers 바지	spectacles 안경
glasses 안경	pincers 집게	chopsticks 젓가락	compasses 컴퍼스
scissors 가위	shoes 신발	gloves 장갑	

• I wonder where my glasses are. 나는 내 안경이 어디 있는지 궁금하다.

o -ics로 끝나는 학문명: 언제나 복수 형태를 취하지만 단수 취급한다.

ethics 윤리학	acoustics 음향학	mathematics 수학	physics 물리학
politics 정치학	statistics 통계학	linguistics 언어학	athletics 체육

• Linguistics is an important branch of learning. 언어학은 학문의 중요한 분야이다.

inter-

'사이; 상호'의 개념을 지님

❶ **between** ~ 사이에; **among** ~ 사이에, 가운데
❷ **mutually** 서로, 상호간에

[철자 변형] **enter-**

0321 ★☆☆

international
[ìntərnǽʃənl]

a. 국가 간의, 국제적인

• an international **game[official record]** 국제 경기(공인 기록)
• A treaty is an international agreement. 조약은 **국가 간의** 협약이다.

| 어원 | inter-
(between) | + | national
(국가의) | ⇒ | 국가와 국가 사이에 |

0322 ★★☆

interval
[íntərvəl]

n. (장소의) 간격, 거리(interspace); (시간의) 간격, 사이

• at regular[five-minute] intervals 규칙적인(5분) **간격**을 두고
• Seeds are planted at **intervals** of 3 inches.
  씨앗은 3인치 **간격**으로 심어진다.

| 어원 | inter-
(between) | + | val
(wall) | ⇒ | 벽 사이의 공간 |

0323 ★★☆

intermediate
[ìntərmí:diət]

a. 중간의, 중간에 있는; 중급의
n. 중간에 있는 것

• an intermediate **stage[course]** 중간 단계(중급 과정)
• Gray is intermediate between black and white.
  회색은 검은색과 흰색의 **중간이**다.

| 어원 | inter-
(between) | + | medi
(middle) | + | -ate | ⇒ | 둘 사이 중간에 놓인 |

0324 ★★★

intervene
[ìntərví:n]

vi. 사이에 들어가다; 중재[조정]하다(mediate) (보통 in, between을 수반)

• intervene **between two quarreling persons**
  싸우는 두 사람을 **중재하다**
• The diplomat intervened in the dispute.
  그 외교관은 분쟁을 **중재했다**.

| 어원 | inter-
(between) | + | ven(e)
(come) | ⇒ | ~의 사이에 오다 |

---

intervention
[ìntərvénʃən]

n. 사이에 끼어들기; 중재, 조정(mediation); 개입, 간섭(interference)

• armed **intervention in other countries** 다른 나라에 대한 무력 **개입**

0325 ★★★

interfere
[ìntərfíər]

vi. 방해하다, 훼방하다(**get in the way**) (종종 with를 수반); 간섭하다, 참견하다(**meddle**) (종종 in, with를 수반)

- The noise **interfered** with my work.
  소음이 내 일을 **방해했다**.
- Don't **interfere** in my private life.
  내 사생활에 **간섭하지** 마라.

| 어원 | inter-
(mutually) | ➕ | fere
(strike) | ➡ | 서로 때리다, 충돌하다 |

---

interference
[ìntərfíərəns]

n. 방해, 훼방; 간섭, 참견

- **his interference in my life** 나의 삶에 대한 그의 **간섭**

0326 ★☆☆

interior
[intíəriər]

a. 안의, 내부의(**inside**), 실내의

n. 안쪽, 내부(**inside**)

- the **interior** of a department store 백화점의 **내부**
- **interior** decoration 실내 장식
- The **interior** walls are painted red.
  실내의 벽은 빨간 색으로 칠해져 있다.

| 어원 | inter-
(between) | ➕ | -(i)or
(비교급 접미어) | ➡ | 보다 안쪽의 |

0327 ★★☆

interchange
v.[íntərtʃéindʒ]
n.[íntərtʃeindʒ]

vt. 교환하다, 바꾸다(**exchange**)

n. 교환, 주고받기(**mutual exchange**); (고속도로의) 입체 교차로

- an **interchange** of information[commodities] 정보〔일용품〕의 **교환**
- The twins **interchanged** clothes frequently.
  그 쌍둥이는 옷을 자주 **바꿨다**.

| 어원 | inter-
(mutually) | ➕ | change
(교환하다) | ➡ | 서로 교환하다 |

0328 ★★☆

enterprise
[éntərpraiz]

n. (모험심을 요하는) 사업(**business**), 계획(**plan**); 회사, 기업(**business, company**); 모험심, 진취적 기상(**a spirit of adventure**)

- a government[private] **enterprise** 정부〔민간〕 **사업**
- His wealth has grown because of his **enterprise**.
  그의 재산은 그가 지닌 **모험심** 덕분에 늘었다.

| 어원 | enter-
(inter-: among) | ➕ | prise
(take) | ➡ | 많은 일 가운데서 취함 |

Daily Test 11

정답 및 해설 p.468

A 다음 영어를 우리말로, 우리말을 영어로 쓰시오.

1	accuse		11	적합하게 하다, 적응시키다
2	accumulate		12	숙박시키다; 적응시키다
3	intervene		13	방해하다; 간섭하다
4	adverse		14	건방진, 오만한, 교만한
5	interval		15	중간의, 중간에 있는
6	accustom		16	동행하다, ~와 함께 가다
7	interior		17	임명하다, 지명하다
8	addict		18	국가 간의, 국제적인
9	adjoin		19	가까이 가다, 접근하다
10	advent		20	채택하다; 양자로 삼다

B 다음 빈칸에 알맞은 단어를 쓰시오.

1	appoint	⊜ n		6	intervene	⊜ m	
2	enterprise	⊜ b		7	adjust	ⓝ	
3	account	⊜ e		8	adverse	ⓝ	
4	adversity	⊜ m		9	accommodate	ⓝ	
5	accustomed	⊜ h		10	interfere	ⓝ	

C 다음 빈칸에 들어갈 알맞은 말을 보기 에서 고르시오. (문장: 기출 또는 기출 변형)

보기	accumulated	adapted	advent	adversity

1 Some heroes shine in the face of great _____, performing amazing deeds in difficult situations.

2 Absentminded as I am, I often find I have _____ two or even three extras of everything in my house.

3 What its builders had not considered was that the _____ of the railroad would assure the canal's instant downfall.

4 According to new research, insects that have _____ to warmer climates also show higher rates of population growth.

125

DAY
12

『관통 · 횡단』을 의미하는 접두어

per-
[=through]
[=thoroughly]

trans-
[=across]

dia-
[=across]
[=between]

---

per-	'관통; 완전·철저'의 개념을 지님
	❶ **through** 관통하여, 꿰뚫어　❷ **thoroughly** 완전히, 철저히

0329 ★☆☆

permanent
[pə́:rmənənt]

a. 영구적인, 영원의(eternal, everlasting)　**n.** 파마(permanent wave)

• They hoped their marriage would be **permanent**.
그들은 자신들의 결혼 생활이 **영원하**기를 희망했다.

• Women have a **permanent** at a beauty parlor.
여자들은 미용실에서 **파마**를 한다.

어원	**per-** (through)	➕	**man** (remain)	➕	**-ent** (형접)	➡	세월을 통하여 남아 있는

0330 ★☆☆

perfume
n.[pə́:rfju:m;pərfjú:m]
v.[pərfjú:m;pə́:rfju:m]

n. 향기, 방향(fragrance); 향수　**vt.** 향기로 채우다; 향수를 뿌리다

• **a strong perfume** 진한 **향기**

• He presented her with some expensive French **perfume**.
그는 그녀에게 값비싼 프랑스 **향수**를 선물했다.

• The beautiful actress **perfumed** her neck and ears.
그 아름다운 여배우는 목과 귀에 **향수를 뿌렸다**.

어원	**per-** (thoroughly)	➕	**fume** (연기가 나다)	➡	연기가 완전히 퍼지다

0331 ★☆☆

perfect
a.[pə́:rfikt]
v.[pərfékt]

a. (결점·흠 등이 없는) 완벽한; 뛰어난(excellent)

vt. ~을 완전하게 하다(make faultless); 완성하다(complete)

• **the perfect balance of a temple** 사원의 **완벽한** 균형

• She is a **perfect** mother and wife. 그녀는 **나무랄 데 없는** 어머니이자 아내이다.

• She **perfected** her knowledge of the language.
그녀는 그 언어에 대한 자신의 지식을 **완벽하게 했다**.

어원	**per-** (thoroughly)	➕	**fect** (do)	➡	완전히 행해진

perfection
[pərfékʃən]

n. 완벽(faultlessness); 완성(completion)
- **aim at[reach] perfection** 완벽을 목표로 하다〔완벽의 경지에 이르다〕

0332 ★☆☆

persuade
[pərswéid]

vt. ~하도록 설득하다(prevail upon) (보통 부정사, into를 수반)
- He **persuaded** his mother to agree to the plan.
  그는 그 계획에 동의하도록 어머니를 **설득했다**.
- The Catholic priest **persuaded** her to believe in God.
  그 천주교 성직자는 그녀를 **설득하여** 신을 믿게 했다.

| 어원 | per-
(thoroughly) | | suade
(advise) | ⊃ | 철저히 조언하다 |

---

persuasion
[pərswéiʒən]

n. 설득(력)
- My **persuasion** was of no use. 내 **설득**은 헛일이었다.

persuasive
[pərswéisiv;-zi-]

a. 설득력 있는(convincing, cogent)
- **a very persuasive way of talking** 매우 **설득력 있는** 말솜씨

0333 ★★★

persevere
[pə̀:rsəvíər]

vi. (곤란·장애 등에) 굴하지 않고 버티다, 계속하다 (보통 in을 수반)
- My mother encouraged me to **persevere** in my studies.
  우리 어머니는 내가 **굴하지 않고** 계속 공부하도록 격려해 주셨다.

| 어원 | per-
(thoroughly) | ⊕ | severe
(가혹한) | ⊃ | 가혹한 것을 철저히 견디다 |

---

perseverance
[pə̀:rsəvíərəns]

n. 불굴의 끈기, 인내(continual steady effort)
- **read with perseverance** 끈기를 가지고 독서하다

---

trans-

'횡단'의 개념을 지님
across 이쪽에서 저쪽으로, 가로질러

0334 ★☆☆

transatlantic
[trǽnsətlǽntik;
 trǽnz]

a. 대서양을 횡단하는(across the Atlantic Ocean)
- **a transatlantic liner** 대서양 횡단 정기선
- **Transatlantic** telephone calls are carried by underwater cable.
  대서양 횡단 전화통화는 해저 케이블로 전달된다.

| 어원 | trans-
(across) | | Atlantic
(대서양) | | 대서양을 가로질러 |

0335 ★☆☆

transfer
v.[trænsfə́:r]
n.[trǽnsfə:r]

vt. vi. 옮기다(move); 전학시키다[하다], 전임시키다[하다]; 갈아타다

n. 옮기기; 전학, 전임; 갈아타기

- She **transferred** her bag from the bus to the car.
  그녀는 가방을 버스에서 차로 **옮겨 실었다.**
- The bank manager was **transferred** from the branch office to the head office.
  그 은행 지점장은 지사에서 본사로 **전임되었다.**
- The commuter **transferred** from the subway to the bus.
  그 통근자는 지하철에서 버스로 **갈아탔다.**

| 어원 | trans-
(across) | ⊕ | fer
(carry) | ➡ | 이쪽에서 저쪽으로 옮기다 |

0336 ★☆☆

transform
[trænsfɔ́:rm]

vt. 변형시키다; (성질·기능 등을) 전환하다(convert) (종종 into를 수반)

- The capital was **transformed** into a battlefield.
  수도는 전쟁터로 **변했다.**
- We can **transform** electric energy into heat.
  우리는 전기 에너지를 열로 **전환할** 수 있다.

| 어원 | trans-
(across) | ⊕ | form
(형태) | ➡ | 형태를 이쪽에서 저쪽으로 바꾸다 |

transformation
[trænsfərméiʃən]

n. 변형; 전환, 변질(conversion)

- the **transformation** of the desert into farmlands
  사막을 농토로 **전환시키기**

0337 ★☆☆

translate
[trænsléit;-z-]

vt. 번역하다 (종종 into를 수반); 해석하다(interpret)

- The professor **translated** English novels into Spanish.
  그 교수는 영문 소설을 스페인 어로 **번역했다.**
- He **translated** her gesture as approval.
  그는 그녀의 몸짓을 승낙으로 **해석했다.**

| 어원 | trans-
(across) | ⊕ | lat(e)
(carry) | ➡ | 이쪽에서 저쪽으로 옮기다 |

translation
[trænsléiʃən;-z-]

n. 번역(서, 문)

- a free[literal] **translation** 의역(직역)

0338 ★☆☆

transplant
v.[trænsplǽnt;-
plάːnt]
n.[trǽnsplænt]

vt. (식물을) 옮겨 심다; (장기·조직 등을) 이식하다　　**n.** 옮겨심기; 이식

- **a kidney[liver] transplant** 신장(간) **이식**
- A gardener **transplanted** flowers to a garden.
  한 정원사가 꽃을 정원으로 **옮겨 심었다.**
- The doctor **transplanted** a heart into a 7-year-old girl.
  의사는 심장을 일곱 살 소녀에게 **이식했다.**

| 어원 | trans-
(across) | ➕ | plant
(심다) | ➡ | 이쪽에서 저쪽으로 옮겨 심다 |

0339 ★★☆

transparent
[trænspέərənt;
-pǽr-]

a. 투명한, 비치는(◎ opaque); 〈비유〉 명백한, 분명한(obvious)

- **transparent glass[water]** 투명한 유리[물]
- The windowpane was as **transparent** as air.
  그 창유리는 공기만큼 **투명했다.**

| 어원 | trans-
(across) | ➕ | parent
(appearing) | ➡ | 이쪽을 통과해 저쪽으로 나타나는 |

0340 ★★★

transsexual
[trænssékʃuəl]

n. 성전환자(transgender)　　**a.** 성전환의(transgendered)

- We should not regard **transsexuals** as strangers.
  우리는 **성전환자**를 타인으로 간주해서는 안 된다.

| 어원 | trans-
(across) | ➕ | sexual
(성의) | ➡ | 반대 성으로 옮긴 (사람) |

---

dia-

'횡단; 사이'의 개념을 지님

❶ **across** 이쪽에서 저쪽으로, 가로질러
❷ **between** ~ 사이에

0341 ★★☆

diameter
[daiǽmətər]

n. 직경, 지름

- The circle is three meters in **diameter**. 그 원은 **직경**이 3미터이다.

cf. radius 반경, 반지름

| 어원 | dis-
(across) | ➕ | meter
(measure: 측정하다) | ➡ | 가로질러 잰 것 |

0342 ★★☆

diagonal
[daiǽgənl]

a. 대각선의　　**n.** 대각선, 사선

- Don't cross the street in a **diagonal** line. 길을 **사선**으로 건너지 마라.

| 어원 | dia-
(across) | ➕ | gon
(angle:각) | ➕ | -al | ➡ | 각을 가로지르는 |

0343 ★☆☆

dialect
[dáiəlekt]

n. 방언, 사투리

• The Korean language has many **dialects**. 한국어는 **사투리**가 많다.

어원	dia- (between)	➕	lect (speech: 말하기)	➡	지방 사람들 사이에서 하는 말

0344 ★★★

dialectic
[dàiəléktik]

n. 변증법   a. 변증법의(dialectical)

• The professor is a scholar of Marxian **dialectic** materialism.
그 교수는 마르크스의 **변증법적** 유물론을 연구하는 학자이다.

어원	dia- (between)	➕	lect (speech: 말하기)	➕	-ic	➡	두 사람 사이의 대화법

0345 ★☆☆

dialog(ue)
[dáiələ̀(:)g;-lɑg]

n. 대화, 회화(conversation)

• More **dialogue** between world leaders is needed.
세계 지도자들 사이에 더 많은 **대화**가 필요하다.

어원	dia- (between)	➕	log (word: 말)	➡	(사람들) 사이의 말

0346 ★☆☆

diagram
[dáiəgræm]

n. 도표(chart), 도해   v. ~을 도표로 나타내다

• The engineer drew a **diagram** of a telephone circuit.
그 엔지니어는 전화 회로의 **도해**를 그렸다.

어원	dia- (across)	➕	gram (write)	➡	가로질러 쓰다

Word Grammar 상시 복수 ②

○ 질병·놀이의 명칭: 언제나 복수 형태를 취하지만 단수 취급한다.

measles 홍역	rabies 광견병; 공수병	hysterics 히스테리	shivers 한기
cards 카드놀이	dominoes 도미노 놀이	checkers 체커 놀이	

• Billiards is usually played by two persons. 당구는 대개 두 사람에 의해서 행해진다.
• Let's play cards tonight. 오늘 밤 카드놀이하자.

○ 동명사에서 파생된 −ings와 형용사에서 파생된 복수명사: 언제나 복수 형태를 취하고 복수 취급한다.

belongings 소유물	earnings 소득	surroundings 환경	valuables 귀중품
movables 동산	drinkables 음료	necessaries 필수품	eatables 식료품

• She lost all her belongings in the fire. 그녀는 그 화재로 전 재산을 잃었다.
• You should put your valuables in the bank. 당신은 귀중품을 은행에 맡겨야 한다.

Daily Test 12

정답 및 해설 p.469

A 다음 영어를 우리말로, 우리말을 영어로 쓰시오.

1 persevere	__________	11 영구적인, 영원의	__________
2 transatlantic	__________	12 옮기다; 전학시키다	__________
3 dialect	__________	13 완벽한; 뛰어난	__________
4 transplant	__________	14 투명한, 비치는; 명백한	__________
5 perfume	__________	15 ~하도록 설득하다	__________
6 dialogue	__________	16 변형시키다; 전환하다	__________
7 diagonal	__________	17 도표, 도해	__________
8 transsexual	__________	18 번역하다; 해석하다	__________
9 dialectic	__________	19 설득력 있는	__________
10 translation	__________	20 직경, 지름	__________

B 다음 빈칸에 알맞은 단어를 쓰시오.

1 perfect	⊜ e__________	6 persevere	ⓝ __________
2 permanent	⊜ e__________	7 transform	ⓝ __________
3 transformation	⊜ c__________	8 translate	ⓝ __________
4 dialogue	⊜ c__________	9 perfect	ⓝ __________
5 transparent	⇔ o__________	10 persuade	ⓐ __________

C 다음 빈칸에 들어갈 알맞은 말을 보기 에서 고르시오. (문장: 기출 또는 기출 변형)

보기	translate	transatlantic	transplant	transfer

1 Mr. Potter was sailing for Europe on one of the greatest __________ ocean liners.

2 Olympic rules say people can __________ a ticket to somebody else, but not for financial gain.

3 When a patient is certified as dead, it is a confusing time for everyone concerned with organ __________ surgery.

4 Jokes that involve a play on words are difficult, and in some cases virtually impossible to __________ into other languages.

그 밖의 중요 접두어 1

mis-, mal(e)-
[=wrong]
[=bad]

multi-
[=many]

omni-, pan-
[=all]

tele-
[=far]

---

amb(i)-, amphi-

'양쪽; 주위'의 개념을 지님
❶ **both** 양쪽   ❷ **around** 주위에, 여기저기에

0347 ★☆☆

ambition
[æmbíʃən]

n. 야망, 야심(aspiration)

• Caesar's **ambition** was not to become an emperor.
시저의 **야심**은 황제가 되는 것이 아니었다.

| 어원 | **amb-**
(around) | ＋ | **it**
(go) | ＋ | **-ion**
(명접) | ⇨ | (야망을 품고) 여기저기
돌아다님 |

---

ambitious
[æmbíʃəs]

a. 야망을 품은, 야심적인

• The actor is **ambitious** to succeed in politics.
그 배우는 정계에서 출세할 **야망을 품고** 있다.

0348 ★★★

ambiguous
[æmbígjuəs]

a. 두 가지 이상의 뜻이 있는; 애매한, 분명치 않은(equivocal, obscure)

• I asked him, but he made an **ambiguous** reply.
나는 그에게 질문을 했지만, 그는 **애매한** 대답을 했다.

| 어원 | **ambi-**
(around) | ＋ | **gu**
(go) | ＋ | **-ous**
(형접) | ⇨ | 주위를 맴도는 |

---

ambiguity
[æ̀mbigjúːəti]

n. 〈문학〉 중의성, 다의성; 애매함, 불명확함

• You should avoid **ambiguity** in your writing.
너는 글에서 **애매한 표현**을 피해야 한다.

0349 ★★★

ambidextrous
[æ̀mbidékstrəs]

a. 양손잡이의

• The conductor is **ambidextrous** and can write with either hand.
그 지휘자는 **양손잡이여서** 어느 손으로도 글씨를 쓸 수 있다.

cf. dexterous 오른손잡이의(right-handed)   sinistral 왼손잡이의(left-handed)

| 어원 | **ambi-**
(both) | ＋ | **dextrous**
(dexterous: 오른손잡이의) | ⇨ | 양손을 다 쓰는 |

0350 ★★☆

amphitheater
[ǽmfəθìːətər]

n. (고대 로마의) 원형 극장, 원형 경기장(arena)

- An **amphitheater** built in ancient Rome was used for competitions and theater performances.
  고대 로마에 세워진 **원형 경기장**은 결투와 연극 공연을 위해 사용되었다.

| 어원 | amphi- (around) | ➕ | theater (극장) | ➡ | 주위에 둥글게 앉아 보는 극장 |

0351 ★★★

amphibian
[æmfíbiən]

n. (수륙) 양서 동물; 수륙 양용 비행기[장갑차]

- An **amphibian** means an animal, such as a frog, that can live both on land and in water.
  양서 동물은 개구리처럼 육지와 물 양쪽에서 살 수 있는 동물을 의미한다.

| 어원 | amphi- (both) | ➕ | bi(o) (life) | ➕ | -an (명접) | ➡ | 양쪽에서 사는 것 |

● Further Study ●

amphivalence　**n.** 반대 감정 양립, 이중 의식
ambivert　**n.** 양향성의 사람(introvert(내향적인 사람)와 extrovert(외향적인 사람)의 중간형의 사람)

---

auto-

'자동'의 개념을 지님

self 스스로, 자신의

0352 ★☆☆

automobile
[ɔ́ːtəməbìːl;-móu-]

n. 자동차(self-movable vehicle, car, auto)

- The invention of the **automobile** has resulted in great personal freedom to go places.
  자동차의 발명은 여러 장소를 갈 수 있는 커다란 개인적 자유라는 결과를 낳았다.

| 어원 | auto- (self) | ➕ | mobile (움직일 수 있는) | ➡ | 스스로 움직일 수 있는 것 |

0353 ★☆☆

automatic
[ɔ́ːtəmǽtik]

a. 자동의, 자동적인(self-moving)

- an **automatic** device[pistol] 자동 장치[권총]
- The heating system has an **automatic** temperature control.
  그 난방장치는 **자동** 온도조절기가 있다.

| 어원 | auto- (self) | ➕ | mat (move) | ➕ | -ic (형접) | ➡ | 스스로 움직이는 |

automation
[ɔ̀:təméiʃən]

n. 자동화, 자동 조작

- **Automation** meant the loss of many factory jobs.
  자동화는 공장에서 많은 일자리가 사라짐을 의미했다.

cf. automated teller machine 자동 현금 인출기(ATM)

0354 ★★★
automaton
[ɔ:támətɑn;-tn-]

n. 자동기계, 로봇(robot); 기계적으로 행동하는 사람

- An **automaton** means a person who behaves in a mechanical manner, without thinking.
  automaton은 아무런 생각 없이 **기계적으로 행동하는 사람**을 의미한다.

어원	auto- (self)	+	mat (move)	⇒	-on (명접)	⇒	스스로 움직이는 기계

0355 ★☆☆
autograph
[ɔ́:təgræf;-grɑːf]

n. (팬에게 해주는) 자필 서명, 사인

- **a rare book with the author's autograph** 저자의 **사인**이 있는 희귀한 책
- A girl asked the movie star for his **autograph**.
  소녀는 한 영화배우에게 **사인**을 요청했다.

cf. signature (문서의 끝에 쓰는) 서명   sign 서명하다

어원	auto- (self)	+	graph (write)	⇒	스스로 쓴 것

0356 ★★★
autonomy
[ɔ:tánəmi]

n. 자치(self-government), 자치권; 자율, 자주

- **give individuals greater autonomy in their own lives**
  개인에게 삶에 있어 더 큰 **자율**을 주다
- The government should not deprive the universities of their **autonomy**.
  정부는 대학에서 **자치권**을 빼앗아서는 안 된다.

어원	auto- (self)	+	nom (rule)	+	-y (명접)	⇒	스스로 통치함

autonomous
[ɔ:tánəməs]

a. 자치의(self-governing); 자율의, 자주적인

- **an autonomous government[group]** 자치 정부[단체]

0357 ★★★
autocrat
[ɔ́:təkræt]

n. 독재자, 절대 군주(dictator, tyrant)

- The **autocrat** was replaced by a ruler responsible to the people.
  그 **독재자**가 물러나고 국민을 책임질 통치자가 대신 집권했다.

어원	auto- (self)	+	crat (ruler)	⇒	(국민이 아닌) 스스로 통치하는 사람

autocracy
[ɔ:tάkrəsi]

n. 독재 (정치), 독재 정부

• Before the revolution, the government of the country was an **autocracy**.
혁명 이전에 그 나라의 정부는 **독재 정부**였다.

> • Further Study •
>
> 어근 cracy는 ruling(통치), crat는 ruler(통치자)를 의미한다.
>
> demo**cracy**   n. 민주주의, 민주정치
> demo**crat**   n. 민주주의자
> aristo**cracy**   n. 귀족주의, 귀족정치
> aristo**crat**   n. 귀족(nobleman), 귀족주의자
> bureau**cracy**   n. 관료주의, 관료정치
> bureau**crat**   n. 관료, 관료주의자

mis-, mal(e)-

'부정; 악(惡)'의 개념을 나타냄
❶ **wrong** 잘못된
❷ **bad** 나쁜

0358 ★☆☆

misunderstand
[mìsʌndərstǽnd]

v. (남의 언행을) 오해하다(misinterpret); (어구를) 잘못 해석하다

• **misunderstand words** 단어의 뜻을 **잘못 알다**
• They **misunderstood** each other, but now they are friends.
그들은 서로 **오해했었**는데, 지금은 친구이다.

| 어원 | **mis-**(wrong) | ➕ | **understand**(이해하다) | ➡ | 잘못 이해하다 |

0359 ★☆☆

misfortune
[mìsfɔ́:rtʃən]

n. 불운, 불행(bad luck), 역경(adversity); 불행한 사건(mishap)

• He had the **misfortune** to lose his wife. 그는 **불행**히도 아내를 잃었다.
• **Misfortunes** never come singly. [속담] 엎친 데 덮친 격(설상가상)

| 어원 | **mis-**(wrong) | ➕ | **fortune**(운명) | ➡ | 잘못된 운명 |

0360 ★★★

misdemeanor
[mìsdimí:nər]

n. 나쁜 행실, 비행(misdeed); 〈법률〉 경범죄(◐ felony 중죄)

• The child's **misdemeanors** were never taken seriously by his parents.
그 아이의 **비행**은 부모에게 전혀 심각하게 여겨지지 않았다.

| 어원 | **mis-**(bad) | ➕ | **demeanor**(행실) | ➡ | 나쁜 행실 |

0361 ★☆☆

mischief
[místʃif]

n. 장난(기)(prank); 해, 손해(damage)

- Don't do a piece of childish **mischief**. 유치한 **장난**을 하지 마라.

어원 | **mis-** (bad) ⊕ **chief** (end, head) ➡ 나쁜 결과, 나쁜 머리

---

mischievous
[místʃivəs]

a. 장난꾸러기의, 짓궂은(prankish); 해로운(harmful, injurious)

- a **mischievous** boy 장난꾸러기 소년

0362 ★☆☆

mistake
[mistéik]

vt. (다른 것·사람으로) 착각하다, 잘못 생각하다(regard wrongly); 오해하다(misunderstand)

n. 잘못, 실수(error, blunder)

- They **mistook** her for her sister. 그들은 그녀를 그녀의 언니로 **착각했다**.
- The waiter put salt into her tea by **mistake**.
  그 웨이터는 **실수**로 그녀의 차에 소금을 넣었다.
- There are several spelling **mistakes** in your composition.
  너의 작문에는 몇 개의 철자상의 **잘못**이 있다.

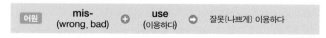

어원 | **mis-** (wrong) ⊕ **take** (여기다) ➡ 잘못 여기다

0363 ★★★

misuse
v.[mìsjúːz]
n.[mìsjúːs]

vt. 오용[악용, 남용]하다(abuse); 학대[혹사]하다(abuse, maltreat)

n. 오용, 악용, 남용(abuse)

- the **misuse** of authority[power] 권한(권력) 남용
- We should not **misuse** our knowledge.
  우리는 우리의 지식을 **악용해서는** 안 된다.

어원 | **mis-** (wrong, bad) ⊕ **use** (이용하다) ➡ 잘못(나쁘게) 이용하다

0364 ★★☆

misery
[mízəri]

n. 비참, 참혹함(wretchedness)

- He lived in **misery**, but he was not disappointed.
  그는 **비참**하게 살았지만, 실망하지 않았다.

어원 | **mis-** (wrong) ⊕ **-ery** (명접) ➡ 잘못된 것들

---

miserable
[mízərəbl]

a. 비참한, 참혹한(wretched)

- **miserable** losers[death] 비참한 패자들(죽음)

0365 ★★★

misplace
[mìspléis]

vt. 잘못 놓다[두다], 어디에 놓고 잊어버리다(**mislay**)

- The nearsighted student **misplaced** his glasses again.
  그 근시의 학생은 안경을 **어디에 놓았는지** 또 **잊어버렸다**.

| 어원 | mis-
(wrong) | | place
(놓다) | | 잘못 놓다 |

0366 ★★★

malice
[mǽlis]

n. 악의, 적의(**malevolence, spite**)

- The girl broke her neighbor's window out of **malice**.
  그 소녀는 이웃 사람의 창문을 **악의**로 깨뜨렸다.

| 어원 | mal
(bad) | | -ice
(명접) | | 나쁜 의도 |

malicious
[məlíʃəs]

a. 악의적인, 적의 있는(**malevolent, spiteful**)

- **malicious gossip[rumors]** 악의적인 험담[소문]

0367 ★★★

malady
[mǽlədi]

n. 병, 질병(**disease**)

- The girl suffers from a rare **malady**. 그 소녀는 희귀**병**을 앓고 있다.

| 어원 | mal
(bad) | | -ady
(어미) | | 몸이 나쁜 상태 |

0368 ★★★

malign
[məláin]

vt. 헐뜯다, 비방하다(**slander, defame**)

- Politicians often **malign** their opponents as dishonest.
  정치인들은 종종 자신들의 상대자들을 부정직하다고 **비방한다**.

| 어원 | mal(i)-
(bad) | | gn
(gen: birth) | | 나쁜 일이 생기게 하다 |

multi-

'다수'의 개념을 지님

many 많은, 다수의

0369 ★☆☆

multiply
[mʌ́ltəplai]

vt. vi. 증가시키다[하다](**increase**), 번식시키다[하다](**breed**);
〈수학〉 곱하다(◐ **divide**)

- Mice **multiply** very rapidly by having babies every three weeks.
  쥐들은 3주마다 새끼를 낳아 매우 빠르게 **번식한다**.
- Six **multiplied** by five is thirty. 6×5=30

| 어원 | multi-
(many) | | ply
(fold: 접다) | | 여러 번 접다 |

multiplication
[mÀltipləkéiʃən]

n. (수량의) 증가, 증대, (동·식물의) 번식; 곱셈

- **by addition, subtraction, multiplication, and division**
  가감승제에 의해서
- **learn a multiplication table** 구구단표를 배우다

multiple
[mÁltəpl]

a. 많은, 복합적인; 다양한, 다방면의(manifold)

- **a multiple-choice test** 선다형 테스트
- **a man of multiple tastes** 다방면의 취미를 가진 사람

0370 ★☆☆

multitude
[mÁltətʃuːd]

n. 다수(a large number, host); 군중(crowd, throng)

- **a multitude of friends[weaknesses]** 다수의 친구〔약점〕
- **A multitude of thoughts filled her mind.**
  많은 생각이 그녀의 마음에 가득 찼다.

| 어원 | multi (many) | ⊕ | -tude (명접) | ⇒ | 많은 상태 |

● Further Study ●

multi·vitamin — n. a. 종합 비타민(의)
multi·vision — n. 멀티비전
multi·channel — a. 다중 채널의
multi·purpose — a. 다양한 목적에 쓰이는
multi·lingual — a. 여러 언어를 말할 수 있는
multi·plex — n. 복합 영화관 a. 복합적인, 다양한

Word Grammar 분화 복수

POINT ▶ 단수명사와 의미가 다른 복수명사를 뜻하며 복수 취급이 원칙이다. 단, 단수명사의 의미가 어떻게 복수명사의 의미로 변하였는지 이해하면 영어를 더욱 흥미롭고 효과적으로 학습할 수 있을 것이다.

pain 고통	**arm** 팔	**glass** 유리	**custom** 관습	**force** 힘
pains 수고	**arms** 무기	**glasses** 안경	**customs** 관세	**forces** 군대
letter 문자	**damage** 손해	**good** 이익	**air** 공기	**paper** 종이
letters 문학	**damages** 배상금	**goods** 상품	**airs** 뽐내는 꼴	**papers** 서류
time 때	**authority** 권위	**remain** 나머지	**heaven** 천국	**sand** 모래
times 시대	**authorities** 당국	**remains** 유물	**heavens** 하늘	**sands** 사막
saving 절약	**manner** 방법	**content** 만족	**water** 물	
savings 저금	**manners** 예절	**contents** 목차	**waters** 바다	

omni-, pan-

'전체'의 개념을 지님

all 모든, 전체의, 전부의

0371 ★☆☆

omnibus
[ámnibʌs;bəs]

n. 합승 자동차, 버스(bus); (동일 작가의) 작품집(omnibus book)

• **an omnibus book** 염가 보급판 **작품집**(이미 출간된 작품을 모은 **작품집**)
• They went to the airport in a hotel **omnibus**.
  그들은 호텔 **전용 버스**를 타고 공항에 갔다.

| 어원 | omni-
(all) | ⊕ | bus | ⇒ | 모든 사람을 위한 합승 마차 |

0372 ★☆☆

omnipresent
[àmniprézənt]

a. 모든 곳에 존재하는(present everywhere, ubiquitous)

• **poverty as omnipresent reality** 모든 곳에 존재하는 현실로서의 빈곤
• Some people believe that God is **omnipresent**.
  어떤 사람들은 신이 **모든 곳에 존재한**다고 믿는다.

| 어원 | omni-
(all) | ⊕ | present
(존재하는) | ⇒ | 모든 곳에 존재하는 |

0373 ★★★

omnipotent
[amnípətənt]

a. 전능한, 무한한 힘을 가진(almighty)

• The monarch regarded himself as **omnipotent**.
  그 군주는 자신이 **전능하**다고 여겼다.

| 어원 | omni-
(all) | ⊕ | potent
(강력한) | ⇒ | 모든 것을 할 강력한 힘이 있는 |

0374 ★★★

omniscience
[amníʃəns]

n. 전지, 무한한 지식(infinite knowledge)

• The scholar possesses enough humility to deny **omniscience**.
  그 학자는 대단히 겸손하여 **박식함**을 부인한다.

| 어원 | omni-
(all) | ⊕ | science
(앎, 지식) | ⇒ | 모든 것을 알고 있음 |

0375 ★★★

Pan-
American
[pænəmérikən]

a. 전미(全美)의, 범미(汎美)의(북미·중미·남미 모두)

• Interested countries held a **Pan-American** conference on economic problems. 이해관계가 있는 국가들이 경제 문제에 대한 **범미** 회의를 열었다.

| 어원 | Pan-
(all) | ⊕ | American | ⇒ | 아메리카 전체의 |

0376 ★★★

panacea
[pæ̀nəsíːə]

n. 만병통치약(cure-all, elixir)

• Aspirin is considered a **panacea** for aches and pains.
  아스피린은 쑤시고 아픈 데 **만병통치약**으로 여겨진다.

| 어원 | pan-
(all) | ⊕ | acea
(cure) | ⇒ | 모든 병을 치료하는 약 |

0377 ★☆☆

pantomime
[pǽntəmaim]

n. 무언극, 팬터마임(dumb show)

· The clown performed a **pantomime** about how to ride a horse.
그 광대는 말 타는 방법에 대해 **무언극**을 연기했다.

| 어원 | pan(to)-
(all) | ⊕ | mime
(흉내 내다) | ⇨ | 모든 것을 흉내로 나타냄 |

0378 ★☆☆

panorama
[pæ̀nərǽmə;
-rά:mə]

n. 전경(全景), 파노라마(complete view)

· The hill commands a fine **panorama** of the city below.
그 언덕에서는 아래쪽 도시의 아름다운 **전경**이 내려다보인다.

| 어원 | pan-
(all) | ⊕ | orama
(view) | ⇨ | 모든 것이 보이는 것 |

0379 ★★★

pantheism
[pǽnθiìzm]

n. 범신론(汎神論)(자연의 모든 사물을 신과 동일시하는 종교적·철학적 관념)

· **Pantheism** was common in many ancient societies and religions.
범신론은 고대의 많은 사회와 종교에서 보편적이었다.

| 어원 | pan-
(all) | ⊕ | the
(god) | ⊕ | -ism
(명접) | ⇨ | 자연의 모든 것은
신이라는 생각 |

---

tele-

'먼 곳'의 개념을 지님

far 먼, 멀리

0380 ★☆☆

telephone
[téləfoun]

n. 전화(phone)

v. 전화하다(phone, call (up), ring up)

· May I use your **telephone**?
전화를 써도 괜찮을까요?

· She **telephoned** her husband by long distance.
그녀는 남편에게 장거리 **전화를 했다**.

| 어원 | tele-
(far) | ⊕ | phone
(sound) | ⇨ | 멀리 소리를 보내다 |

● Further Study ●

telephone box   n. 공중전화 부스(phone booth)
telephone directory   n. 전화번호부(telephone book)
yellow pages   n. (전화번호부의) 업종별 페이지
operator   n. (전화) 교환원

0381 ★★★

telecast
[télikæst;-kɑ:st]

v. 텔레비전으로 방송하다(broadcast by television, televise)

• Television stations **telecast** the Olympics all over the world.
텔레비전 방송국들은 올림픽 경기를 전 세계에 **텔레비전으로 방송한다**.

| 어원 | tele-
(far) | ➕ | cast
(던지다) | ➡ | 멀리 던지다 |

0382 ★☆☆

telescope
[téləskoup]

n. 망원경

• Astronomers observe the stars through a **telescope**.
천문학자는 **망원경**을 통해서 별을 관측한다.

| 어원 | tele-
(far) | ➕ | scope
(see) | ➡ | 먼 곳을 보는 도구 |

● Further Study ●

micro·**scope** n. 현미경   peri·**scope** n. 잠망경
kaleido·**scope** n. 만화경   rifle·**scope** n. (사냥총에 다는) 조준용 망원경

0383 ★☆☆

telegram
[téligræm]

n. 전보(a brief message sent by telegraph)

• She sent a **telegram** to her mother saying she had arrived safely.
그녀는 어머니에게 안전하게 도착했음을 알리는 **전보**를 보냈다.

| 어원 | tele-
(far) | ➕ | gram
(write) | ➡ | 멀리서 써서 보내는 글 |

0384 ★☆☆

telegraph
[téligræf;-grɑ:f]

n. 전신, 전보(telegram); 전신기   v. 전보를 치다

• The news was sent by **telegraph**. 그 소식은 **전신**으로 보내졌다.
• We **telegraphed** her to come. 우리는 그녀에게 오라고 **전보를 쳤다**.

| 어원 | tele-
(far) | ➕ | graph
(write) | ➡ | 멀리서 써서 보내는 글 |

0385 ★☆☆

telepathy
[təlépəθi]

n. 텔레파시, 정신교감(silent understanding)

• He believes that the old lady uses **telepathy** to contact them.
그는 그 노부인이 그들과 소통하기 위해 **텔레파시**를 이용한다고 믿는다.

| 어원 | tele-
(far) | ➕ | pathy
(feeling) | ➡ | 멀리 마음이 전해지는 것 |

● Further Study ●

tele·communications n. (전화·텔레비전·전보·무선 등에 의한) 원격 통신
tele·commuter   n. (전기 통신기를 갖춘) 재택근무자
tele·conference   n. 원격 (화상) 회의
tele·banking   n. 전화를 이용한 은행 거래

Daily Test 13

정답 및 해설 p.469

A 다음 영어를 우리말로, 우리말을 영어로 쓰시오.

1	amphibian		11	오해하다; 잘못 해석하다
2	autocrat		12	애매한, 분명치 않은
3	malice		13	불운, 불행, 역경
4	ambidextrous		14	증가시키다; 곱하다
5	mischief		15	야망, 야심
6	autonomy		16	자동의, 자동적인
7	amphitheater		17	오용하다; 학대하다
8	omnipotent		18	모든 곳에 존재하는
9	telegram		19	다수; 군중
10	malign		20	망원경

B 다음 빈칸에 알맞은 단어를 쓰시오.

1	telecast	⊜ t	6	misplace	⊜ m
2	multiply	⊜ i	7	mischief	⊜ d
3	autonomy	⊜ s	8	misdemeanor	↔ f
4	misfortune	⊜ a	9	misery	ⓐ
5	mistake	⊜ e	10	mischief	ⓐ

C 다음 빈칸에 들어갈 알맞은 말을 보기 에서 고르시오. (문장: 기출 또는 기출 변형)

보기	multiplying	automatic	misplaced	mistakes

1 In his rush to get to the hotel, he _____ his wallet.

2 To win, they had to practice their skills at estimating, _____, dividing, and measuring.

3 Since that day, I have tried hard to notice my son's good acts and downplay his _____.

4 Nowadays, _____ machinery and industrial robots are taking the place of human workers in the factory.

DAY 14

숫자 접두어 (Numeral Prefix)

mono-, uni-
[=one] [=alone]

bi-, du-, twi-
[=two]

tri-
[=three]

---

mon(o), uni-
'one(하나), alone(혼자)'의 의미를 지님

0386 ★☆☆

monk
[mʌŋk]

n. (남자) 수도승, 수사(修士)(◐ nun)

- He had his head shaved and became a Buddhist **monk**.
  그는 머리를 삭발하고 **수도승**이 되었다.

| 어원 | mon-
(alone) | ➕ | -k
(어미) | ➡ | 혼자서 도를 닦는 사람 |

0387 ★☆☆

monarch
[mánərk;-ɑːrk]

n. 군주(君主)(**sovereign**)

- **Monarchs** ruled England for centuries.
  군주들이 수세기 동안 영국을 통치했다.

| 어원 | mon-
(alone) | ➕ | arch
(ruler) | ➡ | 혼자서 나라를 다스리는 통치자 |

---

monarchy
[mánərki]

n. 군주제, 군주정치; 군주국

- a constitutional **monarchy** 입헌 **군주국**[제]

0388 ★★☆

monolog(ue)
[mánələːɡ;-lɑɡ]

n. (배우의) 독백(**soliloquy**)

- Hamlet's **monolog** begins with "To be or not to be."
  햄릿의 **독백**은 "사느냐, 죽느냐"로 시작된다.

| 어원 | mono-
(alone) | ➕ | log
(word: 말) | ➡ | 혼자서 하는 말 |

monotonous
[mənátənəs]

a. 단조로운, 변화가 없는(dull)

- the monotonous scenery[work] 단조로운 풍경(일)
- Some doctors lead a monotonous life.
  일부 의사들은 **단조로운** 삶을 영위한다.

| 어원 | mono-(one) | ⊕ | ton(e)(음) | ⊕ | -ous(형접) | ➡ | 음이 하나인 |

monotony
[mənátəni]

n. 단조로움, 무변화

- the monotony of a country life 시골 생활의 **단조로움**

---

monopoly
[mənápəli]

n. (상품·사업 등의) 독점(exclusive possession), 독점 판매, 독점권

- have a monopoly of salt[tobacco] 소금(담배)의 **독점권**을 갖다
- The government has laws against monopolies in many industries.
  정부는 많은 산업 분야에서 **독점**을 금지하는 법을 지니고 있다.

| 어원 | mono-(one) | ⊕ | poly(sell) | ➡ | 혼자서 판매하는 것 |

monopolize
[mənápəlaiz]

vt. 독점하다, 독점권을 갖다

- monopolize the production and sale of cigarettes
  담배의 생산과 판매를 **독점하다**

---

unite
[ju(:)náit]

vt. (하나로) 결합시키다(join, combine); 합병하다(merge)

vi. 결합하여 하나가 되다(become one)

- unite villages[a couple in marriage] 마을을 **합병하다**(커플을 **결혼시키다**)
- The boss united his followers. 그 우두머리는 자신의 추종자들을 **결속시켰다**.
- Oil and water will not unite. 기름과 물은 **섞이지** 않는다.

| 어원 | uni-(one) | ⊕ | -te(어미) | ➡ | 하나로 만들다 |

---

union
[jú:njən]

n. (둘 이상의 것의) 결합(combination); (단체·국가 등의) 연방, 연합; 노조
(trade union, labor union)

- a union of art and nature 인공과 자연의 **결합**
- Union is strength. (속담) **단결**이 힘이다.
- He didn't join a pilot's union. 그는 조종사 **노조**에 가입하지 않았다.

| 어원 | uni-(one) | ⊕ | -ion(명접) | ➡ | 하나로 만들기 |

0393 ★★☆

unity
[júːnəti]

n. 단일성[체], 통일성(oneness); 일치, 조화

- **family unity** 가족 화합
- Pastor Kim lives in **unity** with all men.
  김 목사님은 모든 사람들과 **사이좋게** 지낸다.

 어원 | uni-(one) ⊕ -ty(명접) ⇨ 하나가 된 것, 하나임

0394 ★☆☆

uniform
[júːnəfɔːrm]

n. 제복, 군복, 교복, 유니폼

a. 한결같은, 일정한(regular); 획일적인

- **a uniform velocity[temperature]** 일정한 속도〔온도〕
- Soldiers always wear **uniforms**. 군인들은 항상 **군복**을 입는다.

 어원 | uni-(one) ⊕ form(형태) ⇨ 한 가지 형태

0395 ★★★

unify
[júːnəfai]

vt. 통일[통합]하다(unite)

- **unify opinions within the party** 당내의 의견을 **통합하다**
- The emperor **unified** several small states into one nation.
  황제는 몇 개의 작은 나라를 하나의 국가로 **통일시켰다.**

 어원 | uni-(one) -fy(make) ⇨ 하나로 만들다

unification
[jùːnəfikéiʃən]

n. 통일, 통합

- **the unification of Germany** 독일의 **통일**

0396 ★☆☆

unique
[juːníːkju-]

a. 유일(무이)한(sole, singular); 독특한(peculiar)

- **a unique copy of an ancient manuscript** 옛날 원고의 **유일한** 사본
- Each person's fingerprints are **unique**. 각 개인의 지문은 **독특하다.**

 어원 | uni-(one) ⊕ -(i)que(-ic: 형접) ⇨ 하나만 있는

0397 ★☆☆

unisex
[júːnəseks]

a. (디자인·스타일 등이) 남녀 공용[공통]의

- **the unisex fashion** 남녀 공통의 패션
- The **unisex** hair salon attracts an equal number of men and women. **남녀 공용** 미용실이 동일한 수의 남녀를 끌고 있다.

 어원 | uni-(one) sex(성) ⇨ 성(性)이 하나인

unit
[júːnit]

n. 구성단위[부분]; 측정 단위(**a standard of measurement**)

- The family is the basic **unit** of the society.
  가족은 사회의 기본 **구성단위**이다.
- Inch[foot, meter, mile, etc.] is a **unit** of measurement.
  인치(피트, 미터, 마일 등)는 측정 **단위**이다.

| 어원 | uni-
(one) | ➕ | -t
(어미) | ➡ | 어떤 복합체의 하나 |

---

bi-, du-, twi-
'two(둘)'의 의미를 지님

---

bicycle
[báisikl;-sikl;
-saikl]

n. 자전거(**bike**) **v.** 자전거를 타다(**ride a bicycle, bike**)

- My father goes to work by **bicycle**.
  나의 아버지는 **자전거**로 출근한다.

cf. tricycle 세발자전거, 삼륜 오토바이
   monocycle, unicycle 외발 자전거
   motorcycle 오토바이(bike)
   go by bicycle[on a bicycle] 자전거로 가다

| 어원 | bi-
(two) | ➕ | cycle
(circle: 원) | ➡ | 원이 둘인 자전거 |

---

billion
[bíljən]

n. 〈美〉10억; 〈英〉1조 (현재는 영국에서도 대개 10억으로 쓰임)

- **seven billion** 칠십억
- **several billions of people** 수십억의 사람들

| 어원 | bi-
(twice) | ➕ | million
(백만) | ➡ | 백만의 제곱 |

---

biennial
[baiéniəl]

a. 격년의, 2년에 한 번의(**happening every two years**)

- **a biennial conference[election]** 2년마다 있는 회의[선거]
- There is a **biennial** art exhibition in Rome.
  로마에 **격년으로** 열리는 미술 전시회가 있다.

| 어원 | bi-
(two) | ➕ | enn
(year) | ➕ | -ial
(형접) | ➡ | 2년마다의 |

---

biennale
[biennáːlei]

n. 비엔날레(격년제로 열리는 회화·조각 등의 전람회)

- **the 6th Gwangju Biennale 2006** 2006 제6회 광주 **비엔날레**

0402 ★★☆

bilingual
[bàilíŋgwəl]

a. (모국어를 포함하여) 2개 국어를 구사하는

- **bilingual education** 2개 국어에 의한 교육
- The anchorwoman is **bilingual**, speaking Korean and English.
  그 여성 앵커는 한국어와 영어, **2개 국어를 구사한**다.

| 어원 | bi-
(two) | ➕ | lingual
(language: 언어) | ➡ | 두 언어의 |

0403 ★★★

biannual
[baiǽnjuəl]

a. 연 2회의, 반년마다의(semiannual, happening twice a year)

- **a biannual meeting** 연 2회의 모임

| 어원 | bi-
(two) | ➕ | annual
(매년의) | ➡ | 1년에 두 번의 |

0404 ★☆☆

duel
[djú:əl]

n. (과거에 명예를 걸고 한) 결투; (경쟁자 사이의) 싸움, 겨루기

- **fight a duel with a person** 남과 **결투**하다
- The insulted hero challenged his enemy to a **duel**.
  모욕을 당한 영웅은 원수에게 **결투**를 신청했다.

| 어원 | du(el)
(two) | ➡ | 두 사람 사이의 싸움 |

0405 ★☆☆

dual
[djú:əl]

a. 두 부분으로 된, 이중의(double)

- **dual personality[nationality]** 이중인격[이중 국적]
- She uses her car for **dual** purposes, namely for business and personal uses.
  그녀는 차를 **두 가지** 용도, 즉 사업용과 개인용으로 사용한다.

| 어원 | du-
(two) | ➕ | -al
(형접) | ➡ | 둘로 이루어지는 |

0406 ★☆☆

twilight
[twáilait]

n. (해뜨기 전·해진 후의) 어스름; (해진 후의) 땅거미, 황혼(dusk); 〈비유〉황혼기

- **in the twilight of one's life** 인생의 **황혼기**에
- He arrived in the town at **twilight**.
  그는 **땅거미**가 질 무렵에 마을에 도착했다.

| 어원 | twi-
(two) | ➕ | light
(빛) | ➡ | 낮과 밤 사이의 두 빛 |

0407 ★☆☆

twice
[twais]

ad. 두 번, 2회(**two times**); 두 배(**two times**)

- His lover writes to him **twice** a week.
  그의 연인은 그에게 일주일에 **두 번** 편지를 쓴다.
- **Twice** four is eight. 4의 **두 배**는 8이다.

cf. thrice 〈고어, 문어〉세 번, 3회; 세 배

| 어원 | twi-
(two) | ➕ | -ce
(어미) | ➕ | 두 번, 두 배 |

0408 ★☆☆

twin
[twin]

n. 쌍둥이 중의 하나; (-s) 쌍둥이

a. 쌍둥이의; 쌍의, 짝의

- **a twin peak[boat]** 쌍둥이 봉우리[배]의 하나
- The brothers are **twins**; both are tall and blond.
  그 형제는 **쌍둥이**인데, 둘 다 키가 크고 금발이다.

| 어원 | twi-
(two) | ➕ | -n
(어미) | ➡ | 똑같은 두 사람 |

0409 ★☆☆

twist
[twist]

vt. (실·그물 등을) 꼬다, 뜨다(**intertwine**); 비틀다, 돌리다(**turn**)

vt. 〈무용〉 트위스트

- Several fibers were used to **twist** the rope.
  몇 가닥의 섬유가 밧줄을 **꼬아 만드는** 데 이용되었다.
- She **twisted** the door knob, but the door wouldn't open.
  그녀는 문의 손잡이를 **돌렸**지만, 문은 열리지 않았다.

| 어원 | twi-
(two) | ➕ | -st
(어미) | ➡ | 두 가닥으로 꼬다 |

Word Grammar 상호복수

> **POINT** ▶ 악수를 할 때 내 손과 상대방의 손이 있어야 하듯이, 두 개 이상의 것이 상호 작용해야
> 할 경우, 반드시 복수형을 사용하며, 이를 '상호복수'라 일컫는다.

shake hands with ~ ~와 악수하다	**take turns (in)** ~ 교대로 ~하다
make friends with ~ ~와 친해지다	**change cars** 차를 갈아타다
be on good[friendly] terms with ~ ~와 좋은[친근한] 사이이다	
exchange letters[greetings] with ~ ~와 편지[인사]를 주고받다	

- Let's take turns driving. 교대로 운전합시다.
- He exchanged letters with her. 그는 그녀와 편지를 교환했다.

tri-	'three(셋)'의 의미를 지님

0410 ★☆☆

triangle
[tráiæŋgl]

n. 삼각형; 〈음악〉 트라이앵글; (남녀의) 삼각관계

- A woman and two men were involved in a love **triangle**.
  한 여자와 두 남자가 사랑의 **삼각관계**로 얽혔다.

| 어원 | tri-
(three) | ⊕ | angle
(각) | ⇨ | 세 개의 각이 있는 모양 |

0411 ★☆☆

tricycle
[tráisəkl;-sikl]

n. 세발자전거; 삼륜 오토바이

- Children ride **tricycles** before they learn how to ride bicycles.
  어린이들은 자전거 타기를 배우기 전에 **세발자전거**를 탄다.

| 어원 | tri-
(three) | ⊕ | cycle
(circle: 원) | ⇨ | 바퀴가 셋인 자전거 |

0412 ★☆☆

triple
[trípl]

a. 3중의, 세 겹의(threefold); 세 배의(three times, threefold)

v. 세 배로[3중으로] 하다; 세 배가 되다 　**n.** 세 배(의 수·양)

- The cost of making a movie **tripled** this year.
  영화 제작 비용이 올해는 **세 배가 되었다.**

cf. double 두 배(의, 가 되다)

| 어원 | tri-
(three) | ⊕ | ple
(plic: fold) | ⇨ | 세 번 접은 |

0413 ★☆☆

trivial
[tríviəl]

a. 하찮은, 사소한(trifling, petty)

- **trivial** inconveniences[objections] **사소한** 불편(반대 의견)
- Don't bother me with **trivial** matters. **사소한** 일로 나를 귀찮게 하지 마라.

| 어원 | tri-
(three) | ⊕ | via
(way) | ⊕ | -al
(형접) | ⇨ | 세 갈래 길이 만나는, 흔해 빠진 |

---

quadr-, tetra-	'four (넷)'의 의미를 지님

0414 ★★★

quadruped
[kwádruped]

n. 네발짐승(animal with four legs)

| 어원 | quadr(u)-
(four) | ⊕ | ped
(foot) |

0415 ★★★

quadrangle
[kwádræŋgl]

n. 사각형(tetragon)

| 어원 | quadr-
(four) | ⊕ | angle
(각) |

penta-

'five(다섯)'의 의미를 지님

0416 ★☆☆

pentagon
[péntəgɑn]

n. 오각형(a shape with five sides and angles)

• **the Pentagon** 미(美) **국방성**(건물이 오각형임)

어원	penta- (five)	➕	gon (angle)

0417 ★★☆

pentathlon
[pentǽθlən]

n. 오종 경기(五種 競技)

어원	penta- (five)	➕	athlon (contest: 경기)

---

hexa-

'six(여섯)'의 의미를 지님

0418 ★★★

hexagon
[héksəgən]

n. 육각형(sexangle)

어원	hexa- (six)	➕	gon (angle)

---

sept(em)-

'seven(일곱)'의 의미를 지님

0419 ★☆☆

September
[septémbər]

n. 9월

어원	septem- (seven)	➕	-ber (어미)

0420 ★★★

septennial
[septéniəl]

a. 7년의; 7년마다의(occurring every 7 years)

어원	sept- (seven)	➕	enn (year)	➕	-ial(형접)

cf. 달력의 월(月) 이름과 실제 숫자는 일치하지 않는다. 고대 로마의 태양력(the solar calendar)은 10개월 단위로 만들어져 필요에 따라 윤달이 추가되었으나, 계절과 잘 맞지 않았다. 이러한 불편함을 없애기 위해 로마의 통치자 Julius Caesar에서 July (7월)를, Augustus에서 August(8월)를 빌려 12개월의 태양력을 사용하게 되었다. 따라서 7월(July)과 8월(August)이 추가되어 7을 의미하는 September가 7월에서 9월로, October가 8월에서 10월로, November가 9월에서 11월로, December가 10월에서 12월로 변하게 되었다.

oct(o)-

'eight(여덟)'의 의미를 지님

0421 ★☆☆

October
[ɑktóubər]

n. 10월

| 어원 | octo-
(eight) | ⊕ | -ber
(어미) |

0422 ★☆☆

octave
[ɑ́ktiv;-teiv]

n. 〈음악〉 옥타브, 8도 음정

| 어원 | oct-
(octo: eight) | ⊕ | -ave
(어미) |

0423 ★☆☆

octopus
[ɑ́ktəpəs]

n. 문어(발이 여덟 개인 심해어)

cf. squid(오징어)의 다리는 열 개이다.

| 어원 | octo-
(eight) | ⊕ | pus
(foot) |

novem-

'nine(아홉)'의 의미를 지님

0424 ★☆☆

November
[nouvémbər]

n. 11월

| 어원 | novem-
(nine) | ⊕ | -ber
(어미) |

decem, deca-, deci-

decem, deca는 'ten(열)', deci−는 "tenth(10분의 1)"의 의미를 지님

0425 ★☆☆

December
[disémbər]

n. 12월

| 어원 | decem-
(ten) | ⊕ | -ber
(어미) |

0426 ★☆☆

decade
[dékeid]

n. 10년간(period of ten years)

| 어원 | deca-
(ten) | ⊕ | -de
(어미) |

0427 ★☆☆

decathlon
[dikǽθlɑn]

n. 십종 경기(十種 競技)

| 어원 | deca-
(ten) | ⊕ | athlon
(contest: 경기) |

deciliter
[désəlì:tər]

n. 10분의 1리터

| 어원 | deci-
(a tenth) | | liter
(리터) |

● Further Study ●

deci·mal point   소수점
deci·mal system   십진법
Deca·meron   십일 야화(이탈리아의 작가 Boccaccio가 1353년에 쓴 작품)

cent(i)-, hect(o)-
cent(i)-는 'hundred(백), hundredth(100분의 1)',
hect(o)-는 'hundred(백)'의 의미를 지님

century
[séntʃəri]

n. 1세기, 100년(period of a hundred years)

| 어원 | cent-
(hundred) | | -ury
(어미) |

centimeter
[séntəmì:tər]

n. 센티미터(cm), 100분의

| 어원 | centi-
(a hundredth) | | meter
(미터) |

Centigrade
[séntəgrèid]

n. a. (온도계의) 섭씨온도(의) (약어 C)(Celsius)

• **25 °C** 섭씨 25도(77°F: 화씨 77도)

cf. Fahrenheit 화씨

| 어원 | centi-
(a hundredth) | | grade
(도) |

hectare
[héktɛər;-tɑ:r]

n. 헥타르, 100아르(1아르 = 100 m²)

| 어원 | hect-
(hundred) | | are
(아르) |

● Further Study ●

cent	**n.** 센트(1/100달러에 해당하는 화폐 단위(1 dollar = 100 cents), 1센트 동전, 미국과 캐나다의 화폐 단위)
penny	**n.** 페니(화폐를 만든 왕의 이름에서 유래) (1/100파운드에 해당하는 화폐 단위(1 pound = 100 pennies), 1페니 동전; 영국의 화폐 단위)
nickel	**n.** 5센트 동전(니켈로 만들어짐) (1 nickel = 5 cents)
dime	**n.** 10센트 동전(1/10이라는 의미) (1 dime = 10 cents)
quarter	**n.** 25센트 동전(1/4이라는 의미) (1 quarter = 25 cents)

mill(i)-

'thousand(천)'의 의미를 지님

0433 ★☆☆

million
[míljən]

n. a. 백만(의)

| 어원 | milli-
(thousand) | ⊕ | -on
(확대 접미어) |

0434 ★☆☆

millionaire
[mìljənέər]

n. 백만장자, 대부호

| 어원 | million
(백만) | ⊕ | -aire
(-ary: 명접) |

0435 ★★★

millennium
[miléniəm]

n. 천년; 천년 왕국

• **Millennia** have passed since the pyramids were built.
피라미드가 세워진 이후로 수**천 년**이 흘렀다.
cf. millennium의 복수형은 millennia이다.

| 어원 | mill-
(thousand) | ⊕ | enn
(year) | ⊕ | -ium
(명접) |

---

kilo-

'thousand(천)'의 의미를 지님

0436 ★☆☆

kilometer
[kilámətər;
kíləmì:-]

n. 킬로미터(1,000m)

| 어원 | kilo-
(thousand) | ⊕ | meter
(미터) |

0437 ★☆☆

kilogram
[kíləgræm]

n. 킬로그램(1,000g)

| 어원 | kilo-
(thousand) | ⊕ | gram
(그램) |

0438 ★☆☆

kilowatt
[kíləwɑt]

n. 킬로와트(1,000W)

| 어원 | kilo-
(thousand) | ⊕ | watt
(와트) |

semi-, hemi-, demi- 'half(반)'의 의미를 지님

0439 ★☆☆

semifinal
[sèmifáinl]

n. a. 준결승(의)

cf. quarterfinal 준준결승(의)

어원	semi- (half)	+	final (결승)

0440 ★☆☆

semiconductor
[sèmikəndʌ́któr]

n. 반도체

어원	semi- (half)	+	conductor (전도체)

0441 ★★★

semiannual
[sèmiǽnjuəl]

a. 반년마다의, 연 2회의(biannual)

어원	semi- (half)	+	ann (year)	+	-ual (형접)

0442 ★☆☆

semicolon
[sémikoulən]

n. 세미콜론(;)

cf. 세미콜론(;)은 [and, but, or, for, so ⋯]의 의미이며, comma(,)와 period(.)의 중간 기능을 한다.

어원	semi- (half)	+	colon (:)

• **Further Study** •

semi·classic **n.** 세미클래식, 준고전적인 작품[음악]
semi·pro **n.** 세미프로, 반직업선수(semiprofessional)

0443 ★★☆

hemisphere
[hémisfiər]

n. 반구체(half of a sphere); (지구·하늘의) 반구(半球)

어원	hemi- (half)	+	sphere (구)

0444 ★★☆

hemicycle
[hèmisáikl]

n. 반원(형)(semicircle)

어원	hemi- (half)	+	cycle (순환, 1회전)

0445 ★★★

demigod
[démiɡɑd]

n. 반신반인(半神半人)

어원	demi- (half)	+	god (신)

Daily Test 14

정답 및 해설 p.469

A 다음 영어를 우리말로, 우리말을 영어로 쓰시오.

1	biennial	11	수도승, 수사
2	monarch	12	결합; 연방; 노조
3	quadruped	13	문어
4	monopoly	14	2개 국어를 구사하는
5	demigod	15	유일한; 독특한
6	monologue	16	꼬다, 뜨다; 비틀다
7	trivial	17	반구체; 반구
8	monotonous	18	3중의, 세 겹의
9	decathlon	19	통일하다, 통합하다
10	twilight	20	백만장자, 대부호

B 다음 빈칸에 알맞은 단어를 쓰시오.

1	bicycle	b	6	biannual	s
2	unite	c	7	uniform	r
3	monotonous	d	8	twilight	d
4	monarch	s	9	monk	n
5	unique	s	10	monopoly	v

C 다음 빈칸에 들어갈 알맞은 말을 보기 에서 고르시오. (문장: 기출 또는 기출 변형)

보기	unique	monopoly	twofold	tricycles

1 It is not good for consumers if one company has a _____ in any area of trade.

2 The last five years have seen a _____ increase in the number of deaths on the road.

3 They need to be told that they should put away their _____ before coming into the house.

4 While the fine art object is valued because it is _____, it is also valued because it can be reproduced for popular consumption.

155

DAY 15

ag, act / alter, ali / anim / art / astr(o), sider / bar

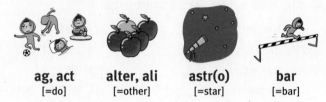

ag, act
[=do]

alter, ali
[=other]

astr(o)
[=star]

bar
[=bar]

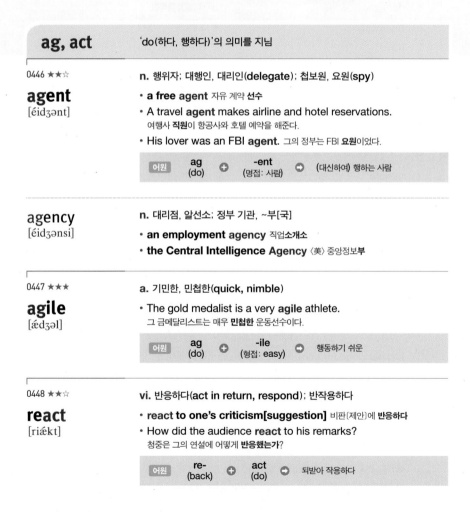

ag, act	'do(하다, 행하다)'의 의미를 지님

0446 ★★☆

agent
[éidʒənt]

n. 행위자; 대행인, 대리인(delegate); 첩보원, 요원(spy)

- **a free agent** 자유 계약 선수
- A travel **agent** makes airline and hotel reservations.
  여행사 **직원**이 항공사와 호텔 예약을 해준다.
- His lover was an FBI **agent**. 그의 정부는 FBI **요원**이었다.

어원	**ag** (do)	➕	**-ent** (명접: 사람)	➡	(대신하여) 행하는 사람

---

agency
[éidʒənsi]

n. 대리점, 알선소; 정부 기관, ~부[국]

- **an employment agency** 직업소개소
- **the Central Intelligence Agency** 〈美〉 중앙정보**부**

0447 ★★★

agile
[ǽdʒəl]

a. 기민한, 민첩한(quick, nimble)

- The gold medalist is a very **agile** athlete.
  그 금메달리스트는 매우 **민첩한** 운동선수이다.

어원	**ag** (do)	➕	**-ile** (형접: easy)	➡	행동하기 쉬운

0448 ★★☆

react
[riǽkt]

vi. 반응하다(act in return, respond); 반작용하다

- **react to one's criticism[suggestion]** 비판(제안)에 **반응하다**
- How did the audience **react** to his remarks?
  청중은 그의 연설에 어떻게 **반응했는가**?

어원	**re-** (back)	➕	**act** (do)	➡	되받아 작용하다

reaction
[riǽkʃən]

n. 반응(response); 반작용, 반동
- **the nation's reaction to the President's speech**
  대통령의 연설에 대한 국민의 **반응**

0449 ★★☆

act
[ækt]

n. 행위, 행동(deed); 법률(law); (연극의) 막

v. 행하다(do something); 작동하다(function)
- **an Act of Congress** 의회 **법**
- **between Act II and Act III** 제2**막**과 제3**막** 사이에
- The boss **acted** right away on my suggestion.
  상관은 내 제안에 따라 곧바로 **행동했다**.

| 어원 | act (do) | ➡ | 행하는 것, 행하다 |

0450 ★☆☆

active
[ǽktiv]

a. 활동적인, 활발한(lively); 적극적인, 능동적인(⬌ passive)
- My friend's father is still **active** at seventy.
  내 친구의 아버지는 일흔 살의 나이에도 여전히 **활동적**이다.
- Listening is passive, but speaking is **active**.
  듣는 것은 수동적이지만, 말하는 것은 **능동적**이다.

| 어원 | act (do) | + | -ive (형접: 성질) | ➡ | 행동하는 성질의 |

---

activity
[æktívəti]

n. 활동(action), 움직임(movement); 활기, 활력(energy)
- **extracurricular activities** 과외 **활동**
- **activity in the wheat market** 밀 시장의 **활기**

---

action
[ǽkʃən]

n. 행동, 활동(deed); 작용; 조치
- **take legal action against dismissal**
  해고에 대해 법적 **조치**를 취하다
- **Actions** speak louder than words. 〔속담〕
  말보다 **행동**이 더 중요하다.

---

actor
[ǽktər]

n. (영화·연극의) 배우(⬌ actress)
- **a big and muscular actor** 몸집이 큰 근육질의 **배우**

---

inactive
[inǽktiv]

a. 활동하지 않는; 활발하지 않은(inert)
- **an inactive market** 한산한 시장

0451 ★☆☆

actual
[ǽktʃuəl]

a. 실제의, 사실상의(real)

- **an actual expense[case]** 실제의 비용[사례]
- His story was not a dream but an **actual** happening.
  그의 이야기는 꿈이 아니라 **실제의** 사건이었다.

| 어원 | act (do) | ⊕ | -ual (형접) | ⇒ | 행하는 |

actually
[ǽktʃuəli]

ad. 실제로, 사실은(really, in fact)

- You can speak as you **actually** feel. 당신이 **실제로** 느낀 대로 말해도 좋다.

0452 ★☆☆

exact
[igzǽkt]

a. 정확한, 틀림없는(accurate, precise)

- **the exact figure[sum]** 정확한 숫자[금액]
- His **exact** height is 5 feet, 6 inches. 그의 **정확한** 신장은 5피트 6인치이다.

| 어원 | ex- (out) | ⊕ | act (do) | ⇒ | 전력을 다하여 행하여진 |

0453 ★☆☆

interact
[ìntərǽkt]

vi. 상호 작용하다, 서로 영향을 미치다

- Everything **interacts** with everything else.
  모든 것은 다른 모든 것과 **서로 작용한다**.

| 어원 | inter- (mutually) | ⊕ | act (do) | ⇒ | 서로 행하다 |

interaction
[ìntərǽkʃən]

n. 상호 작용, 상호 영향

- **the interaction of the two elements** 그 두 성분의 **상호 작용**

0454 ★★★

enact
[inǽkt]

vt. (법률을) 제정하다(constitute, legislate); 상연하다(perform)

- **enact a play[comedy]** 연극[희극]을 **상연하다**
- Congress **enacted** a new tax law. 미 의회는 새로운 세법을 **제정했다**.

| 어원 | en- (make) | ⊕ | act (법, 막) | ⇒ | 법을 만들다, (연극의) 막을 만들다 |

0455 ★★★

activate
[ǽktəveit]

vt. 활동하게 하다, 작동하게 하다(make active); 〈물리·화학〉 활성화하다

- **activate a heating system** 난방 장치를 **작동시키다**
- The chemist was finally able to **activate** molecules.
  그 화학자는 마침내 분자를 **활성화할** 수 있었다.

| 어원 | activ(e) (활발한) | ⊕ | -ate (동접) | ⇒ | 활발하게 하다 |

0456 ★★☆

agenda
[ədʒéndə]

n. (회의에 상정될) 의제, 협의 사항

- **the first item on the agenda** 의제의 제1항목
- We have a lengthy **agenda** for the next talks.
  우리에게는 다음 회담의 긴 **협의 사항**이 있다.

| 어원 | ag (do) | ⊕ | enda (어미) | ➡ | (회의에서) 행해질 것 |

---

alter, ali   'other(다른)'의 의미를 지님

0457 ★★★

alter
[ɔ́:ltər]

vt. (모양·성질 등을) 바꾸다, 변경하다(change)

vi. 변하다(change)

- The chairman **altered** his schedule.
  의장은 자신의 일정을 **변경했다**.
- His condition has **altered** for the better.
  그의 건강 상태가 **호전되었다**.

| 어원 | alter (other) | ➡ | 다르게 하다 |

---

alteration
[ɔ́:ltəréiʃən]

n. 바꾸기, 변경; 변화(change)

- She took her dress to the tailor for **alterations**.
  그녀는 자신의 드레스를 **수선**하려고 재단사에게 가져갔다.

0458 ★★☆

alternate
v.[ɔ́ltərneit;ǽl-]
a.[ɔ́:ltərnət]

vi. vt. 번갈아 일어나다, 교대하다, 교체하다(rotate)

a. 번갈아 일어나는, 교대의

- **alternate laughter and tears** 엇갈리는 희비
- Day **alternates** with night.
  낮과 밤은 **번갈아 온다**.

| 어원 | alter (other) | ⊕ | n | ⊕ | -ate (동접) | ➡ | 다른 것으로 하다 |

---

alternative
[ɔ:ltə́:rnətiv;ǽl-]

n. 양자택일(choice between two); 다른 방도, 대안(another choice)

a. 양자택일의; 대안의, 대체의

- **the alternative of liberty or death** 자유냐 죽음이냐의 **양자택일**
- The best **alternative** to oil, gas, and coal is solar energy.
  석유, 가스 및 석탄에 대한 최상의 **대안**은 태양 에너지이다.

altruism
[ǽltru:izm]

n. 이타주의(unselfishness ↔ egoism)

- With so much egoism today, we need more **altruism**.
  오늘날 지나치게 만연한 이기주의 때문에, 우리는 더 많은 **이타주의**를 필요로 한다.

| 어원 | altr (other) | ➕ | -(u)ism (명접) | ➡ | 타인을 이롭게 하는 주의 |

altruist
[ǽltru(:)ist]

n. 이타주의자(↔ egoist)

- Those who always consider the feelings of other people are called **altruists**. 항상 다른 사람의 기분을 고려하는 사람은 **이타주의자**라고 불린다.

altruistic
[æ̀ltru:ístik]

a. 이타적인, 이타주의적인(unselfish ↔ egoistic, self-centered)

- The girl was praised for **altruistic** behavior.
  그 소녀는 **이타적** 행동으로 칭찬받았다.

alien
[éiljən;-liən]

n. 이방인(stranger); 거주 외국인(foreigner); 외계인(extraterrestrial)

a. 이질적인, 낯선; 이방의(strange); 외국의(foreign); 지구 밖의

- **alien microorganism** 지구 밖의 미생물
- Her idea is **alien** to our way of thought.
  그녀의 생각은 우리의 사고방식과 **다르다**.

| 어원 | ali (other) | ➕ | -en(t) (명접) | ➡ | 다른 사람 |

alienate
[éiljəneit]

vt. ~을 멀리하다, 소원하게 하다(estrange); 소외시키다

- He was **alienated** from his friends by drinking too much.
  그는 술을 너무 많이 마셔서 친구들로부터 **소원해졌다**.
- Most people feel **alienated** in new places.
  대부분의 사람들은 새로운 장소에서 **소외감을** 느낀다.

| 어원 | ali (other) | ➕ | en | ➕ | -ate (동접) | ➡ | 낯설게 만들다 |

alienation
[èiljənéiʃən]

n. 멀리하기, 소원(estrangement); 소외(疏外)

- **alienation of a child from his parents** 아이를 부모로부터 **떼어놓기**

alibi
[ǽləbai]

n. 〈법률〉 알리바이, 현장 부재 증명; 변명, 핑계(excuse)

- **fake a plausible alibi** 그럴듯한 **알리바이**를 꾸미다
- What's your **alibi** for being late this time?
  이번에 늦은 것에 대한 **변명**은 무엇이냐?

| 어원 | alibi | ➡ | in other place를 뜻함 |

anim

'mind(정신; 마음), life(생명; 삶)'의 의미를 지님

0463 ★☆☆

animism
[ǽnəmizm]

n. 애니미즘, 물활론(모든 물질에 영혼과 생명이 있다고 믿는 자연관)

• **Animism** is a superstition, but we should not deprecate its meaning. 애니미즘은 미신이지만, 그 의미를 비난해서는 안 된다.

| 어원 | anim
(mind) | ⊕ | -ism
(명접) | ⇨ | 영혼이 존재함 |

0464 ★★★

unanimity
[jùːnəníməti]

n. 만장일치, 전원 합의(complete agreement)

• **with unanimity** 만장일치로
• Because the members always disagree, there is never **unanimity** of opinion.
그 회원들은 항상 의견이 엇갈려서 **만장일치** 된 적이 없다.

| 어원 | un-
(uni-: one) | ⊕ | anim
(mind) | ⊕ | -ity
(명접) | ⇨ | 한마음 |

---

unanimous
[juːnǽnəməs]

a. 만장일치의(solid)

• **by unanimous vote** 만장일치의 표결로

0465 ★★☆

animate
v.[ǽnəmeit]
a.[ǽnəmət]

vt. 생명을 주다(give life to); 생기[활기]를 주다(vitalize, invigorate); 만화 영화로 만들다

a. 살아 있는(alive); 생기 있는(lively)

• **animate creatures[things]** 생명이 있는 피조물(사물)
• She **animated** him, so he came to finish the work.
그녀가 그를 **격려해 주어서**, 그는 그 일을 끝내게 되었다.
• Her appearance **animated** the party. 그녀의 참석으로 파티가 **활기를 띠었다.**

| 어원 | anim
(life) | ⊕ | -ate
(동접) | ⇨ | 생명을 불어 넣다 |

---

animation
[ænəméiʃən]

n. 생명 부여; 생기, 활기(liveliness, vigor); 만화 영화 제작

• Through **animation**, the newspaper comic strip became a popular cartoon on television.
만화 영화 제작을 통해 신문 연재만화가 텔레비전의 인기 만화 영화가 되었다.

0466 ★★★

equanimity
[ìːkwəníməti;èk-]

n. 침착, 차분함(calmness, composure)

• Leaders should solve problems one by one with **equanimity**.
지도자들은 문제들을 하나하나 **침착**하게 해결해야 한다.

| 어원 | equ
(same) | ⊕ | anim
(mind) | ⊕ | -ity
(명접) | ⇨ | 항상 마음이 같은 상태 |

art	'art(예술; 기술; 인위)'의 의미를 지님

0467 ★☆☆

art
[ɑ:rt]

n. 예술, 미술; 기술, 기예(skill); 인공, 인위; 꾸밈, 가식

- **an art critic[exhibition]** 미술 평론가[전시회]
- **Art** is long, life is short. 예술은 길고, 인생은 짧다.
- Driving a car in Seoul is quite an **art**!
  서울에서 차를 운전하는 것은 대단한 **기술**이야!

어원	art	➡	라틴어 artis에서 유래

0468 ★☆☆

artist
[á:rtist]

n. 예술가, 미술가, (특히) 화가(painter)

- **a commercial artist** 상업 미술가
- The **artist** never dies. **예술가**는 결코 죽지 않는다.

어원	art (예술)	+	-ist (명접: 사람)	➡	예술을 하는 사람

artistic
[ɑ:rtístik]

a. 예술적인, 미술의

- **an artistic sense of colors** 예술적인 색채 감각

0469 ★★☆

artisan
[á:rtəzən]

n. 장인(匠人), 기능공(craftsman)

- The carpenter was a talented **artisan**.
  그 목수는 재능 있는 **장인**이었다.

어원	art (기술)	+	-i(s)an (명접: 사람)	➡	기술 있는 사람

0470 ★★☆

artificial
[à:rtəfíʃəl]

a. 인위적인, 인공적인(man-made ↔ natural); 꾸밈, 부자연스러운

- **artificial flowers[tears]** 조화[거짓 눈물]
- Many **artificial** satellites are moving around the earth.
  많은 **인공**위성이 지구 주위를 돌고 있다.

어원	art(i) (인위)	+	fic (make)	+	-ial (형접)	➡	인위적으로 만든

0471 ★★★

artless
[á:rtlis]

a. 꾸밈이 없는, 천진난만한(innocent), 순박한

- He likes her because she is innocent and **artless**.
  그는 그녀가 순수하고 **순박해서** 그녀를 좋아한다.

어원	art (꾸밈)	+	-less (형접)	➡	꾸밈이 없는

astr(o), sider   'star(별)'의 의미를 지님

0472 ★☆☆

disaster
[dizǽstər]

n. 재난, 참사(calamity, catastrophe)

• The earthquake was the worst **disaster** that ever hit the town.
그 지진은 이제까지 그 마을을 강타한 최악의 **재난**이었다.

| 어원 | dis-
(away) | ➕ | aster
(star) | ➡ | 별이 멀리 떨어지는 것 |

---

disastrous
[dizǽstrəs]

a. 재난의, 재난을 일으키는(calamitous)

• **a disastrous earthquake** 재난을 일으키는 지진

0473 ★☆☆

astrology
[əstrálədʒi]

n. 점성술

• **Astrology** is the study of stars, relating to human affairs.
점성술은 인간사와 관련하여 별을 연구하는 학문이다.

| 어원 | astro
(star) | ➕ | -logy
(명접: 학문) | ➡ | 별을 연구하는 학문 |

---

astrologer
[əstrálədʒər]

n. 점성술사

• **an imaginative astrologer** 상상력이 뛰어난 **점성술사**

0474 ★☆☆

astronomy
[əstránəmi]

n. 천문학

• **Astronomy** is the science of outer space, heavenly bodies, and related phenomena.
천문학은 우주, 천체, 관련된 현상들을 연구하는 학문이다.

| 어원 | astro
(star) | ➕ | -nomy
(명접: 학문) | ➡ | 별을 연구하는 학문 |

• Further Study •

cosmos   n. 〈꽃〉 코스모스; 질서(order), 조화(harmony); (질서 정연한 체계로서의) 우주(universe, space)

cosmopolitan   a. 세계적인, 국제적인(international)   n. 세계주의자, 세계인

cosmology   n. 우주론

---

astronomer
[əstránəmər]

n. 천문학자

• The **astronomer** worked at night, observing the stars.
그 **천문학자**는 별들을 관찰하면서 밤에 일했다.

0475 ★☆☆

astronaut
[ǽstrənɔ:t]

n. 우주비행사(cosmonaut)

- An **astronaut** is a person who is trained to fly in a spacecraft.
우주비행사는 우주선을 타고 비행하도록 훈련을 받은 사람이다.

| 어원 | astro (star) | ➕ | naut (sailor) | ➡ | 별을 항해하는 사람 |

0476 ★★★

asteroid
[ǽstərɔ̀id]

n. 소행성; 불가사리(starfish)

- Ceres is the largest **asteroid** in our solar system.
케레스는 우리의 태양계에서 가장 큰 **소행성**이다.

| 어원 | aster (star) | ➕ | oid (닮은) | ➡ | 별 모양의 것 |

0477 ★☆☆

aster
[ǽstər]

n. 〈꽃〉 애스터

- **Asters** are beautiful, graceful, and fanciful.
애스터는 아름답고, 우아하며, 환상적이다.

| 어원 | aster (star) | ➡ | 별 모양의 꽃 |

0478 ★★☆

asterisk
[ǽstərisk]

n. 별표(*)

- **Asterisks** are used to call attention to something written.
별표는 문자에 주의를 끌기 위해 사용된다.

| 어원 | aster (star) | ➕ | -isk (명접: 지소사) | ➡ | 별 모양의 작은 기호 |

0479 ★☆☆

consider
[kənsídər]

vt. 숙고하다, 깊이 생각하다(ponder); ~으로 간주하다, 여기다(regard); 참작하다, 배려하다(take into account)

- We should **consider** a matter in all its aspects.
우리는 한 가지 문제를 모든 면에서 **숙고해야** 한다.
- I **considered** him a great poet. 나는 그를 위대한 시인**이라고 생각했다**.

| 어원 | con- (together) | ➕ | sider (star) | ➡ | "별들을 관찰하여 운을 점치다"에서 유래 |

---

consideration
[kənsìdəréiʃən]

n. 숙고; 참작, 배려

- **out of consideration for his youth** 그의 젊음을 **참작**하여

---

considerate
[kənsídərət]

a. 사려 깊은(thoughtful); 배려하는

- **considerate of others** 다른 사람을 **배려하는**

considerable
[kənsídərəbl]

a. 상당한, 꽤 많은(great, substantial)
- **a considerable distance[delay]** 상당한 거리[지체]
- **a considerable sum of money** 상당한 액수의 돈

Word Grammar 추상명사의 수량 표시

POINT 추상명사는 일정한 형태가 없는 셀 수 없는 명사이므로 two informations, three lucks, five advices 등과 같이 표현할 수 없으나 아래의 보조 수사를 사용하여 수량을 나타낼 수 있다.

a fit of passion 한 차례의 격정	**a term[word] of abuse** 폭언 한 마디
a piece[word] of information 한 가지의 정보	**a round of applause** 한바탕의 갈채
a stroke[piece] of luck 한 차례 찾아온 행운	**a bolt[flash] of lightning** 번개 한 차례
two pieces[words] of advice 두 마디의 충고	**several cases of theft** 몇 건의 도둑질

- She gave me a piece of advice. 그녀는 나에게 충고를 한 마디 했다.

---

bar
'bar(막대기; 장애)'의 의미를 지님

0480 ★☆☆

bar
[bɑːr]

n. 막대기, 빗장; 장애(물), 방해물(obstacle); 술집, 바(pub); 판매대(counter); 법원, 법정(court)

vt. 금지하다(prohibit), 방해하다(obstruct)

- **a bar of chocolate[gold]** 초콜릿 바[금괴]
- **a snack[milk] bar** 스낵 바[우유 판매대]
- Could you tell me where the **bar** is in this hotel?
  이 호텔에 **바**가 어디 있는지 알려 주시겠어요?
- The tribes were **barred** from intercourse with one another.
  그 부족들은 상호 교류하는 것이 **금지되어** 있었다.

어원	bar	➡	라틴어 barra에서 유래

0481 ★★☆

barrier
[bǽriər]

n. (통행을 막는) 장벽; 〈비유〉 가로막는 것, 장벽

- **a language[trade] barrier** 언어[무역] **장벽**
- The police set up **barriers** to control the crowd.
  경찰은 군중을 통제하기 위해서 **장벽**을 세웠다.

어원	bar(r) (장애)	➕	-ier (명접)	➡	장애가 되는 것

165

0482 ★★☆

barricade
[bǽrəkéid]

n. 방어벽, 바리케이드

- The soldiers removed the **barricades** erected by the rioters.
  군인들은 폭도들에 의해서 세워진 **바리케이드**를 제거했다.

| 어원 | bar(r)
(막대기) | ⊕ | ic | ⊕ | ade
(parade: 행렬) | ➡ | 행렬을 막는 막대기 |

0483 ★☆☆

bartender
[bá:rtèndər]

n. 바텐더

- Ask the **bartender** for two more beers, please.
  바텐더에게 맥주 두 잔을 더 부탁해 주십시오.

| 어원 | bar
(술집) | ⊕ | tender
(돌보는 사람) | ➡ | 술집에서 술시중을 드는 사람 |

0484 ★★☆

embarrass
[imbǽrəs;em-]

vt. 당황하게 하다, 난처하게 하다(bewilder, perplex)

- **an embarrassing question** 난처한 질문
- She felt **embarrassed** in the presence of strangers.
  그녀는 낯선 사람들 앞에서 **당황했다**.

| 어원 | em-
(en-: in) | ⊕ | bar(ra)
(막대기) | ⊕ | -ss
(어미) | ➡ | 길에 막대기를 놓아
낭패케 하다 |

---

embarrassment
[imbǽrəsmənt
;em-]

n. 당황, 당혹(perplexity); 당황케 하는 사람

- The nasty child is an **embarrassment** to his mother.
  그 심술궂은 아이는 어머니에게 **당혹스러운 존재**이다.

0485 ★☆☆

barrel
[bǽrəl]

n. (가운데가 볼록한) 통; 〈양의 단위〉 배럴

- **a beer barrel** 맥주 통
- Oil is sold by the **barrel**. 기름은 **배럴** 단위로 팔린다.

| 어원 | bar(r)
(막대기) | ⊕ | -el
(명접) | ➡ | 막대기로 만든 통 |

Daily Test 15

정답 및 해설 p.470

A 다음 영어를 우리말로, 우리말을 영어로 쓰시오.

1	enact	11	의제, 협의 사항
2	agile	12	장인, 기능공
3	astrology	13	행위자; 대리인
4	equanimity	14	재난, 참사
5	activate	15	번갈아 일어나다
6	unanimity	16	실제로, 사실은
7	artless	17	생명을 주다; 살아 있는
8	alienate	18	사려 깊은; 배려하는
9	barricade	19	우주비행사
10	asteroid	20	천문학

B 다음 빈칸에 알맞은 단어를 쓰시오.

1	exact	⊜ a	6	active	⟳ p
2	alter	⊜ c	7	altruism	⟳ e
3	react	⊜ r	8	consider	ⓐ
4	artificial	⟳ n	9	embarrass	ⓝ
5	actor	⟳ a	10	unanimity	ⓐ

C 다음 빈칸에 들어갈 알맞은 말을 보기 에서 고르시오. [문장: 기출 또는 기출 변형]

보기	exact	alter	enacted	interactions

1 They said that they _____ the law in response to complaints from residents and businesses.

2 They fear that these climbers may try to climb the biggest and tallest trees if they learn their _____ locations.

3 People will find themselves in large numbers of _____ where intercultural communication skills will be essential.

4 Increases in insect populations could have profound effects on public health, agriculture and conservation, and could even _____ entire ecosystems.

DAY 16

belle / bio / cad, cas, cid / cap, cip, cept, ceive

belle
[=beauty / war]

bio
[=life]

cap, cip, cept, ceive
[=take]

belle	'beauty(미), war(전쟁)'의 의미를 지님

0486 ★★★

belle
[bel]

n. 미인(a beautiful woman or girl), (파티 등의) 최고의 미인

• The dancer was the **belle** of the ball last night.
그 무희는 어젯밤 무도회에서 **가장 아름다운 여자**였다.

| 어원 | **bell(e)**
(beauty) | ⟹ | 아름다운 여인 |

Bellona
[bəlóunə]

n. 〈로마 신화〉 벨로나

• In Roman mythology, **Bellona** was the goddess of war.
로마 신화에서 **Bellona**는 전쟁의 여신이었다.

cf. Bellona는 고대 로마의 전쟁을 주관하는 여신으로 키가 크고 아름다웠다. 어근 bell은 beauty와 war의 상반된 두 가지 의미를 지니게 되었다.

0487 ★★★

embellish
[imbéliʃ]

vt. 아름답게 꾸미다(beautify), 장식하다(decorate, adorn)

• **embellish a room with flowers** 방을 꽃으로 **장식하다**
• The pretty entertainer **embellished** a white hat with pink roses.
그 예쁜 연예인은 하얀 모자를 핑크 빛 장미로 **장식했다**.

| 어원 | **em-**
(en-: make) | + | **bell**
(beauty) | + | **-ish**
(동접) | ⟹ | 아름답게 만들다 |

0488 ★★★

bellicose
[bélikous]

a. 호전적인, 싸움을 좋아하는(warlike, quarrelsome)

• **a bellicose nation[nature]** 호전적인 나라(천성)
• North Korea was **bellicose**, always threatening to go to war.
북한은 **호전적이고** 전쟁을 하겠다고 항상 위협했다.

| 어원 | **bell**
(war) | + | **ic** | + | **-ose**
(형접: 많은) | ⟹ | 싸움이 많은 |

0489 ★★★

belligerent
[bəlídʒərənt]

a. 교전 중의(fighting a war); 호전적인, 싸움을 좋아하는(bellicose)

- **a belligerent tone** 호전적인 말투
- His **belligerent** attitude made it difficult to work with him.
  그의 **호전적인** 태도 때문에 그와 함께 일하는 것이 어려웠다.

| 어원 | bell(i)
(war) | ➕ | ger
(carry) | ➕ | -ent
(형접) | ➡ | 전쟁을 행하고 있는 |

0490 ★★☆

rebel
v.[ribél]
n.[rébəl]

v. (권력자·정부 등에) 반역하다, 반란을 일으키다(revolt, mutiny)

n. 반역자, 모반자

- The slaves **rebelled** against their masters.
  노예들은 그들의 주인들에게 **반란을 일으켰다.**
- She became a **rebel** when her father was put in prison.
  그녀는 아버지가 투옥되었을 때 **반역자**가 되었다.

| 어원 | re-
(back) | ➕ | bel
(war) | ➡ | 뒤에서 전쟁을 일으키다 |

---

rebellion
[ribéljən]

n. 반역, 모반(revolt, insurrection)

- **raise[suppress] a rebellion** **반란**을 일으키다(진압하다)

---

bio

'life(생명; 삶)'의 의미를 지님

0491 ★☆☆

biology
[baiálədʒi]

n. 생물학; 생명 작용[활동]

- **Biology** is a required course in most high schools.
  생물학은 대부분의 고등학교에서 필수과목이다.

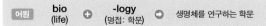

| 어원 | bio
(life) | ➕ | -logy
(명접: 학문) | ➡ | 생명체를 연구하는 학문 |

---

biological
[bàiəláʤikəl]

a. 생물학의, 생물학적인(biologic)

- **a biological test[experiment]** **생물학적** 검사(실험)

---

biologist
[baiálədʒist]

n. 생물학자

- **an observant biologist** 관찰력 있는 **생물학자**

• Further Study •

zoology 동물학(**a.** zoological, **n.** zoologist)

botany 식물학(**a.** botanical, **n.** botanist)

0492 ★☆☆

biography
[baiágrəfi;bi-]

n. 전기(轉記), 일대기

- At the age of 7, the boy read a **biography** of his hero.
  일곱 살의 나이에 소년은 영웅의 **전기**를 읽었다.

| 어원 | bio (life) | ➕ | graph (write) | ➕ | -y (명접) | ➡ | 삶에 대해서 쓴 글 |

---

biographer
[baiágrəfər;bi-]

n. 전기 작가

- A **biographer** is a person who writes a biography.
  전기 작가는 전기를 쓰는 사람이다.

0493 ★☆☆

autobiography
[ɔ:toubaiágrəfi]

n. 자서전

- Helen Keller, who was deaf, mute, and blind, gives an interesting account of her life in her **autobiography**.
  듣지 못하고, 말하지 못하며, 앞을 볼 수 없었던 헬렌 켈러는 **자서전**에서 자신의 삶에 대한 흥미로운 이야기를 들려준다.

| 어원 | auto (self) | ➕ | biography (전기) | ➡ | 자신의 삶을 쓴 글 |

0494 ★★★

microbe
[máikroub]

n. 미생물(microorganism), 세균(germ)

- A **microbe** is so small that it cannot be seen without a microscope.
  미생물은 너무 작아서 현미경 없이 볼 수 없다.

| 어원 | micro- (very small) | ➕ | be (bio: life) | ➡ | 매우 작은 생명체 |

0495 ★★☆

biotechnology
[bàiouteknáiədʒi]

n. 생물 공학, 생명 공학

- **Biotechnology** develops new drugs to fight cancer and AIDS.
  생물 공학은 암과 에이즈와 싸울 신약을 개발한다.

| 어원 | bio (life) | ➕ | technology (과학 기술) | ➡ | 생명체를 연구하는 공학 |

• Further Study •

bionics   **n.** 생체공학(bio(logy) + (electro)nics)
biorhythm   **n.** 바이오리듬, 생체 주기
aero**bics**   **n.** 에어로빅, 유산소 운동
biochemistry **n.** 생화학

cad, cas, cid 'fall(떨어지다)'의 의미를 지님

0496 ★☆☆

accident
[ǽksədənt]

n. (예상치 못한) 사고(unexpected happening); 우연(한 일)(chance)
- **a fatal[an unavoidable] accident** 치명적인[불가피한] **사고**
- **Accidents** will happen. **사고**는 일어나기 마련이다.
- Leave nothing to **accident**. 어떤 일도 **우연**에 맡기지 마라.

| 어원 | ac-
(ad-: to) | ⊕ | cid
(fall) | ⊕ | -ent
(명접) | ⊃ | ~에 (우연히) 떨어진 것 |

---

accidental
[ӕksədéntl]

a. 우연한, 뜻밖의(casual, chance)
- **an accidental meeting[death]** 우연한 만남[죽음]

cf. accidentally 우연히(by accident, by chance)
deliberately 의도적으로, 고의로(on purpose, by intention)

0497 ★☆☆

incident
[ínsədənt]

n. 사건, 생긴 일(occurrence); 부수적인[우발적인] 사건
- **an everyday[unexpected] incident** 일상의[뜻밖의] **사건**
- That was one of the biggest **incidents** in my life.
그것은 내 일생에서 가장 큰 **사건들** 중 하나였다.

| 어원 | in-
(on) | ⊕ | cid
(fall) | ⊕ | -ent
(명접) | ⊃ | 위에 떨어지는 것 |

---

incidental
[ìnsədéntl]

a. 부수적으로 일어나는, 중요치 않은; 우발적인, 우연한
- **merely incidental differences** 단지 **우연한** 차이
- **dangers incidental to a soldier's life** 군인 생활에 **부수적으로 일어나는** 위험

0498 ★★☆

cascade
[kæskéid]

n. (가파른) 작은 폭포(a steep waterfall), 인공 폭포
- Sky divers fell like a **cascade**. 스카이 다이버들이 **폭포**처럼 떨어졌다.

cf. Niagara Falls 나이아가라 폭로

| 어원 | cas
(small) | ⊕ | cad(e)
(fall) | ⊃ | 작게 떨어지는 것 |

0499 ★★☆

decadent
[dékədənt]

a. 퇴폐적인, 타락적인(deteriorating); 쇠퇴하는(declining)
- **a decadent life of excessive money and no sense of responsibility** 지나치게 많은 돈이 있으면서도 책임감이 없는 **퇴폐적** 생활

| 어원 | de-
(down) | ⊕ | cad
(fall) | ⊕ | -ent
(형접) | ⊃ | (도덕이) 아래로 떨어진 |

0500 ★★★

coincide
[kòuinsáid]

vi. (보통 with를 수반) 동시에 발생하다(occur at the same time); (말·의견·성질이) 일치하다, 부합하다(correspond)

- His tastes and habits **coincide** with those of his wife.
  그의 취미와 습관은 아내의 것과 **일치한다.**

어원	co- (together)	⊕	in- (on)	⊕	cid(e) (fall)	⇨	~위에 함께 떨어지다

coincidence
[kouínsidəns]

n. 동시 발생; 일치; 우연의 일치

- It was a mere **coincidence** that we were on the same train.
  우리가 같은 기차에 탄 것은 단순한 **우연의 일치**였다.

0501 ★★★

deciduous
[disídʒuəs]

a. 낙엽성의(◎ evergreen)

- Maples and oaks are **deciduous** trees. 단풍나무와 참나무는 **낙엽**수이다.

어원	de- (down)	⊕	cid (fall)	⊕	-(u)ous (형접)	⇨	아래로 떨어지는

0502 ★☆☆

casual
[kǽʒuəl]

a. 우연한, 뜻밖의(accidental); 무심한, 무관심한(indifferent); 평상복의, 입기에 간편한(informal)

n. (주로 -s) 평상복

- **a casual meeting** 우연한 만남
- In the summer, people dress in **casual** clothes, like T-shirts and shorts. 여름에 사람들은 티셔츠와 반바지 같은 **평상복**을 입는다.

어원	cas (fall)	⊕	-ual (형접)	⇨	(우연히) 떨어지는

0503 ★★☆

casualty
[kǽʒuəlti]

n. 사상자; 사고(serious accident)

- **casualties at sea during the storm** 폭풍 중에 일어난 해상 **사고**
- There were no **casualties** in the plane crash.
  그 비행기 추락 사고에는 **사상자**가 한 명도 없었다.

어원	cas (fall)	⊕	-ual (형접)	⊕	-ty (명접)	⇨	떨어진 것

0504 ★☆☆

decay
[dikéi]

vi. vt. 썩(게 하)다, 부패하다[시키다](rot, spoil); 쇠퇴하다(decline)

n. 부패(rot); 쇠퇴(decline)

- Sugar can **decay** the teeth. 설탕은 치아를 **썩게 할** 수 있다.
- The moral **decay** of the leadership destroyed the nation.
  지도자들의 도덕적 **부패**가 나라를 파괴하였다.

어원	de- (down)	⊕	cay (fall)	⇨	내려앉아 썩다

0505 ★★☆

Occident
[áksədənt]

n. (the) 서양, 서구(the West ⬌ the Orient)

• I like the climate and customs of the **Occident**.
나는 **서양**의 기후와 관습을 좋아한다.

| 어원 | oc-
(ob-: to) | ➕ | cid
(fall) | ➕ | -ent
(명접) | ➲ | 태양이 떨어지는 곳 |

---

occidental
[àksədéntl]

a. (보통 O-) 서양의, 서양 특유의(Western ⬌ Oriental)

• **an Occidental culture[civilization]** 서양 문화[문명]

Word Grammar　집합적 물질명사

POINT ▶ 집합명사의 특성을 지닌 물질명사로 항상 단수 취급하는 어법이다. 따라서 수를 표시하는 many, a few, few와 함께 사용할 수 없고, 양을 표시하는 much, a little, little과 함께 사용할 수 있다. 단, 수를 표시할 때는 "a piece of ~"를 사용하며, 수와 양 모두에 사용하는 some과 any와도 사용할 수 있다. 사용 빈도가 높을 뿐만이 아니라 출제 1순위이므로 반드시 숙지해야 한다.

> poetry 〈집합적〉 시 — poem 한 편의 시 — poet 시인
> clothing 〈집합적〉 의복류 — clothes (보통명사로 복수 취급) 옷 — cloth 옷감, 천

• She bought a piece of furniture.(O) 그녀는 가구 한 점을 샀다.
• She bought so much furniture.(O) 그녀는 많은 가구를 샀다.
  = She bought so many pieces of furniture. (O)
cf. (X) She bought a furniture.
  (X) She bought so many furnitures.

물질명사	보통명사	물질명사	보통명사
furniture 가구	a table, a desk...	**poetry** 시	a poem
weaponry 무기류	a weapon, a pistol...	**stationery** 문방구	a pencil, an eraser...
clothing 의복류	clothes, shorts...	**baggage** 수화물	a trunk, a suitcase...
equipment 장비	a racket...	**machinery** 기계류	a machine...
scenery 풍경 전체	a scene	**mail** 우편물	a letter, a package...
game 사냥감	a deer, a rabbit...	**produce** 농산물	a vegetable, a cabbage...

cap, cip, cept, ceive   'take(잡다, 취하다)'의 의미를 지님

0506 ★☆☆

capable
[kéipəbl]

a. ~을 할 수 있는, ~의 능력이 있는 (of를 수반하여); 유능한(competent)

* The young woman is **capable** of teaching English.
  그 젊은 여성은 영어를 가르칠 **능력이 있다.**
  = The young woman has the capability of teaching English.
* She is a very **capable** doctor. 그녀는 매우 **유능한** 의사이다.

| 어원 | cap (take) | ➕ | -able (형접: ~할 수 있는) | ➡ | 잡을 수 있는 |

---

capability
[kèipəbíləti]

n. 능력, 역량(ability, capacity)

* The actress has the **capability** to speak five languages.
  그 여배우는 5개 국어를 말할 수 있는 **능력**을 지녔다.

---

incapable
[inkéipəbl]

a. ~할 수 없는; 무능한(incompetent)

* **incapable of distinguishing between truth and falsehood**
  진실과 거짓을 식별**할 수 없는**

0507 ★★★

capacity
[kəpǽsəti]

n. 수용력, 용량; (정신적) 능력

* **be filled to capacity** 만원이다, 가득 차다(be completely full)
* That restaurant has an 80-seat **capacity**. 저 식당은 80명을 **수용**할 수 있다.

| 어원 | cap (take) | ➕ | ac (able) | ➕ | -ity (명접) | ➡ | 잡을 수 있는 능력 |

---

capacious
[kəpéiʃəs]

a. 많이 들어가는, 용량이 큰, 널찍한(spacious)

* **a capacious storage bin** 많이 들어가는 저장함

0508 ★☆☆

capture
[kǽptʃər]

vt. 붙잡다(catch), 체포하다(arrest); (마음·관심을) 사로잡다

n. 체포, 포획

* **the capture of three suspects in the murder**
  살인 사건에 연루된 세 명의 용의자 **체포**
* The police **captured** a criminal. 경찰이 범인을 **붙잡았다.**
* The thought of going to the moon **captured** his imagination.
  달에 간다는 생각이 그의 상상력을 **사로잡았다.**

| 어원 | cap (take) | ➕ | -ture | ➡ | 붙잡기, 붙잡다 |

0509 ★★★

captivate
[kǽptəveit]

vt. 마음을 사로잡다, 매혹하다(charm, fascinate)

- Her blue eyes and red hair **captivated** him.
  그녀의 파란 눈과 빨간 머리카락이 그를 **사로잡았다**.

| 어원 | cap (take) | ➕ | tiv | ➕ | -ate (동접) | ➡ | (마음을) 사로잡다 |

captivating
[kǽptəveitiŋ]

a. 마음을 사로잡는, 매혹적인(charming, attractive)

- **a captivating statesman** 마음을 사로잡는 정치인

0510 ★★☆

captive
[kǽptiv]

a. 사로잡힌, 포로가 된; 사랑에 사로잡힌

n. 포로, 죄수(prisoner); 사랑에 사로잡힌 사람

- The young guy became a **captive** to her beauty.
  그 젊은이는 그녀의 아름다움에 **매료되었다**.

| 어원 | cap (take) | ➕ | -tive | ➡ | 사로잡힌 (사람) |

captivity
[kæptívəti]

n. 사로잡혀 있음, 감금(imprisonment)

- Some birds will not sing in **captivity**.
  어떤 새들은 **사로잡히면** 노래하지 않는다.

0511 ★★☆

occupy
[ákjupai]

vt. (공간·시간을) 차지하다(take up); (마음·주의를) 차지하다

- The table **occupied** half the floor space.
  테이블이 바닥 면적의 절반을 **차지했다**.
- Money **occupied** his thoughts. 그의 생각은 돈 문제로 가득 **찼었다**.

| 어원 | oc- (ob-: 강조) | ➕ | cup(y) (cap: take) | ➡ | 꽉 잡다 |

occupation
[ákjupéiʃən]

n. 직업(vocation); 점유, 거주(occupancy); 점령

- **occupation suited to his abilities** 그의 능력에 알맞은 **직업**
- **the Roman occupation of Europe** 로마의 유럽 **점령**

0512 ★★☆

participate
[pɑːrtísəpeit]

vi. 참가하다, 가담하다(take part) (보통 in을 수반)

- **participate in a play[contest]** 연극[경연 대회]에 **참가하다**
- The freshman **participated** in the activity.
  그 신입생은 그 활동에 **참여했다**.

| 어원 | part (부분) | ➕ | i | ➕ | (part) | ➕ | cip (take) | ➕ | -ate (동접) | ➡ | 부분을 잡다 |

participation
[pɑːrtísəpéiʃən]

n. 참가, 가담
- **participation in a debate[an enterprise]** 토론(사업)에의 **참가**

participant
[pɑːrtísəpənt]

n. 참가자, 관계자
- **a participant in the event** 그 사건의 **관계자**

0513 ★☆☆

intercept
v.[ìntərsépt]
n.[íntərsèpt]

vt. 가로채다; (빛·물 등의) 진로를 가로막다, 차단하다(interrupt)

n. 가로채기; 방해, 차단
- **intercept a ray of light[passage]** 한 줄기 빛(통로)을 **차단하다**
- The son **intercepted** the mail before his father could find the letter. 아들은 아버지가 편지를 발견하기 전에 그 우편물을 **가로챘다.**

| 어원 | inter-
(between) | | cept
(take) | | 사이에서 잡다 |

0514 ★☆☆

accept
[æksépt;ək]

vt. (기꺼이) 받아들이다, 수용하다(take willingly); 인정하다
- **accept an excuse[a present, a proposal]** 변명(선물, 제안)을 **받아들이다**
- My girlfriend **accepted** my apology for being late.
  나의 여자 친구는 늦은 것에 대한 나의 사과를 **받아들였다.**
- They **accepted** the new boy as a member of their group.
  그들은 그 새로 온 소년을 자기 집단의 구성원으로 **인정했다.**

| 어원 | ac-
(ad-: to) | | cept
(take) | | ~으로 받아들이다 |

acceptance
[ækséptəns;ək]

n. 받아들이기, 수용; 인정
- **gain general acceptance** 전체의 **인정**을 받다

acceptable
[ækséptəbl;ək]

a. 받아들일 수 있는(😊 unacceptable); 마음에 드는(satisfactory)
- **an acceptable gift** 마음에 드는 선물
- **an unacceptable condition** 받아들일 수 없는 조건

0515 ★☆☆

except
[iksépt]

prep. ~을 제외하고, 이외는(but)

vt. 예외로 하다, 제외하다(exclude)
- Everyone was invited **except** me. 나를 **제외하고** 모든 사람이 초대 받았다.
- Nothing was to be seen **except** the sky and sea.
  단지 하늘과 바다**만이** 보였을 뿐이다.
- **Except** for her help, he would have failed.
  그녀의 도움이 **없었더라면**, 그는 실패했을 것이다.

cf. except for ~이 없으면, ~이 없었더라면(but for, without)

| 어원 | ex-
(out) | | cept
(take) | | 밖으로 취하다 |

exception
[iksépʃən]

n. 예외, 제외(exclusion)

• There is no rule without **exceptions**. 예외 없는 규칙은 없다.

---

exceptional
[iksépʃənl]

a. 예외적인, 이례적인(unusual)

• **an exceptional promotion** 이례적인 승진

0516 ★★★

conceive
[kənsíːv]

vt. vi. (생각·의견·감정을) 마음속에 품다(form in the mind); 마음속에 그리다, 상상하다(imagine); 임신하다(become pregnant)

• **conceive a plan** 계획을 세우다
• Can you **conceive** life without electricity?
  전기가 없는 생활을 **상상할** 수 있니?
• My daughter **conceived** and had a baby.
  나의 딸은 **임신해서** 아기를 낳았다.

| 어원 | con-
(together) | | ceive
(take) | | 마음, 뱃속에 갖고 있다 |

---

concept
[kánsept]

n. 개념, 관념(notion, conception)

• **an abstract concept** 추상적인 개념

---

conception
[kənsépʃən]

n. 구상, 착상(design); 개념, 관념(concept); 임신(pregnancy)

• The **conception** of the book took five minutes, but writing it took a year.
  그 책을 **구상**하는 데는 5분이 걸렸지만, 집필하는 데는 1년이 걸렸다.
• The **conception** of a baby happens when a man's sperm fertilizes a woman's egg.
  남자의 정자가 여자의 난자에 수정되면 **임신**이 된다.

0517 ★★☆

conceit
[kənsíːt]

n. 자만, 허영심(vanity)

• The award winner is full of **conceit**.
  그 수상자는 **자만심**에 가득 차 있다.

| 어원 | conceive에서 유래한 단어 |

---

conceited
[kənsíːtid]

a. 자만하는, 우쭐한(vain)

• **conceited of one's own talents** 자신의 재능에 **자만하는**

0518 ★★☆

deceive
[disíːv]

vt. 속이다, 사기 치다, 기만하다(mislead, cheat, swindle)

- I trust him because I know he would never **deceive** me.
  그가 나를 결코 **속이지** 않을 것을 알고 있기 때문에 나는 그를 신뢰한다.
- He was **deceived** into buying an imitation diamond.
  그는 **속아서** 모조 다이아몬드를 샀다.

| 어원 | de-
(away) | ➕ | ceive
(take) | ➡ | 속여서 멀리 데려가다 |

---

deception
[disépʃən]

n. 속임수, 거짓, 기만(act of deceiving)

- Politicians often practice **deception** upon people.
  정치인들은 종종 국민을 **속인다**.

---

deceit
[disíːt]

n. 속임, 거짓, 사기(the quality of being dishonest)

- The businessman was accused of **deceit**.
  그 사업가는 **사기**로 기소되었다.

---

deceptive
[diséptiv]

a. 남을 속이는, 현혹시키는(misleading)

- Appearances are often **deceptive**.
  겉모습은 종종 **사람을 현혹시킨**다.

---

deceitful
[disíːtfəl]

a. 남을 속이는, 거짓의, 부정직한(dishonest)

- The entrepreneur used **deceitful** promises of big profits to attract the investors.
  그 기업가는 투자자들을 끌어들이기 위해 큰 이익을 주겠다는 **거짓** 약속을 이용했다.

0519 ★★☆

perceive
[pərsíːv]

vt. (오감으로) 지각하다, 알아차리다(notice); 인식하다(cognize)

- We could just **perceive** the first light of dawn.
  우리는 막 여명의 첫 빛을 **감지할** 수 있었다.
- I **perceived** her going out with him.
  나는 그녀가 그와 교제하는 것을 **알아챘다**.

| 어원 | per-
(thoroughly) | ➕ | ceive
(take) | ➡ | 철저히 파악하다 |

---

perception
[pərsépʃən]

n. 지각(작용, 력); 인식, 인지(cognition)

- **a woman of sharp perception** 예리한 **지각력**을 가진 여인

perceptive
[pərséptiv]

a. 지각의, 지각력이 있는; 통찰력이 있는(insightful)
- **a perceptive analysis[judgment]** 통찰력 있는 분석[판단]

perceptible
[pərséptəbl]

a. 지각[감지]할 수 있는; 인식할 수 있는
- **a perceptible smell[change]** 감지할 수 있는 냄새[변화]

0520 ★☆☆

receive
[risí:v]

vt. 받다, 수령하다(get); 인정하다(accept); 접견하다
- **receive a gift[an invitation]** 선물[초대장]을 **받다**
- **a theory widely received** 널리 **인정받는** 학설
- The mayor **received** the new representative at City Hall.
  시장은 시청에서 새로운 대표자를 **접견했다.**

| 어원 | re-
(back) | ➕ | ceive
(take) | ➡ | 뒤로 받아들이다 |

receiver
[risí:vər]

n. (전화의) 수화기, (라디오) 수신기, (텔레비전) 수상기; 수령인(recipient)
- **pick up[put down] a telephone receiver** 수화기를 들다[내려놓다]

reception
[risépʃən]

n. 받아들이기, 수령; 인정; 리셉션, 접견, 환영회
- **hold a reception for guests** 손님에게 **리셉션**을 개최하다

receptionist
[risépʃənist]

n. (호텔·병원·사무실 등의) 접수원, 안내원
- **work at a hotel as a receptionist** 호텔에서 **접수원**으로 일하다

---

receipt
[risí:t]

n. 영수증, 수령증
- Ask the shop for a **receipt** when you pay the bill.
  대금을 지불할 때는 기게에 **영수증**을 요구하세요.

Daily Test 16

정답 및 해설 p.470

A 다음 영어를 우리말로, 우리말을 영어로 쓰시오.

1	belligerent	_____	11	생물학
2	coincide	_____	12	반역하다; 반역자
3	autobiography	_____	13	지각하다; 알아차리다
4	conceit	_____	14	사상자; 사고
5	captivate	_____	15	부패하다; 부패
6	embellish	_____	16	사건; 우발적 사건
7	intercept	_____	17	속이다, 사기 치다
8	capacity	_____	18	참가하다, 가담하다
9	conceive	_____	19	차지하다
10	cascade	_____	20	붙잡다; 사로잡다

B 다음 빈칸에 알맞은 단어를 쓰시오.

1 decadent ⊜ d _____   6 accept ⓐ _____
2 casual ⊜ a _____   7 capable ⓝ _____
3 captivating ⊜ c _____   8 coincide ⓝ _____
4 perceive ⓝ _____   9 rebel ⓝ _____
5 except ⓐ _____   10 biology ⓐ _____

C 다음 빈칸에 들어갈 알맞은 말을 보기 에서 고르시오. [문장: 기출 또는 기출 변형]

보기	intercepts	acceptable	occupy	coincidence

1 You have absolutely no evidence—only a suspicion based on _____ .

2 If the habit involves your hands, as when pulling out hair, then try to _____ them in some other way.

3 An open airing of disagreements is an excellent way to manage family conflict and keep it within _____ bounds.

4 If the defense _____ or knocks down a pass from the offense, they immediately become the offense going in the opposite direction.

DAY 17

cap(it), chief / carn / cede, ceed, cess / cis(e), cide

cap(it), chief
[=head]

cede, ceed, cess
[=go]

cis(e), cide
[=cut / kill]

---

cap(it), chief   'head(머리; 우두머리)'의 의미를 지님

0521 ★☆☆

captain
[kǽptən;-in]

n. (집단의) 우두머리, 장(長)(**leader**); 육군[공군] 대위, 해군 대령; 선장, 함장, 기장; 〈스포츠〉 (팀의) 주장

* The **captain** gave the order to abandon the ship.
  선장은 배를 버리라는 명령을 내렸다.
* The **captain** of the baseball team encouraged the players.
  야구팀의 **주장**은 선수들을 격려했다.

| 어원 | **capt** (head) | ➕ | **-ain** (명접) | ➡ | 우두머리 |

> **• Further Study •**
>
> leader   **n.** 지도자, 대표
> boss   **n.** 두목, 보스; (회사의) 상사, 사장
> commander   **n.** 사령관, 지휘관

0522 ★☆☆

cap
[kæp]

n. (테 없는) 모자; 최고, 정상(**summit**); 뚜껑, 마개

vt. (모자를 씌우듯이) 덮다(**cover**)

* **the cap of fools** 바보 중의 **최고**(바보)
* Put the **cap** back on the bottle. 병**뚜껑**을 다시 닫아주세요.

| 어원 | **cap** (head) | ➡ | 머리 부분 |

0523 ★★☆

cape
[keip]

n. 곶, 갑(岬)

* **the Cape of Good Hope** 희망봉(남아프리카 공화국의 남단에 있는 곶)

| 어원 | **cap(e)** (head) | ➡ | (바다를 향하여) 머리처럼 튀어 나온 육지 |

capital
[kǽpətl]

n. 수도(首都), 중심지; 대문자(capital letter); 자본금, 원금

a. 가장 중요한(most important)

- The **capital** of Japan is Tokyo. 일본의 **수도**는 도쿄이다.
- Hollywood is the **capital** of the U.S. movie industry.
  할리우드는 미국 영화 산업의 **중심지**이다.
- The cause of business failure was the lack of **capital**.
  사업 실패의 원인은 **자본금**의 부족이었다.

어원	capit (head)	✚	-al	➡	머리에 해당되는 (것)

capitalism
[kǽpətəlizm]

n. 자본주의

- The government began to move from communism toward **capitalism**.
  정부는 공산주의에서 **자본주의**로 이동하기 시작했다.

capitalize
[kǽpətəlaiz]

vt. 대문자로 쓰다; 자본화하다

- You should **capitalize** the first letter of an English sentence.
  영어 문장의 첫 글자는 **대문자로 써야** 한다.

capsize
[kǽpsaiz]

vi. vt. 뒤집(히)다, 전복시키다(overturn, upset)

- A strong wind **capsized** the boat. 강풍이 배를 **뒤집었다**.

어원	cap (head)	✚	size (side)	➡	머리 부분을 옆으로 눕히다

chief
[tʃiːf]

n. (집단의) 우두머리, 장(長)(head); 족장, 추장

a. 주된, 주요한(principal); 최고위의(highest in rank)

- **the chief of police[a family]** 경찰서장(가장)
- **an Indian chief** 인디언 추장
- **chief executive officer** 최고 경영자(CEO)
- What is the country's **chief** export? 그 나라의 **주요** 수출품은 무엇입니까?

어원	chief (head)	➡	우두머리

caprice
[kəpríːs]

n. 변덕, 일시적 기분(whim, fickleness)

- Her refusal to go to the party is a mere **caprice**.
  그녀가 파티에 가지 않겠다고 거부하는 것은 **변덕**에 불과하다.

어원	cap (head)	✚	rice (curl: 곱슬곱슬하게 하다)	➡	마음 내키는 대로 머리를 곱슬곱슬하게 하다

capricious
[kəprí∫əs;-príː∫-]

a. 변덕스러운(whimsical, fickle)
• **a capricious woman[weather]** 변덕스러운 여자(날씨)

0528 ★★☆
achieve
[ət∫íːv]

vt. 성취하다, 달성하다(accomplish)
• You will never **achieve** anything if you don't work.
  일하지 않는다면 당신은 아무것도 **성취하**지 못할 것이다.

| 어원 | a-
(ad-: to) | ➕ | chieve
(chief: head) | ➡ | 머리 위치에 이르다 |

---

achievement
[ət∫íːvmənt]

n. 성취, 달성(accomplishment); 위업, 공적
• **brilliant achievements in the medical world**
  의학계의 눈부신 **업적들**

---

carn
'flesh(살; 육신)'의 의미를 지님

0529 ★☆☆
carnal
[káːrnl]

a. 육체의(fleshly), 관능적인, 육욕의(sensual); 세속적인(worldly)
• **carnal affections[desires]** 육체적 애정(욕망)
• **Carnal** pleasures can destroy a man's soul.
  육체적 쾌락은 인간의 영혼을 파괴할 수 있다.

| 어원 | carn
(flesh) | ➕ | -al
(형접) | ➡ | 육신의 |

0530 ★☆☆
carnival
[káːrnəvəl]

n. 사육제, 축제, 카니발(festival) (가톨릭교 국가에서 사순절(Lent) 직전 3~7일간 열리는 축제. 사순절에는 육식이 금지되어 있기 때문에 그 전에 육식을 하면서 신나게 놀아 보자는 행사.)
• Rio de Janeiro's **carnival** is the best in the world.
  리우 데 자네이루 **카니발**은 세계에서 가장 훌륭하다.

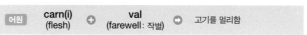

| 어원 | carn(i)
(flesh) | ➕ | val
(farewell: 작별) | ➡ | 고기를 멀리함 |

0531 ★★★
carnage
[káːrnidʒ]

n. 대량 학살, 참살(holocaust, massacre)
• A battlefield is a scene of **carnage**.
  전쟁터는 **대량 학살**의 현장이다.

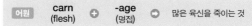

| 어원 | carn
(flesh) | ➕ | -age
(명접) | ➡ | 많은 육신을 죽이는 것 |

0532 ★★★

carnivore
[ká:rnəvɔːr]

n. 육식 동물(◑ **herbivore** 초식 동물)

• Tigers are **carnivores** that like to eat rabbits.
호랑이는 토끼를 즐겨 먹는 **육식 동물**이다.

cf. omnivore 잡식성 동물(omnivorous animal); 무엇이든 먹는 사람

| 어원 | carn(i)
(flesh) | ⊕ | vore
(eat) | ⊃ | 고기를 먹는 동물 |

carnivorous
[kɑːrnívərəs]

a. 육식성의(flesh eating ◑ **herbivorous** 초식성의)

• Tiger are **carnivorous**, but rabbits are herbivorous.
호랑이는 **육식성**이나 토끼는 초식성이다.

0533 ★☆☆

carnation
[kɑːrnéiʃən]

n. 〈꽃〉 카네이션; 담홍색(pink, light red), 심홍색(deep red)

• She wore a red **carnation** in her white coat.
그녀는 하얀 코트에 빨간 **카네이션**을 꽂았다.

| 어원 | carn
(flesh) | ⊕ | -ation
(명접) | ⊃ | 살의 빛 |

0534 ★★★

incarnate
[inká:rneit]

vt. 육체를 부여하다(embody); 구체화하다(embody), 실현시키다(realize)

• **a devil incarnated as a snake** 뱀의 모습을 한 악마
• The great leader **incarnated** a political theory in social institutions. 그 위대한 지도자는 정치 이론을 사회 제도 속에서 **구체화했다**.

| 어원 | in-
(in) | ⊕ | carn
(flesh) | ⊕ | -ate
(동접) | ⊃ | 육신을 안에 갖게 하다 |

incarnation
[ìnkɑːrnéiʃən]

n. 화신(embodiment); 구체화(embodiment), 실현(realization)

• **the incarnation of God in Christ** 하나님이 그리스도로 **화신**하여 나타남
• The dancer is the **incarnation** of grace. 그 무용가는 우아함 **그 자체**이다.

---

cede, ceed, cess 'go(가다)'의 의미를 지님

0535 ★★☆

concede
[kənsíːd]

vt. 양보하다(yield); 인정하다, 시인하다(admit, acknowledge)

• Don't **concede** victory to your opponent.
상대에게 승리를 **양보하지** 마라.
• The anchorperson **conceded** that he was wrong.
그 뉴스 프로의 사회자는 자신이 잘못했다는 것을 **인정했다**.

| 어원 | con-
(together) | ⊕ | cede
(go) | ⊃ | 함께 가다 |

concession
[kənséʃən]

n. 양보, 양보 사항; 인정

• **mutual concessions** 상호 간의 **양보**

0536 ★★☆

recede
[risíːd]

vi. 물러나다, 후퇴하다(retreat); (가치·중요성이) 줄다, 떨어지다

• Sea water **recedes** when the tide goes out.
조수가 빠져나가면 바닷물이 뒤로 **물러난다**.

• Houses and trees seem to **recede** as you ride past on a train.
당신이 기차를 타고 지날 때면 집과 나무들이 **물러나는** 것처럼 보인다.

| 어원 | re-
(back) | | cede
(go) | | (뒤로) 물러나다 |

---

recess
[risés;ríːses]

n. 짧은 휴식 시간(a short break); 휴회, 휴업, 휴교

• The school has an hour's **recess** at noon.
그 학교는 정오에 한 시간의 **휴식 시간**이 있다.

---

recession
[riséʃən]

n. 후퇴, 철수(withdrawal); (일시적인) 불경기, 경기 후퇴(depression)

• **an economic recession in the future** 미래에 있을 **불경기**

0537 ★★☆

precede
[prisíːd]

vt. vi. 앞서 가다, 선행하다(antecede, go before ◎ follow)

• A band **preceded** the soldiers in the parade.
퍼레이드에서 악대가 군인들보다 **앞서 갔다**.

• The dark skies **preceded** a thunderstorm.
폭풍우가 **오기 전에** 먼저 하늘이 어두워졌다.

| 어원 | pre-
(before) | | cede
(go) | | ~에 앞서 가다 |

---

precedence
[présədəns]

n. 더 중요함, 우선순위(priority)

• My family's health takes **precedence** over my job.
내 가족의 건강은 내 일보다 **중요**하다.

---

precedent
[présədənt]

n. 전례, 선례; 판례

• **according to the precedent** 선례에 따라

---

unprecedented
[ʌnprésədentid]

a. 전례[선례]가 없는(unexampled)

• **unprecedented price increase** 전례 없는 물가 인상

accede
[æksíːd]

vi. (제안·요구에) 동의하다, 응하다(**agree**) (보통 to를 수반)

- She **acceded** to her friend's request. 그녀는 친구의 요구에 **응하였다**.

| 어원 | ac-
(ad-: to) | ⊕ | cede
(go) | ➡ | ~에 가까이 가다 |

---

accession
[ækséʃən;ək-]

n. 동의; (지위·재산·권리 등의) 취득, 계승; 즉위

- **the accession of the king to the throne** 국왕의 즉위

---

access
[ǽkses]

n. 접근(**approach**); 출입(**admittance**)

- The only **access** to the island is by plane.
  그 섬에의 유일한 **접근** 방법은 비행기에 의한 것이다.

---

accessible
[əksésəbl]

a. 접근할 수 있는(**approachable**); 얻기 쉬운(**obtainable**)

- **accessible books[evidence]** 얻을 수 있는 책들[증거]

---

succeed
[səksíːd]

vi. 뒤를 잇다, 계승하다 (보통 to를 수반); 성공하다 (보통 in을 수반)

vt. ~의 뒤를 잇다, ~에 이어지다(**follow**)

- At the King's death, the prince **succeeded** to the throne.
  왕이 죽었을 때 왕자가 왕위를 **계승했다**.
- The student **succeeded** in passing an entrance exam.
  그 학생은 입학시험에 **합격했다**.
- He **succeeded** his father as a teacher.
  그는 교사로서 아버지의 **뒤를 이었다**.

| 어원 | suc-
(sub-: under) | ⊕ | ceed
(go) | ➡ | 밑으로 가서 뒤를 잇다 |

---

success
[səksés]

n. 성공, 출세; 대히트, 성공한 일[사람](Ⓞ **failure**)

- The meeting was a **success**. 회의는 **성공**이었다.

---

successful
[səksésfəl]

a. 성공적인, 성공한, 출세한

- **a successful experiment[enterprise]** 성공한 실험[사업]

---

succession
[səkséʃən]

n. 연속, 계속; 계승, 상속

- **occur in succession** 연속적으로 발생하다

successive
[səksésiv]

a. 연속적인, 계속적인(consecutive)
* **win seven successive games** 7연승하다

successor
[səksésər]

n. 계승자, 후계자; 상속인(heir)
* **the successor to the throne** 왕위 계승자

0540 ★☆☆

exceed
[iksí:d]

vt. (범위·한계·정도를) 넘다, 초과하다(go beyond); 능가하다(surpass)
* .This car **exceeded** the speed limit. 이 차는 속도 제한을 **초과했다.**
* She **exceeds** her husband in strength.
  그녀는 힘에 있어서 남편을 **능가한다.**

| 어원 | ex-
(out) | | ceed
(go) | ➡ | (범위) 밖으로 나가다 |

---

excess
n.[iksés;ékses]
a.[ékses;iksés]

n. 초과(량); 과잉, 과다(surplus)

a. 초과의, 여분의
* **an excess of exports over imports** 수입보다 많은 수출 **초과액**
* **pay excess charges for the additional bags**
  추가한 가방들에 대한 **초과** 요금을 지불하다

excessive
[iksésiv]

a. 지나친, 과도한, 터무니없는(immoderate, exorbitant)
* **excessive demands[charges]** 과도한 요구[요금]

0541 ★★★

intercede
[intərsí:d]

vi. 중재하다, 조정하다(intervene) (보통 in을 수반)
* The minister was asked to **intercede** in a dispute.
  장관은 분쟁을 **중재하도록** 요청 받았다.

| 어원 | inter-
(between) | | cede
(go) | ➡ | 사이로 끼어들다 |

0542 ★★★

proceed
[prəsí:d]

vi. (앞으로) 나아가다(go forward); (일을 계속) 진행하다(carry on) (종종 with를 수반); (일이) 진행되다, 진전되다
* **proceed from Seoul to Busan** 서울에서 부산으로 **가다**
* Tell us your name and then **proceed** with your story.
  우리에게 당신의 이름을 말하고 나서 이야기를 **계속하시오.**
* The trial is **proceeding.** 재판이 **진행 중이다.**

| 어원 | pro-
(forward) | | ceed
(go) | ➡ | 앞으로 가다 |

process
[práses]

n. 진행, 진전; (일련의) 과정(**course**)
v. 가공하다, 처리하다; 줄지어 가다, 행진하다
- **the process of history[time]** 역사(시간)의 **진전**
- **process foods[petroleum]** 식품(석유)을 가공하다

procedure
[prəsíːdʒər]

n. (일을 진행하는) 절차, 순서; 방법(**method**)
- **the procedure for changing the oil in a car**
  자동차 오일을 교환하는 **절차**

procession
[prəséʃən]

n. 행렬, 행진(**parade**)
- **a funeral[lantern] procession** 장례(제등) **행렬**

0543 ★★★

predecessor
[prédəsesər;príː-]

n. 전임자, 선배; 이전 것[모델]
- The new monument is more beautiful than its **predecessor**.
  새 기념비는 **이전 것**보다 더 아름답다.
- **share the fate of its predecessor** (전임자의) 전철을 밟다

| 어원 | pre-
(before) | ⊕ | de-
(away) | ⊕ | cess
(go) | ⊕ | -or
(명접) | ⊳ | 앞서간
사람 |

0544 ★☆☆

cease
[siːs]

vt. vi. 중지하다, 그만두다(**stop, discontinue**)　**n.** 중지(**cessation**)
- The strikers have **ceased** working. 그 동맹 파업자들이 작업을 **중지했다.**
- In April, the winter **ceased** abruptly. 4월이 되자 갑자기 겨울이 **멈추었다.**

| 어원 | ceas(e)
(go) | ⊳ | 가다 → 멈추다 |

ceaseless
[síːslis]

a. 끊임없는(**incessant**)
- **ceaseless rain[effort]** 끊임없이 내리는 비(끊임없는 노력)

---

cis(e), cide
'cut(자르다), kill(죽이다)'의 의미를 지님
(실제로 단어를 분석해보면 거의 대부분 cis(e)는 cut, cide는 kill을 의미)

0545 ★☆☆

concise
[kənsáis]

a. (글·연설 등이) 간결한(**brief, terse**)
- **with a concise style** 간결한 문체로
- Her plan was clear, **concise** and reasonable.
  그녀의 계획은 명확하고 **간결하며** 합리적이었다.

| 어원 | con-
(together) | ⊕ | cise
(cut) | ⊳ | (불필요한 것을) 함께 잘라낸 |

0546 ★☆☆

precise
[prisáis]

a. 정확한, 정밀한(exact); 꼼꼼한, 세심한(meticulous)

- **a precise temperature[measurement]** 정확한 온도[치수]
- The pirates gave their leader a **precise** description of the buried treasure. 해적들은 두목에게 매장된 보물에 대해 **정확한** 묘사를 하였다.

| 어원 | pre-
(before) | ⊕ | cise
(cut) | ➡ | (오차를) 미리 잘라 놓은 |

precision
[prisíʒən]

n. 정확, 정밀(exactness)

- A camera is an instrument of **precision**. 카메라는 **정밀** 기구이다.

0547 ★★★

circumcise
[sə́:rkəmsaiz]

vt. 할례하다, 포피를 잘라 내다

- The doctor **circumcised** the baby boy shortly after birth. 의사는 출생 직후에 남자 아기의 **포피를 잘라 냈다.**

| 어원 | circum-
(around) | ⊕ | cise
(cut) | ➡ | (성기의) 주위를 자르다 |

circumcision
[sə̀:rkəmsíʒən]

n. 할례, 포경수술

- **hold a circumcision ceremony** 할례 의식을 하다

0548 ★★★

incise
[insáiz]

vt. 절개하다(cut into); 새기다, 조각하다(carve, engrave)

- **incise an epitaph** 묘비명을 새기다
- The letters on the monument were **incised** with a chisel. 기념비의 그 문자들은 조각도로 **새겨졌다.**

| 어원 | in-
(into) | ⊕ | cise
(cut) | ➡ | 안으로 자르다 |

incision
[insíʒən]

n. 절개, 절개 부위

- **make a cross-shaped incision** 십자형으로 **절개**하다

0549 ★★★

excise
[iksáiz]

vt. (종기 등을) 잘라 내다(cut out); (문장 등을) 삭제하다(delete)

- The doctor **excised** her appendix with a surgical knife. 의사는 그녀의 맹장을 수술용 메스로 **잘라 냈다.**

| 어원 | ex-
(out) | ⊕ | cise
(cut) | ➡ | 잘라 내다 |

excision
[eksíʒən;ik-]

n. 잘라 내기; 삭제(deletion)

- **the excision of a sentence[clause]** 문장[조항]의 **삭제**

0550 ★☆☆

decision
[disíʒən]

n. 결정, 결심(resolution, determination); 판단(judgment)

· They made a **decision** to go on a vacation.
  그들은 휴가를 가기로 **결정**했다.

| 어원 | de-
(away) | ➕ | cis
(cut) | ➕ | -ion
(명접) | ➡ | 딱 잘라서 결정함 |

---

decisive
[disáisiv]

a. 결정적인(conclusive); 결단력 있는(◑ indecisive), 단호한(resolute, determined)

· **a decisive victory[factor]** 결정적인 승리[요인]
· **indecisive management[government]** 결단력 없는 경영진[정부]

---

decide
[disáid]

vt. 결정하다, 결심하다(resolve, determine) vi. 결정을 내리다, 정하다

· **decide on literature as a career** 문학을 평생 직업으로 **정하다**
· The frugal man **decided** to sell his car.
  그 검소한 남자는 자동차를 팔기로 **결심했다**.

0551 ★☆☆

scissors
[sízərz]

n. (복수 취급) 가위

· **a pair[two pairs] of scissors** 가위 한[두] 자루
· These **scissors** are not sharp. 이 **가위**는 예리하지 않다.

| 어원 | (s)cis(s)
(cut) | ➕ | -or
(명접: 도구) | ➡ | 자르는 도구 |

0552 ★☆☆

suicide
[súːəsaid]

n. 자살

· The desperate woman tried to commit **suicide**, only to fail.
  그 자포자기한 여자는 **자살**을 기도했으나 실패했다.

cf. commit suicide 자살하다(kill oneself)

| 어원 | sui
(self) | ➕ | cide
(kill) | ➡ | 자신을 죽이는 행위 |

0553 ★★★

weedicide
[wíːdəsàid]

n. 제초제(weedkiller, herbicide)

· Spraying the plants with **weedicides** is dangerous.
  식물에 **제초제**를 뿌리는 것은 위험하다.

| 어원 | weed
(잡초) | ➕ | i | ➕ | cide
(kill) | ➡ | 잡초를 죽이는 것 |

0554 ★★★

insecticide
[inséktəsaid]

n. 살충제(pesticide)

- Farmers use **insecticides** to protect their crops.
  농부들은 농작물을 보호하기 위하여 **살충제**를 사용한다.

| 어원 | insect (곤충) | ⊕ | i | ⊕ | cide (kill) | ⊃ | 곤충을 죽이는 것 |

0555 ★★★

homicide
[hámǝsaid;hóum-]

n. 살인(murder); 살인자(murderer)

- Her death was a **homicide** from a knife.
  그녀의 죽음은 칼에 의한 **살인**이었다.

| 어원 | hom(i) (man) | ⊕ | cide (kill) | ⊃ | 사람을 죽이는 행위 혹은 사람 |

 Further Study

murder	**v.** (살의를 갖고) 살해하다 **n.** 살인(죄)
assassinate	**v.** (중요한 인물을) 암살하다
butcher	**v.** (가축을 식용으로) 도살하다, 도축하다(slaughter)
slay	**v.** (폭력을 써서) 죽이다
kill	**v.** (일반적인 의미의) 죽이다

0556 ★★★

genocide
[dʒénǝsaid]

n. (어떤 인종·민족에 대한 조직적인) 대량 학살(holocaust)

- **Genocide** still takes place in many parts of the world.
  대량 학살이 여전히 세계의 많은 지역에서 일어나고 있다.

| 어원 | gen(o) (race: 인종) | ⊕ | cide (kill) | ⊃ | 인종을 죽이는 행위 |

0557 ★★★

regicide
[rédʒǝsaid]

n. 국왕 살해; 국왕 살해자

- **Regicide** has happened several times in British history.
  국왕 살해 사건이 영국 역사에 몇 번 있었다.

| 어원 | reg(i) (ruler) | ⊕ | cide (kill) | ⊃ | 통치자를 죽이는 행위 혹은 사람 |

A 다음 영어를 우리말로, 우리말을 영어로 쓰시오.

1 capsize _____
2 predecessor _____
3 homicide _____
4 caprice _____
5 cape _____
6 concede _____
7 genocide _____
8 incise _____
9 incarnate _____
10 excise _____

11 정확한; 꼼꼼한 _____
12 중재하다, 조정하다 _____
13 자살 _____
14 결정적인; 단호한 _____
15 나아가다; 진행하다 _____
16 육체의; 세속적인 _____
17 성취하다, 달성하다 _____
18 계승하다; 성공하다 _____
19 수도; 대문자 _____
20 절차, 순서; 방법 _____

B 다음 빈칸에 알맞은 단어를 쓰시오.

1 cease ⊜ s _____
2 concise ⊜ b _____
3 accede ⊜ a _____
4 success ⟷ f _____
5 insecticide ⟷ p _____
6 precede ⟷ f _____
7 carnivore ⟷ h _____
8 accede ⓐ _____
9 exceed ⓐ _____
10 decision ⓥ _____

C 다음 빈칸에 들어갈 알맞은 말을 보기 에서 고르시오. (문장: 기출 또는 기출 변형)

보기	achieve	succeed	succession	precise

1 Those with such faith assume that the new technologies will ultimately _____, without harmful side effects.

2 When a lecturer presents a(n) _____ of new concepts, student's faces begin to show signs of anguish and frustration.

3 When they do leave work, finding a position that matches well with their _____ skills is often difficult and time-consuming.

4 Research studies say that art can help relieve stress as well as help students _____ higher levels of concentration in all subjects.

DAY 18

clude, clus, clos / cord, cour, cor(e) / corp / cre(a)

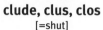

clude, clus, clos
[=shut]

corp
[=body]

cre(a)
[=make / grow]

clude, clus, clos 'shut(닫다)'의 의미를 지님

0558 ★★☆

exclude
[iksklú:d]

vt. 몰아내다(shut out); 제외하다, 배제하다(rule out ↔ include)

- **exclude a coward from the war** 겁쟁이를 전쟁에서 **배제하다**
- He was **excluded** from the club for infractions of the rules.
  그는 규칙 위반으로 인하여 클럽에서 **제명되었다**.
- All the family members were present, **excluding** the baby.
  갓난아기를 **제외하고** 가족 구성원 모두가 참석했다.

| 어원 | ex- (out) | ➕ | clude (shut) | ➡ | 밖에 두고 닫다 |

---

exclusion
[iksklú:ʒən]

n. 제외, 배제

- **the exclusion of foreign scholars** 외국 학자에 대한 **배제**

---

exclusive
[iksklú:siv]

a. 배타적인, 남을 제외하는; 독점적인(privileged, sole)

- **exclusive information[broadcasting]** **독점** 정보[방송]

0559 ★★☆

include
[inklú:d]

vt. 포함하다, 함유하다(contain, comprehend)

- The price **includes** postal charges. 그 가격은 우편요금을 **포함한다**.
- She **included** her boyfriends on the guest list.
  그녀는 자신의 남자 친구들을 손님 명단에 **포함시켰다**.

| 어원 | in- (in) | ➕ | clude (shut) | ➡ | 안에 두고 닫다 |

---

inclusion
[inklú:ʒən]

n. 포함, 포괄(comprehension)

- **the inclusion of a novel on the reading list** 도서 목록에 소설의 **포함**

inclusive
[inklú:siv]

a. (전부를) 포함하는, 포괄적인(comprehensive)
- **the inclusive art form** 포괄적 예술 양식

0560 ★★★
preclude
[priklú:d]

vt. 방해하다, 방지하다(prevent)
- The boss **precluded** his firm from going bankrupt.
  사장은 회사가 파산하는 것을 **방지했다.**

| 어원 | pre-
(before) | ➕ | clude
(shut) | ➡ | 미리 닫다, 미리 막다 |

0561 ★★☆
seclude
[siklú:d]

vt. 떼어 놓다(separate), 고립시키다, 격리시키다(isolate)
- The poet **secluded** himself from society.
  그 시인은 사회로부터 **고립된 생활을 했다.**

| 어원 | se-
(apart) | ➕ | clude
(shut) | ➡ | 떨어져 폐쇄시키다 |

seclusion
[siklú:ʒən]

n. 고립, 격리(isolation); 은퇴, 은둔(retirement)
- **a policy of seclusion** 쇄국 정책

0562 ★★★
recluse
[réklu:s]

n. 은둔자, 속세를 버린 사람(hermit)
- My detached neighbor lived the life of a **recluse.**
  나의 초연한 이웃사람은 **은둔자**의 삶을 살았다.

| 어원 | re-
(back) | ➕ | clus(e)
(shut) | ➡ | (세상에서) 뒤쳐져 폐쇄된 사람 |

0563 ★★★
conclude
[kənklú:d]

vt. 끝내다, 결말짓다(finish); 결론을 내리다
- The president **concluded** a speech with a quotation from the Bible. 대통령은 성서에서의 인용구로 연설을 **끝맺었다.**
- The judge **concluded** that the prisoner was guilty.
  판사는 그 죄수가 유죄라고 **결론을 내렸다.**

| 어원 | con-
(together) | ➕ | clude
(shut) | ➡ | 함께 닫다 |

---

conclusion
[kənklú:ʒən]

n. 종결, 결말(end); 결론(final decision)
- **come to[reach] a conclusion** 결론에 도달하다

conclusive
[kənklú:siv]

a. 결론적인; 결정적인(decisive)
- The police have **conclusive** proof that he was the murderer.
  경찰은 그가 살인자였다는 **결정적인** 증거를 가지고 있다.

0564 ★☆☆

close

v.[klouz]
a.[klous]

v. 닫다(shut); 폐쇄하다(close up); 폐점[휴업, 휴교]하다

a. 닫은, 폐쇄된(shut); 가까운(near); 친밀한(intimate)

- **a flower close to a rose** 장미와 유사한 꽃
- **a close friend** 절친한 친구
- The store **closes** at 4:00 on Saturdays. 그 상점은 토요일에는 4시에 **닫는다**.
- She **closed** the window[door, curtains].
  그녀는 창문(문, 커튼)을 **닫았다**.
- The police **closed** the bar because of selling liquor to minors.
  미성년자에게 술을 팔았기 때문에 경찰은 그 주점을 **휴업시켰다**.

| 어원 | clos(e)
(close) | ⮕ | 닫다 |

0565 ★★☆

closet

[klázit]

n. 벽장; 작은방, 밀실

- We keep our coats and umbrellas in the **closet** by the front door.
  우리는 현관 옆의 **벽장**에 코트와 우산을 보관한다.

| 어원 | clos
(close) | ➕ | -et
(명접: 지소사) | ⮕ | 닫힌 작은 공간 |

0566 ★★☆

disclose

[disklóuz]

vt. (숨겨진 사실을) 폭로하다, 누설하다(reveal, divulge)

- **disclose new information** 새로운 정보를 **누설하다**
- He **disclosed** the secret to his friend. 그는 친구에게 비밀을 **폭로했다**.

| 어원 | dis-
(opposite of) | ➕ | close
(닫다) | ⮕ | "닫다"의 반대 행위 |

disclosure

[disklóuʒər]

n. 폭로, 누설(revelation, exposure)

- **the disclosure of a fraud** 사기의 폭로

cord, cour, cor(e) 'heart(심장; 마음; 중심)'의 의미를 지님

0567 ★☆☆

cordial

[kɔ́:rdʒəl]

a. 진심에서 우러나는(hearty, sincere), 인정 있는(friendly)

- **a cordial greeting[reception]** 진심 어린 인사[환영회]
- We almost became **cordial** with one another.
  우리는 거의 서로 **마음을 털어놓는** 사이가 되었다.

| 어원 | cord
(heart) | ➕ | -ial
(형접) | ⮕ | 마음에서 우러나는 |

cordiality
[kɔ̀ːrdʒǽləti;-dʒiǽl-]

n. 진심, 성심(**heartiness**)
- She greeted the hero with **cordiality**.
  그녀는 **진심**으로 영웅을 맞이했다.

0568 ★☆☆

core
[kɔːr]

n. (과일 등의) 속, 심; 핵심, 가장 중요한 부분(**nucleus**)
- **the core of a city[subject]** 도시의 **중심부**(문제의 **핵심**)
- Nerves are the **core** of life. 신경은 생명체의 **핵심**이다.

| 어원 | cor(e)
(heart) | ⇒ | 중심에 있는 것 |

0569 ★☆☆

accord
[əkɔ́ːrd]

n. 일치(**agreement**), 조화(**harmony**)

v. 일치하다, 조화하다 (보통 with를 수반)
- The governor tried to get into **accord** with the atmosphere of the region.
  그 도지사는 그 지역의 분위기와 **조화**를 이루려고 노력했다.
- His definition **accords** with the one in the dictionary.
  그의 정의는 사전의 것과 **일치한다**.

cf. 1) 「in accordance with ~」 ~과 일치하여, ~에 따라서

In accordance with the rules, the meeting was canceled.
규칙에 따라 그 모임은 취소되었다.

2) 「according to + (대)명사」 ~에 따라, ~과 일치하여

「according as + 주어·동사」: ~에 따라

Life is a game that one plays according to the rules.
인생이란 규칙에 따라 행하는 게임이다.

We see things differently according as we are rich or poor.
우리는 부유하냐, 가난하냐에 따라 사물을 다르게 본다.

3) ad. accordingly 그에 따라서

He is a traitor and should be treated accordingly.
그는 매국노이므로 그에 따라서 취급 받아야 한다.

| 어원 | ac-
(ad-: to) | + | cord
(heart) | ⇒ | 서로의 마음의 방향으로 가다 |

0570 ★★☆

concord
[kánkɔːrd;káŋ-]

n. (의견·감정 등의) 일치, 조화(**accord**); 〈음악〉 협화음(**consonance**)
- There was complete **concord** among the representatives.
  대표자들 사이에는 완전한 의견 **일치**가 있었다.

| 어원 | con-
(together) | + | cord
(heart) | ⇒ | 마음이 함께 하는 상태 |

0571 ★★★
discord
[dískɔːrd]

n. 불일치, 부조화; 갈등(conflict); 〈음악〉 불협화음(dissonance)

• The eldest son is in **discord** with his parents.
그 장남은 부모님과 **갈등**을 겪고 있다.

| 어원 | dis- (apart) | ➕ | cord (heart) | ➡ | 마음이 서로 갈라진 상태 |

0572 ★☆☆
record
v.[rikɔ́ːrd]
n.[rékərd]

vt. 기록하다(put down); 녹음하다, 녹화하다

n. 기록; (운동 경기의) 최고 기록; 전과 기록; 음반, 레코드

• **hold the world record for home runs** 홈런 세계 **기록**을 보유하다
• Her childhood is **recorded** in her diaries and photographs.
그녀의 어린 시절은 일기와 사진 속에 **기록되어 있다**.
• The concert was **recorded** for showing on TV.
그 콘서트는 텔레비전 방영을 위해 **녹화되었다**.

| 어원 | re- (again) | ➕ | cord (heart) | ➡ | 다시 마음속에 두다 |

0573 ★☆☆
courage
[kə́ːridʒ;kʌ́r-]

n. 용기, 배짱(bravery)

• She had the **courage** to say no. 그녀는 **용기** 있게도 "아니요"라고 말했다.

| 어원 | cour (cord: heart) | ➕ | -age (명접) | ➡ | 마음에서 우러나는 정신적 용기 |

---

courageous
[kəréidʒəs]

a. 용기 있는, 배짱 있는(brave, fearless ⊜ cowardly)

• **a courageous speech against the dictator**
독재자에 저항하는 **용기 있는** 연설

0574 ★★☆
encourage
[inkə́ːridʒ;en-]

vt. 용기를 북돋아 주다, 격려하다(⊜ discourage); 권장[장려]하다; 조장하다, 부추기다(promote)

• Her father **encouraged** her to fight for what she desired.
그녀의 부친은 그녀에게 싸워서 원하는 것을 쟁취하라고 **격려했다**.
• Music and lighting are used to **encourage** shoppers to buy more.
음악과 조명은 물건 사는 사람들이 더 많은 구매를 하도록 **조장하는** 데 이용된다.

| 어원 | en- (make) | ➕ | courage (용기) | ➡ | 용기를 내게 하다 |

---

encouragement
[inkə́ːridʒmənt;en-]

n. 격려; 권장, 장려; 조장, 부추김

• He owed his success to his wife's **encouragement**.
그의 성공은 아내의 **격려** 덕분이었다.

corp	'body(신체; 단체)'의 의미를 지님

0575 ★★★

corpulent
[kɔ́ːrpjulənt]

a. 뚱뚱한, 비대한(fat, obese)

- She is so **corpulent** that she can hardly walk.
  그녀는 너무 **뚱뚱해서** 거의 걷지도 못한다.

어원	corp (body)	⊕	(p)ul (full)	⊕	-ent (형접)	➡	신체가 뚱뚱한

● Further Study ●

obese	a. 비만의
chubby	a. (아기가) 토실토실한
stout	a. 덩치가 큰, 육중한 체격의
tubby	a. 땅딸 만한(short and fat)
plump	a. 풍만한, 살집이 좋은
portly	a. (특히 중년의 사람이) 뚱뚱한, 살찐

0576 ★★☆

corporal
[kɔ́ːrpərəl]

a. 신체의, 육체상의(bodily, physical)

- **corporal pleasure[defects]** 육체적 쾌락[결점]
- In Korea, it was not against the law to use **corporal** punishment in schools.
  한국에서는 학교에서 **체벌**을 가하는 것은 위법이 아니었다.

어원	corp(or) (body)	⊕	-al (형접)	➡	신체의

0577 ★☆☆

corpse
[kɔːrps]

n. (사람의) 시체, 송장(dead body, cadaver, remains)

- The victim's **corpse** lay in the street.
  그 희생자의 **시체**가 길거리에 놓여 있었다.

어원	corp(se) (body)	➡	(죽은 자의) 신체

0578 ★☆☆

corps
단수[kɔːr]
복수[kɔːrz]

n. (군대의) 군단 (단·복수 동형)

- The U.S. Marine **Corps** is trained to fight.
  미 해**병대**는 전투 훈련을 받는다.

어원	corp(s) (body)	➡	(군의) 단체

0579 ★★☆

corporation
[kɔ̀ːrpəréiʃən]

n. 법인; 유한[주식]회사; (큰 규모의) 회사[기업](Corp.)

- When a **corporation** goes bankrupt, its stock is no longer of value. 유한회사가 파산하면 그 회사의 주식은 더 이상 가치가 없다.

cf. company, firm, business, enterprise 회사

| 어원 | corp(or)
(body) | ⊕ | -ation
(명접) | ⇨ | 단체를 이루는 것 |

corporate
[kɔ́ːrpərət]

a. 법인의, 법인에 속하는; 회사[기업]의

- **corporate property[name]** 법인 재산[명의]

0580 ★★★

incorporate
[inkɔ́ːrpəreit]

vt. vi. 법인으로 만들다; (전체 속에) 일원으로 만들다; 합병하다(merge)

- Many people **incorporate** their business to avoid certain taxes. 많은 사람들은 특정 세금을 피하기 위해 사업체를 **법인화한다**.
- The firm **incorporated** with others. 그 회사는 타 회사들과 **합병했다**.

| 어원 | in-
(into) | ⊕ | corporate
(법인의) | ⇨ | 법인으로 만들다 |

incorporated
[inkɔ́ːrpəreitid]

a. 법인 (조직)의, 유한 책임 회사의(Inc.); 합병한

- **an incorporated company** 유한 (책임) 회사
- **Apple Computer, Inc.** 애플 컴퓨터사

Word Grammar　물질명사의 수량 표시

POINT▶ 물질명사는 일정한 형태가 없는 셀 수 없는 명사이므로 two milks, three papers, five breads 등과 같이 표현할 수 없으나 아래의 보조 수사를 사용하여 수량을 나타낼 수 있다.

a glass of milk 한 잔의 우유	**a lump[spoonful] of sugar** 설탕 한 조각[숟가락]
a sheet of paper 종이 한 장	**a cake of soap** 비누 한 개
a stick of chalk 분필 한 자루	**a loaf[slice] of bread** 빵 한 조각[얇게 썬 빵 한 조각]
an ounce of ice cream 아이스크림 한 온스	**a shower of rain** 소나기 한 차례
a tube of toothpaste 치약 한 통	**a can of juice** 주스 한 깡통
a sack of rice 쌀 한 자루	**a pack of cigarettes** 담배 한 갑
two cups of coffee 두 잔의 커피	**three bottles of beer** 맥주 세 병

- She drinks a cup of coffee every day. 그녀는 매일 커피 한 잔을 마신다.

cre(a)
'make(만들다), grow(자라다)'의 의미를 지님

0581 ★☆☆

create
[kriéit]

vt. 창조하다, 창작하다(make something new); 야기하다, 일으키다 (bring about)
- **create a drama** 희곡을 **창작하다**
- **create a sensation[controversy]** 센세이션(논쟁)을 **일으키다**
- Woman was **created** from the rib of man.
  여자는 남자의 갈비뼈에서 **창조되었다.**

| 어원 | crea (make) | ⊕ | -te (어미) | ➡ | 새로운 것을 만들다 |

---

creation
[kriéiʃən]

n. 창조, 창작; 창작물, (신의) 창조물
- **an artist's creation** 예술가의 **창작품**

---

creative
[kriéitiv]

a. 창조적인, 독창적인(original)
- **creative talent[sculptors]** 창조적인 재능(조각가들)

---

creativity
[krìːeitívəti;krìːə]

n. 창조성[력], 독창성(originality)
- **creativity in the performing arts** 무대 예술의 **창조성**

---

creator
[kriéitər]

n. 창조자, 창작자; (the C-) 조물주, 신(God)
- He gave thanks to the **Creator.** 그는 **조물주**에게 감사 드렸다.

---

creature
[kríːtʃər]

n. (신의) 창조물; 생물, (특히) 동물; 사람, 놈, 년
- **creatures from outer space** 외계에서 온 **생물들**

0582 ★☆☆

recreate
[rìːkriéit]

vt. 다시 만들다, 재현하다
- She **recreated** the scenes of the past in her imagination.
  그녀는 상상 속에서 과거의 장면들을 **재현했다.**

| 어원 | re- (again) | ⊕ | create | ➡ | (새로운 마음을) 다시 만들다 |

---

recreation
[rèːkriéiʃən]

n. 레크리에이션, 기분 전환(diversion); 다시 만들기, 재창조
- Knitting is one of her favorite forms of **recreation.**
  뜨개질은 그녀가 가장 좋아하는 **기분 전환** 활동 중 하나이다.

cf. '다시 만들기'라는 의미로 사용될 경우 [rìːkriéiʃən]으로 발음한다.

0583 ★☆☆

increase
v.[inkríːs]
n.[ínkriːs]

vi. 증가[증대]하다, 늘다(**become larger**)

vt. 증가[증대]시키다, 늘리다

n. (수·양·크기 등의) 증가, 증대(⟳ decrease)

- Sales of automobiles **increased** last year.
  자동차의 판매 대수가 작년에 **증가했다**.
- The government **increased** the price of oil again.
  정부는 유가를 다시 **인상했다**.

| 어원 | in-
(on) | ➕ | crea(se)
(grow) | ➡ | 점점 자라다 |

increasingly
[inkríːsiŋli]

ad. 점점 더, 더욱 더

- As Beethoven grew older, it became **increasingly** difficult for him to hear.
  베토벤은 나이가 들어가면서 듣는 것이 **점점 더** 어렵게 되었다.

0584 ★☆☆

decrease
v.[dikríːs]
n.[díːkriːs;dikríːs]

vi. vt. 서서히 줄다[줄이다], 감소하다[시키다](**diminish, dwindle**)

n. 감소, 감퇴(⟳ increase)

- **the decrease in the number of crimes** 범죄의 **감소**
- Our sales are **decreasing**. 우리의 판매액이 **서서히 줄고** 있다.
- The company **decreased** the number of workers.
  그 회사는 근로자의 수를 **줄였다**.

| 어원 | de-
(down) | ➕ | crea(se)
(grow) | ➡ | 성장이 떨어지다 |

0585 ★☆☆

concrete
[kɑːnkríːt;
kánkriːt]

a. 구체적인, 유형의(⟳ abstract)

n. 콘크리트

- **a concrete evidence[answer]** **구체적인** 증거(대답)
- Coal is a **concrete** object; heat is not.
  석탄은 **유형의** 물체이지만 열은 그렇지 않다.

| 어원 | con-
(together) | ➕ | cre(te)
(grow) | ➡ | 함께 성장하여 눈에 보이는 (것) |

Daily Test 18

A 다음 영어를 우리말로, 우리말을 영어로 쓰시오.

1 discord _____
2 recluse _____
3 corpse _____
4 preclude _____
5 corpulent _____
6 recreate _____
7 creation _____
8 accord _____
9 disclose _____
10 corporal _____

11 용기, 배짱 _____
12 포함하다, 함유하다 _____
13 격려; 장려; 조장 _____
14 창조적인, 독창적인 _____
15 끝내다, 결말짓다 _____
16 떼어 놓다, 고립시키다 _____
17 진심에서 우러나는 _____
18 법인; 유한회사 _____
19 몰아내다; 제외하다 _____
20 닫다; 가까운; 친밀한 _____

B 다음 빈칸에 알맞은 단어를 쓰시오.

1 preclude ⊖ p_____
2 corpulent ⊖ f_____
3 conclude ⊖ f_____
4 courageous ⟷ c_____
5 exclude ⟷ i_____
6 encourage ⟷ d_____
7 increase ⟷ d_____
8 concrete ⟷ a_____
9 create ⓐ _____
10 disclose ⓝ _____

C 다음 빈칸에 들어갈 알맞은 말을 보기 에서 고르시오. [문장: 기출 또는 기출 변형]

보기	exclude	credible	decrease	creative

1 Eating fruit peel can help to _____ the amount of food waste which is a cause of pollution.

2 To _____ those from voting who are already socially isolated destroys our democracy, as it creates a caste system.

3 Comic book heroes, familiar to most consumers, may be more _____ and effective than real-life celebrities.

4 If you're only concerned with producing right answers rather than generating original ideas, you'll bypass the germinal phase of the _____ process.

DAY 19

cred / cur(s), cour / cult, colon / dic(t), dex / don, dos, dot, dit

cult, colon
[=till]

dic(t), dex
[=say]

don, dos, dot, dit
[=give]

cred	'believe(믿다; 신뢰하다)'의 의미를 지님

0586 ★☆☆

credit
[krédit]

n. 신용, 신뢰(belief, trust); (거래상의) 신용, 외상; 칭찬(praise), 명예(honor); 학점

vt. 믿다, 신용하다(believe, trust)

- **the credit standing of a firm** 회사의 **신용** 상태
- He bought a new suit on **credit**. 그는 새 양복을 **외상**으로 샀다.
- Soldiers win battles and generals get the **credit**.
  병사는 전투를 이기고 장군들은 **명예**를 얻는다.

cf. credit card 신용 카드(charge card)　　cash card 현금 인출 카드

 cred (believe) ➕ **-it** (어미) ➡ 믿다

---

creditor
[kréditər]

n. 채권자(↔ debtor 채무자)

- **Creditors** have better memories than debtors. [속담]
  돈 받을 사람은 줄 사람보다 더 잘 기억한다.

---

creditable
[kréditəbl]

a. 칭찬할 만한(praiseworthy, laudable); 명예가 되는(honorable)

- a creditable **effort[performance]** 칭찬할 만한 노력[연기]

0587 ★★☆

credible
[krédəbl]

a. 믿을 수 있는, 신용[신뢰]할 수 있는(trustworthy, reliable)

- a **credible** statement[witness] 믿을 수 있는 진술[목격자]
- Is there a **credible** alternative to nuclear weapons?
  핵무기에 대한 **믿을 만한** 대안이 있습니까?

 cred (believe) ➕ **-ible** (형접: ~할 수 있는) ➡ 믿을 수 있는

incredible
[inkrédəbl]

a. 믿을 수 없는, 믿을 수 없을 정도의(unbelievable)
- **an incredible price[speed]** 어마어마한 가격〔속도〕

0588 ★★☆
credulous
[krédʒuləs]

a. (증거도 없이) 쉽사리 믿는, 잘 속는(gullible, undoubting)
- She was **credulous** enough to believe such a liar.
  그녀는 그런 거짓말쟁이를 믿을 만큼 **잘 속는다**.

| 어원 | cred (believe) | + | -(ul)ous (형접) | ⟹ | 너무 잘 믿는 |

---

incredulous
[inkrédʒuləs]

a. 쉽사리 믿지 않는, 의심 많은(skeptical)
- **an incredulous stare[smile]** 의심하는 듯한 눈초리〔미소〕

0589 ★★★
credo
[krí:dou;kréi-]

n. 신조, 신념(creed, one's personal belief)
- Our company's **credo** is "Quality Products—Service."
  우리 회사의 **신조**는 "양질의 제품, 서비스"이다.

| 어원 | cred(o) (believe) | ⟹ | 믿는 것 |

---

cur(s), cour   'run(달리다), flow(흐르다)'의 의미를 지님

0590 ★☆☆
current
[kə́:rənt;kʌ́r-]

a. 현재의, 지금의(present); (화폐·사상 등이) 유통[통용]되고 있는
n. (물·공기·전기의) 흐름(flow); 경향, 풍조(tendency, trend)
- **current news[English]** 시사 뉴스〔영어〕
- **the strong current of air[a stream]** 공기〔개울〕의 세찬 **흐름**
- This word is no longer in **current** use. 이 단어는 **현재** 더는 사용되지 않는다.

| 어원 | cur(r) (flow) | + | -ent | ⟹ | 흐르고 있는 (것) |

---

currently
[kə́:rəntli;kʌ́r-]

ad. 현재는, 지금(now)
- He is **currently** working on the problem. 그는 **지금** 그 문제를 다루고 있다.

---

currency
[kə́:rənsi;kʌ́r-]

n. 통화(current money), 화폐; 유통, 통용(circulation)
- **foreign[gold] currency** 외화〔금화〕
- Socialist ideas have little **currency** in the USA.
  사회주의 사상은 미국에서 거의 **통용**되지 않는다.

0591 ★☆☆

occur
[əkə́:r]

vi. (일이) 일어나다(take place); (마음에) 떠오르다 (보통 to를 수반)
- Storms often **occur** in summer. 여름에는 종종 폭풍이 **일어난다**.
- A good idea **occurred** to me. 나에게 좋은 생각이 **떠올랐다**.
  = A good idea struck me.

| 어원 | oc-
(ob-: toward) | ⊕ | cur
(run) | ➡ | ~을 향하여 달리다 |

occurrence
[əkə́:rəns;əkʌ́r-]

n. (사건의) 발생, 일어남; 사건, 일(event, incident)
- **an event of frequent occurrence** 빈번히 **발생**하는 사건

0592 ★★☆

concur
[kənkə́:r]

vi. 동시에 일어나다(coincide, occur simultaneously); (의견이) 일치하다, 동의하다(agree, accord in opinion) (보통 with를 수반)
- Her graduation day **concurred** with her birthday.
  그녀의 졸업식 날이 생일과 **겹쳤다**.
- Do you **concur** with her statement? 그녀의 진술에 **동의합니까**?

| 어원 | con-
(together) | ⊕ | cur
(run) | ➡ | 함께 달리다 |

concurrence
[kənkə́:rəns;-kʌ́r-]

n. 동시 발생(coincidence); 의견의 일치, 동의(agreement)
- **a concurrence of events[views]** 사건의 **동시 발생**[견해의 **일치**]

0593 ★★☆

recur
[rikə́:r]

vi. (사건·문제·병 등이) 다시 발생하다, 재발하다(occur again)
- If the pain **recurs**, take these tablets.
  통증이 **재발하면** 이 알약을 복용하십시오.

| 어원 | re-
(back) | ⊕ | cur
(run) | ➡ | 뒤로 달리다 |

recurrence
[rikə́:rəns]

n. 재발, 되풀이
- **prevent a recurrence of violence** 폭력의 **되풀이**를 방지하다

0594 ★★☆

excursion
[ikskə́:rʒən;-ʃən]

n. 짧은 여행(short journey), 소풍(outing)
- We took a cruise ship on an **excursion** to Alaska.
  우리는 유람선을 타고 알래스카로 **짧은 여행**을 떠났다.

| 어원 | ex-
(out) | ⊕ | curs
(run) | ⊕ | -ion
(명접) | ➡ | 밖으로 달려나가는 것 |

0595 ★★★

incursion

[inkə́:rʒən;-ʃən]

n. 침략, 침입(invasion), 습격(attack)

- The bandits made brief **incursions** into the village.
  산적들은 그 마을을 수차례 급습했다.

어원 | in-(into) ⊕ curs(run) ⊕ -ion(명접) ⇒ 안으로 달려오는 것

0596 ★★★

precursor

[prikə́:rsər;
prí:kə:r-]

n. 선구자(forerunner, pioneer)

- Lee Sang is a **precursor** of Korean modern poems.
  이상은 한국 현대시의 **선구자**이다.

어원 | pre-(before) ⊕ curs(run) ⊕ -or(명접) ⇒ 앞서 달려가는 사람

0597 ★☆☆

curriculum

[kərík̄juləm]

n. 교과 과정, 커리큘럼(course of study)

- You should study according to our systematic **curriculum**.
  당신은 우리의 체계적인 **교과 과정**에 따라 학습하여야 한다.

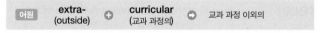

어원 | cur(ri)(flow) ⊕ -culum(어미) ⇒ 흐르는 과정

0598 ★☆☆

extracurricular

[èkstrəkəríkjələr]

a. 정규 과목 이외의, 과외의

- Her **extracurricular** activities include singing and dancing.
  그녀의 **과외** 활동은 노래와 무용을 포함한다.

어원 | extra-(outside) ⊕ curricular(교과 과정의) ⇒ 교과 과정 이외의

0599 ★☆☆

course

[kɔːrs]

n. 진행, 추이(progress); 방향(direction), 진로(path); 교과, 과목, 강좌;
일정한 교육 과정; (식사의) 한 코스; (경기의) 코스, 주행로

- **the course of a stream**
  개울의 **수로**, 강줄기
- **a race[golf] course**
  경주(골프) **코스**
- In the **course** of events, we finally learned the truth.
  사건이 **진행**되는 동안, 우리는 마침내 진실을 알게 되었다.
- My father finished his college **course** at the age of 70.
  우리 아버지는 일흔 살의 나이에 대학 **과정**을 마쳤다.

어원 | cour(se)(flow) ⇒ 흐르는 것

0600 ★★☆

intercourse
[íntərkɔːrs]

n. 교제, 교류(fellowship, society)

- **the cultural intercourse between the two nations**
  양국 간의 문화 **교류**
- Korea has commercial **intercourse** with Japan.
  한국은 일본과 통상 **관계**를 맺고 있다.

| 어원 | inter-
(between) | ⊕ | cour(se)
(flow) | ⊃ | 사이에 흐르는 것 |

---

cult, colon   'till(경작하다)'의 의미를 지님

0601 ★☆☆

cultivate
[kʌ́ltəveit]

vt. (논·밭을) 갈다, 경작하다(till, farm); (작물을) 기르다, 재배[양식]하다
(grow); 양성하다(train); 세련되게 하다(refine)

- **cultivate the soil[oysters]**
  땅을 **갈다**(굴을 **양식하다**)
- From ancient times, people have **cultivated** crops for food.
  고대부터 사람들은 식량으로 농작물을 **재배했다.**

| 어원 | cult
(till) | ⊕ | -iv | ⊕ | -ate
(동접) | ⊃ | 경작하다 |

---

cultivation
[kʌ̀ltəvéiʃən]

n. 경작; 재배, 양식; 교양, 세련(culture)

- **the cultivation of oysters** 굴 양식

0602 ★☆☆

culture
[kʌ́ltʃər]

n. 문화; 교양, 세련(cultivation); 경작; 재배, 양식

- **ancient Greek culture** 고대 그리스 **문화**
- My mother is a woman of **culture.**
  나의 어머니는 **교양** 있는 여자이다.

| 어원 | cult
(till) | ⊕ | -ure
(명접) | ⊃ | 정신과 마음을 갈고 닦음 |

---

cultural
[kʌ́ltʃərəl]

a. 문화의

- **cultural films[events]** 문화 영화(행사)

---

cultured
[kʌ́ltʃərd]

a. 교양 있는, 세련된(cultivated, refined)

- **a cultured lady** 교양 있는 숙녀

0603 ★☆☆

agriculture
[ǽgrikʌltʃər]

n. 농업

- **Agriculture** is big business in South America.
  남미에서 **농업**은 큰 사업이다.

| 어원 | agri (field) | + | culture (경작) | ⇒ | 논과 밭을 경작하기 |

agricultural
[ǽgrikʌltʃərəl]

a. 농업의, 농사의

- **agricultural implements[products]** 농기계(농산물)

0604 ★★☆

colony
[kάləni]

n. 〈집합적〉 식민(단), 이민(단); 식민지; (같은 부류의 사람들이 모여 사는) 부락, 촌; (개미·벌·새 등의) 집단, 무리

- **send out a colony to Canada** 캐나다로 **이민단**을 보내다
- Many nations are former European **colonies**.
  많은 나라가 유럽의 옛 **식민지**이다.
- The painter lives in an artists' **colony**.
  그 화가는 예술인촌에서 산다.

| 어원 | colon (cult: till) | + | -y (명접) | ⇒ | 사람을 경작하기 |

colonial
[kəlóuniəl]

a. 식민지의

- **a colonial administration** 식민지 통치

colonize
[kάlənaiz]

vt. 식민지화하다   vi. 식민지에 정착하다

- England **colonized** India.
  영국은 인도를 **식민지화했다**.

0605 ★★★

cult
[kʌlt]

n. (특정 종교의) 의식(ceremony), 예배; 숭배(worship); 사이비 종교 (집단); 예찬, 열광

- **a cult of Napoleon[death]** 나폴레옹(죽음)의 **숭배**
- The members of that **cult** do anything their leader says.
  그 **사이비 종교 집단**의 신도들은 그들의 지도자가 말하는 것은 어떤 일이든 한다.

| 어원 | cult (till) | ⇒ | 곡식을 재배한 후에 하늘에 올리는 의식 |

208

dic(t), dex   'say(말하다)'의 의미를 지님

0606 ★☆☆

dictate
[díkteit;diktéit]

v. 받아쓰게 하다; 지시하다(direct), 명령하다(command)
- The teacher **dictated** the phrase to the students.
  선생님은 학생들에게 그 구(句)를 **받아쓰게 했다.**

| 어원 | dict (say) | ➕ | -ate (동접) | ➡ | 말하여 받아쓰게 하다 |

---

dictation
[diktéiʃən]

n. 받아쓰기, 구술; 지시, 명령
- **give dictation to the class** 학급에게 **받아쓰기**를 시키다

---

dictator
[díkteitər; diktéitər]

n. 구술자; 독재자(autocrat, despot)
- The leader is a **dictator** against whom no one dares to speak.
  그 지도자는 어떤 사람도 감히 반대하는 말을 하지 못하는 **독재자**이다.

0607 ★★★

diction
[díkʃən]

n. 말투, 표현(법), 어법(語法)(manner of expression, usage); 발성법
- **good[poor] diction** 적절한(서툰) 표현(법)
- Actors need training in **diction**. 배우들은 **발성법** 훈련을 필요로 한다.

| 어원 | dict (say) | ➕ | -ion (명접) | ➡ | 말하는 방법 |

---

dictionary
[díkʃəneri]

n. 사전
- **look up a word in a dictionary** **사전**에서 단어를 찾다

0608 ★★★

contradict
[kàntrədíkt]

vt. 반박하다, 반대 주장을 하다(assert the contrary); ~와 모순되다
- You should never **contradict** what your parents say.
  너는 결코 부모님이 말하는 것에 **반박해서는** 안 된다.
- The facts **contradict** the theory. 그 사실들은 이론과 **모순된다.**

| 어원 | contra- (against) | ➕ | dict (say) | ➡ | 반대로 말하다 |

---

contradiction
[kàntrədíkʃən]

n. 반박, 반대 주장; 모순(inconsistency)
- His speech was full of **contradictions**. 그의 연설은 **모순** 덩어리였다.

0609 ★☆☆

indicate
[índikeit]

vt. 가리키다, 지적하다(**point out**); 나타내다, 표시하다(**show**)

- The hands of the clock **indicated** noon.
  시계 바늘이 정오를 **가리켰다**.
- Tears **indicate** grief. 눈물은 슬픔을 **나타낸다**.

| 어원 | in-
(in) | ⊕ | dic
(say) | ⊕ | -ate
(동접) | ⇒ | 말하여 가리키다 |

indication
[ìndikéiʃən]

n. 가리킴, 지적; 나타냄, 표시

- Dreams are an **indication** of what is going on in the subconscious.
  꿈은 잠재의식 속에서 진행되는 것의 **표시**이다.

0610 ★★★

index
[índeks]

n. (pl. -es, indices) (책 뒤의) 색인, 찾아보기; 지수, 지표

- **a price[growth] index** 물가(성장) **지수**
- Look for "World War II" in the **index** of your history book.
  너의 역사책의 **색인**에서 "2차 세계대전"을 찾아보아라.

| 어원 | indicate에서 유래된 단어 |

0611 ★★☆

dedicate
[dédikeit]

vt. (어떤 목적에) 바치다, 헌신하다(**devote**); (작품을) 바치다(**inscribe**)

- The doctor **dedicated** his life to finding a cure.
  그 의사는 치료법을 발견하는 데 일생을 **바쳤다**.
- (This book is) **Dedicated** to my mother.
  (이 책을) 어머니께 **바칩니다**.

| 어원 | de-
(강조) | ⊕ | dic
(say) | ⊕ | -ate
(동접) | ⇒ | 말하여 다 주다 |

dedicated
[dédikeitid]

a. 헌신적인, 전념하는(**devoted**)

- **a dedicated teacher[statesman]** 헌신적인 선생님(정치인)

dedication
[dèdikéiʃən]

n. 바치기, 헌신(**devotion, commitment**); 헌정

- **one's great dedication to medicine** 의학에의 대단한 **헌신**

0612 ★★★

dictum
[díktəm]

n. 격언, 속담(**proverb, saying, maxim**)

- The **dictum** that the style is the man himself is well-known.
  "문체는 곧 사람이다"라는 **격언**은 잘 알려져 있다.

| 어원 | dict
(say) | ⊕ | -um
(명접) | ⇒ | 가치 있는 말 |

0613 ★★★

benediction
[bènədíkʃən]

n. 축복(blessing); 식전[식후]의 감사 기도(grace)

• The priest pronounced the **benediction** over the happy pair.
그 신부는 행복한 연인을 **축복**해 주었다.

| 어원 | bene- (good) | ⊕ | dict (say) | ⊕ | -ion (명접) | ⇒ | 좋은 말하기 |

0614 ★★★

malediction
[mæ̀lədíkʃən]

n. 저주(curse ⟷ benediction)

• The witch pronounced a **malediction** on him.
마녀는 그에게 **저주의 말**을 했다.

| 어원 | male- (bad) | ⊕ | dict (say) | ⊕ | -ion (명접) | ⇒ | 나쁜 말하기 |

Word Grammar   관사의 생략 ①

POINT 단수와 복수가 정확히 구분되는 보통명사의 단수형에는 관사나 한정사가 붙어 사용되는 것이 원칙이나, 몇몇 경우에는 관사 없이 사용된다. 아래의 구절들을 어휘의 일부로 간주하고 철저히 학습하세요.

○ 짝을 이루는 두 개의 명사가 전치사 혹은 접속사로 연결될 때

arm in arm 팔짱을 끼고	**step by step** 한 걸음 한 걸음	**hand in hand** 손을 마주 잡고
face to face 얼굴을 마주 보고	**from hand to mouth** 하루 벌이로	**from door to door** 집집마다
husband and wife 부부	**day and night** 주야로	**east and west** 동쪽과 서쪽
brother and sister 형제자매	**old and young** 노인들과 젊은이들	**rich and poor** 부자와 빈자
case by case 개별적으로	**body and soul** 몸도 마음도 다	**day after day** 날이면 날마다

• He's now living from hand to mouth. 그는 지금 하루 벌어 하루 먹는 생활을 하고 있다.
• He went begging from door to door. 그는 집집마다 동냥을 하러 다녔다.
• Young and old were gathered there. 젊은이들과 노인들이 그곳에 모였다.

---

don, dos, dot, dit   'give(주다)'의 의미를 지님

0615 ★☆☆

donate
[dóuneit;dounéit]

vt. vi. (자선 단체에) 기증하다, 기부하다(contribute)

• **donate blood to a blood bank** 혈액은행에 혈액을 **기증하다**
• An old woman **donated** $1,000,000 to an orphanage.
한 노파가 고아원에 백만 달러를 **기부했다**.

| 어원 | don (give) | ⊕ | -ate (동접) | ⇒ | (좋은 목적으로) 주다 |

donation
[dounéiʃən]

n. 기증, 기부; 기증물, 기부금
- We are collecting **donations** for the relief fund.
  우리는 구호 기금으로 사용할 **기부금**을 모으고 있다.

donor
[dóunər]

n. 기증자, 기부자
- **a blood[skin] donor** 헌혈자[피부] **기증자**

0616 ★☆☆

dose
[dous]

n. (약의 1회분) 복용량, (약의) 한 첩

vt. 복용시키다, 투약하다
- Take one **dose** of this cough syrup, three times a day.
  이 기침약을 하루에 세 번 **복용**하세요.
- She **dosed** herself with hot milk.
  그녀는 약으로 따끈한 우유를 **마셨다.**

| 어원 | dos(e) (give) | ➡ | 약을 주다 |

---

dosage
[dóusidʒ]

n. 투약; 투약량, 복용량
- The doctor decided on the **dosage** for the patient and counted out the pills for the dose.
  의사는 그 환자에게 **투약**을 결정하고 복용량을 맞추려고 알약을 세었다.

0617 ★★★

condone
[kəndóun]

vt. (죄·비행 등을) 용서하다(**pardon, forgive**)
- We cannot **condone** the use of violence in politics.
  우리는 정계에서의 폭력 행사를 **용서할** 수 없다.

| 어원 | con- (together) | ➕ | don(e) (give) | ➡ | 함께 주다 |

0618 ★★★

anecdote
[ǽnikdout]

n. 일화(드러나지 않은 경험에 대한 짧은 이야기)
- The captain tells amusing **anecdotes** about his travels around the world.
  그 선장은 자신의 세계 여행과 관련된 재미있는 **일화**를 이야기한다.

| 어원 | an- (not) | ➕ | ec- (ex-: out) | ➕ | dot(e) (give) | ➡ | 밖으로 주어지지 않은 것 |

0619 ★★☆

endow
[indáu;en-]

vt. (재능·능력 등을) ~에게 주다, 부여하다 (보통 with를 수반)

- God **endowed** her with beauty, cleverness and ability.
  신은 그녀에게 아름다움과 총명함 그리고 능력을 **주었다**.
- The genius is **endowed** with many talents.
  그 천재는 많은 재능을 **지니고 태어났다**.

어원	en- (in)	➕	dow (don : give)	➡	신이 ~안에 주다

0620 ★☆☆

edit
[édit]

vt. (책·신문·영화 등을) 편집하다

- A copy editor **edits** the manuscripts of books.
  원고 편집자는 책의 원고를 **편집한다**.

어원	e- (out)	➕	dit (give)	➡	편찬해서 밖으로 주다

---

editor
[édətər]

n. 편집자; 주필

- **an editor of a series of dictionaries** 사전 시리즈의 **편집자**

---

editorial
[èdətɔ́:riəl]

a. 편집의

n. (신문의) 사설, 논설(leading article)

- **an editorial on the economy** 경제에 대한 **사설**

---

edition
[idíʃən]

n. (책·간행물 등의) 판(版)

- **a new edition of a textbook** 교과서의 **신판**

0621 ★☆☆

addition
[ədíʃən]

n. 첨가, 부가; 첨가물, 부가물; 덧셈(◎ subtraction)

- We built a one-room **addition** to our house.
  우리는 집에 방 한 칸을 **덧붙였다**.
- We play soccer in **addition** to baseball. 우리는 야구뿐 아니라 축구도 한다.
  cf. in addition to ~에 더하여, 이외에(besides)

어원	ad- (to)	➕	dit (give)	➕	-ion (명접)	➡	~에 덧붙이는 것

---

add
[æd]

vt. 더하다, 첨가하다

vi. 더하다, 늘다 (보통 to를 수반); 덧셈하다

- **add to the beauty of the scenery** 풍경의 아름다움을 **더하다**
- **Add a few more names to the list.** 명단에 이름 몇 개를 **추가하여라**.

Daily Test 19

A 다음 영어를 우리말로, 우리말을 영어로 쓰시오.

1	recur		11	현재의, 지금의; 흐름
2	endow		12	기증하다, 기부하다
3	incursion		13	교과 과정, 커리큘럼
4	cult		14	반박하다; ~와 모순되다
5	benediction		15	동시에 일어나다; 동의하다
6	anecdote		16	경작하다; 양성하다
7	excursion		17	받아쓰게 하다, 지시하다
8	condone		18	교양 있는, 세련된
9	intercourse		19	농업
10	extracurricular		20	바치다, 헌신하다

B 다음 빈칸에 알맞은 단어를 쓰시오.

1	indicate	= p	6	addition	⟷	s
2	dictum	= p	7	current	ⓝ	
3	course	= p	8	edit	ⓐ	
4	dedicated	= d	9	occur	ⓝ	
5	donate	= c	10	colony	ⓥ	

C 다음 빈칸에 들어갈 알맞은 말을 보기 에서 고르시오. (문장: 기출 또는 기출 변형)

> 보기   agricultural   occurs   cultivated   indicate

1 Self-control is not something you're born with; it's an ability that is _____.

2 Costa Rica developed a(n) _____ economy made up of numerous small farmers.

3 The latest studies _____ that what people really want is a mate who has qualities like their parents.

4 The new camera records a subtle flushing of the face that automatically _____ when someone lies, showing a bright red-orange-yellow zone of heat.

DAY 20

duc(e), duct / dur / eco / empt, amp / equ / ess, est, sent

duc(e), duct
[=lead]

eco
[=house]

equ
[=same]

---

duc(e), duct   'lead(이끌다)'의 의미를 지님

0622 ★☆☆

introduce
[ìntrədjúːs]

vt. 소개하다 (보통 to를 수반); 도입하다, 처음으로 전하다

- We were **introduced** to each other at a party.
  우리는 파티에서 서로에게 **소개되었다**.
- The math teacher **introduced** some geometry into the lesson.
  수학 선생님은 수업에 기하학을 **도입하셨다**.

| 어원 | intro-
(into) | ➕ | duce
(lead) | ➡ | 안으로 이끌다 |

introduction
[ìntrədʌ́kʃən]

n. 소개; 도입; 머리말, 서문(**preface**)

- **the introduction of new car engines** 새 자동차 엔진의 **도입**

0623 ★☆☆

educate
[édʒukeit]

vt. vi. 교육하다, 가르치다(**teach, instruct**); 훈련하다, 양성하다(**train**)

- She was **educated** by wide experience rather than by books.
  그녀는 책에 의해서라기보다 오히려 폭넓은 체험에 의해서 **교육되었다**.

| 어원 | e-
(out) | ➕ | duc
(lead) | ➕ | -ate
(동접) | ➡ | 타고난 능력을 밖으로
이끌어 내다 |

education
[èdʒukéiʃən]

n. 교육

- **intellectual[moral, physical] education** 지성[도덕, 신체] **교육**

educator
[édʒukeitər]

n. 교육자, 교사(**teacher**)

- **an excellent and kind educator** 뛰어나고 친절한 **교육자**

educational
[èdʒukéiʃənl]

a. 교육의, 교육적인

- **an educational system[institution]** 교육 제도[기관]

0624 ★★☆

conduct
v.[kəndʌ́kt]
n.[kándʌkt]

v. 안내하다(guide); (연주를) 지휘하다; 처신하다(behave)

n. 안내(guidance); 지휘; 처신, 행실(behavior)

- **conduct an orchestra** 관현악단을 **지휘하다**
- The graceful lady **conducted** herself nobly.
  우아한 숙녀는 품위 있게 **처신했다.**
- Her **conduct** was very polite. 그녀의 **행실**은 매우 공손했다.

| 어원 | con-
(together) | ⊕ | duct
(lead) | ➡ | 함께 이끌다 |

---

conductor
[kəndʌ́ktər]

n. 안내자(guide), 차장; 지휘자; (전기·열의) 전도체

- Copper is a good **conductor** of electricity.
  구리는 전기의 좋은 **전도체**이다.

0625 ★☆☆

reduce
[ridjú:s]

vt. vi. (크기·수량·정도를) 줄이다, 감소시키다; (값을) 인하하다

- **reduce expenses[air pollution]** 경비[대기오염]를 **줄이다**
- **at reduced prices** 할인된 가격으로
- The boxer **reduced** his weight by 6 kilograms by eating less
  and exercising. 그 권투 선수는 적게 먹고 운동을 해서 체중을 6kg **줄였다.**

| 어원 | re-
(back) | ⊕ | duce
(lead) | ➡ | 뒤로 이끌다 |

---

reduction
[ridʌ́kʃən]

n. 감소, 삭감; 가격 인하, 할인

- **a 30% reduction on the price of all shoes**
  모든 신발 가격의 30퍼센트 **할인**

0626 ★★★

induce
[indjú:s]

vt. 유도[설득]하여 ~하게 하다(persuade); 〈논리〉 귀납하다

- Nothing shall **induce** me to go there.
  어느 것도 내가 그곳에 가도록 **유도하**지 못할 것이다.

| 어원 | in-
(into) | ⊕ | duce
(lead) | ➡ | 안으로 이끌다 |

---

inducement
[indjú:smənt]

n. 유도, 설득(persuasion); 동기(motive, incentive)

- Reward is an **inducement** to toil. 보상은 수고에 대한 **동기**이다.

---

induction
[indʌ́kʃən]

n. 〈논리〉 귀납법(◐ deduction)

- **the principle of mathematical induction** 수학적 **귀납법**의 원리

0627 ★★★

ductile
[dʌ́ktəl]

a. (구리·금 등이) 연성이 있는, 늘릴 수 있는(malleable); (성질이) 유순한, 고분고분한(compliant, docile)

- **a ductile child[employee]** 유순한 아이[고용인]
- Lead and gold are **ductile** metals. 납과 금은 **연성이 있는** 금속이다.

| 어원 | duct (lead) | ➕ | -ile (형접: easy) | ➡ | 이끌기 쉬운 |

---

dur

'last(지속되다)'의 의미를 지님

0628 ★☆☆

during
[djúəriŋ]

prep. ~하는 동안

- She kept silent **during** the meal.
  그녀는 식사를 **하는 동안** 아무 말도 하지 않았다.

  cf. He slept during the meeting. (~동안: 상태·사건의 계속)
  　　 He slept for two hours. (~동안: 주로 숫자를 수반)
  　　 He slept through the meeting. (~동안, 줄곧: 처음부터 끝까지)

| 어원 | dur (last) | ➕ | -ing (진행형 어미) | ➡ | 지속되고 있는 |

0629 ★☆☆

endure
[indjúər;en]

vt. (오랜 시간에 걸쳐) 참다, 인내하다(bear, stand, put up with)

vi. 지속되다(last)

- I can't **endure** that noise a moment longer.
  나는 한 순간도 더 그 소음을 **참을 수가** 없다.

| 어원 | en- (make) | ➕ | dur(e) (last) | ➡ | 지속되게 만들다 |

endurance
[indjúərəns]

n. 인내(력), 참을성; 지구력, 내구력[성]

- When the pain was beyond **endurance**, she went to the doctor.
  고통이 **참을 수** 없을 때 그녀는 의사에게 갔다.

0630 ★★★

durable
[djúərəbl]

a. 내구력 있는, 오래 가는

- **durable goods** (자동차·가구 등의) **내구** 소비재
- Buyers always look for well-finished and **durable** products.
  구매자들은 항상 끝맺음이 잘 되어 있고 **내구력 있는** 제품을 찾는다.

| 어원 | dur (last) | ➕ | -able (형접: 할 수 있는) | ➡ | 지속될 수 있는 |

duration
[djuréiʃən]

n. 지속 (기간)

- Our conversations were of short **duration**.
  우리의 대화는 오래 **지속**되지 않았다.

durability
[djùərəbíləti]

n. 내구력, 내구성(**endurance**)

- **the durability of a car** 자동차의 **내구력**

0631 ★☆☆

last
v.[læst;lɑːst]
a.,ad.[læst;lɑːst]

vi. 계속되다, 지속되다(**go on, continue**)

a. ad. 최후의[에]; 최근의[에]

- The hot weather **lasted** until September.
  무더운 날씨가 9월까지 **계속되었다**.
- This is my **last** dollar. 이것이 나의 **마지막 남은** 달러이다.
- When did you see him **last**? **최근**에 그를 만난 것은 언제였지?

| 어원 | last
(follow: 이어지다) | ⟶ | 이어져 계속되다 |

---

eco

'house(집); environment(환경)'의 의미를 지님

0632 ★★☆

ecology
[ikáləʤi]

n. 생태학, 환경학(**bionomics**); 생태 자연환경

- An understanding of **ecology** is central to keeping our planet
  safe from destruction.
  생태학의 이해는 파멸로부터 지구를 안전하게 지키는 데 중점을 둔다.

| 어원 | eco
(house) | ✛ | -logy
(명접: 학문) | ⟶ | 집, 환경에 관한 학문 |

---

ecological
[èkəláʤikəl]

a. 생태학의; 생태계의(**of the ecosystem**)

- **an ecological disaster[pyramid]** 생태계의 재앙[피라미드]

cf. eco-friendly 친환경적인, 환경 친화적인(**environment[environmentally] friendly,
green**)

0633 ★☆☆

economy
[ikánəmi]

n. 경제; 절약, 아껴 씀(**frugality** ⟷ **luxury**)

- **domestic[controlled] economy** 국내[통제] **경제**
- **economy of time and labor** 시간과 노동력의 **절약**
- Further inflation would endanger the national **economy** seriously.
  인플레이션이 지속되면 나라의 **경제**는 심각한 위험에 처하게 될 것이다.

| 어원 | eco
(house) | ✛ | nomy
(management) | ⟶ | 집, 나라 관리 |

economic
[èkənámik;ì:k-]

a. 경제의, 경제(학)상의
- **an economic stabilization[principle]** 경제적 안정(경제학의 법칙)

economical
[èkənámikəl;ìk-]

a. 절약하는, 검소한(**frugal, thrifty**); 경제적인, 값싼
- A housewife is **economical** with money.
  주부는 돈을 **절약한다**.
- Gas is more **economical** than charcoal.
  가스는 숯보다 **경제적이다**.

economist
[ikánəmist]

n. 경제학자
- The professor is an **economist** who works for the government.
  그 교수는 정부에서 일하는 **경제학자**이다.

economics
[èkənámiks;ì:k-]

n. 경제학
- **Economics** is her major field of study.
  경제학은 그녀의 전공 연구 분야이다.

economize
[ikánəmaiz]

v. 절약하다, ~을 효율적으로 이용하다
- **economize in electric power** 전기를 **절약하다**
- **economize time[fuel]** 시간(연료)를 **절약하다**

---

empt, amp
'take(잡다, 취하다)' 의 의미를 지님

0634 ★★★

exempt
[igzémpt]

vt. (의무·책임 등에서) 면제하다

a. 면제된
- **a person exempt from taxes** 세금이 **면제된** 사람
- Poor eyesight **exempted** him from military service.
  그는 시력이 나빠 병역이 **면제되었다**.

| 어원 | ex-
(out) | ⊕ | empt
(take) | ⊙ | 의무에서 밖으로 빼내다 |

exemption
[igzémpʃən]

n. 면제
- **exemption from military service** 병역 면제

0635 ★☆☆

prompt
[prɑmpt]

a. 신속한, 즉각적인

vt. 자극하다, 부추기다; (무대 뒤에서 배우에게) 대사를 일러 주다

- **prompt first aid** 즉각적인 응급조치
- She received a **prompt** response to her letter.
  그녀는 자신의 편지에 대한 **신속한** 답장을 받았다.
- Hunger **prompted** him to steal.
  배고픔이 그를 도둑질하도록 **부추겼다.**

어원	pro- (forward)	⊕	(e)mpt (take)	⇨	앞으로 가지고 나오다

---

prompter
[prɑ́mptər]

n. 〈연극〉 프롬프터(대사를 잊어버린 배우에게 대사를 일러주는 사람)

- A **prompter** helped the actor speed up his lines.
  프롬프터가 그 배우가 대사를 빠르게 하는 데 도움을 주었다.

0636 ★☆☆

example
[igzǽmpl;-zάːm-]

n. 예, 실례(instance); 모범, 본보기(exemplar)

- She wants a luxury car, a Mercedes, for **example**.
  그녀는 고급차, **예**를 들어 메르세데스를 원한다.
- Here is an **example** of his sincerity.
  그의 성실함을 보여주는 한 **예**이다.
- She arrived at the office early to set an **example** for the others.
  그녀는 다른 사람들에게 **모범**을 보이기 위해 사무실에 일찍 출근했다.

어원	ex- (out)	⊕	amp (take)	⊕	-le (어미)	⇨	잡아서 뽑아낸 것

0637 ★☆☆

sample
[sǽmpl]

n. 견본, 표본(specimen)

vt. ~의 견본[표본]을 만들다; 시음[시식]하다

- **a sample of whisky[cosmetics]** 위스키[화장품]의 **견본**
- The nurse took a **sample** of my blood.
  그 간호사는 내 혈액의 **샘플**을 채취했다.

어원	sample	⇨	example이 변화된 형태

0638 ★★★

exemplary
[igzémpləri;
 egzəmpleri]

a. 모범적인, 본보기가 되는; 전형적인

- The teacher praised a student for his **exemplary** behavior.
  선생님은 **모범적인** 행동에 대해 한 학생을 칭찬했다.

어원	ex- (out)	⊕	emp (take)	⊕	-lary (형접)	⇨	밖으로 취한 것의

0639 ★★★

redemption
[ridémpʃən]

n. (저당물의) 되찾기, 되사기; 구원, 구제(**salvation**)

- Most Christians believe **redemption** comes with belief in Jesus Christ. 대부분의 기독교인들은 예수를 믿음으로써 **구원**이 온다고 믿는다.

어원	re- (back)	⊕	(d)empt (take)	⊕	-ion (명접)	⇒	되찾기

redeem
[ridí:m]

vt. 되찾다, 되사다(**buy back**); 구원하다

- An old man **redeemed** his watch from the pawnshop.
  노인은 전당포에서 시계를 **되찾았다**.

---

equ	'same(같은; 동등한)'의 의미를 지님

0640 ★☆☆

equal
[í:kwəl]

a. (수·양 등이) 같은, 동등한; 평등한; ~을 감당할 수 있는

n. 동등한 사람[것]

vt. ~와 같다; ~에 필적하다(**match**)

- Women demand **equal** pay for **equal** work.
  여성은 **동등한** 업무에 **동등한** 임금을 요구한다.
- All men are created **equal**. 만인은 **평등하게** 태어났다. [Lincoln]
- The ambitious woman is **equal** to (the task of) running the hotel.
  그 야심 찬 여자는 그 호텔을 경영을 **감당할 수 있다**.
- None of us can **equal** her as a dancer.
  우리들 중 어느 누구도 무용수로서 그녀에게 **필적할 수 없다**.

어원	equ (same)	⊕	-al (형접)	⇒	같은, 동등한

equality
[ikwáləti]

n. 동등, 균등, 평등(**inequality**)

- **women's struggle for equality between the sexes**
  남녀 **평등**을 위한 여성의 투쟁

0641 ★☆☆

equate
[ikwéit]

vt. (둘을) 동등하게 여기다, 동일시하다

- People **equate** wealth with happiness. 사람들은 부와 행복을 **동일시한다**.

어원	equ (same)	⊕	-ate (동접)	⇒	같게 만들다

equation
[ikwéiʒən;-ʃən]

n. 동등화, 동일시; 〈수학〉 방정식; 등식

- **the king's equation of himself with his country**
  국왕이 자기 자신을 나라와 **동일시**하는 것

0642 ★☆☆

equator
[ikwéitər]

n. 적도, 주야 평균선

- An **equator** means an imaginary line drawn around the world halfway between the North and South Poles.
  적도란 남극과 북극의 중간에 지구를 둘러싸고 그려진 가상의 선을 뜻한다.

| 어원 | equ
(same) | ⊕ | -at
(동접) | ⊕ | -or
(명접) | ⇨ | 같게 만든 것 |

equatorial
[ì:kwətɔ́:riəl;èk-]

a. 적도(상)의, 적도 지방의

- **equatorial temperatures[vegetation]** 적도 지방의 기온(식물)

0643 ★★★

equivalent
[ikwívələnt]

a. (가치·중요성 등이) 동등한, 대등한(the same in value)

n. 동등한 것, 등가물

- The traveler changed his dollars for the **equivalent** amount of pounds. 그 여행자는 달러를 **동등한** 금액의 파운드로 바꾸었다.
- There is no **equivalent** for the word in English.
  영어에는 그 단어에 **해당하는 어구**가 없다.

| 어원 | equ(i)
(same) | ⊕ | val
(value: 가치) | ⊕ | -ent | ⇨ | 같은 가치의 (것) |

0644 ★★★

equilibrium
[ì:kwəlíbriəm;èk-]

n. 균형, 평형(balance)

- He lost his **equilibrium** and fell into the lake. 그는 **균형**을 잃고 호수에 빠졌다.

| 어원 | equ(i)
(same) | ⊕ | libr
(balance) | ⊕ | -ium
(명접) | ⇨ | 균등한 균형 |

0645 ★☆☆

adequate
[ǽdikwət]

a. 충분한(as much as is needed, sufficient); 적절한

- **an adequate supply** 충분한 공급량
- He makes a salary **adequate** to support his family.
  그는 가족을 부양하기에 **충분한** 급료를 받는다.

| 어원 | ad-
(to) | ⊕ | equ
(same) | ⊕ | -ate
(형접) | ⇨ | 기준에 동등한 |

0646 ★★★

equivocal
[ikwívəkəl]

a. (말·뜻·태도 등이) 애매한, 명확하지 않은(ambiguous, obscure)

- **an equivocal answer[sentence]** 애매한 대답(문장)
- He remains **equivocal** about going ahead with the project.
  그 계획을 진행해 나가는 데 대해 그는 여전히 **애매한** 태도이다.

| 어원 | equ(i)
(same) | ⊕ | voc
(voice) | ⊕ | -al
(형접) | ⇨ | 소리가 같은 |

0647 ★★★

equitable
[ékwətəbl]

a. (행위·결과 등이) 공평한, 공정한(fair, just)

• You should make an **equitable** division of the money.
너희들은 그 돈을 **공평하게** 분배해야 한다.

| 어원 | equ(i) (same) | ➕ | t | ➕ | -able (형접) | ➡ | 동등해 질 수 있는 |

---

ess, est, sent   'be, exist(존재하다)'의 의미를 지님

0648 ★☆☆

essence
[ésns]

n. 본질, 정수; (식물 등에서 추출한) 진액, 에센스(extract)

• the **essence** of lemon[beef] 레몬(소고기) 진액
• The **essence** of his religious teaching is love for all people.
그의 종교적인 가르침의 **본질**은 모든 사람에 대한 사랑이다.

| 어원 | ess (be) | ➕ | -ence (명접) | ➡ | 사물의 실존을 이루는 것 |

---

essential
[isénʃəl;es-]

a. 본질[근본]적인(intrinsic); 필수적인(indispensable)

• Oxygen is **essential** to life. 산소는 생명에 **필수적이**다.

---

essentials
[isénʃəls;e-]

n. 본질적 요소, 필수적인 요소(indispensable elements)

• **essentials to success[health]** 성공(건강)에 **필수적인 요소**

0649 ★☆☆

interest
[íntərəst;-tərest]

n. 흥미, 관심(사) (보통 in을 수반); 〈금융〉 이자; 이해관계

vt. 흥미를 주다, 관심을 갖게 하다 (보통 in을 수반)

• I have no **interest** in politics. 나는 정치에 **관심**이 없다.
• He lent me the money at 6% **interest**. 그는 내게 6부 **이자**로 돈을 빌려줬다.
• The mediator is without **interest** in the outcome.
그 중재자는 결과에 **이해관계**가 없다.
• The female writer is **interested** in mystery stories.
그 여류 작가는 추리소설에 **흥미가 있다**.

| 어원 | inter- (between) | ➕ | est (be) | ➡ | 사이에 존재하는 것 |

---

interesting
[íntərəstiŋ;-tərest-]

a. 흥미를 주는, 관심을 끄는(arousing a feeling of interest)

• **an interesting social phenomenon** 흥미를 주는 사회 현상

interested
[íntərəstid;-tərest-]

a. 흥미를 가진, 관심이 있는

- **interested spectators[members]** 관심이 있는 관객(구성원)

0650 ★☆☆

present
a.,n.[préznt]
v.[prizént]

a. 출석한, 참석한; 현재의(**current**); 존재하는(**existing**)

n. 현재; 선물(**gift**)

vt. 증정[선물]하다; 제출[제시]하다(**offer**); 공연하다(**perform**)

- How many people were **present** at the meeting?
  모임에 몇 명이 **참석했습니까**?
- What is your **present** address? 당신의 **현주소**는 어디입니까?
- The wealthy woman **presented** him with a gold watch.
  그 부유한 여성은 그에게 금시계를 **선물했다**.
- The committee is **presenting** its report next week.
  위원회는 다음 주에 보고서를 **제출할** 예정이다.

| 어원 | pre-
(before) | ⊕ | sent
(be) | ⇨ | 앞에 존재하는, 앞에 존재하게 하다 |

---

presentation
[prì:zentéiʃən;
prezən-]

n. 증정, 선사; 제출, 제시; 발표, 공연

- The new employee gave a **presentation** of his marketing plan
  to the boss. 그 신입사원은 사장에게 마케팅 계획을 **발표**했다.

---

presence
[prézns]

n. 출석, 참석(**attendance**); 존재, 현존

- Your **presence** at the meeting is important to me.
  당신이 모임에 **참석**하는 것은 나에게 중요하다.

0651 ★☆☆

absent
a.[æbsənt]
v.[æbsént;ǽbsənt]

a. 결석한, 불참한(**not present**); 부재의, 출타 중인(**away**)

vt. (재귀용법) 결석[결근]하다

- Five students were **absent** from class today.
  오늘 다섯 명의 학생이 수업에 **결석했다**.
  = Five students **absented** themselves from class today.

| 어원 | ab-
(away) | ⊕ | sent
(be) | ⇨ | 멀리 (떨어져) 존재하는 |

---

absence
[ǽbsəns]

n. 결석, 불참(◎ presence); 부재, 출타(**not being present**)

- Speak ill of no one in his **absence**. 본인이 **없는 데서** 험담을 하지 마라.

Daily Test 20

정답 및 해설 p.472

A 다음 영어를 우리말로, 우리말을 영어로 쓰시오.

1	equator		11	줄이다; 인하하다
2	exemplary		12	흥미; 흥미를 주다
3	equitable		13	내구력 있는, 오래 가는
4	redemption		14	신속한, 즉각적인
5	economics		15	결석한; 부재의; 결석하다
6	conduct		16	동등한, 대등한; 등가물
7	equivocal		17	충분한; 적절한
8	induce		18	예, 실례; 모범, 본보기
9	exempt		19	소개하다; 도입하다
10	last		20	출석, 참석; 존재, 현존

B 다음 빈칸에 알맞은 단어를 쓰시오.

1	sample	⊜ s		6	economy	⟷ l
2	adequate	⊜ s		7	introduce	⋒
3	last	⊜ g		8	endure	⋒
4	equality	⟷ i		9	ecology	ⓐ
5	presence	⊜ a		10	essence	ⓐ

C 다음 빈칸에 들어갈 알맞은 말을 보기 에서 고르시오. [문장: 기출 또는 기출 변형]

보기	introduction	reduces	last	essential

1 Little did he know that he was fueling his son with a passion that would _____ for a lifetime.

2 A philosopher once said that it is most difficult to take the lead in the _____ of a new order of things.

3 Nylon stockings disappeared with the coming of World War II, as nylon became _____ to the war effort.

4 Dietary fiber helps to lower the level of cholesterol and blood sugar, which _____ the risk of heart disease and diabetes.

DAY 21

fac(t), fec(t), fic(t), -fy / fare / fer

fac(t), fec(t), fic(t), fy
[=make / do]

fare
[=go]

fer
[=carry / bear]

---

fac(t), fec(t), fic(t), -fy 'make(만들다), do(하다; 충분하다)'의 의미를 지님

0652 ★☆☆

factory
[fǽktəri]

n. 공장, 제작소(plant, mill)

- **a glass[car] factory** 유리〔자동차〕 **공장**
- **Factory** workers are discriminated against by their managers.
  공장 노동자들은 경영자들에 의해 차별 대우를 받는다.

| 어원 | **fact** (make) | ➕ | **-ory** (명접: 장소) | ➡ | 물건을 만드는 장소 |

0653 ★☆☆

manufacture
[mæ̀njufǽktʃər]

vt. (손 또는 기계를 써서 대규모로) 제조하다, 생산하다(produce, make)

n. 제조, 생산; 제조업(manufacturing)

- **the illegal manufacture of a gun** 총의 불법 **제조**
- The company **manufactures** motorcycles.
  그 회사는 오토바이를 **생산한다**.

| 어원 | **manu** (hand) | ➕ | **fact** (make) | ➕ | **-ure** | ➡ | 손으로 만들기 |

---

manufacturer
[mæ̀njufǽktʃərər]

n. 제조 업자, 제조 회사

- **a manufacturer of medicines** 제약 **회사**

0654 ★☆☆

factor
[fǽktər]

n. 요인, 요소(element)

- **a principal[basic] factor** 주된〔기본적〕 **요인**
- Strictness is an important **factor** in successful education.
  엄격함은 성공적 교육에 있어서 중요한 **요소**이다.

| 어원 | **fact** (make) | ➕ | **-or** (명접) | ➡ | (어떤 결과를) 만드는 것 |

0655 ★☆☆

fact
[fækt]

n. 사실, 실제(reality)
- **a story based on fact** 사실에 토대를 둔 이야기
- **Fact** is stranger than fiction. 〔속담〕 **사실**이 허구보다 더 기이하다.

| 어원 | fact (make) | ⊙ | 만들어져 실제로 존재하는 것 |

factual
[fǽktʃuəl]

a. 사실인(true), 사실에 기반을 둔(based on facts)
- **a factual statement[biography]** 사실에 기반을 둔 진술〔전기〕

0656 ★★☆

facility
[fəsíləti]

n. 편의, 편리; (보통 -ies) 편의 시설, 설비(services); 손쉬움, 용이함(ease)
- **sports[amusement, transportation] facilities** 경기〔오락, 운송〕 **시설**
- One of the **facilities** we have is a library.
  우리가 소유하고 있는 **편의 시설** 중 하나는 도서관이다.

| 어원 | fac (do) | ⊕ | il(e) (easy) | ⊕ | -ity (명접) | ⊙ | 행하기 쉬운 것 |

facile
[fǽsil]

a. 술술 움직이는(done easily), 솜씨 있는(skillful); 손쉬운, 용이한(easy)
- **a dancer's facile movement** 한 무용수의 **솜씨 있는** 동작
- **a facile victory[task]** 손쉬운 승리〔일〕

facilitate
[fəsíləteit]

vt. 용이하게 하다, 촉진하다(expedite)
- Modern inventions have **facilitated** housework.
  현대의 발명품은 집안일을 **용이하게 했다**.

0657 ★★★

faculty
[fǽkəlti]

n. 능력(ability), 재능(talent); 학부(department), 교수진(teaching staff)
- **the mental faculties** 정신적 **능력들**
- **the faculty of theology[medicine, law]** 신학〔의학, 법학〕**부**
- The university has an excellent **faculty**.
  그 대학은 뛰어난 **교수진**을 보유하고 있다.

| 어원 | fac(ul) (facile: 용이한) | ⊕ | -ty (명접) | ⊙ | 용이하게 하는 것 |

0658 ★☆☆

facsimile
[fæksíməli]

n. 팩시밀리, 사진 전송 vt. 팩시밀리로 보내다(약어 fax)
- The secretary sent her letter by **facsimile** to Busan this morning.
  비서는 오늘 아침에 편지를 **팩스로** 부산에 보냈다.
- She **faxed** the information to the branch office.
  그녀는 그 정보를 지점에 **팩스로 보냈다**.

| 어원 | fac (make) | ⊕ | simile (similar: 유사한) | ⊙ | 유사하게 만들다 |

effect
[ifékt]

n. 결과(result), 영향(influence); 효력, 효과　　vt. 결과를 낳다, 초래하다

- **the disastrous effects of war** 전쟁이 미친 비참한 **결과**
- Lowering taxes had a strong **effect** on the taxpayers.
  세금 인하는 납세자들에게 강력한 **영향**을 미쳤다.
- The new president **effected** several changes in the company.
  새로운 사장은 회사 내에 몇 가지 변화를 **가져왔다.**

| 어원 | ef-
(ex-: out) | ⊕ | fect
(make) | ⇒ | 밖으로 만들어진 것 |

effective
[iféktiv]

a. 효과적인(effectual); 유효한

- Take **effective** measures, please. **효과적인** 조치를 취해 주세요.

affect
[əfékt]

vt. 영향을 미치다(influence, have an effect on); 감정을 갖게 하다,
감동시키다(move, impress); ~인 체하다, 가장하다(pretend)

- The rise in prices directly **affects** people's lives.
  물가 상승은 국민 생활에 직접적인 **영향을 미친다.**
- His performance **affected** me deeply. 그의 연기는 나를 깊이 **감동시켰다.**
- My bitter enemy **affected** not to see me. 나의 철천지 원수는 나를 못 본 **체했다.**

| 어원 | af-
(ad-: to) | ⊕ | fect
(do) | ⇒ | ~에 행하여 영향을 미치다 |

affection
[əfékʃən]

n. 애정, 다정함

- The child needs his mother's **affection**. 그 아이는 어머니의 **애정**이 필요하다.

affectionate
[əfékʃənət]

a. 애정이 넘치는, 다정한

- **an affectionate mother[embrace]** **다정한** 엄마[포옹]

affectation
[æfektéiʃən]

n. 꾸미기, 가장(pretense)

- **a writer with no affectation of profundity** 심오한 **체하지** 않는 작가

defect
n.[díːfekt;difékt]
v.[difékt]

n. 결점, 결함(fault, imperfection)

vi. (국가·정당 등을) 탈퇴하다, 변절하다; ~로 도망치다

- **a defect in one's character[argument]** 성격(주장)의 **결점**
- The machine is unsafe because of its **defects**.
  그 기계는 자체 **결함** 때문에 안전하지 않다.
- The famous Russian dancers **defected** to the West.
  러시아의 유명한 무용수들이 서방으로 **망명했다.**

| 어원 | de-
(down) | ⊕ | fect
(make) | ⇒ | 부족하게 만든 것 |

defective
[diféktiv]

a. 결점이 있는, 결함이 있는(faulty, imperfect)
- **a defective car[switch]** 결함이 있는 차[스위치]

defector
[diféktər]

n. 변절자, 탈당자, 망명자
- **a cunning defector** 약삭빠른 **변절자**

0662 ★★★
infect
[infékt]

vt. (병균으로) 감염시키다, 전염시키다
- **water infected with cholera** 콜레라균으로 **감염된** 물
- The disease **infected** her eyes, and she went blind.
  그 병이 눈을 **감염시켜서** 그녀는 눈이 멀게 되었다.

어원	in- (into)	➕	fect (make, do)	➡	안으로 들어가게 하다

---

infection
[infékʃən]

n. (공기·물·벌레 등을 매개로 하는) 감염, 전염
- **infection from impure water[by flies]** 더러운 물[파리에 의한]에 의한 **감염**
- *cf.* contagion 접촉에 의한 전염

---

infectious
[infékʃəs]

a. 전염성의, 전염병을 일으키는
- Colds are **infectious**. 감기는 **전염성이다.**

0663 ★☆☆
fiction
[fíkʃən]

n. 허구(虛構), 꾸며낸 이야기(made-up story); 소설(novel)
- **science fiction** 공상 과학 **소설** (약어 SF)
- I prefer light **fiction** to serious novels.
  나는 진지한 소설보다 가벼운 **소설**을 더 좋아한다.

어원	fict (make)	➕	-ion (명접)	➡	꾸며 만든 이야기

---

fictional
[fíkʃənl]

a. 허구의, 꾸며낸; 소설적인
- **a fictional account of a journey to the moon**
  달나라 여행에 대한 **꾸며낸** 이야기

---

fictitious
[fiktíʃəs]

a. 거짓의, 진짜가 아닌(not genuine)
- **a fictitious account of the bank robbery** 은행 강도 사건에 대한 **거짓** 기사
- *cf.* fiction: novel 장편 소설   short story 단편 소설   biography 전기
  nonfiction: essay 수필   history book 역사서

sufficient
[səfíʃənt]

a. (양·수가) 충분한(enough, adequate ⓐ deficient)

- That's not **sufficient** to feed a hundred men.
  그것은 100명을 먹이기에 **충분하지** 않다.
- $50 is **sufficient** for a new pair of shoes.
  50달러면 새 신발 한 켤레를 사기에 **충분하다**.

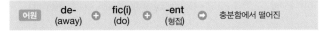

| 어원 | suf-
(sub-: under) | ➕ | fic(i)
(make) | ➕ | -ent
(형접) | ➡ | 아래까지 만들어진 |

---

sufficiency
[səfíʃənsi]

n. 충분함, 충분한 공급(량)(enough, adequacy)

- **have a sufficiency of money** 충분한 돈을 가지고 있다

---

suffice
[səfáis]

vi. (필요·목적 등에) 충분하다(be enough)

- $20 will **suffice** for the purpose.
  20달러면 그 목적에 **충분할** 것이다.

---

deficient
[difíʃənt]

a. 결여된, 부족한(lacking), 충분하지 않은(insufficient)

- **food deficient in iron** 철분이 **결여된** 음식
- How can you compensate for your **deficient** ability?
  너는 **부족한** 능력을 어떻게 보충할 수 있겠느냐?

| 어원 | de-
(away) | ➕ | fic(i)
(do) | ➕ | -ent
(형접) | ➡ | 충분함에서 떨어진 |

---

deficiency
[difíʃənsi]

n. 결핍, 부족(lack, insufficiency); 불완전, 결함

- **fill up a deficiency in vitamin B** 비타민 B **결핍**을 보완하다

---

efficient
[ifíʃənt]

a. 유능한, 실력이 있는(competent); 능률적인, 효율적인(ⓐ inefficient)

- **an efficient workman[secretary]** 유능한 일꾼[비서]
- **inefficient methods of teaching** 비능률적인 교수법
- This new machine is more **efficient** than the old one.
  이 새 기계는 옛날 것보다 더 **능률적이다**.

| 어원 | ef-
(ex-: out) | ➕ | fic(i)
(make) | ➕ | -ent
(형접) | ➡ | (결과를) 만들어 내는 |

---

efficiency
[ifíʃənsi]

n. 유능, 능력; 능률, 효율

- **attempts to improve efficiency** 능률을 향상시키려는 시도

0667 ★★★

proficient
[prəfíʃənt]

a. 숙달된, 능숙한(skillful, adept, dexterous)

n. 달인(expert)

• **proficient in music** 음악에 능한 **달인**
• He is **proficient** in[at] operating the computer.
  그는 컴퓨터를 다루는 데 **능숙하다**.

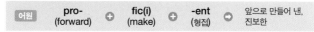

| 어원 | pro-
(forward) | ➕ | fic(i)
(make) | ➕ | -ent
(형접) | ➡ | 앞으로 만들어 낸,
진보한 |

proficiency
[prəfíʃənsi]

n. 숙달, 능숙(skill)

• **have little proficiency in Japanese** 일본어가 거의 **능숙**하지 않다

0668 ★☆☆

profit
[práfit]

n. (금전상의) 이익, 수익(gain)

vt. vi. 이익을 얻다[이 되다]

• She sold her house at a **profit**.
  그녀는 자신의 집을 **이익**을 남기고 팔았다.
• He **profited** from his investment in the stock market.
  그는 주식시장에 투자하여 **이익을 냈다**.

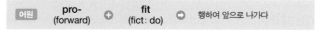

| 어원 | pro-
(forward) | ➕ | fit
(fict: do) | ➡ | 행하여 앞으로 나가다 |

profitable
[práfitəbl]

a. 이익이 되는, 돈벌이가 되는(gainful, lucrative)

• **a profitable investment[deal]** 이익이 되는 투자[거래]

0669 ★☆☆

benefit
[bénəfit]

n. 이익, 혜택; 수익(profit), 유리(advantage); 자선기금 모금 행사

v. 도움이 되다

• **a benefit concert[performance]** 자선 음악회[공연]
• The lady had the **benefit** of a good education.
  그 숙녀는 훌륭한 교육을 받는 **혜택**을 입었다.

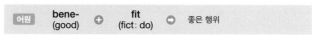

| 어원 | bene-
(good) | ➕ | fit
(fict: do) | ➡ | 좋은 행위 |

beneficial
[bènəfíʃəl]

a. 이익이 되는, 도움이 되는(helpful)

• Technology is not always **beneficial**.
  과학기술이 항시 **이익이 되는** 것은 아니다.

0670 ★☆☆

satisfy
[sǽtisfai]

vt. 만족시키다(gratify); (욕구를) 충족시키다, 채우다(meet)

- Father was not **satisfied** with my examination results.
  아버지는 나의 시험 결과에 **만족하지** 않았다.
- He **satisfied** his hunger by drinking water. 그는 물을 마셔 허기를 **채웠다.**

| 어원 | satis
(enough) | + | -fy
(make) | ⇒ | 충분하게 만들다 |

---

satisfactory
[sæ̀tisfǽktəri]

a. 만족을 주는, 만족스러운(satisfying)

- a **satisfactory** result[answer] 만족스러운 결과[대답]

---

satisfied
[sǽtisfaid]

a. 만족한, 흡족한(content)

- feel **satisfied** with its beauty 그것의 아름다움에 **만족해 하다**

---

satisfaction
[sæ̀tisfǽkʃən]

n. 만족, 충족(contentment)

- for the **satisfaction** of his ambition[curiosity, desires]
  그의 야심[호기심, 욕망]을 **충족시키기** 위하여

0671 ★★☆

qualify
[kwάləfai]

vt. 자격을 부여하다, 권한을 부여하다(certify)

- This course will **qualify** you to teach swimming.
  이 과정을 마치면 너에게 수영을 가르칠 **자격이 부여될** 것이다.
- She is **qualified** as a teacher of French. 그녀는 프랑스 어 교사 **자격이 있다.**

| 어원 | qual(i)
(quality: 질) | + | -fy
(make) | ⇒ | 자질을 갖추게 하다 |

---

qualification
[kwὰləfikéiʃən]

n. 자격, 필요조건; 자질, 소질

- a **qualification** for a driver's license 운전면허증 자격

---

fare

'go(가다)'의 의미를 지님

0672 ★☆☆

fare
[fέər]

n. (버스·열차·택시 등의) 요금, 운임

vi. 해나가다, 살아나가다(get away, get on); 〈비인칭 구문〉 (일이) 진행되다(go)

- a single[double] **fare** 편도[왕복] 요금
- He **fared** well in his position. 그는 자기 일을 순조롭게 **해나갔다.**
- How did it **fare** with him? 그는 어떻게 **지내고 있었니?**

cf. fee (의사·변호사의) 수수료, 사례금, (입학·입회의) 납부금

　　charge (호텔·식당 등의) 요금, 사용료, 비용

| 어원 | fare
(go) | ⇒ | 가는 요금, 인생길을 가다 |

0673 ★☆☆

farewell
[fɛ̀ərwél]

interj. 안녕, 잘 가거라(good-bye)

n. 작별 인사; 작별, 고별(leave-taking)

- *A Farewell to Arms* 무기여 **잘 있거라**(E. Hemingway의 소설, 1929)
- **a farewell address[performance]** 고별 연설(공연)
- We'll have a **farewell** party before we leave.
  우리는 떠나기에 앞서 **송별**연을 벌일 작정이다.

| 어원 | fare (go) | ➕ | well (잘, 좋게) | ➡ | 잘 가거라 |

0674 ★★★

welfare
[wélfɛ̀ər]

n. 복지, 후생; 안녕, 행복(well-being); 사회 보장 (제도)(social security)

- **the physical or mental welfare of society** 사회의 물질적 또는 정신적 **복지**
- Your mother is thinking only of your **welfare**.
  네 어머니는 너의 **안녕**만을 생각하고 있다.

| 어원 | wel (well) | ➕ | fare (살아가다) | ➡ | 잘 살아 가는 것 |

0675 ★★★

warfare
[wɔ́ːrfɛ̀ər]

n. 전쟁 (행위), 전쟁 방법

- **psychological[guerrilla] warfare** 심리**전**(게릴라**전**)
- The general knows everything about nuclear **warfare**.
  그 장군은 핵**전쟁**에 관한 모든 것을 안다.

| 어원 | war (전쟁) | ➕ | fare (go) | ➡ | 전쟁하러 가기 |

0676 ★★★

thoroughfare
[θə́ːroufer]

n. 통행, 왕래(passage); 주요 도로, 대로(main road)

- No **Thoroughfare** 통행금지
- Fifth Avenue is one of the main **thoroughfares** in New York City.
  5번 가는 뉴욕시의 주요 **대로** 중 하나이다.

| 어원 | thorough (through : 통과하여) | ➕ | fare (go) | ➡ | 통과하여 가기 |

---

fer

'carry(나르다), bear(열매를 맺다)'의 의미를 지님

0677 ★☆☆

ferry
[féri]

n. 나루터, 선착장; 나룻배, 연락선(ferryboat)

- He had to wait two hours at the **ferry**. 그는 **선착장**에서 두 시간을 기다려야 했다.
- We can cross the river by **ferry** after about twenty minutes.
  우리는 **나룻배**를 타고서 약 20분 후에 강을 건널 수 있다.

| 어원 | fer(r) (carry) | ➕ | -y (명접) | ➡ | 사람, 물건을 나르는 장소(기구) |

0678 ★☆☆

confer
[kənfə́:r]

vt. (상·학위·선물을) 수여하다, 주다(**bestow**) (보통 on을 수반)

vi. 협의하다, 의논하다(**consult together**) (보통 with을 수반)

- The principal **conferred** an award on the students.
  교장선생님은 학생들에게 상을 **수여했다**.
- The President **conferred** with his adviser on foreign affairs.
  대통령은 외교 문제에 대하여 고문과 **협의했다**.

| 어원 | con-
(together) | ➕ | fer
(carry) | ➡ | 함께 나르다 |

---

conference
[kánfərəns]

n. 회의, 협의회(**meeting**); 협의, 상담(**consultation**)

- **a general[disarmament] conference** 총회[군축회의]

0679 ★★☆

defer
[difə́:r]

vt. 연기하다, 미루다(**postpone, put off, delay**)

vi. (남의 의견에) 따르다(**yield**); 경의를 표하다 (보통 to를 수반)

- He **deferred** his departure for two days.
  그는 이틀 간 출발을 **연기했다**.
- He **defers** to his wife in money matters.
  그는 금전 문제는 아내를 **따른다**.

| 어원 | de-
(down) | ➕ | fer
(carry) | ➡ | 아래로 나르다 |

---

deference
[défərəns]

n. 복종(**yielding**); 존경, 경의(**respect**)

- We should pay **deference** to a candid statesman.
  우리는 솔직한 정치인에게 **경의**를 표해야 한다.

0680 ★☆☆

refer
[rifə́:r]

vi. (보통 to를 수반) 지시하다, 나타내다; 언급하다(**mention**); (근거로서) 참조하다, 참고하다

vt. 참조케 하다; ~의 탓으로 하다(**ascribe**) (보통 to를 수반)

- **refer to one's notes[a dictionary]** ~의 노트[사전]을 **참조하다**
- Don't **refer** to the matter again.
  그 일을 다시는 **언급하지** 마라.
- She **referred** her failure to bad luck.
  그녀는 자신의 실패를 불운의 **탓으로 돌렸다**.
- We **refer** to a camel as a desert's ship.
  우리는 낙타를 사막의 배라고 **말한다**.

cf. refer to A as B A를 B라고 부르다

| 어원 | re-
(back) | ➕ | fer
(carry) | ➡ | 뒤로 다시 가져가다 |

reference
[réfərəns]

n. 지시 (관계), 관련; 언급(mention); 참조, 참고 자료
- **the problem of reference in the philosophy of language**
  언어 철학에 있어서 **지시 관계**의 문제
- **make a reference to a dictionary**
  사전을 **참고**하다

0681 ★☆☆

prefer
[prifə́:r]

vt. 더 좋아하다(like better), 선호하다 (보통 to를 수반)
- We **prefer** the country to the city.
  우리는 도시보다 시골을 **더 좋아한다**.
  = We like the country better than the city.
- He **prefers** staying home to going out.
  그는 외출하는 것보다 집에 있는 것을 **더 좋아한다**.
  = He **prefers** to stay home rather than (to) go out.

| 어원 | pre-
(before) | ⊕ | fer
(carry) | ➡ | 먼저 가져오다 |

---

preference
[préfərəns]

n. 선호(하는 것), 선택
- **have a preference for classical music**
  클래식 음악을 **선호**하다

---

preferable
[préfərəbl]

a. (~보다) 더 좋은, 선호되는
- Work is **preferable** to idleness.
  일하는 것이 나태보다 **더 좋다**.

0682 ★☆☆

differ
[dífər]

vi. (특성·의견 등이) 다르다 (보통 from을 수반)
- English **differs** from French in many respects.
  영어는 많은 점에서 불어와 **다르다**.

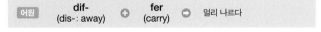

| 어원 | dif-
(dis-: away) | ⊕ | fer
(carry) | ➡ | 멀리 나르다 |

---

difference
[dífərəns]

n. 다름, 차이(점)
- **the main difference between the two** 양자의 주된 **차이점**

---

different
[dífərənt]

a. 다른, 상이한(dissimilar) (보통 from을 수반); 갖가지의(various)
- Her way of life is **different** from mine.
  그녀의 생활 방식은 나의 것과 **다르다**.

0683 ★★★

infer
[infə́:r]

vt. (증거·전제로부터) 추론하다(deduce), 추측하다(guess, surmise)

• We can **infer** unknown facts from known facts.
우리는 알려진 사실로부터 미지의 사실을 **추론할** 수 있다.

 | in-
(into) | ⊕ | fer
(carry) | ➡ | (증거를) 안으로 나르다

---

inference
[ínfərəns]

n. 추론(reasoning, deduction), 추측(guess, surmise)

• That is a mere **inference**. 그것은 **추측**에 불과하다.

0684 ★★★

fertile
[fə́:rtl]

a. (땅이) 기름진, 비옥한(prolific, rich ◐ sterile, barren); (열매를) 많이 맺는; (새끼를) 많이 낳는(prolific)

• a land **fertile** enough to grow wheat
밀을 생산할 수 있을 만큼 충분히 **비옥한** 땅

• This soil is **fertile** enough to produce crops.
이 땅은 작물을 생산하기에 충분히 **비옥하다**.

 | fer(t)
(bear) | ⊕ | -ile
(형접: easy) | ➡ | 열매를 맺기 쉬운

---

fertility
[fərtíləti]

n. 비옥; 다산; 수정 능력, 번식력

• the amazing **fertility** of rabbits 집토끼의 놀라운 **번식력**

---

fertilize
[fə́:rtəlaiz]

vt. 기름지게[비옥하게] 하다(enrich); 수정시키다, 수태시키다

• Bees **fertilize** the flowers. 벌은 꽃을 **수정시킨다**.

---

fertilizer
[fə́:rtəlaizər]

n. (화학) 비료(chemical manure)

• use natural **fertilizer** from cows 소에게 얻은 천연 **퇴비**를 이용하다

Daily Test 21

정답 및 해설 p.472

A 다음 영어를 우리말로, 우리말을 영어로 쓰시오.

1	defective		11	제조하다; 제조; 제조업
2	affectionate		12	더 좋아하다, 선호하다
3	faculty		13	유능한; 능률적인
4	farewell		14	영향을 미치다
5	facilitate		15	요인, 요소
6	thoroughfare		16	지시하다, 언급하다
7	welfare		17	요금, 운임; 해나가다
8	infect		18	추론하다, 추측하다
9	confer		19	자격을 부여하다
10	fictional		20	이익; 수익; 도움이 되다

B 다음 빈칸에 알맞은 단어를 쓰시오.

1	defer	p	6	fertile	⟷ b
2	qualify	c	7	satisfy	n
3	proficient	s	8	benefit	a
4	defect	f	9	effect	a
5	deficient	l	10	facility	v

C 다음 빈칸에 들어갈 알맞은 말을 보기 에서 고르시오. [문장: 기출 또는 기출 변형]

보기	manufactured	profits	proficient	infected

1 Although companies are supposed to seek _____, they still need to be morally responsible.

2 Plastic is not always easily or economically recyclable, and once _____, it may last virtually forever.

3 Jack-of-all-trades refers to those who claim to be _____ at countless tasks but cannot perform a single one of them well.

4 One 35-year-old woman who used to rub her eyes with her hands until they became sore and _____ found it helpful to put on make-up when she was tempted to rub.

DAY 22

fid / fin / flect, flex / flu / for(t) / frag, fract

fin
[=end / limit]

flect, flex
[=bend]

for(t)
[=strong]

frag, fract
[=break]

---

fid	'trust(믿다, 신뢰하다)'의 의미를 지님

0685 ★☆☆

confide
[kənfáid]

vi. (보통 in을 수반) (능력·진술 등을) 믿다, 신뢰하다(**have trust in**); (신뢰하여 ~에게) 비밀을 털어놓다(**tell secrets**)

vt. (비밀을 ~에게) 털어놓다, 실토하다

• The successful statesman **confided** in his own ability.
  그 성공한 정치인은 자신의 능력을 **믿었다**.

• Daughters often **confide** in their mothers.
  딸들은 종종 자신의 어머니에게 **비밀을 털어놓는다**.

• He **confided** all his hopes and dreams to her.
  그는 그녀에게 자신의 모든 희망과 꿈을 **털어놓았다**.

어원	con- (강조)	✛	fid(e) (trust)	➡	완전히 믿다

---

confidence
[kánfədəns]

n. 믿음, 신뢰(**trust**); 자신(감)(**self-confidence**); 비밀, 속내

• **the lack of confidence in government**
  정부에 대한 **신뢰** 부족

• The student answered the questions with **confidence**.
  그 학생은 질문에 **자신** 있게 대답했다.

• Oliver told me about their relationship in **confidence**.
  Oliver는 나에게 그들의 관계를 **남몰래** 말했다.

---

confident
[kánfədənt]

a. 굳게 믿는, 확신하는; 자신만만한(**self-confident**)

• **a confident speaker[manner]**
  자신만만한 연설자(태도)

• The team is **confident** of winning.
  그 팀은 승리를 **확신하고** 있다.

confidential
[kὰnfədénʃəl]

a. 비밀의, 은밀한(secret, clandestine)

• **a confidential report[document]** 비밀 보고서[문서]

> **● Further Study ●**
>
> 접두어 self-는 self(자신, 자기)의 의미
>
> selfish   a. 이기적인, 자기본위의(egoistic, self-centered)
> self·conscious a. 자기를 의식하는, 자의식이 강한
> self·control   n. 자제(심), 극기
> self·discipline n. 자기 수양
> self·evident   a. (증명할 필요 없이) 자명한, 뻔한
> self·respect   n. 자존(심)
> self·service   n. a. 셀프서비스(의)

0686 ★★☆

diffident
[dífədənt]

a. 자신 없는(↔ confident); 수줍어하는(shy, shameful)

• **a diffident salesperson** 수줍어하는 외판원
• He was **diffident** about her future. 그는 미래에 대해 **조심스러워했다.**

| 어원 | dif-
(dis-: not) | ➕ | fid
(trust) | ➕ | -ent
(형접) | ➡ | 믿지 못하는 |

---

diffidence
[dífədəns]

n. 자신 없음(↔ confidence); 수줍음, 소심함(shyness)

• He felt a little **diffidence** in his work. 그는 자기 일에 약간 **자신 없음**을 느꼈다.

0687 ★☆☆

faith
[feiθ]

n. 신뢰, 신용(trust); (종교의) 신앙, 믿음(belief); 충실, 성실(sincerity)

• We have lost **faith** in science. 우리는 과학에 대한 **신뢰**를 상실했다.
• My wife has **faith** in God. 내 아내는 하나님을 **믿는다.**

| 어원 | faith | ➡ | fid의 변형으로 trust를 의미 |

---

faithful
[féiθfəl]

a. 충실한, 성실한; 믿을 만한, 신뢰할 수 있는(reliable)

• She is **faithful** to her religious belief. 그녀는 자신의 종교적 믿음에 **충실하다.**

0688 ★★★

fidelity
[fidéləti;fai-]

n. 충실(faithfulness), 충성(loyalty, allegiance); (무선) 충실도

• **a high-fidelity receiver** 고성능(하이파이, hi-fi) 수신기
• The **fidelity** to his principles is very strong.
  원칙에 대한 그의 **충실함**은 매우 강하다.

| 어원 | fid(el)
(trust) | ➕ | -ity
(명접) | ➡ | 믿음을 바침 |

0689 ★★★

infidel
[ínfədl]

n. 신앙심이 없는 사람, 무신론자(unbeliever, atheist); 이교도(heretic)

- Prof. Hawking is an **infidel** who finds no need for religion in his life. Hawking 교수는 삶에서 종교의 필요성을 찾지 못하는 **무신론자**이다.

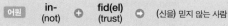

| 어원 | in-
(not) | ➕ | fid(el)
(trust) | ➡ | (신을) 믿지 않는 사람 |

0690 ★★★

defy
[difái]

vt. (공공연히) 도전하다(challenge); 반항하다, 저항하다(resist)

- The troublemaker **defied** the authority of his father.
  그 말썽꾸러기는 아버지의 권위에 **도전했다**.

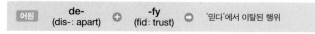

| 어원 | de-
(dis-: apart) | ➕ | -fy
(fid: trust) | ➡ | '믿다'에서 이탈된 행위 |

defiance
[difáiəns]

n. 도전; 반항, 저항

- **defiance of established authority** 기성의 권위에 대한 **반항**

---

fin

'end(끝), limit(한정)'의 의미를 지님

0691 ★☆☆

finish
[fíniʃ]

vt. 끝내다, 마치다(have done with); 끝마무리를 하다(complete)

vi. 끝나다, 그치다(come to an end)

n. 끝(end), 종결(termination); 끝마무리

- Have you **finished** your homework? 당신은 숙제를 **끝마쳤습니까**?
- The war isn't **finished** yet. 그 전쟁은 아직 **끝나지** 않았다.
- The car has a smooth and shiny **finish**.
  그 자동차는 매끈하고 광택이 나게 **끝마무리**가 되어 있다.

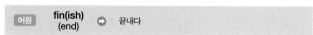

| 어원 | fin(ish)
(end) | ➡ | 끝내다 |

0692 ★☆☆

final
[fáinl]

a. 마지막의, 최종의(last); 종국의, 궁극적인(ultimate)

n. (종종 -s) 결승전; 학기말 시험

- Is this your **final** offer? 이것이 당신의 **마지막** 제안인가요?
- The **final** goal is world peace. **궁극적인** 목표는 세계 평화이다.
- We have our math **final** tomorrow. 우리는 내일 수학 **기말 시험**이 있다.

| 어원 | fin
(end) | ➕ | -al | ➡ | 끝의 |

finally
[fáinəli]

ad. 마침내, 드디어(at last, in the end, in the long run); 여러 가지를 언급할 때) 마지막으로

- **Finally**, justice triumphed. **마침내** 정의가 이겼다.
- And **finally**, I'd like to thank you all for coming here today.
  그리고 **마지막으로**, 오늘 여기 와 주신 것에 대해 여러분 모두에게 감사를 드리고 싶습니다.

0693 ★☆☆

finale
[finǽli;-náːli]

n. 〈음악〉 마지막 곡목, (연극·오페라의) 마지막 부분, 대단원

- The **finale** of the opera was excellent.
  그 오페라의 **대단원**은 매우 훌륭했다.

어원　fin (end) ＋ -ale (어미) ⇒ 끝부분

0694 ★☆☆

finance
[finǽns;fáinæns]

n. 재정, 재무

vt. 융자하다, 자금을 제공하다(supply funds for)

- the Minister[Ministry] of Finance 재무장관(재무부)
- Who **finances** this organization? 누가 이 조직체에 **자금을 제공하는가**?

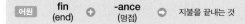
어원　fin (end) ＋ -ance (명접) ⇒ 지불을 끝내는 것

---

financial
[finǽnʃəl;fai-]

a. 재정상의, 재무의; 금융상의

- The company has **financial** difficulties.
  그 회사는 **재정상** 어려움이 있다.

0695 ★☆☆

fine
[fain]

a. (날씨가) 쾌청한(clear); 멋진, 훌륭한; 미세한, 낱알이 고운; 건강한(well)

n. 벌금(penalty)

vt. ~에게 벌금을 물게 하다 (보통 수동형으로 사용)

- fine weather 맑은 날씨
- a fine play[poet] 멋진 동작(훌륭한 시인)
- fine powder[sand, snow] 고운 가루(모래, 눈)
- How are you? — I'm just **fine**, and you?
  안녕하십니까? — 저는 **건강합**니다, 당신은 어떻습니까?
- He was **fined** $10 for exceeding the speed limit.
  그는 속도위반으로 10달러의 **벌금을 물었다**.

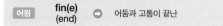
어원　fin(e) (end) ⇒ 어둠과 고통이 끝난

confine
[kənfáin]

vt. (어떤 범위 내에) 한정[제한]하다(limit); 가두다, 감금하다(imprison)

- He **confined** his remarks to the facts. 그는 자신의 말을 사실에 **국한시켰다**.
- The police **confined** the thief in jail. 경찰은 도둑을 **투옥시켰다**.

| 어원 | con-
(강조) | ⊕ | fin(e)
(limit) | ⇒ | 한정하다 |

confinement
[kənfáinmənt]

n. 한정, 제한; (좁은 공간에) 가두기, 감금(imprisonment)

- The prisoner is kept in solitary **confinement**.
  그 죄인은 독방에 **감금**되어 있다.

define
[difáin]

vt. 정의를 내리다; (경계·범위 등을) 한정하다; 규정하다, 명시하다

- Dictionaries **define** words. 사전은 단어의 의미를 **정의한다**.
- Can you **define** the borders of two countries?
  두 나라의 국경을 **정할** 수 있습니까?
- The powers of the President are **defined** in the constitution.
  대통령의 권한은 헌법에 **규정되어 있다**.

| 어원 | de-
(down) | ⊕ | fin(e)
(limit) | ⇒ | 아래로 의미의 한계를 정하다 |

definition
[dèfəníʃən]

n. (개념·단어의) 정의; (윤곽의) 선명함[도]

- **give the colors definition** 색채에 **선명함**을 주다

definite
[défənit]

a. 명확한, 확실한(clear, precise indefinite); 명확히 한정된, 일정한
(limited)

- **at a definite hour[place]** 일정한 시간에[장소에서]
- **an indefinite article** 부정관사
- We demanded a **definite** answer. 우리는 **명확한** 대답을 요구했다.

definitely
[défənitli]

ad. 명확히, 확실히(clearly)

- She speaks very **definitely**, but acts indefinitely.
  그녀는 말은 매우 **명확하게** 하지만 행동은 명확하게 하지 않는다.

refine
[ri:fáin]

vt. vi. 불순물을 없애다, 정제하다[되다](purify); 세련되게 하다[되다]

- Crude oil must be **refined**. 원유는 **정제되어야** 한다.
- You should **refine** your taste and manners.
  당신은 취미와 예의범절을 **세련되게 해야** 한다.

| 어원 | re-
(again) | ⊕ | fin(e)
(end) | ⇒ | 반복하여 마무리하다 |

refined
[riːfáind]

a. 정제된, 순화된(purified); 세련된, 때를 벗은(urbane)
- **a refined lady[gentleman]** 세련된 숙녀[신사]

refinement
[riːfáinmənt]

n. 정제, 순화; 세련됨, 기품
- **the refinement of sugar[oil]** 설탕[기름]의 정제

0699 ★☆☆

finite
[fáinait]

a. 유한의, 한정된(limited); 셀 수 있는(countable)
- Please draw lines in a **finite** space. **한정된** 공간 안에 선을 그으세요.

| 어원 | fin
(limit) | | -ite
(형접) | | 한계가 있는 |

---

infinite
[ínfənət]

a. 무한한(boundless); 이루 다 셀 수 없는(innumerable, numerous)
- There are an **infinite** number of stars in the dark sky.
  어두운 하늘에 **무수히 많은** 별들이 있다.

---

flect, flex
'bend(구부리다)'의 의미를 지님

0700 ★☆☆

reflect
[riflékt]

vt. 반사하다(cast back); 상을 비추다(mirror); 〈비유〉 반영하다
vi. 숙고하다, 곰곰이 생각하다(ponder) (보통 on을 수반)
- **reflect light[heat, sound]** 빛[열, 소리]를 **반사하다.**
- A mirror **reflects** your face. 거울은 당신의 얼굴을 **비춘다.**
- Skills **reflect** years of training. 기술은 여러 해의 훈련을 **반영한다.**
- We should **reflect** on our merits and faults.
  우리는 자신의 장점과 단점을 **곰곰이 생각해야** 한다.

| 어원 | re-
(back) | | flect
(bend) | | 뒤로 구부러지다 |

---

reflection
[riflékʃən]

n. (빛·열·소리 등의) 반사; 영상(image); 반영(한 것); 숙고, 반성
- **the reflection of a tree in the water** 물에 비친 나무의 **영상**

---

reflective
[rifléktiv]

a. 반사하는, 상을 비추는(reflecting); 깊이 생각하는(thoughtful)
- **a reflective light[sound, surface]** 반사광[음, 면]

---

reflex
[ríːfleks]

a. 〈생리〉 반사적인, 반사 작용의   n. 반사 행동[작용]
- The doctor hit my knee with a hammer to test my **reflexes.**
  그 의사는 나의 **반사 작용**을 시험하기 위해 망치로 내 무릎을 쳤다.

0701 ★★★

deflect
[diflékt]

vt. vi. (방향을) 빗나가게 하다, (방향이) 빗나가다(**bend aside**)

- We can **deflect** a stream from its original course.
  우리는 개울을 원래의 코스에서 **딴 데로 돌릴** 수 있다.

| 어원 | de-
(down) | + | flect
(bend) | → | 아래로 구부리다 |

0702 ★★★

flexible
[fléksəbl]

a. 쉽게 구부러지는, 유연성이 있는(**supple, pliant**); 〈비유〉 융통성 있는
(**adaptable**), 고분고분한, 다루기 쉬운(**docile, pliable**)

- **a flexible system[mind]** 융통성 있는 제도〔정신〕
- **work flexible hours** 자유 근무 시간제로 일하다
- Rubber and plastic are **flexible** materials.
  고무와 플라스틱은 **쉽게 구부러지는** 물질이다.

| 어원 | flex
(bend) | + | -ible
(형접: 할 수 있는) | → | 구부릴 수 있는, 유연한 |

---

inflexible
[infléksəbl]

a. 구부릴 수 없는; 완고한(**stubborn, obstinate**), 굴하지 않는

- **take an inflexible stand on abortion** 낙태에 **완고한** 입장을 취하다

0703 ★★★

flex
[fleks]

vt. (준비 운동에서 관절을) 구부리다, 몸을 풀다(**bend**)

- The runners **flexed** their knees and ankles as they waited for the race to begin.
  주자들은 경주가 시작되기를 기다리면서 무릎과 발목을 **풀었다**.

| 어원 | flex
(bend) | → | (팔·다리·근육을) 구부리다 |

---

flu
'flow(흐르다)'의 의미를 지님

0704 ★☆☆

fluent
[flú:ənt]

a. (말·글이) 유창한, 막힘없는

- The actress is **fluent** in six languages.
  그 여배우는 6개 국어를 **유창하게** 구사한다.

| 어원 | flu
(flow) | + | -ent
(형접) | → | 물 흐르는 듯한 |

---

fluency
[flú:ənsi]

n. 유창함, 물 흐르듯 함

- **speak with fluency** 유창하게 말하다

0705 ★☆☆

flood
[flʌd]

n. 홍수, 물난리(deluge, overflow); (사물의) 범람, 쇄도

vi. vt. 잠기(게 하)다, 물이 넘치(게 하)다(deluge, overflow)

- **a flood of information** 정보의 **홍수**
- The stream was **flooded** by heavy rains. 개울은 폭우로 **범람하였다.**

 | **flood** (flow) ➡ 많은 물이 흐르다

0706 ★☆☆

influence
[ínfluəns]

n. 영향(력), 감화(력)

vt. 영향을 미치다(affect, have an influence on)

- Her speech had an **influence** on her audience.
  그녀의 연설은 청중에게 **영향**을 미쳤다.
- What **influenced** you to do it? 무엇이 네가 그것을 하도록 **영향을 주었느냐?**

 | **in-** (into) ➕ **flu** (flow) ➕ **-ence** ➡ (기운이) 안으로 흐르다

influential
[ìnfluénʃəl]

a. 영향을 미치는[주는], 세력이 있는

- **an influential politician[decision]** 영향력 있는 정치인(결정)

0707 ★☆☆

influenza
[ìnfluénzə]

n. 유행성 감기, 독감(약어 flu)

- **avian influenza** 조류 **독감**(bird flu)
- The weak girl has been sick with the **flu** for six days.
  그 연약한 소녀는 6일 동안 **유행성 감기**를 앓고 있다.

 | **influenza** (influence: 영향) ➡ 바이러스에 의해 영향 받은 상태

0708 ★★★

affluent
[ǽfluənt;əflú:-]

a. 풍부한, 풍요로운(abundant, rich); 부유한(wealthy, rich)

- **an affluent society** 풍요로운 사회
- She comes from a rather **affluent** family.
  그녀는 다소 **부유한** 집 출신이다.

 | **af-** (ad-: to) ➕ **flu** (flow) ➕ **-ent** (형접) ➡ ~로 흘러 넘치는

affluence
[ǽfluəns;əflú:-]

n. 풍부함, 풍요(abundance, riches); 부유, 유복(wealth, riches)

- **live in great affluence** 매우 **부유**하게 살다

0709 ★★★

fluid
[flú:id]

n. 유동체(기체·액체의 총칭)　**a.** 유(동)체의; 유동적인, 변할 수 있는

- **the fluid movement of urban population** 도시 인구의 **유동적인** 이동
- Our ideas on the subject are still **fluid**.
  그 주제에 대한 우리의 생각은 아직도 **유동적이다**.

cf. liquid 액체　　gas 기체　　solid 고체

 어원　**flu**
(flow) ⊕ **-id**
(어미) ➡ 흐르는 물질

---

for(t)

'strong(강한, 튼튼한)'의 의미를 지님

0710 ★☆☆

force
[fɔ:rs]

n. 힘, 세기(**strength**); 에너지(**energy**); 폭력(**violence**), 강제; 무력,
(종종 -s) 군대(**army**)

vt. 강요하다, 강제로 ~하게 하다(**compel**)

- **the force of nature[an atomic explosion]** 자연[핵폭발]의 **힘**
- **the allied forces** 연합군
- **the air force** 공군
- Persuasion is better than **force**. 설득이 **폭력**보다 낫다.
- The police **forced** a thief to confess. 경찰은 도둑에게 자백하도록 **강요했다**.
- The President was **forced** to resign.
  대통령은 (**강요받아**) 사임하지 않을 수 없었다.

 어원　**for(ce)**
(strong) ➡ 강한 것

---

forceful
[fɔ́:rsfəl]

a. 힘 있는, 강력한(**strong, powerful**)

- **a forceful speaker[argument]** **강력한** 연사[주장]

---

forcible
[fɔ́:rsəbl]

a. 힘[폭력]에 의한, 완력을 쓰는

- **a forcible arrest** 완력에 의한 체포

0711 ★☆☆

fort
[fɔ:rt]

n. (단독으로 방어할 수 있는) 보루, 요새

- The soldiers held a solitary **fort** against the enemy.
  병사들은 적에 맞서서 고립된 **성채**를 지켰다.

어원　**fort**
(strong) ➡ 튼튼한 곳

---

fortress
[fɔ́:rtris]

n. (대규모의) 요새

- **an impregnable fortress** 난공불락의 요새

fortify
[fɔ́:rtəfai]

vt. 요새화하다, 방위를 강화하다; (정신적으로) 강화하다(**strengthen**)

- One can be **fortified** by wisdom.
  사람은 지혜에 의해서 **강화될** 수 있다.

0712 ★★★

fortitude
[fɔ́:rtətjuːd]

n. 불굴의 정신(**patient courage**), 인내(**endurance**)

- She showed **fortitude** in spite of many misfortunes.
  많은 불행에도 불구하고 그녀는 **불굴의 정신**을 보여주었다.

| 어원 | fort (strong) | ⊕ | -itude (명접) | ⇨ | 튼튼함, 확고함 |

0713 ★★☆

comfort
[kʌ́mfərt]

vt. (육체적으로) 편하게 하다; 위로하다, 위안하다(**console**)

n. 편안함, 안락(**ease**); 위로, 위안(**consolation**)

- She **comforted** her aching feet in hot water.
  그녀는 아픈 다리를 뜨거운 물에 담가서 **편하게 했다.**
- Most people like to live in **comfort**.
  대부분의 사람들은 **편안**하게 살고 싶어 한다.

| 어원 | com- (con-: 강조) | ⊕ | fort (strong) | ⇨ | (몸과 마음을) 강하게 하다 |

comfortable
[kʌ́mftəbl;-fərt-]

a. (주거 등이) 편안한, 안락한, 마음 편한(**at ease**)

- **comfortable houses[circumstances]** 편안한 집[환경]

0714 ★☆☆

effort
[éfərt]

n. 노력, 노고(**exertion, endeavor**)

- **make every effort to help**
  도우려고 갖은 **노력**을 다하다
- Nothing can be obtained without **effort**.
  노력 없이는 어떤 것도 얻을 수 없다.

| 어원 | ef- (ex-: out) | ⊕ | fort (strong) | ⇨ | 힘에서 나오는 것 |

0715 ★★★

forte
[fɔ́:rt]

n. (사람의) 장기, 특기(**strong point**)

- Sports are my **forte**; I play baseball and tennis very well.
  스포츠는 나의 **장기**이다. 나는 야구와 테니스를 매우 잘한다.

| 어원 | fort(e) (strong) | ⇨ | 강한 것 |

0716 ★★★

reinforce
[rìːinfɔ́ːrs]

vt. 보강하다, 강화하다(**strengthen, make stronger**)

- **reinforce a wall[bank]** 벽〔제방〕을 **보강하다**
- The troops **reinforced** the fort for the battle.
  그 부대는 전투에 대비하여 요새를 **강화했다**.

| 어원 | re-
(again) | ⊕ | in-
(en-: make) | ⊕ | for(ce)
(strong) | ⇨ | 다시 강하게
만들다 |

---

frag, fract
'break(부수다)'의 의미를 지님

0717 ★★☆

fragile
[frǽdʒəl]

a. 부서지기[깨지기] 쉬운(**easily broken, brittle**); 허약한(**weak**)

- **fragile flowers[girls]** 허약한 꽃〔소녀〕
- That dish is **fragile**, so be careful. 그 접시는 **깨지기 쉬우니** 조심하세요.

| 어원 | frag
(break) | ⊕ | -ile
(easy) | ⇨ | 부서지기 쉬운 |

0718 ★★★

frangible
[frǽndʒəbl]

a. 부술 수 있는, 부서지기[깨지기] 쉬운(**fragile, frail**); 약한(**fragile**)

- Most **frangible** toys are not suitable for young children.
  대부분의 **부서지기 쉬운** 장난감은 어린 아이에게 적합하지 않다.

| 어원 | frang
(frag: break) | ⊕ | -ible
(형접: 할 수 있는) | ⇨ | 부술 수 있는 |

0719 ★★☆

fragment
n.[frǽgmənt]
v.[frǽgmənt;
    frægmént]

n. 파편, 조각(**a part broken off**); 단편

v. 부서지다, 산산 조각나다(**break into fragment**)

- **fragments of American life** 미국 생활의 **단편**
- **Fragments** of a china vase were found on the floor.
  도자기 화병의 **깨진 조각**들이 마룻바닥에서 발견되었다.

| 어원 | frag
(break) | ⊕ | -ment
(명접) | ⇨ | 부서져 떨어진 조각 |

---

fragmentary
[frǽgmənteri]

a. 부서진, 조각으로 된(**broken**); 단편적인(**fractional**)

- **fragmentary evidence[memories]** 단편적인 증거〔기억들〕

0720 ★★☆

fraction
[frǽkʃən]

n. (중요하지 않은) 부분(**part, portion, section**); 아주 조금, 소량;
〈수학〉 분수

- The politician has no **fraction** of truth and conscience.
  그 정치꾼은 진실과 양심은 **조금**도 없다.

| 어원 | fract
(break) | ⊕ | -ion
(명접) | ⇨ | 부서진 것 |

fractional
[frǽkʃənl]

a. 전면적이 아닌, 단편적인; 사소한, 보잘것없는(insignificant)
- The profit on the deal was **fractional**.
  그 거래에서 얻은 이익은 **보잘것없었다**.

0721 ★★★
fracture
[frǽktʃər]

n. 골절

vt. vi. (뼈 등을) 부러뜨리다, 깨지다(break)
- He suffered a **fracture** of the hip.
  그는 엉덩이가 **골절**되었다.
- Human bones are easily **fractured**.
  사람 뼈는 쉽게 **부러진다**.

| 어원 | fract (break) | + | -ure (명접) | ➡ | 부서지는 것 |

0722 ★★★
infringe
[infrínʤ]

vt. (법·규칙을) 위반하다, 어기다(break, violate, offend)

vi. (권리·사생활 등을) 침해하다(encroach) (보통 on을 수반)
- **infringe a law[patent]**
  법률[특허권]을 **위반하다**
- Don't **infringe** on her privacy.
  그녀의 사생활을 **침해하지** 마라.

| 어원 | in- (in) | + | fring(e) (frag: break) | ➡ | 법을 부수다 |

---

infringement
[infrínʤmənt]

n. 위반; 침해
- **an infringement of freedom of speech** 언론의 자유의 **침해**
- Stealing is an **infringement** of the law.
  절도는 법률의 **위반** 행위이다.

0723 ★★☆
refraction
[rifrǽkʃən]

n. (빛·열·소리의) 굴절
- **Refraction** of sunlight makes the sky seem blue during the day and orange at sunset.
  햇빛의 **굴절**로 인하여 하늘은 낮 동안에는 푸르고 석양에는 오렌지색으로 보인다.

| 어원 | re- (again) | + | fract (break) | + | -ion (명접) | ➡ | 다시 부서짐 |

---

refract
[rifrǽkt]

vt. 굴절시키다
- **refract the rays of the sun**
  태양 광선을 **굴절시키다**

Daily Test 22

정답 및 해설 p.472

A 다음 영어를 우리말로, 우리말을 영어로 쓰시오.

1	affluent	_____	11	반사하다; 숙고하다	_____
2	fragment	_____	12	깨지기 쉬운; 허약한	_____
3	deflect	_____	13	믿다; 비밀을 털어놓다	_____
4	fidelity	_____	14	영향; 영향을 미치다	_____
5	refine	_____	15	유연성이 있는	_____
6	fracture	_____	16	정의를 내리다; 규정하다	_____
7	fortitude	_____	17	유창한, 막힘 없는	_____
8	infidel	_____	18	보강하다, 강화하다	_____
9	infringe	_____	19	재정, 재무; 융자하다	_____
10	defy	_____	20	힘, 폭력; 강요하다	_____

B 다음 빈칸에 알맞은 단어를 쓰시오.

1	finite	⊜	l_____	6	define	(ad)	_____
2	forceful	⊜	s_____	7	reflect	(n)	_____
3	fraction	⊜	p_____	8	faith	(a)	_____
4	comfort	⊜	c_____	9	final	(ad)	_____
5	diffident	⊙	c_____	10	comfort	(a)	_____

C 다음 빈칸에 들어갈 알맞은 말을 보기 에서 고르시오. (문장: 기출 또는 기출 변형)

보기	define	confident	reinforce	force

1 If the can had a flat bottom, the _____ of the pressurized gas might push the metal outward.

2 Each expression of encouragement seemed to _____ the idea that she was doing something very special indeed.

3 Be sure to make your budget realistic, so that you can be _____ that you will be able to pay for all aspects of the trip.

4 In other words, birth order may _____ your role within a family, but as you mature into adulthood, accepting other social roles, birth order becomes insignificant.

DAY 23

fug / fus, fut / grad, gress / graph, gram / grat

fug
[=flee]

graph, gram
[=write / draw]

grat
[=thank / please]

---

fug	'flee(도망치다)'의 의미를 지님

0724 ★★☆

fugitive
[fjúːdʒətiv]

n. 도망자, 도주자(runaway, escapee)

a. 도망치는; 일시적인, 덧없는(transient, ephemeral)

- **fugitive flowers[thoughts]** 덧없는 꽃[생각들]
- The prisoner escaped from prison and is now a **fugitive**.
  그 죄수는 탈옥하여 지금은 **도망자**이다.

어원	fug(i) (flee)	➕	-tive (명접, 형접)	➡	도망치는 (사람)

0725 ★☆☆

refuge
[réfjuːdʒ]

n. 피난(처), 은신(처)(shelter); 일시적인 보호 시설

- **a mountain refuge for climbers** 등산객을 위한 **산장**
- They took **refuge** from the attack in a valley.
  그들은 공격을 피하여 계곡에 **피난**해 있었다.

어원	re- (back)	➕	fug(e) (flee)	➡	뒤로 도망가기

---

refugee
[rèfjudʒíː]

n. 난민; 망명자(exile)

- **refugees from religious and political persecution**
  종교적 그리고 정치적 박해로부터의 **망명자들**

0726 ★★★

subterfuge
[sʌ́btərfjuːdʒ]

n. 핑계, 구실(excuse, pretense); 속임수

- **make up a subterfuge** 핑계를 꾸미다
- The swindler must have obtained the information by **subterfuge**.
  그 사기꾼은 **속임수**를 써서 정보를 얻었음이 분명하다.

어원	subter- (under)	➕	fug(e) (free)	➡	밑으로 도망치기

0727 ★★★

centrifugal
[sentrífjugəl;
sentrífəgəl]

a. 원심력의(◎ centripetal 구심력의)

· The mechanic invented a device that operated on **centrifugal** force. 그 기계공은 **원심력**에 의해서 작동되는 장치를 발명했다.

어원	centr (center: 중심)	⊕ i	⊕ fug (flee)	⊕ -al (형접)	➡ 중심에서 달아나는

---

fus, fut

'pour(붓다), melt(녹이다)'의 의미를 지님

0728 ★★☆

transfusion
[trænsfjúːʒən]

n. 수혈

· The injured man lost a lot of blood and was given a **transfusion**. 그 부상 당한 사람은 많은 피를 흘려서 **수혈**을 받았다.

어원	trans- (across)	⊕ fus (pour)	⊕ -ion (명접)	➡ 이쪽에서 저쪽으로 옮겨 붓기

0729 ★☆☆

refuse
v.[rifjúːz]
n.[réfjuːs]

vt. (제의·요구 등을) 거절하다, 거부하다(reject, decline, turn down);
(~하기를) 거부하다 (to부정사를 수반)

n. 쓰레기(rubbish, garbage, trash)

· **refuse obedience[orders]** 복종(명령)을 **거부하다**
· **collect refuse every Monday** 매주 월요일에 **쓰레기**를 수거하다
· The rival **refused** to discuss the question with me.
  그 경쟁자는 나와 그 문제에 대해 토론하기를 **거부했다**.

어원	re- (back)	⊕ fus(e) (pour)	➡ 뒤로 쏟아 버리다

---

refusal
[rifjúːzəl]

n. 거절, 거부(rejection)

· **one's refusal of a marriage proposal** 청혼에 대한 **거절**

0730 ★★★

diffuse
[difjúːz]

vt. (빛·열·냄새 등을) 발산하다(emit, give off); 보급하다, 퍼뜨리다

· **diffuse one's fame[doctrines]** 명성(주의)을 **퍼뜨리다**
· The sun **diffuses** light. 태양은 빛을 **발산한다**.

어원	dif- (dis-: away)	⊕ fus(e) (pour)	➡ 멀리 붓다

---

diffusion
[difjúːʒən]

n. 발산, 방산; (학문·지식·명성 등의) 보급, 유포

· **the diffusion of knowledge** 지식의 **보급**

0731 ★☆☆

confuse
[kənfjúːz]

vt. 혼동하다(confound, mix up); 어리둥절하게 하다(embarrass)

- confuse dates[twins] 날짜(쌍둥이)를 혼동하다
- The reformer confused the means with the ends.
  그 개혁가는 수단과 목적을 혼동했다.
- The sudden light confused him. 갑작스러운 빛이 그를 당황케 했다.

| 어원 | con-
(together) | | fus(e)
(pour) | ➡ | 함께 부어서 혼동하다 |

confusion
[kənfjúːʒən]

n. 혼동, 혼란(mixed-up situation)

- a confusion of history and mythology 역사와 신화의 혼동

0732 ★★★

profuse
[prəfjúːs]

a. 아끼지 않는, 후한(liberal); 낭비하는; 풍부한, 넘치는(abundant)

- profuse thanks[praises] 늘어놓는 감사(칭찬)
- The billionaire is profuse with her money.
  그 억만장자는 돈을 헤프게 쓴다.

| 어원 | pro-
(forward) | ➕ | fus(e)
(pour) | ➡ | 앞으로 쏟아 붓는 |

0733 ★☆☆

futile
[fjúːtl;-tail]

a. 쓸모없는, 무익한(useless)

- futile talks[deeds] 쓸모없는 이야기(행위)
- War is a futile and immoral action. 전쟁은 무익하고 부도덕한 행위이다.

| 어원 | fut
(pour) | ➕ | -ile
(형접: easy) | ➡ | (열정을) 쉽게 쏟아버리는 |

futility
[fjuːtíləti]

n. 쓸모 없음, 헛됨, 무익(uselessness, ineffectiveness)

- the futility of one's attempt[refusal] 시도(거부)의 쓸모 없음

0734 ★★★

refute
[rifjúːt]

vt. 반박하다(contradict), 논박하다(disprove, confute)

- I have no choice but to refute his hypothesis.
  나는 그의 가설에 반박하지 않을 수 없다.

| 어원 | re-
(again) | ➕ | fut(e)
(pour) | ➡ | 다시 쏟아 붓다 |

refutation
[rèfjutéiʃən]

n. 반박(contradiction), 논박(disproof)

- the refutation of one's statement 진술에 대한 반박

fuse
[fjuːz]

vi. vt. 녹(이)다, 용해하다[시키다](melt, dissolve); 〈비유〉 융합시키다,
연합하다(unite); 융합하다, 결합하다(become united)

n. 〈전기〉 퓨즈

- **fuse two metals into an alloy** 두 금속을 **녹여** 하나의 합금을 만들다
- The writer skillfully **fused** the fragments into a whole.
  작가는 단편들을 솜씨 있게 **융합하여** 전체를 만들었다.

| 어원 | fus(e)
(melt) | ◑ | 녹이다, 녹다 |

fusion
[fjúːʒən]

n. 용해(물)(mixing); 융합(물); 〈음악〉 퓨전(재즈에 록 등이 섞인 음악)

- **the fusion of various elements** 다양한 요소의 **융합**
- **French-Thai fusion** 프랑스 요리와 타이 요리의 **퓨전** 음식

refund
v.[rifʌ́nd]
n.[ríːfʌnd]

vt. (금전을) 돌려주다, 환불하다(pay back)

n. 반환(금), 환불

- She **refunded** (me) my money. 그녀는 나의 돈을 **환불해 주었다**.
- Consumers can demand a **refund** on unsatisfactory goods.
  소비자는 불만족스러운 물건에 대해 **환불**을 요구할 수 있다.

| 어원 | re-
(back) | ⊕ | fund
(fut: pour) | ◑ | 받은 것을 다시 쏟아내다 |

grad, gress   'go(가다), step(단계)'의 의미를 지님

grade
[greid]

n. (품질·가치 등의) 등급; 학년; 성적, 점수(mark)

- These apples are **grade** B. 이 사과들은 2**등품**이다.
- Her daughter goes into the ninth **grade** this year.
  그녀의 딸은 올해 9**학년**에 올라간다.
- My son always makes outstanding **grades** in math.
  나의 아들은 수학에서 항상 뛰어난 **성적**을 거둔다.

| 어원 | grad(e)
(step) | ◑ | 단계 |

gradual
[grǽdʒuəl]

a. 점차적인, 서서히 일어나는(◔ sudden)

- **the gradual improvement[increase]** 점진적인 향상[증가]
- The change was so **gradual** that we hardly noticed it.
  변화가 너무 **서서히** 일어나서 우리는 거의 알아차리지 못했다.

| 어원 | grad
(step) | ⊕ | -(u)al
(형접) | ◑ | 단계적인 |

gradually
[grǽdʒuəli]

ad. 점차적으로, 서서히(by degrees, step by step)
- I **gradually** paid off the debt. 나는 서서히 빚을 갚았다.

0739 ★☆☆

graduate
v.[grǽdʒueit]
n.[grǽdʒuət]

vi. 졸업하다 (보통 from을 수반)　**vt.** 학위를 수여하다
n. (단축형 grad) 졸업생; 대학원생(graduate student)
- He **graduated** from high school last year. 그는 작년에 고등학교를 **졸업했다**.
- They are **grads** from the same college. 그들은 대학 **동창생**이다.

| 어원 | grad(u)
(step) | ➕ | -ate | ➡ | 단계를 밟다 |

0740 ★★☆

ingredient
[ingríːdiənt]

n. 성분, (구성) 요소(element, component); (요리의) 재료
- Diligence and frugality are **ingredients** of success.
  근면과 절약은 성공의 **요소**이다.
- Flour, milk, butter, and yeast are some **ingredients** in bread.
  밀가루, 우유, 버터, 이스트는 빵에 들어가는 일부 **재료**이다.

| 어원 | in-
(into) | ➕ | gred(i)
(go) | ➕ | -ent
(명접) | ➡ | (혼합물의) 안으로
들어가는 것 |

0741 ★☆☆

degree
[digríː]

n. 정도(extent), 단계(step); (기온·각도 등의) 도; 학위(diploma)
- **a high degree of intelligence[skill]** 높은 정도의 지능[기술]
- I think it's true to a **degree**. 나는 그것이 어느 **정도**는 사실이라고 생각한다.
- Water freezes at 32 **degrees** Fahrenheit. 물은 화씨 32**도**에서 언다.
- My son has a master's **degree** from Harvard.
  내 아들은 하버드대의 석사 **학위** 소지자이다.

| 어원 | de-
(down) | ➕ | gree
(gress: step) | ➡ | 내려가고 올라가는 단계 |

0742 ★☆☆

congress
[káŋgris]

n. (C-) 미국 의회[상원(the Senate)과 하원(the House of
Representatives)의 양원제]; (어떤 나라의) 국회, 의회
- **Congress** passes laws that the people must obey.
  의회는 국민이 지켜야 하는 법률을 통과시킨다.

cf. Parliament 영국, 캐나다 의회　　　　　the Diet 일본 의회
　　 the National Assembly 한국 국회

| 어원 | con-
(together) | ➕ | gress
(go) | ➡ | 함께 가서 이룬 모임 |

---

congressman
[káŋgrismən]

n. 국회의원(◐ congresswoman)
- **an incompetent and cunning congressman** 무능하고 교활한 **국회의원**

0743 ★★☆

progress
n.[prágrəs;-res]
v.[prəgrés]

n. 진행, 진척; 진보, 발전(advance, development)

vi. 전진하다(advance); 진행되다; 진보하다(advance)

- **the progress of computer technology** 컴퓨터 기술의 **진보**
- Work on the new offices is now in **progress**.
  새 사무실들의 준비 작업이 지금 **진행** 중이다.
- She made slow **progress** through the spectators.
  그녀는 천천히 관중 사이를 뚫고 **앞으로 나아갔다**.

| 어원 | pro-
(forward) | ⊕ | gress
(go) | ➡ | 앞으로 나아가다 |

---

progressive
[prəgrésiv]

a. 진보적인(⊙ conservative); 진보하는, 발전하는(progressing)

- **a progressive teacher[nation]** 진보적인 교사[국민]

0744 ★★★

aggressive
[əgrésiv]

a. 공격적인, 침략적인(offensive); 정력적인, 적극적인(active)

- **an aggressive salesman[businessman]** 적극적인 판매원[사업가]
- The **aggressive** dog always barks at strangers.
  그 **공격적인** 개는 항상 낯선 사람에게 짖는다.

| 어원 | ag-
(ad-: toward) | ⊕ | gress
(go) | ⊕ | -ive
(형접) | ➡ | (목표를) 향해 가는 |

---

aggression
[əgréʃən]

n. (이유 없는) 공격(attack), (영토의) 침략(invasion)

- He committed an act of **aggression** against his enemies.
  그는 자신의 적들에게 **공격**적인 행동을 했다.

| **graph, gram** | 'write(쓰다), draw(그리다)'의 의미를 지님 |

0745 ★☆☆

photograph
[fóutəgræf;-grɑːf]

n. 사진(photo, picture)

vt. 사진을 찍다(take a photograph of)

- **aerial[satellite] photographs** 항공[위성] **사진**
- She had her **photograph** taken. 그녀는 (남을 시켜) 자신의 **사진**을 찍게 했다.

| 어원 | photo
(light: 빛) | ⊕ | graph
(draw) | ➡ | 빛으로 그린 것 |

---

photographer
[fətágrəfər]

n. 사진사, 사진가

- **a famous photographer of birds** 유명한 조류 **사진가**

photography
[fətágrəfi]

n. 사진술, 사진 촬영

* **Photography** plays an important role in the printing industry.
  사진술은 인쇄 산업에 있어서 중요한 역할을 한다.

photographic
[fòutəgrǽfik]

a. 사진(술)의, 사진 촬영의

* **a photographic art** 사진 예술

● Further Study ●

photosynthesis	**n.** 〈생물〉 광합성
photon	**n.** 〈물리〉 광자(光子)
photogenic	**a.** 사진이 잘 받는, 사진발이 좋은
photocopy	**n.** (복사기로 사진 찍듯 하는) 복사(물)
	v. (복사기로) 복사하다(Xerox)
photocopier	**n.** 복사기(copier, copy machine)

0746 ★☆☆

geography
[ʤiágrəfi]

n. 지리학; (어떤 지역의) 지리, 지형

* **linguistic[historical] geography** 언어〔역사〕 **지리학**
* **Geography** means the scientific study of the earth's surface, physical features, climate, products, population, etc.
  지리학은 지구의 표면, 물리적 특징, 기후, 산물, 인구 등에 대한 과학적 연구를 의미한다.

어원	geo- (earth)	⊕	graph (write)	⊕	-y (명접)	⊙	지구에 대해 쓴 것

● Further Study ●

geology	**n.** 지질학
geometry	**n.** 기하학

0747 ★★☆

graphic
[grǽfik]

a. 사실적인(real), 생생한(vivid); 도표의, 그래프의; 그래픽 아트의

* **a graphic formula** 도표에 의한 공식
* The article gave a **graphic** description of the accident.
  그 기사는 사고를 **생생하게** 묘사했다.

어원	graph (draw)	⊕	-ic (형접)	⊙	그림의, 그림을 보는 것 같은

---

graphics
[grǽfiks]

n. (복수 취급) 그래픽스, 그래픽 아트(graphic art)

* **computer graphics** 컴퓨터 **그래픽스**

0748 ★★★

pictograph
[píktəgræf;-grɑ̀:f]

n. 그림 문자, 상형 문자(picture symbol, pictogram)

- Everyone can understand **pictographs** to use the bathroom, change money, get their baggage, or find a bus.
  모든 사람은 **그림 문자**를 이해할 수 있어서 화장실을 이용하고, 돈을 바꾸고, 짐을 가져 오고, 버스를 찾는다.

| 어원 | pict(o) (picture) | ➕ | graph (write) | ➡ | 그림에 의한 문자 |

0749 ★☆☆

paragraph
[pǽrəgræf;-grɑ̀:f]

n. (글의 한 구분으로서의) 단락, 절

- Look at the second **paragraph** on page 46.
  46쪽의 두 번째 **단락**을 보아라.

| 어원 | para- (beside) | ➕ | graph (write) | ➡ | 옆에 줄을 쳐서 구분함 |

0750 ★★☆

epigram
[épəgræm]

n. 경구(aphorism)

- **Epigrams** are sayings characterized by wit and brevity.
  경구란 재치와 간결함으로 특징지어지는 말이다.

| 어원 | epi- (upon) | ➕ | gram (write) | ➡ | '돌 위에 쓴 것'에서 유래 |

0751 ★☆☆

grammar
[grǽmər]

n. 문법

- We study **grammar** to write good sentences.
  우리는 좋은 문장을 쓰기 위해 **문법**을 공부한다.

| 어원 | gram(m) (write) | ➕ | -ar (명접) | ➡ | 글을 쓰는 규칙 |

grammatical
[grəmǽtikəl]

a. 문법(상)의

- **a grammatical analysis[error]** 문법적 분석(**문법상의 오류**)

0752 ★☆☆

program
[próugræm]

n. 프로그램, 예정표

- **watch a television program** TV **프로그램**을 시청하다
- This **program** was made for beginners in the field of science.
  이 **프로그램**은 과학 분야의 초보자를 위해 만들어졌다.

| 어원 | pro- (forward) | ➕ | gram (write) | ➡ | 사람들 앞에 써 놓은 것 |

grat
'thank(감사), please(기쁘게 하다)'의 의미를 지님

0753 ★☆☆

grateful
[gréitfəl]

a. 감사하는(thankful, obliged)

- I am **grateful** (to you) for your help. 당신의 도움에 **감사합니다.**
  = Thank you for your help.
  = I appreciate your help.

| 어원 | **grat(e)**
(thank) | ➕ | **-ful**
(형접) | ➡ | 감사함으로 가득 찬 |

0754 ★★☆

gratitude
[grǽtətjuːd]

n. 감사, 사의(thankfulness, appreciation)

- She expressed her **gratitude** for his favors.
  그녀는 그의 호의에 대해 **감사**의 뜻을 표하였다.

| 어원 | **grat(i)**
(thank) | ➕ | **-tude**
(명접) | ➡ | 감사하기 |

ingratitude
[ingrǽtətjuːd]

n. 배은망덕, 감사하지 않음(ungratefulness, unthankfulness)

- He was blamed for **ingratitude** to his parents.
  그는 부모님에게 **배은망덕**하여 비난 받았다.

0755 ★☆☆

congratulate
[kəngrǽtʃuleit;kəŋ-]

vt. 축하하다, ~에게 축하의 말을 하다

- We **congratulate** you on your marriage.
  우리는 당신의 결혼을 **축하합니다.**

cf. celebrate one's birthday(a victory) 생일(승리)을 축하하다

| 어원 | **con-**
(together) | ➕ | **grat**
(please) | ➕ | **ul** | ➕ | **-ate**
(동접) | ➡ | 함께
기뻐하다 |

congratulation
[kəngrǽtʃuléiʃən
;kəŋ-]

n. 축하, 축하의 말　interj. (Congratulations!) 축하합니다!

- **Congratulations** upon being elected president of the club.
  클럽 회장에 당선된 것을 **축하합니다.**

0756 ★★★

gratify
[grǽtəfai]

vt. 기쁘게 하다(please); 만족시키다, 충족시키다(satisfy, meet)

- We are all **gratified** with your success.
  우리 모두는 당신의 성공에 대해 **기뻐합니다.**
- His lecture **gratified** our thirst for knowledge.
  그의 강의는 지식에 대한 우리의 갈증을 **충족시켰다.**

| 어원 | **grat(i)**
(please) | ➕ | **-fy**
(동접) | ➡ | 기쁘게 하다 |

0757 ★★★
gratis
[grǽtis;gréitis]

ad. 무료로, 공짜로(free, for nothing, on the house)

a. 무료의, 공짜의(free, gratuitous, complimentary)

- There is no fee for the visa; it is issued **gratis**.
  비자 발급에 대한 수수료는 없습니다. 그것은 **무료로** 발행됩니다.
- Entrance is **gratis**. 입장 **무료**.

| 어원 | grat(is) (please) | ⊙ | 기쁘게 해주는 |

0758 ★☆☆
grace
[greis]

n. 우아(함)(elegance); (신의) 은총(blessing)

- The ballerina dances with **grace**. 그 여자 무용수는 **우아**하게 춤을 춘다.
- By the **grace** of God, the sailors came home safely.
  하나님의 **은총**으로 선원들은 안전하게 집에 왔다.

| 어원 | grac(e) (grat: please) | ⊙ | 기쁘게 하는 것 |

---

graceful
[gréisfəl]

a. 우아한, 기품 있는(elegant ⊙ graceless)

- **a graceful dancer[smile]** 우아한 무용수(미소)

disgraceful
[disgréisfəl]

a. 불명예스러운(dishonorable), 치욕적인(shameful)

- **disgraceful behavior[failure]** 치욕스러운 행동(실패)

0759 ★☆☆
agree
[əgríː]

vi. (남과) 의견이 일치하다 (종종 with를 수반); (제안·계획 등에) 동의하다 (consent) (종종 to를 수반)

vt. (~하기로) 의견이 일치하다 (종종 부정사를 수반)

- I don't **agree** with you. 나는 당신과 **의견이 일치하지** 않습니다.
- Do you **agree** to his proposal? 그의 제안에 **동의합니까**?
- We **agreed** to leave at once. 우리는 당장 떠나기로 **의견이 일치했다**.

| 어원 | a- (ad-: to) | + | gree (grat: please) | ⊙ | ~에 기쁘게 하다 |

---

agreement
[əgríːmənt]

n. (의견·감정·목적의) 일치, 동의, 합의; 협정, 계약(treaty)

- **reach an agreement** 합의에 이르다
- **Free Trade Agreement** 자유 무역 협정

---

agreeable
[əgríːəbl]

a. 기분 좋은, 쾌활한; 상냥한(amiable); 선뜻 동의하는

- **agreeable friends[weather]** 마음에 드는 친구(기분 좋은 날씨)
- **agreeable to his proposal** 그의 제안에 **선뜻 동의하는**

Daily Test 23

정답 및 해설 p.471

A 다음 영어를 우리말로, 우리말을 영어로 쓰시오.

1	fuse	11	거절하다; 쓰레기
2	gratis	12	피난; 피난처
3	fugitive	13	감사, 사의
4	graphic	14	환불하다; 반환
5	diffuse	15	단락, 절
6	geography	16	성분, 요소; 재료
7	subterfuge	17	축하하다
8	disgraceful	18	공격적인, 침략적인
9	profuse	19	진행; 진보; 전진하다
10	gratify	20	등급; 학년; 점수

B 다음 빈칸에 알맞은 단어를 쓰시오.

1	aggressive	⊜	o	6	progressive	⟷	c
2	futile	⊜	u	7	grace	ⓐ	
3	ingredient	⊜	c	8	confuse	ⓝ	
4	degree	⊜	e	9	agree	ⓝ	
5	grateful	⊜	t	10	gradual	ⓐⓓ	

C 다음 빈칸에 들어갈 알맞은 말을 보기 에서 고르시오. [문장: 기출 또는 기출 변형]

보기	aggressive	futile	photographs	gradually

1 Michael's _____ attempts to open the door only increased his panic.

2 Publishers have sought to increase the visual sophistication of their texts by adding more colors and _____.

3 More often, an entire habitat does not completely disappear but instead is reduced _____ until only small patches remain.

4 _____ behavior involves expressing your thoughts and feelings and defending your rights in a way that openly violates the rights of others.

DAY 24

gen(er) / habit, hibit / it / ject / jus, jur, jud

i(t)
[=go]

ject
[=throw]

jus, jur, jud
[=right / law]

| **gen(er)** | 'birth(탄생), race(인종; 종족)'의 의미를 지님 |

0760 ★☆☆

generate
[dʒénəreit]

vt. (동력·돈·아이디어 등을) 발생시키다, 만들어 내다

- **generate income[profit]** 소득(수익)을 발생시키다
- Power stations **generate** electricity. 발전소는 전기를 **발생케 한다.**

| 어원 | gener (birth) | ➕ | -ate (동접) | ➡ | 낳다 |

---

generator
[dʒénəreitər]

n. 발전기

- **an emergency[a wind] generator** 비상(풍력) 발전기

---

generation
[dʒènəréiʃən]

n. 발생, 생성; 세대(30년); 같은 시대의 사람들, 세대

- **today's generation gap** 오늘날의 세대 차이

0761 ★☆☆

generous
[dʒénərəs]

a. 관대한, 도량이 큰(broad-minded); (돈을) 아끼지 않는, 후한(liberal ↔ stingy, miserly)

- It is **generous** of him to tolerate her error.
  그녀의 잘못을 너그러이 용인해 주다니 그는 **관대하다.**
- She is **generous** with her money. 그녀는 돈을 **아끼지 않는다.**

| 어원 | gener (birth) | ➕ | -ous (형접) | ➡ | 성품이 타고 난 |

---

generosity
[dʒènərá:səti]

n. 관대함, 너그러움; 아까워하지 않음, 후함(liberality)

- I thanked her for her many **generosities.**
  나는 그녀의 많은 **관대한 행동들**에 사의를 표했다.

0762 ★☆☆

genius
[dʒíːnjəs;-niəs]

n. 천재(prodigy, a man of genius); 천부적 재능(natural ability)

• Goethe was a **genius** in many fields. 괴테는 많은 분야에서 **천재**였다.
• An excellent actor has a **genius** for learning languages.
뛰어난 배우는 언어를 배우는 **천부적 재능**을 지니고 있다.

| 어원 | gen(i)
(birth) | ➕ | -us
(명접) | ➡ | 재능을 타고난 사람 |

0763 ★★☆

genuine
[dʒénjuin]

a. 진짜의, 진품의(real, authentic); 위선이 없는, 진실한

• a **genuine** teacher[entertainer] **위선이 없는** 선생님〔연예인〕
• This old vase is a **genuine** antique. 이 오래된 꽃병은 **진짜** 골동품이다.

| 어원 | gen(u)
(birth) | ➕ | -ine
(형접) | ➡ | 본래의 것인, 타고난 그대로 |

0764 ★★★

ingenious
[indʒíːnjəs]

a. (발명의) 재주가 있는(inventive), 영리한; 솜씨 좋은(skillful), 정교한

• an **ingenious** clock **정교한** 시계
• The beginner is not an **ingenious** engineer.
그 초보자는 **발명의 재주가 있는** 기술자가 아니다.

| 어원 | in-
(in) | ➕ | gen(i)
(birth) | ➕ | -ous
(형접) | ➡ | 능력을 안으로 가지고
태어난 |

---

ingenuity
[ìndʒənúːəti]

n. 발명의 재주(inventive talent), 영리함; 솜씨 좋음

• a designer of great **ingenuity** 대단한 **창의력**의 디자이너

0765 ★★★

ingenuous
[indʒénjuəs]

a. 솔직한(frank); 천진난만한, 순수한(artless)

• an **ingenuous** lady[opinion] **솔직한** 숙녀〔의견〕
• An **ingenuous** smile brightened her lovely face.
천진난만한 미소가 그녀의 사랑스러운 얼굴을 밝게 했다.

| 어원 | in-
(in) | ➕ | gen(u)
(birth) | ➕ | -ous
(형접) | ➡ | 타고난 그대로의 |

0766 ★★★

genesis
[dʒénəsis]

n. 기원(origin), 발생(creation); (G-) (성서) 창세기

• The **genesis** of the universe may have been a big explosion.
우주의 **기원**은 대폭발이었을 것이다.
• **Genesis** means the first book of the Old Testament.
창세기는 구약 성서의 제1서를 의미한다.

| 어원 | gen(e)
(birth) | ➕ | -sis
(명접) | ➡ | 탄생된 상태 |

pregnant
[prégnənt]

a. 임신한(carrying a fetus)

• My wife is six months **pregnant**. 내 아내는 **임신** 6개월이다.

| 어원 | pre-
(before) | ⊕ | gn
(gen: birth) | ⊕ | -ant
(형접) | ⊃ | 탄생 이전의 |

pregnancy
[prégnənsi]

n. 임신, 수태(conception)

• **sickness during pregnancy** **임신** 중의 입덧

gene
[dʒiːn]

n. 유전(인)자

• We have **genes** that influence the color of the eyes.
우리는 눈 색깔에 영향을 주는 **유전자**를 지니고 있다.

| 어원 | gene
(birth) | ⊃ | 탄생과 관련된 것 |

genetic
[dʒənétik]

a. 유전의, 유전학의

• **the genetic factors determining human behavior**
인간의 행동을 결정하는 **유전적인** 요인

genetics
[dʒənétiks]

n. (단수 취급) 유전학

• **Genetics** is the science of heredity. **유전학**은 유전에 대한 학문이다.

gentle
[dʒéntl]

a. (마음씨가) 온화한, 점잖은(mild); (행위·날씨 등이) 사납지 않은, 관대한
(⟷ severe); 가문이 좋은, 양가 태생의(of good birth or family)

• **a gentle breeze[scolding]** 부드러운 산들바람[꾸지람]
• **a man of gentle birth** 좋은 가문의 사람
• Her mother is very **gentle** with her friends.
그녀의 어머니는 그녀의 친구들에게 매우 **온화하다**.

| 어원 | gen(t)
(race, birth) | ⊕ | -le
(형접) | ⊃ | 종족이 좋게 태어난 |

general
[dʒénərəl]

a. (어떤 집단의) 전체의, 총체적인(whole); 일반적인, 공통의

n. 장군, 대장

• **a general meeting of the employees of a firm** 회사의 직원 총회
• **general culture[education]** **일반적인** 교양[교육]
• In **general**, the economy is doing well. **일반적으로** 요즘 경기가 좋다.

| 어원 | gener
(race) | ⊕ | -al
(형접) | ⊃ | 종족 전체와 관련된 |

habit, hibit   'live(살다), have(갖다)'의 의미를 지님

0771 ★☆☆

habitat
[hǽbitæt]

n. 〈생물〉 서식지

- The **habitat** for deer is mainly the valley, not the mountains.
  사슴의 **서식지**는 주로 골짜기이지 산악이 아니다.

| 어원 | habit (live) | + | -at (어미) | ➡ | 동식물이 사는 곳 |

0772 ★★★

inhabit
[inhǽbit]

vt. ~에 살다, 거주하다(live in, reside in)

- Maybe someday robots will **inhabit** the earth.
  어쩌면 훗날 로봇이 지구**에 살게** 될 것이다.

| 어원 | in- (in) | + | habit (live) | ➡ | ~에 살다 |

inhabitant
[inhǽbətənt]

n. 거주자(resident)

- **inhabitants of large cities**
  대도시의 **거주자들**

inhabitable
[inhǽbitəbl]

a. 거주할 수 있는, 살기에 알맞은

- **an inhabitable island**
  거주할 수 있는 섬

0773 ★☆☆

habit
[hǽbit]

n. 습관, 버릇(custom)

- She smokes out of **habit**, not for pleasure.
  그녀는 좋아서가 아니라 **습관**적으로 담배를 피운다.

| 어원 | habit (have) | ➡ | (살면서) 갖고 있는 것 |

habitual
[həbítʃuəl]

a. 습관적인(customary), 상습적인

- **a habitual smoker[liar]** 상습적인 흡연가[거짓말쟁이]

habituate
[həbítʃuèit]

vt. 길들이다, 익숙하게 하다(accustom)

- The career woman is **habituated** to getting up early.
  그 전문 직업여성은 일찍 일어나는 데 **익숙해져 있다**.

0774 ★☆☆

exhibit
[igzíbit]

vt. 전시하다, 진열하다(show, display, expose)

n. 전시물, 진열품; 전시회, 전람회(exposition)

- **an international trade exhibit** 국제 무역 **박람회**
- We **exhibit** paintings in an art gallery.
  우리는 미술관에 그림을 **전시한다**.
- Don't touch the **exhibits**.
  전시물에 손대지 마시오.

| 어원 | ex-
(out) | ➕ | hibit
(have) | ➡ | 밖에 두고서 보여주다 |

---

exhibition
[èksəbíʃən]

n. 전시, 진열(display); 전시회, 전람회(exposition)

- **the art exhibition at the museum**
  박물관의 미술 **전시회**

0775 ★★★

prohibit
[prouhíbit;prə-]

vt. (법률·규칙으로) 금하다, 금지하다(inhibit, ban, forbid)

- Smoking in a theater is **prohibited**.
  극장 내에서의 흡연은 **금지되어 있다**.
- Children are **prohibited** from buying cigarettes.
  아이들은 담배를 사지 못하도록 **금지되어 있다**.

| 어원 | pro-
(before) | ➕ | hibit
(have) | ➡ | 앞에 두어 제지하다 |

---

prohibition
[pròuhəbíʃən]

n. 금지; 금지령

- **a prohibition against the sale of cigarettes to children**
  어린이에게의 담배 판매 **금지령**

| **it** | 'go(가다)'의 의미를 지님 |

0776 ★☆☆

exit
[égzit;éksit]

n. 출구; 떠남, 나가기(departure)   **v.** 나가다, 퇴장하다

- **an emergency exit on the left** 왼쪽의 **비상구**
- Please **exit** the theater by the side doors.
  옆문으로 극장에서 **나가** 주세요.

| 어원 | ex-
(out) | ➕ | it
(go) | ➡ | 밖으로 나가기 |

0777 ★☆☆

initial
[iníʃəl]

a. 처음의, 초기의(**first, incipient**)　　**n.** (이름의) 머리글자

- The **initial** talks were the base of the later agreement.
  첫 회담은 추후 협약의 토대였다.
- Abraham Lincoln's **initials** are A.L.
  Abraham Lincoln의 **머리글자**는 A.L.이다.

| 어원 | in-
(into) | ⊕ | it
(go) | ⊕ | -ial
(형접) | ⇨ | 어떤 일에 들어가는 |

0778 ★★★

initiate
[iníʃieit]

vt. (새로 일을) 시작하다(**begin**); (단체에) 가입시키다

- The hero **initiated** the reforms in politics.
  그 영웅은 정치에서 개혁을 **시작했다**.
- The charming girl was **initiated** into an Alpine club.
  그 매혹적인 소녀는 산악회에 **가입되었다**.

| 어원 | in-
(into) | ⊕ | it
(go) | ⊕ | -(i)ate
(동접) | ⇨ | 어떤 곳에 들어가게 하다 |

---

initiation
[inìʃiéiʃən]

n. 시작, 개시; 가입, 입회

- **one's initiation into a club** 클럽에의 **가입**

---

initiative
[iníʃiətiv;-ʃət-]

n. 주도(권)(**leading action**); 진취적 기상(**enterprise**)

- **a man of great initiative** 대단한 **진취적 기상**을 지닌 사람

0779 ★★★

transit
[trǽnsit;-zit]

n. 통과, 횡단(**passage**); (사람·화물의) 운송, 수송(**transportation**)

- **the problem of rapid transit in large cities**
  대도시에서의 신속한 **수송** 문제
- Ships are in **transit** across the channel. 배가 해협을 **횡단**하고 있다.

| 어원 | trans-
(across) | ⊕ | it
(go) | ⇨ | 이쪽에서 저쪽으로 가다 |

---

transition
[trænzíʃən;-síʃ-]

n. 전이, 변천; 과도기(**transition period**)

- **a peaceful transition to the new system**
  새로운 체제로의 평화적인 **전이**

---

transient
[trǽnʃənt;-ʒənt
;-ziənt]

a. 일시적인, 덧없는(**transitory, temporary**)

- **transient happiness[authority]** 일시적인 행복〔권위〕

0780 ★★☆

perish
[périʃ]

vi. 죽다(die); 소멸되다, 사라지다(disappear)

- Almost a hundred people **perished** in the hotel fire last night.
  어젯밤에 거의 백 명의 사람이 호텔 화재로 **죽었다**.
- Elasticity **perishes** with age. 나이가 들면 탄력은 **사라진다**.

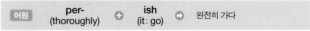

| 어원 | per-
(thoroughly) | ⊕ | ish
(it: go) | ➡ | 완전히 가다 |

perishable
[périʃəbl]

a. 부패하기 쉬운

- **perishable foods** 부패하기 쉬운 식품

0781 ★★☆

issue
[íʃuː]

vt. 출판하다(publish); (통화·우표 등을) 발행하다; 공표하다(announce)

n. 출판, 발행, 공표; 출판물, (정기 간행물의) 호(號); 쟁점, 문제점

- **the latest issue of a magazine** 잡지의 최신호
- The government **issued** a new stamp. 정부는 새 우표를 **발행했다**.
- The main **issues** are tax increases and military spending.
  주요 **쟁점**은 세금 인상과 군비 지출이다.

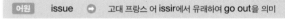

| 어원 | issue | ➡ | 고대 프랑스 어 issir에서 유래하여 go out을 의미 |

0782 ★★★

circuit
[sə́ːrkit]

n. 순회, 순환, 일주(going around); 〈전기〉 회로, 회선

- **a closed[an open] circuit** 폐[개]회로
- We made the **circuit** of the old city walls.
  우리는 옛 도시의 성벽을 **순회**했다.

| 어원 | circu
(around) | ⊕ | it
(go) | ➡ | 둘레를 도는 것 |

circulation
[sə̀ːrkjuléiʃən]

n. (물·공기 등의) 순환, 혈액 순환; (화폐 등의) 유통(currency)

- Bad **circulation** causes tiredness. 나쁜 **혈액 순환**은 피로감을 가져온다.

ject

'throw(던지다)'의 의미를 지님

0783 ★☆☆

reject
[ridʒékt]

vt. 거절[거부]하다(refuse ⊖ accept); (남을) 퇴짜 놓다

- The lawyer **rejected** the offer of a better job.
  그 변호사는 더 좋은 일자리 제의를 **거절했다**.

| 어원 | re-
(back) | ⊕ | ject
(throw) | ➡ | 뒤로 던져버리다 |

rejection
[ridʒékʃən]

n. 거절, 거부; 퇴짜
- **the rejection of one's demand** ~의 요구의 거절

0784 ★★☆

dejected
[didʒéktid]

a. 낙담한, 의기소침한(depressed, dispirited)
- A girl with a **dejected** look sat waiting for a bus.
  낙담한 표정을 한 소녀가 버스를 기다리며 앉아 있었다.

| 어원 | de-
(down) | ➕ | jected
(thrown: 던져진) | ➡ | (마음이) 밑으로 내던져진 |

---

deject
[didʒékt]

vt. 낙담케 하다, 의기소침케 하다(depress, dispirit)
- Such news **dejects** me. 그런 소식은 나를 **낙담케 한다.**

---

dejection
[didʒékʃən]

n. 낙담, 의기소침(depression)
- **the dejection on the face of the loser**
  패자의 얼굴에 나타난 **낙담**한 표정

0785 ★☆☆

subject
n.,a.[sʌ́bdʒikt]
v.[səbdʒékt]

n. 주제, 테마(theme); 과목, 학과; 실험 대상, 피실험자; (그림·사진 등의) 대상, 소재; 국민, 백성, 신하; 〈문법〉주어

a. (보통 to를 수반) 종속된, 복종하는; 당하기 쉬운

vt. ~을 종속시키다, 복종시키다 (보통 to를 수반)

- The **subject** of today's discussion is teenagers' smoking.
  오늘 토론의 **주제**는 10대들의 흡연이다.
- We need male **subjects** between the ages of 18 and 25 for the experiment.
  그 실험을 위해서 우리는 18세에서 25세까지의 남성 **피실험자들**이 필요하다.
- Focus the camera on the **subject**.
  카메라의 초점을 **대상(피사체)**에 맞춰라.
- Henpecked husbands are **subject** to their wives in all things.
  공처가는 모든 일에 있어서 아내에게 **종속되어** 있다.
- Rome **subjected** most of Europe to its rule.
  로마는 대부분의 유럽 지역을 **지배하에 두었다.**

| 어원 | sub-
(under) | ➕ | ject
(throw) | ➡ | 아래로 던지다 |

---

subjective
[səbdʒéktiv]

a. 주관의, 주관적인(◐ objective)
- **a subjective judgment[impression]** **주관적인** 판단(인상)

object
n.[ábdʒikt;-ekt]
v.[əbdʒékt]

n. 사물, 물체(thing); (관심의) 대상; 목적(purpose, aim), 목표(goal); 〈문법〉 목적어; 〈철학〉 객체, 객관

vi. 반대하다 (보통 to를 수반)

- **an object of observation[envy, curiosity]** 관찰[질투, 호기심]의 **대상**
- **an object of one's life[studying history]** 삶[역사 연구]의 **목적**
- What is that tiny **object** at the door? 현관에 있는 저 작은 **물체**는 뭐지?
- We **object** to the death penalty. 우리는 사형에 **반대한다**.

| 어원 | ob-
(toward) | ⊕ | ject
(throw) | ⊙ | ~을 향하여 던져진 것 |

objective
[əbdʒéktiv]

a. 편견이 없는, 객관적인(◎ subjective)

n. 목적, 목표(object)

- **an objective analysis of the role of religion in politics**
  정치에 있어서 종교의 역할에 대한 **객관적** 분석
- What is the **objective** of international collaboration?
  국제 협력의 **목적**이 무엇인가?

objection
[əbdʒékʃən]

n. 반대, 이의

- I have no **objection** to it. 나는 그것에 **반대**하지 않는다.

abject
[ǽbdʒekt]

a. 비참한, 처참한; 비굴한(contemptible)

- **an abject liar[coward, excuse]** 비열한 거짓말쟁이[겁쟁이, 변명]
- In a slum, blacks live in **abject** poverty.
  빈민가에서 흑인들은 **비참할** 정도로 가난하게 산다.

| 어원 | ab-
(away) | ⊕ | ject
(throw) | ⊙ | 멀리 내던져진 |

inject
[indʒékt]

vt. (액체를) 주입하다, 주사하다

- The nurse **injected** some medicine into the vein with a needle.
  간호사는 주사 바늘로 정맥에 약을 **주사하였다**.

| 어원 | in-
(into) | ⊕ | ject
(throw) | ⊙ | 안으로 던져 넣다 |

injection
[indʒékʃən]

n. 주입, 주사(shot)

- My car's engine gets an **injection** of gas when I step on the pedal.
  내가 자동차의 페달을 밟을 때 자동차의 엔진은 연료를 **주입** 받는다.

0789 ★★★

eject
[idʒékt]

vt. 내쫓다, 추방하다(**drive out, expel**)

- The tenant was **ejected** because he had not paid his rent.
  그 세입자는 집세를 지불하지 않아서 **쫓겨났다**.

| 어원 | e-
(out) | ⊕ | ject
(throw) | ➡ | 밖으로 던져버리다 |

ejection
[idʒékʃən]

n. 내쫓음, 추방

- **the ejection of the troublemakers from the club**
  클럽에서 말썽꾸러기들의 **추방**

0790 ★☆☆

jet
[dʒet]

n. 제트기(**jet plane**); (액체·가스 등의) 분출, 분사

- **jet lag** 시차로 인한 피로
- We traveled from Seoul to New York by **jet**.
  우리는 서울에서 뉴욕으로 **제트 여객기**로 여행했다.

| 어원 | jet
(ject: throw) | ➡ | 하늘로 던져 올린 비행기 |

Word Grammar 관사의 생략 ②

o 건물이나 시설이 본래의 목적, 추상적 의미를 나타낼 때

go to bed 잠자리에 들다	**go to school** 공부하러 가다	**go to church** 예배 보러 가다
go to market 장보러 가다	**go to hospital** 입원하다	**go to sea** 뱃사람이 되다
at table 식사 중	**at school** 수업 중	**in school** 재학 중
at sea 항해 중	**at church** 예배 중	**after church** 예배 후에

- She goes to church twice a week. 그녀는 일주일에 두 번 예배를 드리러 간다.
- She went to the church to see the poet's grave. 그녀는 그 시인의 묘를 보기 위해 교회에 갔다.

o 교통수단·통신수단: by+무관사의 명사

by car 차로	**by train** 기차로	**by subway** 지하철로
by land 육로로	**by ship** 배로	**by plane** 비행기로
by phone 전화로	**by telegram** 전보로	**by mail** 우편으로
by e-mail 이메일로	**by wireless** 무전으로	**by letter** 편지로
cf. **on foot** 도보로, 걸어서	**on horseback** 말을 타고서	

- We traveled to Jejudo by ship. 우리는 제주도에 배로 여행 갔다.
- Let me know the result by telephone. 나에게 그 결과를 전화로 알려 주세요.

jus, jur, jud   'right(올바른), law(법률)'의 의미를 지님

0791 ★☆☆

just
[dʒʌst]

a. 올바른(right); 공정한, 공평한(fair); 정당한, 타당한(deserved)

ad. (시간·장소 등에) 바로, 딱(exactly); 간신히, 겨우(barely); 단지(only)

- He was a **just** critic.
  그는 **공정한** 비평가이었다.
- The criminal received a **just** punishment.
  그 범죄자는 **타당한** 처벌을 받았다.
- That's **just** what I wanted.
  그것이 **바로** 내가 원하는 것이다.
- The wounded soldier **just** escaped death.
  그 부상당한 군인은 **간신히** 죽음을 모면했다.
- He was **just** a clerk until he became ambitious.
  야심을 품기 전만 해도 그는 **단지** 점원에 불과했다.

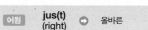

| 어원 | jus(t) (right) | ⇨ | 올바른 |

---

justice
[dʒʌ́stis]

n. 정의; 공정, 공평; 타당(⇔ injustice); 사법, 재판

- **achieve social justice** 사회 **정의**를 이룩하다
- During the Civil War, many fought against the **injustice** of slavery.
  남북전쟁 동안에 많은 사람들이 노예제도의 **불의**에 맞서 싸웠다.

0792 ★★☆

justify
[dʒʌ́stəfai]

vt. 정당화하다, 정당한 이유를 대다

- The end doesn't always **justify** the means.
  목적이 항상 수단을 **정당화하는** 것은 아니다.

| 어원 | just (정당한) | + | -ify (동접) | ⇨ | 정당하게 하다 |

---

justification
[dʒʌ̀stəfikéiʃən]

n. 정당화, 정당한 이유

- **the justification of the use of violence** 폭력 행사의 **정당화**

0793 ★★☆

injury
[índʒəri]

n. 손상, 훼손(harm, damage); (생물의) 부상, 상해(wound)

- **injury to a person[one's pride]** 사람[자존심]에의 **손상**
- The soccer player suffered a serious **injury** to his leg.
  그 축구선수는 다리에 중**상**을 입었다.

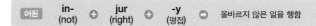

| 어원 | in- (not) | + | jur (right) | + | -y (명접) | ⇨ | 올바르지 않은 일을 행함 |

injure
[índʒər]

vt. 손상시키다(damage); 상처를 입히다(hurt)
- **crops injured by the flood** 홍수에 의해서 **손상된** 작물

injurious
[indʒúəriəs]

a. 해로운, 해가 되는(harmful, damaging)
- **injurious to the health** 건강에 **해로운**

0794 ★☆☆

judge
[dʒʌdʒ]

v. (판사가) 재판하다, 판결하다; (사람·사물을) 판단하다, 평가하다

n. 판사; 심사원, 심판; (미술품·포도주 등의) 감정가, 감식가

- The court **judged** him guilty.
  판사가 그에게 유죄 **판결을 내렸다.**
- **Judge** whether he is right or wrong.
  그가 옳은지 그른지 **판단하라.**
- He is a **judge** of the Supreme Court
  그는 대법원 **판사**이다.

| 어원 | jud(ge)
(law) | ⇨ | 법을 말하다 |

judg(e)ment
[dʒʌdʒmənt]

n. 재판, 판결; 판단(력), 평가
- **an error of judgment** 판단 착오

0795 ★★★

judicial
[dʒuːdíʃəl]

a. 사법의, 재판의; 공정한(fair, just)

- **the judicial branch** 사법부
- The **judicial** system solves many disputes between people.
  사법 제도는 사람들 사이의 많은 분쟁을 해결한다.

| 어원 | jud(ic)
(judge: 재판하다) | + | -ial
(형접) | ⇨ | 재판하는, 판단하는 |

Daily Test 24

A 다음 영어를 우리말로, 우리말을 영어로 쓰시오.

1	eject		11	발생시키다; 만들어 내다
2	gene		12	주입하다, 주사하다
3	issue		13	~에 살다, 거주하다
4	objection		14	손상; 부상, 상해
5	ingenious		15	시작하다, 가입시키다
6	abject		16	정당화하다
7	judicial		17	통과, 횡단; 운송, 수송
8	habitat		18	금하다, 금지하다
9	circuit		19	관대한; 후한
10	gentle		20	죽다; 소멸하다

B 다음 빈칸에 알맞은 단어를 쓰시오.

1	dejected	⊜ d____	6	genuine	↔ a____
2	inhabitant	⊜ r____	7	reject	↔ a____
3	general	⊜ w____	8	habit	ⓥ ____
4	just	⊜ r____	9	transition	ⓐ ____
5	subjective	↔ o____	10	exhibit	ⓝ ____

C 다음 빈칸에 들어갈 알맞은 말을 [보기] 에서 고르시오. (문장: 기출 또는 기출 변형)

보기	generates	injury	rejected	perishable

1 Pack _____ lunch foods in a sealed bag and throw it in an ice pack to make sure foods stay properly chilled.

2 I want to create a landscape painting that _____ the same intense emotion in someone who views the painting as the landscape did in me.

3 When you choose an item among a number of options, the attractive features of the _____ items will decrease the satisfaction derived from the chosen item.

4 Many of us have the scars on our knees to prove that we persisted even to the point of physical _____ in our desire to learn a new skill called bicycle riding.

DAY 25

lect, leg / leg / liter / log / lud(e), lus

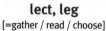

lect, leg
[=gather / read / choose]

leg
[=law]

liter
[=letter]

---

lect, leg

'gather(모으다), read(읽다), choose(선택하다)'의 의미를 지님

0796 ★☆☆

collect
[kəlékt]

vt. vi. (사람·물건을) 모으다[이다], 집합시키다[하다](assemble); (취미로) 수집하다; 모금하다

- **collect evidence[materials, facts]** 증거(자료, 사실)를 **모으다**
- **collect stamps[foreign coins]** 우표(외국 동전)를 **수집하다**
- The principal **collected** all the pupils in the hall.
  교장선생님은 전교생을 강당에 **집합시켰다.**

| 어원 | col-
(con-: together) | ➕ | lect
(gather) | ➡ | 함께 모으다 |

---

collection
[kəlékʃən]

n. 모으기, 집합; 수집; 수집물, 소장품; 모금; 의상 발표회(의 신상품들)

- **Armani's sunning winter collection** Armani의 놀라운 겨울 **신상품들**
- The museum has a large **collection** of Japanese paintings.
  그 박물관은 일본 그림의 많은 **소장품**을 갖고 있다.

0797 ★☆☆

select
[silékt]

vt. 고르다, 선택하다, 선발하다(choose, pick out)

- **select the best among many works**
  많은 작품 중에서 가장 좋은 것을 **고르다**
- The husband **selected** a birthday present for his wife.
  남편은 아내에게 줄 생일 선물을 **골랐다.**

| 어원 | se-
(apart) | ➕ | lect
(choose) | ➡ | 따로 떼어 골라내다 |

---

selection
[silékʃən]

n. 고르기, 선택하기, 정선(choice); 선택된 것, 정선 품

- **a good selection of materials** 재료의 올바른 **선택**

0798 ★☆☆

elect
[ilékt]

vt. 뽑다, 선출하다, 선거하다(select by vote)

- We **elected** him (to be) president. 우리는 그를 대통령으로 **선출했다**.

| 어원 | e-
(out) | ⊕ | lect
(choose) | ➡ | 뽑아내다 |

election
[ilékʃən]

n. 선거(selection by vote)

- **a presidential[general, special] election** 대통령[총, 보궐] 선거

0799 ★★☆

neglect
[niglékt]

vt. 무시하다(disregard, ignore); (의무·명령 등을) 태만히 하다

n. 무시(disregard); 태만, 등한시

- The woman **neglected** her husband's advice for many years.
  그 여자는 남편의 충고를 여러 해 동안 **무시했다**.
- Don't **neglect** your duty. 너의 의무를 **태만히 하지** 마라.

| 어원 | neg
(not) | ⊕ | lect
(choose) | ➡ | (무시하고서) 선택하지 않다 |

negligent
[néglidʒənt]

a. 태만한, 게을리하는(neglectful, disregardful)

- **negligent of one's duties** 직무를 태만히 하는

negligible
[néglidʒəbl]

a. 무시해도 좋은, 하찮은(not important)

- **a negligible artist[amount]** 하찮은 예술가[양]

0800 ★☆☆

lecture
[léktʃər]

n. 강의, 강연

vi. vt. 강의하다, 강연하다 (보통 on을 수반)

- The poet delivered a two-hour **lecture** on modern poems.
  그 시인은 두 시간 동안 현대 시에 대해 **강의**를 했다.
- The professor **lectured** his students on physics.
  그 교수는 학생들에게 물리학을 **강의했다**.

| 어원 | lect
(read) | ⊕ | -ure
(명접) | ➡ | (교재를) 읽는 것 |

0801 ★★☆

intellect
[íntəlekt]

n. 지성, 지력

- I like a man with a sharp **intellect**. 나는 예리한 **지성**을 가진 남성을 좋아한다.

| 어원 | intel-
(intel-: between) | ⊕ | lect
(choose) | ➡ | 옳고 그름 사이에서
가려내는 힘 |

intelligent
[intélədʒənt]

a. (선천적으로) 지적인, 총명한, 머리가 좋은

- **an intelligent student** 총명한 학생

intellectual
[ìntəléktʃuəl]

a. 지성[지력, 지능]의, 지적인　n. 지식인, 인텔리
- **an intellectual crime[occupation]** 지능 범죄[지적 능력을 필요로 하는 작업]
- **intellectuals talking about economics** 경제를 논하는 **지식인들**

intelligible
[intélədʒəbl]

a. 이해할 수 있는, 알기 쉬운(comprehensible)
- His words were hardly **intelligible** to me.
  나는 그의 말을 거의 **이해할** 수 없었다.

0802 ★☆☆
elegant
[éligənt]

a. (외모가) 우아한(graceful); 세련된, 기품 있는(refined)
- **elegant furniture[clothes]** 우아한 가구[의복]
- The cultured lady has an **elegant** manner.
  그 교양 있는 숙녀는 **세련된** 태도를 지녔다.

| 어원 | e-
(out) | ➕ | leg
(choose) | ➕ | -ant
(형접) | ➡ | (가려서) 뽑아낸 |

0803 ★☆☆
legend
[lédʒənd]

n. 전설(traditional story)
- Each country has its **legends** about the past.
  각 나라는 과거에 대한 **전설**을 지니고 있다.

legendary
[lédʒənderi]

a. 전설의, 전설적인
- **a legendary miracle[hero]** 전설적인 기적[영웅]

---

leg
'law(법률)'의 의미를 지님

0804 ★☆☆
legal
[líːgəl]

a. 법률의, 법률상의; 합법적인, 적법한(legitimate, lawful)
- **a legal fare[adviser]** 법정 운임[법률 고문]
- Such acts are not **legal**. 그러한 행위는 **합법적**이 아니다.

| 어원 | leg-
(law) | ➕ | -al
(형접) | ➡ | 법률의 |

0805 ★★☆
legitimate
[lidʒítəmət]

a. 합법적인, 정당한(legal); 합리적인(reasonable)
- She has a **legitimate** claim to part of the profits.
  그녀는 수익의 일부에 대해 **합법적인** 권리가 있다.

| 어원 | leg
(law) | ➕ | iti | ➕ | mate
(made) | ➡ | 합법적으로 만들어진 |

0806 ★☆☆

privilege
[prívəlidʒ]

n. 특권, 특전

- **the privileges of the rich** 부자들의 **특전들**
- To converse with the president is a **privilege.**
  대통령과 담화하는 것은 **특권**이다.

| 어원 | **privi**
(private: 개인적인) | ➕ | **leg(e)**
(law) | ➡ | 특정 개인에게만 주어지는 법 |

---

privileged
[prívəlidʒd]

a. 특권을 가진[행사하는]

- **the privileged class[group]** 특권 계급〔집단〕

0807 ★☆☆

loyal
[lɔ́iəl]

a. (국가·군주 등에) 충성스러운, 충의가 있는; 충실한, 성실한(**faithful**)

- Soldiers should be **loyal** to their country.
  군인은 국가에 **충성**을 다해야 한다.
- She remained **loyal** to the team although they lost the game.
  팀 동료들이 게임에 졌지만, 그녀는 여전히 팀에 **충실**했다.

| 어원 | **loy**
(leg: law) | ➕ | **-al**
(형접) | ➡ | 법률을 잘 지키는 |

---

loyalty
[lɔ́iəlti]

n. 충성, 충의(**allegiance**); 충실, 성실(**faithfulness**)

- **swear loyalty to one's country** 국가에 대한 **충성**을 맹세하다

0808 ★★★

legislate
[lédʒisleit]

vi. 법률을 제정하다, 입법하다(**make laws, enact**)

- The Congress of the United States has the power to **legislate.**
  미 의회는 **법률을 제정할** 권한을 가지고 있다.

| 어원 | **leg(is)**
(law) | ➕ | **l** | ➕ | **-ate**
(동접) | ➡ | 법률을 만들다 |

---

legislation
[lèdʒisléiʃən]

n. 법률 제정, 입법

- The **legislation** is the chief function of Parliament.
  입법은 의회의 주된 기능이다.

---

legislature
[lédʒisleitʃər]

n. 입법부, 입법기관

- **Legislature** is the body of people who have the power to make and change laws.
  입법부는 법률을 제정하고 개정하는 권한을 지닌 사람들의 단체이다.

0809 ★★★

delegate
n.[déligət]
v.[déligeit]

n. 대표자(representative), 대리인(deputy)

vt. ~을 대표[대리]로 파견하다; (권한·임무 등을) 위임하다(commit)

- **delegate a person to negotiate** 사람을 **대표로 파견하여** 협상하게 하다
- The government sent the **delegates** to the conference.
  정부는 그 회의에 **대표들**을 파견했다.

| 어원 | de-
(away) | ⊕ | leg
(law) | ⊕ | -ate | ⇨ | 법으로 멀리 파견하다 |

delegation
[dèligéiʃən]

n. 대표[대리]로 파견[임명]하기; 〈집합적〉 대표단

- **send a delegation to the convention** 집회에 **대표단**을 파견하다

0810 ★★★

legacy
[légəsi]

n. (유언에 의한) 유산, 유증(inheritance, bequest); (과거의) 유산, 유물

- **the legacy of ancient Rome** 고대 로마의 **유산**
- He left his son a considerable **legacy**. 그는 아들에게 상당한 **유산**을 남겼다.

| 어원 | legacy | ⇨ | 대리인(deputy)에 의해 후손에게 물려지는 것에서 유래 |

---

liter   'letter(문자)'의 의미를 지님

0811 ★☆☆

literature
[lítərətʃər;-tʃuər]

n. 문학 (작품); (특정 학술 분야에 관한) 문헌, 인쇄물

- **the literature on a new hybrid car** 새로운 하이브리드 자동차에 대한 **인쇄물**
- He is a professor of French **literature**. 그는 불**문학** 교수이다.

| 어원 | liter
(letter) | ⊕ | at | ⊕ | -ure
(명접) | ⇨ | 문자로 쓰인 것 |

literary
[lítəreri]

a. 문학의, 문예의; 문학에 조예가 깊은

- **a literary girl[magazine]** 문학소녀(문예 잡지)

0812 ★☆☆

literal
[lítərəl]

a. (의미가) 문자 그대로의, (번역이) 원문에 충실한; 문자(상)의

- **a literal translation of T.S. Eliot** T. S. 엘리엇 작품의 **직역**
- The **literal** meaning of the word "pig" is an animal, not a person.
  "pig"의 **문자 그대로의** 뜻은 동물이지 사람이 아니다.

| 어원 | liter
(letter) | ⊕ | -al
(형접) | ⇨ | 문자 그대로의 |

literally
[lítərəli]

ad. 문자 그대로(to the letter)

- I took what he said **literally**. 나는 그의 말을 **액면 그대로** 받아들였다.

literate
[lítərət]

a. 읽고 쓸 수 있는(able to read and write ◎illiterate)); 학식 있는 (well-read)

- About 70 percent of adults in the country are **literate**.
  그 나라 성인의 약 70%가 (글을) **읽고 쓸 수 있다**.
- About half the population is still **illiterate**.
  인구의 약 반이 여전히 **문맹**이다.

어원	liter (letter)	⊕	-ate (형접)	➡	문자를 읽고 쓸 수 있는

---

log
'word(말)'의 의미를 지님

---

logic
[ládʒik]

n. 논리학; 논리, 추론법; 조리, 이치(reason)

- **Logic** is not the science of belief.
  논리학은 신앙을 다루는 학문이 아니다.
- There is some **logic** in what you say.
  너의 말에는 어느 정도 **조리**가 있다.

어원	log (word)	⊕	-ic (명접)	➡	말을 행하는 방법

---

logical
[ládʒikəl]

a. 논리적인, 이치에 맞는(◎illogical); 논리학의

- **a logical inference[thinking]** 논리적 추론[사고]

---

catalog(ue)
[kǽtəlɔːg;-lɑːg]

n. 목록, 카탈로그

v. 목록을 만들다

- Businesses mail out **catalogs** of their products to customers.
  상점들은 고객들에게 상품의 **목록**을 발송한다.

어원	cata- (down)	⊕	log (word)	➡	아래로 적은 말

---

epilog(ue)
[épəlɔːg;-lɑːg]

n. (연극·소설 등의) 끝 맺음말, 에필로그(◎prolog(ue) 서시, 프롤로그)

- You ought to insert an **epilogue** in the play.
  너는 그 희곡에 **에필로그**를 써 넣어야 한다.

어원	epi (besides)	⊕	log(ue) (word)	➡	끝에 덧붙이는 말

0817 ★★★

eulogy
[júːlədʒi]

n. 찬사, 칭찬(commendation, praise); 추도사

- I will pronounce a **eulogy** upon the dead.
  내가 고인에 대한 **추도사**를 낭송하겠다.

| | eu-
(good) | | log
(word) | | -y
(명접) | | 좋은 말 |

eulogize
[júːlədʒaiz]

vt. ~에 찬사를 보내다, 칭찬하다(commend, praise)

- **eulogize one's virtue[behavior]** 덕〔행실〕을 칭찬하다

0818 ★☆☆

apology
[əpálədʒi]

n. 사과, 사죄

- I offered her an **apology** for not going to her party.
  나는 그녀의 파티에 가지 못한 것에 대해 그녀에게 **사과**했다.

| | apo-
(away) | | log
(word) | | -y
(명접) | | (잘못을) 멀리하는 말 |

apologize
[əpálədʒaiz]

vi. 사과하다, 사죄하다 (보통 to, for를 수반)

- I **apologized** to her for stepping on her foot.
  나는 발을 밟은 것에 대해 그녀에게 **사과했다**.

0819 ★★☆

logos
[lóuɡɑs;lóuɡous;
lágɑs]

n. (L-) 〈신학〉 로고스, 하나님의 말씀; 〈철학〉 로고스, 이성(理性), 우주의 법칙

- We must believe in and follow **Logos**.
  우리는 **로고스**를 믿고 따르지 않으면 안 된다.

| | log
(word) | | -os
(어미) | | 하나님의 말씀 |

0820 ★☆☆

zoology
[zouálədʒi]

n. 동물학(◉ botany 식물학)

- She studied **zoology** in college to be an animal doctor.
  그녀는 대학에서 **동물학**을 공부하여 수의사가 되었다.

| | zoo
(동물원) | | -logy
(명접: 학문) | | 동물을 연구하는 학문 |

0821 ★☆☆

psychology
[saikálədʒi]

n. 심리학; 심리 (상태)

- I can't understand that man's **psychology**.
  나는 그 남자의 **심리**를 이해할 수 없다.

| | psycho-
(soul: 정신) | | -logy
(명접: 학문) | | 정신을 연구하는 학문 |

psychological
[sàikəládʒikəl]

a. 심리(학)적인, 정신적인
* **a psychological research[test]** 심리학적 연구[테스트]

psychologist
[saikáləʤist]

n. 심리학자
* **consult a psychologist** 심리학자의 상담을 받다

0822 ★☆☆

sociology
[sòusiáləʤi;-ʃi-]

n. 사회학
* **Sociology** is the scientific study of societies and human behavior in groups. **사회학**은 사회와 인간의 단체 행위에 대한 과학적 연구이다.

| 어원 | soci(o)
(society: 사회) | ⊕ | -logy
(명접: 학문) | ⇒ | 사회를 연구하는 학문 |

---

society
[səsáiəti]

n. 사회; 사교계; 교제, 사교(association, company); 협회, 단체
* **the progress of human society** 인류 **사회**의 진보
* Her marriage to a truck driver shocked Boston **society**.
  트럭 운전사와 그녀의 결혼은 보스턴 **사교계**에 충격을 주었다.

cf. community 공동체 (사회), 지역 사회

social
[sóuʃəl]

a. 사회의, 사회적인
* **opinions on various social questions** 다양한 **사회적** 문제에 대한 의견들

sociable
[sóuʃəbl]

a. 사교적인, 붙임성 있는(gregarious)
* **a sociable and amiable woman** **사교적**이며 상냥한 여성

0823 ★☆☆

theology
[θiáləʤi]

n. 신학
* The minister studied **theology** at college.
  그 목사는 대학에서 **신학**을 전공했다.

| 어원 | the(o)
(god) | ⊕ | -logy
(명접: 학문) | ⇒ | 신을 연구하는 학문 |

• Further Study •

anthropology	n. 인류학
archaeology	n. 고고학
physiology	n. 생리학; 생리, 생리 기능
philology	n. 문헌학; 언어학
etymology	n. 어원학, 어원 연구
entomology	n. 곤충학
pathology	n. 병리학; 건강 이상

Word Grammar 고유형용사

POINT 1. 고유형용사는 고유명사에서 파생된 형용사를 뜻한다.

2. 고유형용사는 자체로서 그 국가의 언어를 나타내는 명사로도 쓰인다. 단, 뒤에 language가 오면 정관사가 반드시 있어야 한다.

e.g.) Korean = the Korean language 한국어   French = the French language 프랑스어

3. Korea에서 고유형용사 Korean(한국(인)의, 한국인, 한국어)이 파생되어 한국인 한 사람은 a Korean, 2명 이상일 때는 Koreans, 국민 전체를 나타낼 때는 the Korean이다. 단, 어미가 -sh, -ch, -ese로 끝나는 고유형용사가 국민 전체를 나타낼 때는 복수형 어미 -s가 붙지 않는다.

e.g.) the English 영국 국민   the French 프랑스 국민   the Chinese 중국 국민

• The Chinese are a conservative people. (O) 중국인들은 보수적인 국민이다.

	고유명사(국어)	고유형용사(국어)	국민		
			한 사람(단수)	여러 사람(복수)	전체(군집명사)
제1유형	Korea	Korean	a Korean	Koreans	the Koreans
	America	American	an American	Americans	the Americans
	Germany	German	a German	Germans	the Germans
	Italy	Italian	an Italian	Italians	the Italians
	Russia	Russian	a Russian	Russians	the Russians
	Persia	Persian	a Persian	Persians	the Persians
제2유형	England	English	an Englishman	Englishmen	the English
	Ireland	Irish	an Irishman	Irishmen	the Irish
	France	French	a Frenchman	Frenchmen	the French
	Holland	Dutch	a Dutchman	Dutchmen	the Dutch
제3유형	Japan	Japanese	a Japanese	Japanese	the Japanese
	China	Chinese	a Chinese	Chinese	the Chinese
	Portugal	Portuguese	a Portuguese	Portuguese	the Portuguese
제4유형	Spain	Spanish	a Spaniard	Spaniards	the Spaniards
	Greece	Greek	a Greek	Greeks	the Greeks
	Turkey	Turkish	a Turk	Turks	the Turks

---

lud(e), lus   'play(놀다; 연주하다)'의 의미를 지님

0824 ★☆☆

ludicrous
[lúːdəkrəs]

a. 우스꽝스러운, 터무니없는(ridiculous, absurd)

• a ludicrous situation[suggestion] 우스꽝스러운 상황[제안]

• It is so ludicrous for a fool to become an inventor.
바보가 발명가가 되는 것은 대단히 터무니없는 일이다.

어원	lud (play)	⊕	icr	⊕	-ous (형접)	⇒	장난기가 심한

0825 ★★☆

allude
[əlúːd]

vi. 넌지시 언급하다, 암시하다(hint at, suggest) (보통 to를 수반)

· The politician often **alluded** to his excellence.
그 정치인은 자신의 탁월함을 종종 **넌지시 언급했다.**

| 어원 | al-
(ad : to) | + | lude
(play) | ⭢ | 장난 삼아 말하다 |

---

allusion
[əlúːʒən]

n. 넌지시 하는 언급, 암시(hint, suggestion)

· He made an **allusion** to his wife without saying her name.
그는 아내의 이름을 말하지 않고 아내에 대해 **넌지시 언급했다.**

0826 ★★☆

delude
[dilúːd]

vt. 현혹시키다, 속이다(deceive, defraud)

· The swindler **deluded** her into following him.
그 사기꾼은 그녀를 **속여서** 자신을 따르도록 했다.

| 어원 | de-
(from) | + | lude
(play) | ⭢ | 놀려서 혼란케 하다 |

---

delusion
[dilúːʒən]

n. 현혹, 속임수(deception); 착각, 망상(self-deception)

· The poor woman fell into a **delusion** of fortune.
그 가난한 여자는 부유해지는 **착각**에 빠졌다.

0827 ★★★

collude
[kəlúːd]

vi. 공모하다(conspire, plot)

· She **colluded** with her husband in a fraud.
그녀는 사기 행각을 벌이는 데 남편과 **공모했다.**

| 어원 | col-
(con- : together) | + | lude
(play) | ⭢ | 함께 (은밀히) 놀아나다 |

---

collusion
[kəlúːʒən]

n. 공모, 은밀히 서로 짜기(conspiracy, plot)

· Two employees were acting in **collusion** to steal money from the company.
두 고용인이 회사의 돈을 훔치기로 **공모**하여 행동하고 있었다.

0828 ★☆☆

illusion
[ilúːʒən]

n. 환상, 환영(fantasy, mirage); 착각(delusion)

· Some people think that Heaven is an **illusion**.
몇몇 사람은 천국이 **환상**이라고 생각한다.

· Red creates an **illusion** of heat. 빨간색은 따뜻하다는 **착각**을 일으킨다.

| 어원 | il-
(in- : in) | + | lus
(play) | + | -ion
(명접) | ⭢ | 마음속으로 연주함 |

• **Further Study** •

daydream	n. 백일몽, 공상, 몽상
hallucination	n. (약물·정신병으로 인한) 환각, 환영
phantasm	n. 환영, 허깨비
phantom	n. 도깨비, 유령(ghost)

0829 ★★★

prelude
[prélju:d;préilju:d;
 prí:lu:d]

n. 〈음악〉 전주곡, 서곡; 머리말(introduction, preface)

v. 전주곡을 연주하다

• The orchestra played a short **prelude** before the ballet began.
발레 공연이 시작되기 전에 오케스트라는 짧은 **전주곡**을 연주했다.

| 어원 | pre-
(before) | ➕ | lude
(play) | ➡ | 먼저 연주함 |

0830 ★★★

interlude
[íntərlu:d]

n. 〈음악〉 간주곡; 막간, 사이(interval)

• There was an **interlude** of good weather between the two snowstorms.
두 번의 눈보라가 치는 **사이**에 날씨가 좋은 기간이 있었다.

cf. postlude 〈음악〉 후주곡

| 어원 | inter-
(between) | ➕ | lude
(play) | ➡ | 사이에 연주함 |

Daily Test 25

A 다음 영어를 우리말로, 우리말을 영어로 쓰시오.

1	legislate		11	우아한; 세련된
2	ludicrous		12	특권, 특전
3	legitimate		13	환상, 환영; 착각
4	delude		14	읽고 쓸 수 있는
5	delegate		15	심리학; 심리 (상태)
6	interlude		16	무시하다; 태만히 하다
7	literal		17	사과, 사죄
8	legacy		18	뽑다, 선출하다, 선거하다
9	collude		19	논리학; 논리
10	eulogy		20	넌지시 언급하다

B 다음 빈칸에 알맞은 단어를 쓰시오.

1	legacy	⊜ i		6	zoology	⇨ b
2	delegate	⊜ r		7	social	⋒ n
3	illusion	⊜ f		8	loyal	⋒ n
4	epilog(ue)	⇨ p		9	collect	⋒ n
5	eulogize	⊜ c		10	intellectual	⋒ n

C 다음 빈칸에 들어갈 알맞은 말을 보기 에서 고르시오. (문장: 기출 또는 기출 변형)

보기	apology	illusion	election	intellectual

1 In 1889, the little nation held the first free _____ in South America.

2 Every day, it seems, we learn of an _____ from a prominent figure in response to an indiscretion of some sort.

3 Some people take an _____ approach to its form and construction, appreciating its formal patterns or originality.

4 People are unaware of this phenomenon and live under the _____ that when they are experiencing time pressure, they are more creative.

magn(i), major, max / mania / man(u) / medi, mid / meter, mens / migr

magn(i), major, max
[=great]

medi, mid
[=middle]

meter, mens
[=measure]

magn(i), major, max 'great(거대한)'의 의미를 지님

0831 ★★☆

magnify
[mǽgnəfai]

vt. (실제보다) 크게 보이게 하다, 확대하다(enlarge)

- **a magnifying glass**
  확대경
- This microscope **magnifies** an object 1,000 times.
  이 현미경은 물체를 천 배로 **확대한다**.

| 어원 | **magni**
(great) | ➕ | **-fy**
(동접: make) | ➡ | 크게 만들다 |

magnificent
[mægnífəsnt]

a. (외관·경치가) 웅장한, 장엄한(grand, splendid), 당당한(stately)

- The royal wedding was a **magnificent** occasion.
  왕가의 결혼식은 **웅장한** 예식이었다.

0832 ★★☆

magnitude
[mǽgnətju:d]

n. (규모의) 큼, 방대함(greatness, great size); 중요성(importance)

- The **magnitude** of the loss ruined the business completely.
  대규모 손실로 그 가게는 완전히 파산했다.
- The politician didn't realize the **magnitude** of the change.
  그 정치인은 변화의 **중요성**을 깨닫지 못했다.

| 어원 | **magni**
(great) | ➕ | **-tude**
(명접) | ➡ | 거대함 |

0833 ★☆☆

major
[méidʒər]

a. (크기·수량 등이) 더 큰[많은](greater); 대다수의, 대부분의; 중요한, 주요한(chief)

n. 전공과목; 전공자

v. 전공하다(specialize) (보통 in을 수반)

- **the major part of an income** 수입의 대부분
- **a major question[artist]** 중요한 문제[주요 예술가]
- The freedom fighter **majored** in history at the university.
  그 자유의 투사는 대학에서 역사를 **전공했다.**

 major (great) ➡ 거대한

---

majority
[mədʒɔ́ːriti;-dʒár-]

n. 대다수, 대부분(minority); 과반수

- **the principle of majority rule** 다수결의 원리
- **gain a majority** 과반수를 획득하다
- The **majority** was for him. **대다수**는 그에게 찬성했다.

0834 ★☆☆

mayor
[méiər;mέər]

n. 시장(市長)

- The **mayor** holds a regular news conference with reporters.
  그 **시장**은 기자들과 정기적인 기자 회견을 갖는다.

 mayor ➡ major가 변화된 형태

0835 ★★★

maxim
[mǽksim]

n. 금언(金言), 격언(格言)(adage, proverb, saying)

- **a golden maxim** 금언
- It is a recognized **maxim** that the best defense is attack.
  최상의 방어는 공격이라는 것은 인정된 **금언**이다.

 maxim (great의 최상급) ➡ 가장 거대한, 훌륭한 것

0836 ★☆☆

maximum
[mǽksəməm]

n. (수량·정도 등의) 최대 (한도), 최고(점)(minimum)

a. 최대의, 최고의

- The chainsmoker smokes a **maximum** of 30 cigarettes a day.
  그 골초는 하루에 **최대** 서른 개비의 담배를 피운다.
- The car racer increased the speed of the car to the **maximum**.
  그 자동차 경주 선수는 자동차 속도를 **최고**로 올렸다.

 maxim (가장 거대한) ➕ **-um (명접)** ➡ 가장 거대한 것

0837 ★☆☆

majestic
[mədʒéstik]

a. 장엄한, 장대한(magnificent, spectacular); 위엄 있는(dignified)

- the majestic **Alps** 장대한 알프스
- The queen acted in a **majestic** manner.
  여왕은 **위엄 있는** 태도로 행동했다

| 어원 | maj(est)
(great) | ➕ | -ic
(형접) | ➡ | 거대한 |

---

majesty
[mǽdʒəsti]

n. 장엄, 장대함; 위엄; (왕·여왕에 대한 칭호) 폐하

- Thank you, your **Majesty**.
  감사합니다, **폐하**.

0838 ★☆☆

master
[mǽstər;má:s-]

n. 주인, 지배자; (예술·과학 등의) 명인, 대가; 〈교육〉 석사

vt. 정복하다, 지배하다(conquer); 통달하다, 숙달하다

- a **master** of architecture[the piano] 건축술(피아노)의 **명인**
- Like **master**, like man. 〔속담〕 그 **주인**에 그 하인.
- He finally **mastered** typing.
  그는 마침내 타이핑에 **숙달했다**.

| 어원 | mast
(magn: great) | ➕ | -er
(명접: 사람) | ➡ | 대단한 사람 |

---

mastery
[mǽstəri;má:s-]

n. 통달, 숙달, (언어 등을) 자유자재로 구사하는 힘(command); 지배(력)

- a **mastery** of Italian 이탈리아 어의 **자유로운 구사**

0839 ★☆☆

masterpiece
[mǽstərpi:s;má:s-]

n. 걸작, 명작(masterwork)

- The painting *Mona Lisa* by Leonardo da Vinci is considered a **masterpiece**.
  레오나르도 다빈치의 그림 '모나리자'는 **걸작**으로 간주된다.

| 어원 | master
(대가) | ➕ | piece
(작품) | ➡ | 대가의 작품 |

● Further Study ●

mega는 'large or great; 100만 배'의 의미를 지닌다.

megaphone	n. 확성기
megaton	n. 메가톤(1백만 톤에 상당하는 폭발력의 단위)
megabit	n. 〈컴퓨터〉 100만 비트, 메가비트
megabuck	n. 100만 달러(one million dollars)
megalopolis	n. (인구 100만 이상의) 거대 도시

mania

'madness(벽, 광증)'의 의미를 지님

0840 ★☆☆

mania
[méiniə;-njə]

n. 광적인 열중[열광], 집착

- **a sport[horse race] mania** 스포츠(경마) **열기**
- The alcoholic has a perfect **mania** for gambling.
  그 알코올 중독자는 완전히 도박**광**이다.

| 어원 | mania (madness) | ➡ | 미쳐 있는 상태 |

0841 ★☆☆

maniac
[méiniæk]

n. 미치광이(**madman, lunatic**); 광적인 열중가, ~광

a. 광적인, 광기의

- **confessions of a golf maniac** 골프**광**의 고백
- The old man is a fishing **maniac**. 그 노인은 낚시 **광**이다.

| 어원 | mania (madness) | ➕ | -c | ➡ | 미친 (사람) |

0842 ★★★

kleptomania
[klèptəméiniə]

n. (병적인) 도벽(**an irresistible desire to steal**)

- He who has **kleptomania** is always stealing things.
  도벽이 있는 그는 항상 물건을 도둑질한다.

| 어원 | klepto (thief) | ➕ | mania (madness) | ➡ | 도둑질에 대한 광증 |

---

kleptomaniac
[klèptəméiniæk]

n. a. 도벽이 있는 (사람)

- We abhor **kleptomaniacs**. 우리는 **도벽이 있는 사람**을 혐오한다.

0843 ★★★

megalomania
[mègəlouméiniə]

n. 과대망상증(**a mania for grandeur and power**)

- **Megalomania** means the belief that one is more important and powerful than one really is.
  과대망상증이란 자신이 실제보다 더 중요하고 강력하다고 믿는 상태를 뜻한다.

| 어원 | mega(lo) (great) | ➕ | mania (madness) | ➡ | 큰 것에 대한 집착 |

● Further Study ●

dipsomania   **n.** 음주벽(an irresistible desire to drink alcohol)

nymphomania **n.** (여성의) 음란증, 광적인 성욕(an abnormally high sex desire)

monomania   **n.** 편집증(mental illness adhered to one thing)

man(u)

'hand(손)'의 의미를 지님

0844 ★☆☆

manual
[mǽnjuəl]

a. 손의(of hand); 손을 쓰는, 수동의

n. 소형 책자(small book); 안내서, 설명서(handbook, guidebook)

- **a manual transmission** 수동 변속기
- **manual labor[workers]** 육체노동[노동자들]
- The **manual** for my computer shows how to set it up and program it.
  내 컴퓨터의 **설명서**는 컴퓨터를 설치하고 프로그래밍하는 방법을 보여준다.

| 어원 | manu
(hand) | | -al
(형접) | | 손의 |

0845 ★☆☆

manage
[mǽnidʒ]

vt. vi. (사업을) 경영하다, 관리하다(run); (기계를) 다루다, 조작하다 (handle); 힘들게[가까스로] 해내다 (보통 to부정사를 수반)

- **manage a machine[boat]** 기계[배]를 **다루다**
- She **managed** the company while her father was away.
  그녀는 자신의 아버지가 부재중인 동안 회사를 **경영했다**.
- She **managed** to carry the heavy suitcase into her house alone.
  그녀는 혼자서 그 무거운 짐 가방을 **간신히** 집안으로 옮겼다.

| 어원 | man
(hand) | | ag(e)
(do) | | 손으로 하다 |

---

management
[mǽnidʒmənt]

n. 경영, 관리; 다루기, 조작(handling); 〈집합명사〉 경영진(⟲ labor)

- **personnel management** 인사 **관리**
- **a dispute between labor and management** 노사 분쟁

0846 ★☆☆

manicure
[mǽnəkjuər]

n. vt. 손톱 손질(을 하다), 손 손질(을 하다)

- My wife had a **manicure** at the beauty salon.
  나의 아내는 미용실에서 **손톱 손질**을 받았다.

| 어원 | man(i)
(hand) | | cure
(care: 돌보기) | | 손 돌보기 |

---

manicurist
[mǽnəkjuərist]

n. 미조사, 매니큐어 미용사

- A **manicurist** practices manicure as a profession.
  매니큐어 미용사는 손톱 손질을 직업으로 영업한다.

0847 ★★☆

manacle
[mǽnəkl]

n. 수갑(handcuffs)　vt. 수갑을 채우다

- The policeman **manacled** the prisoner so that he couldn't escape. 경찰관은 죄수가 달아나지 못하도록 **수갑을 채웠다**.

| 어원 | man(a) (hand) | ⊕ | -cle (명접: 지소사) | ⇒ | 손에 채워지는 작은 것 |

0848 ★★☆

manifest
[mǽnəfest]

a. 명백한, 뚜렷한(evident, obvious)

vt. 명시하다(show clearly)

- It is **manifest** at a glance. 그것은 한눈에 **명백하다**.
- His behavior **manifested** his attitude toward me. 그의 행동은 나에 대한 그의 태도를 **분명히 드러냈다**.

| 어원 | man(i) (hand) | ⊕ | fest (strike) | ⇒ | 손이 와 닿을 정도로 분명한 |

0849 ★★★

manipulate
[mənípjuleit]

vt. (기계 등을) 잘 다루다, 솜씨 있게 조작하다(handle with skill); (사람·여론·물가 등을 몰래) 조작하다, 교묘히 조종하다(use tricks)

- **manipulate levers[chopsticks]** 지레(젓가락)를 **잘 다루다**
- The swindler **manipulated** the price of a stock, so he could buy it cheaply. 그 사기꾼은 주가를 **조작하여** 주식을 싸게 살 수 있었다.

| 어원 | man(i) (hand) | ⊕ | pul (full) | ⊕ | -ate (동접) | ⇒ | 손 가득히 넣어 다루다 |

manipulation
[mənìpjuléiʃən]

n. 능숙하게 다루기; 교묘한 조작

- **the manipulation of public opinion[voting]** 여론(투표)의 **조작**

0850 ★★☆

maintain
[meintéin]

vt. 유지[지속]하다(keep up); 주장하다(assert); 부양하다(support)

- **maintain order[one's fame]** 질서(명성)를 **유지하다**
- She **maintained** that he was innocent. 그녀는 그가 무죄임을 **주장했다**.
  = She **maintained** his innocence.
- He has to **maintain** a large family on a small salary. 그는 적은 월급으로 대가족을 **부양하지** 않으면 안 된다.

| 어원 | main (man: hand) | ⊕ | tain (hold:잡다) | ⇒ | 손으로 잡고 있다 |

maintenance
[méintənəns]

n. 유지, 지속(upkeep); 주장(assertion); 부양(support)

- **the maintenance of friendly relations with Japan** 일본과 우호 관계 **유지**

medi, mid   'middle(중간)'의 의미를 지님

0851 ★☆☆

medium
[míːdiəm]

n. (pl. -dia or -diums) 중간, 중용(mean); (전달의) 매개물, 매체; (the media) 보도 매체, 매스 미디어(mass media)

a. 중간의(middle, average)

- The air is a **medium** for sound.
  공기는 소리의 **매개물**이다.
- The **media** report on every little thing about pop singers.
  보도 매체는 대중가요 가수들에 대한 사소한 것을 일일이 보도한다.
- Do you like your beefsteak rare, **medium**, or well-done?
  덜 익은, **중간의**, 잘 익은 비프스테이크 중 어느 것으로 드시겠습니까?

어원   medi (middle) ⊕ -um ➡ 중간에 있는 것

0852 ★★★

mediate
[míːdieit]

v. (분쟁·논쟁 등을) 조정하다, 중재하다(arbitrate)

- They **mediated** a cease-fire between two nations.
  그들은 두 나라 사이의 휴전을 **중재했다**.
- The government **mediated** between the workers and the employers.
  정부는 노사 간을 **중재했다**.

어원   medi (middle) ⊕ -ate (동접) ➡ 중간에 들어가다

0853 ★★☆

mediocre
[mìːdióukər]

a. 보통의, 평범한(ordinary, not good or bad), 이류의(second-rate)

- a mediocre painter[essay, grade] 평범한 화가[수필, 점수]
- Some of them are less than **mediocre** in quality.
  그들 중 몇몇은 질적으로 **보통** 이하이다.

어원   medi (middle) ⊕ ocre (height) ➡ 중간 높이의

0854 ★☆☆

medieval
[mìːdiíːvəl;mèd-]

a. 중세(the Middle Ages)의, 중세풍의

- medieval architecture[literature] 중세 건축[문학]
- **Medieval** times lasted about 1,000 years, from 476 to 1450 A.D.
  중세는 서기 476년부터 1450년까지 약 천 년간 계속되었다.

어원   medi (middle) ⊕ ev (age) ⊕ -al (형접) ➡ 중세의

Mediterranean
[mèdətəréiniən]

n. (the) 지중해(the Mediterranean Sea)

a. 지중해의

- **a Mediterranean climate** 지중해성 기후
- The **Mediterranean** is the sea between Southern Europe and North Africa.
  지중해는 남유럽과 북아프리카 사이의 바다이다.

| 어원 | medi (middle) | + | terra (earth) | + | -nean | ⇒ | 땅 중간에 있는 바다 |

---

immediate
[imí:diət]

a. 즉각[즉시, 즉석]의(instant); 바로 이웃의(nearest, next)

- **the immediate neighbor** 바로 이웃 사람
- Give me an **immediate** reply.
  나에게 **즉각적인** 대답을 해주시오.

| 어원 | im- (in-: not) | + | medi (middle) | + | -ate (형접) | ⇒ | 중간에 아무 것도 없는 |

immediately
[imí:diətli]

ad. 즉시, 곧, 당장에(instantly, without delay)

- You have to come home **immediately**.
  너는 **즉시** 귀가해야 한다.

---

midnight
[mídnait]

n. 한밤중(the middle of the night), 자정

a. 한밤중의

- **burn the midnight oil**
  밤늦게까지 공부하다(일하다)
- The party continued until **midnight**.
  파티는 **한밤중**까지 계속되었다.

| 어원 | mid (middle) | + | night (밤) | ⇒ | 밤의 중간 |

---

amid
[əmíd]

prep. ~의 한복판에(서), ~에 둘러싸여(in the middle of, among)

- **amid the crowd** 군중 한복판에
- The movie star felt strange **amid** so many people.
  그 영화 스타는 그렇게 많은 사람들 **속에서** 소외감을 느꼈다.

| 어원 | a- (in) | + | mid (middle) | ⇒ | ~의 한가운데에 |

0859 ★☆☆

mean
[mi:n]

n. (수·양·가치의) 평균(**average**); (보통 **-s**) 수단, 방법(**method**);
(보통 **-s**) 재력, 재산, 수입(**income**); 중간, 중용

a. 비열한, 치사한; 천한(**humble**)

v. 의미하다, 뜻하다(**have significance**); 의도하다, ~할 작정이다(**intend**)

- The quickest **means** of travel is by plane.
  가장 빠른 여행 **수단**은 비행기로 가는 것이다.
- Have you the **means** to support a family?
  당신은 가족을 부양할 **재산**을 갖고 있습니까?
- It's a **mean** trick! 그것은 **비열한** 속임수야!
- What does this French word **mean**?
  이 프랑스 어 단어는 무엇을 **뜻하는가**?
- I **meant** to go there yesterday.
  나는 어제 거기에 갈 **작정이었다**.

| 어원 | me
(medi: middle) | ⊕ | -an
(어미) | ⇨ | 중간 |

meaning
[mí:niŋ]

n. 의미, 뜻(**significance**)

- One word can have several **meanings**.
  한 단어는 몇 가지 **의미**를 가질 수 있다.

0860 ★★★

meantime
[mí:ntàim]

n. 그동안, 그새

ad. 그동안에, 그사이에(**meanwhile**)

- We can't go out because it's raining. Let's play a game in the **meantime**.
  비가 와서 우리는 외출할 수 없어. **그 동안에** 게임을 하자.

| 어원 | mean
(중간) | ⊕ | time
(시간) | ⇨ | 중간 시간 |

meter, mens　'measure(측정하다)'의 의미를 지님

0861 ★☆☆

measure
[méʒər]

v. 측정하다, 재다

n. 측정; 치수, 크기; (보통 **-s**) 조치(**step, action**)

- He **measured** the height of the desk. 그는 책상 높이를 **쟀다**.
- The minister took strong **measures** against outlaws.
  장관은 무법자들에 대해 강력한 **조치**를 취하였다.

| 어원 | meas
(mens: measure) | ⊕ | -ure | ⇨ | 측정하다 |

0862 ★☆☆

meter
[míːtər]

n. (물·전기·수도 등의) 계량기, 미터; (길이의 단위) 미터(**39.37 inches**)

· **a water[a gas, an electric] meter** 수도(가스, 전기) **계량기**
· A parking **meter** shows how much time a car can stay in a parking space. 주차 **미터**는 자동차가 주차장에 주차할 수 있는 시간을 나타낸다.

| 어원 | **meter** (measure) | ➡ | 측정하는 기구 |

0863 ★☆☆

speedometer
[spiːdámətər; spid-]

n. 속도계

· The **speedometer** showed 90 kilometers per hour.
속도계는 시속 90km를 가리켰다.

| 어원 | **speed** (속도) | ➕ | o | ➕ | **meter** (measure) | ➡ | 속도를 측정하는 기구 |

0864 ★☆☆

barometer
[bərámətər]

n. 기압계; (여론·정치·경제 등의) 척도, 지표

· A **barometer** shows possible changes in the weather.
기압계는 가능한 기상 변화를 보여준다.
· This poll is a good **barometer** of public opinion.
이 여론조사는 여론의 좋은 **척도**이다.

| 어원 | **baro** (pressure: 압력) | ➕ | **meter** (measure) | ➡ | 공기의 압력을 측정하는 기구 |

0865 ★☆☆

odometer
[oudámətər]

n. (차의) 주행 기록계

· The **odometer** in my car reads: 73,500 miles.
내 차의 **주행계**는 73,500마일을 나타내고 있다.

cf. mileage 총 주행 거리

| 어원 | **ado** (way) | ➕ | **meter** (measure) | ➡ | 주행한 길을 측정하는 기구 |

· Further Study ·

taxi-meter   **n.** (택시의) 요금 표시기, 택시미터
tacho·meter   **n.** 회전 속도, 타코 미터(엔진 등의 1분간 회전수를 측정하는 계기); 속도계(기계·흐르는 물·혈액 등의 속도를 측정하는 계기)

0866 ★☆☆

thermometer
[θərmámətər]

n. 온도계

· The **thermometer** reads 20℃. 온도계는 20℃를 가리키고 있다.

| 어원 | **thermo** (heat) | ➕ | **meter** (measure) | ➡ | 열을 측정하는 기구 |

thermal
[θə́:rməl]

a. 열의, 열을 내는, 열에 의한
- **a thermal power plant** 화력 발전소
- **thermal expansion[pollution]** 열에 의한 팽창[오염]

0867 ★☆☆

geometry
[dʒiámətri]

n. 기하학
- **Euclidean geometry** 유클리드 기하학
- It's important to study **geometry** if you want to be an architect.
  건축가가 되고 싶다면 **기하학**을 공부하는 것이 중요하다.

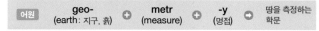

| 어원 | geo-
(earth: 지구, 흙) | ⊕ | metr
(measure) | ⊕ | -y
(명접) | ⇒ | 땅을 측정하는
학문 |

0868 ★☆☆

immense
[iméns]

a. 매우 큰, 거대한, 막대한(huge, gigantic)
- **an immense territory** 광대한 영토
- The old widow donated an **immense** fortune to a hospital.
  그 늙은 미망인은 **막대한** 재산을 병원에 기부했다.

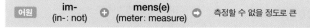

| 어원 | im-
(in-: not) | ⊕ | mens(e)
(meter: measure) | ⇒ | 측정할 수 없을 정도로 큰 |

0869 ★☆☆

dimension
[diménʃən;dai-]

n. (길이·폭·두께의) 치수, 측정치; 크기(size); 〈수학〉 차원
- Can you take the **dimensions** of the sofa?
  그 소파의 **크기**를 측정할 수 있습니까?
- Time is sometimes called the fourth **dimensions**.
  시간은 때때로 제4**차원**이라고 불린다.

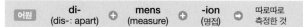

| 어원 | di-
(dis-: apart) | ⊕ | mens
(measure) | ⊕ | -ion
(명접) | ⇒ | 따로따로
측정한 것 |

---

migr
'move(이동하다)'의 의미를 지님

0870 ★☆☆

migrate
[máigreit]

vi. (사람·새·동물 등이) 이동하다, 이주하다
- Some tribes **migrate** with their cattle in search of fresh grass.
  일부 부족은 신선한 풀을 찾아서 소들과 함께 **이동한다**.

| 어원 | migr
(move) | ⊕ | -ate
(동접) | ⇒ | 이동하다 |

---

migration
[maigréiʃən]

n. 이동, 이주
- **the migration of fish over a long distance** 물고기의 장거리 **이동**

migrant
[máigrənt]

n. 이주자, 이동 동물, (특히) 철새

a. 이동하는, 이주하는(**migratory**)

- Birds which travel from one region to another are called **migrants**.
한 지역에서 다른 지역으로 이동하는 새는 **철새**라 불린다.

0871 ★★☆

emigrate
[émigreit]

vi. (다른 나라로) 이주하다, 이민 가다

- His family received written permission to **emigrate** to China.
그의 가족은 중국으로 **이민 가는** 서면 허가서를 받았다.

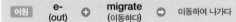

| 어원 | e-
(out) | ➕ | migrate
(이동하다) | ➡ | 이동하여 나가다 |

---

emigration
[èmigréiʃən]

n. (다른 나라로의) 이주, 이민

- **the encouragement of emigration** 이민의 장려

---

emigrant
[émigrənt]

n. (다른 나라로의) 이주자, 이민자

a. (다른 나라로) 이주하는

- **Korean emigrants to Canada** 캐나다로 가는 한국의 **이민자들**

0872 ★★☆

immigrate
[íməgreit]

vi. (다른 나라에서) 이주해 오다, 이민 오다(↔ **emigrate**)

- As a mere child, he **immigrated** to this country from Ireland.
단지 어린아이였을 때, 그는 아일랜드에서 이 나라로 **이민 왔다**.

| 어원 | im-
(in-: into) | | migrate
(이동하다) | | 이동하여 들어오다 |

---

immigration
[ìməgréiʃən]

n. (다른 나라에서의) 이주, 이민

- **the immigration office at the airport** 공항의 **이민국**

---

immigrant
[ímigrənt]

n. (다른 나라에서의) 이주자, 이민자

a. (다른 나라에서) 이주해 오는

- Many **immigrants** came to the USA for religious freedom.
많은 **이민자들**이 종교의 자유를 찾아 미국에 왔다.

Daily Test 26

정답 및 해설 p.474

A 다음 영어를 우리말로, 우리말을 영어로 쓰시오.

1	maniac	_____	11	걸작, 명작	_____
2	magnitude	_____	12	손의; 수동의, 소형 책자	_____
3	mediocre	_____	13	조정하다, 중재하다	_____
4	majestic	_____	14	측정하다, 재다; 측정	_____
5	manifest	_____	15	유지하다, 지속하다	_____
6	maxim	_____	16	이동하다, 이주하다	_____
7	manipulate	_____	17	즉각의; 바로 이웃의	_____
8	kleptomania	_____	18	매우 큰, 거대한, 막대한	_____
9	manacle	_____	19	그동안, 그새	_____
10	thermometer	_____	20	확대하다	_____

B 다음 빈칸에 알맞은 단어를 쓰시오.

1	manifest	⊜ o_____	6	immigrate	⟺ e_____
2	magnify	⊜ e_____	7	maximum	⟺ m_____
3	meantime	⊜ m_____	8	immediate	ⓐ_____
4	amid	⊜ i_____	9	manipulate	ⓝ_____
5	majority	⟺ m_____	10	magnificent	ⓥ_____

C 다음 빈칸에 들어갈 알맞은 말을 [보기]에서 고르시오. [문장: 기출 또는 기출 변형]

보기	migrant	dimension	majority	manual

1 I'm not accustomed to driving a car with _____ gears, so the gear shift must be automatic.

2 In the vast _____ of activities, having to do your best, or even having to do well, is an obstacle to doing.

3 These are deep pleasures which combine all my senses and momentarily transport me into another _____ of living.

4 In some European countries, _____ workers are providing industrialized nations with important skills that are lacking in local populations.

DAY 27

min(i) / mit, miss / mo(b), mot / mod(e)

mini
[=small]

mit, miss
[=send]

mo(b), mot
[=move]

| **min(i)** | 'small(작은)'의 의미를 지님 |

0873 ★☆☆

miniskirt
[mínəskə̀:rt]

n. 미니스커트(mini ⟷ maxiskirt 긴치마)

- In summer, she wears long skirts, and in winter she wears **minis**.
  여름에 그녀는 긴 치마를 입고, 겨울에는 **미니스커트**를 입는다.

| 어원 | mini-
(small) | ⊕ | skirt
(치마) | ⇒ | 짧은 치마 |

0874 ★☆☆

minute
[mainjú:t;mi-]

a. 아주 작은, 미세한(extremely small); 사소한, 하찮은(trivial); 상세한
(detailed)

- **minute differences[happenings]** 사소한 차이(사건들)
- **a minute examination[report]** 상세한 조사(보고서)
- Bacteria are **minute** organisms. 박테리아는 **미세한** 유기체이다.

| 어원 | min(u)
(small) | ⊕ | -te
(형접) | ⇒ | 아주 작은 |

---

minute
[mínit]

n. (시간 단위의) 분; 순간, 촌음(moment, instant)

- You will be all right in a **minute**. 당신은 **곧** 괜찮아질 것입니다.

0875 ★★☆

diminish
[dimíniʃ]

vt. 줄이다, 작게 하다(lessen, reduce)

vi. 줄다, 감소하다(lessen, decrease)

- **diminish one's credit[the danger of war]** 신용(전쟁의 위험)을 **줄이다**
- His illness **diminished** his strength. 병은 그의 체력을 **약화시켰다**.
- The supply of oil has **diminished** quite recently.
  석유 공급량이 아주 최근에 **줄었다**.

| 어원 | di-
(dis-:apart) | ⊕ | min
(small) | ⊕ | -ish
(동접) | ⇒ | 떨어져 나가 작아지다 |

diminutive
[dimínjutiv]

n. 지소사　**a.** 아주 작은(very small), 소형의
- **a diminutive house** 조그마한 집

cf. duckling(오리 새끼)의 -ling, booklet(작은 책)의 -let, birdie(작은 새)의 -ie는 "매우 작음"을 뜻하는 지소사이다.

0876 ★★☆

minor
[máinər]

a. (범위·크기·중요성 등이) 보다 작은[적은](smaller, lesser major); 중요하지 않은; 부전공의

n. 미성년자(major 성인); 부전공 과목; 부전공자
- **a minor offense[subject]** 경범죄[부전공 과목]
- She won't be content with a **minor** share of the profit.
  그녀는 수익의 **보다 적은** 몫에 만족하지 않을 것이다.
- **Minors** are not allowed to buy alcohol.
  미성년자는 술 사는 것이 금지되어 있다.

| 어원 | min
(small) | ⊕ | -or
(비교급 접미어) | ➡ | ~보다 작은 |

---

minority
[minɔ́ːrəti;mai-]

n. 소수 (집단, 민족)(majority)
- **a law to protect religious minorities** 종교상의 소수 **집단**을 보호하는 법률

0877 ★☆☆

minister
[mínəstər]

n. 장관(secretary); 성직자, 목사(clergyman, pastor, priest)

vi. 봉사하다, 돌보다(serve) (보통 to를 수반)
- **the Minister of Justice[Education]** 법무[교육] 장관
- The **minister** always gives believers a good sermon.
  그 **목사**는 신도들에게 언제나 좋은 설교를 한다.
- Volunteers **ministered** to the sick and wounded.
  자원봉사자들은 병자들과 부상 당한 사람들을 **돌보았다**.

| 어원 | mini-
(small) | ⊕ | -ster
(명접: 사람) | ➡ | 작은 존재, 봉사하는 사람 |

---

ministry
[mínəstri]

n. (장관이 이끄는 정부의) 부(部); 내각(Cabinet); 각료; 성직(자)
- **the Ministry of Defense[Transport]** 국방[교통]부

0878 ★★★

administer
[ædmínistər]

vt. 관리하다(manage); 통치하다(govern); (약을) 투여하다
- Mr. Jones **administers** the company's accounts.
  Jones 씨는 회사의 회계를 **관리한다**.
- The doctor **administered** the medicine to the sick woman.
  의사는 아픈 여자에게 약을 **주었다**.

| 어원 | ad-
(to) | ⊕ | minister
(봉사하다) | ➡ | ~에게 봉사하는 사람이 되다 |

administration
[ædmìnəstréiʃən]

n. 관리; 관리직(원들); 통치, 행정; 행정부
- **the Obama administration** 오바마 **행정부**

0879 ★☆☆

minimum
[mínəməm]

n. 최소의 양[수], 최저한도(⊕ maximum)

a. 최저한도의

- **a maximum of comfort and minimum of bother**
  최대의 안락과 **최소의** 고생
- You should carry out this project at a **minimum** of expense.
  당신은 **최소한도의** 경비로 이 계획을 실행해야 한다.

 minim (smallest) ➕ **-um** (명접) ➡ 가장 작은 것

0880 ★★★

minimize
[mínəmaiz]

vt. (양·수를) 최소로 하다

- You can **minimize** the dangers of driving.
  당신은 운전의 위험을 **최소로 할** 수 있다.

 minim- (smallest) ➕ **-ize** (동접) ➡ 가장 작게 하다

• Further Study •

miniature	**n.** 축소 모형
mince	**v.** 잘게 썰다, 다지다, 갈다
mini-bus	**n.** 소형 버스

---

mit, miss

'send(보내다)'의 의미를 지님

0881 ★☆☆

permit
v.[pərmít]
n.[pə́ːrmit;pərmít]

vt. 허락[허용, 허가]하다(allow, let); 묵인하다, 방임하다(tolerate)

n. 허가증, 면허증(license)

- **a fishing[gun] permit** 낚시[총기] **허가증**
- Please, **permit** me to explain it. 내가 그것을 설명하도록 **허락해 주세요.**
  = Please, **permit** my explanation.

 per- (through) ➕ **mit** (send) ➡ 통과하도록 보내다

---

permission
[pərmíʃən]

n. 허락, 허가(consent)

- He asked for **permission** to leave work early.
  그는 직장에 조퇴 **허가**를 신청했다.

0882 ★★☆

emit
[imít]

vt. (빛·열·냄새·소리 등을) 발(산)하다(give off, discharge)
- **light and heat emitted by the sun** 태양에 의해서 **발산되는** 빛과 열
- The siren **emitted** a warning sound. 사이렌은 경고음을 **냈다.**

| 어원 | e-
(out) | ➕ | mit
(send) | ➡ | 밖으로 내보내다 |

emission
[imíʃən]

n. 발산, 방사(discharge); 발산물; 배기가스(exhaust fumes)
- **the emission of fragrance[infrared rays]** 향기[적외선]의 **발산**

0883 ★☆☆

admit
[ædmít;əd-]

vt. 입장[입회, 입학]을 허용하다(allow to enter); 인정[시인]하다

- **admit a person to a party[club, college]**
  ~을 파티[클럽, 대학]에 들어오도록 **허용하다**
- He **admitted** that he was guilty. 그는 자신이 유죄임을 **시인했다.**
  = He **admitted** his guilt.

| 어원 | ad-
(to) | ➕ | mit
(send) | ➡ | ~로 (들여)보내다 |

admission
[ædmíʃn;əd-]

n. 입장, 입회, 입학(의 허가); 입장료; 인정, 시인
- **the admission of foreigners into a country** 외국인의 **입국 (허가)**
- **admission tickets[fee]** 입장권(입장료)

admittance
[ædmítns;əd-]

n. 입장, 들어감
- **admittance into the exhibit room** 전시실의 **입장 허가**
- **No Admittance (except on business)** (무용자) **입장** 금지(용무 외 입장금지)

0884 ★★☆

submit
[səbmít]

vt. 제출하다(hand in, give in)

vi. 굴복하다, 따르다(surrender, succumb) (보통 to를 수반)

- **submit to one's fate[a decision]** ~의 운명[결정]에 **따르다**
- Students are required to **submit** a term paper.
  학생들은 학기말 리포트를 **제출하도록** 되어 있다.
- The general refused to **submit** to a conqueror.
  그 장군은 정복자에게 **항복하기**를 거부했다.

| 어원 | sub-
(under) | ➕ | mit
(send) | ➡ | 아래에서 위로 보내다, 밑으로 보내다 |

submission
[səbmíʃən]

n. 제출; 굴복, 따르기
- The coward saved his own life by **submission** to the enemy.
  그 겁쟁이는 적에게 **굴복**하여 자신의 목숨을 구했다.

0885 ★★★

commit
[kəmít]

vt. 위임[위탁]하다(entrust); (죄·과실 등을) 범하다, 저지르다

- **commit murder[an error, suicide]** 살인[과오, 자살]을 **저지르다**
- The mother **committed** her sick child to a nurse's care.
  그 어머니는 자신의 병든 아이를 간호사의 보살핌에 **맡겼다.**

어원	com- (con-: together)	⊕	mit (send)	➡	(임무를 주어) 함께 보내다

---

commitment
[kəmítmənt]

n. 위임[위탁]하기; 공약(pledge), 약속(promise); 헌신(dedication)

- **a commitment by the Government to stop bombing**
  폭격을 중지하겠다는 정부의 **공약**
- **make a commitment to world peace** 세계 평화에 **헌신**하다

---

commission
[kəmíʃən]

n. 위임(장); 범행, 과실; 수수료

- The company pays the salespersons a 10 percent **commission.**
  그 회사는 판매원들에게 10%의 **수수료를** 준다.

0886 ★☆☆

committee
[kəmíti]

n. (집합명사) 위원회, 전(全)위원

- **a special[standing] committee** 특별[상임] **위원회**
- The **committee** consists of nine members.
  그 **위원회**는 9명의 위원으로 구성되어 있다.
- The **committee** is all against it.
  위원 모두 그것에 반대하고 있다.

어원	commit (위임하다)	⊕	t	⊕	-ee (명접: ~을 받은 사람)	➡	위임을 받은 사람

0887 ★★★

transmit
[trænsmít;-z-]

vt. 보내다(send out); 전달하다, 발송하다

- **transmit a letter by mail** 편지를 우편으로 **보내다**
- The operator **transmitted** a message by radio.
  그 교환수는 무선으로 전신을 **보냈다.**

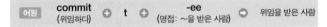

어원	trans- (across)	⊕	mit (send)	➡	이쪽에서 저쪽으로 보내다

---

transmission
[trænsmíʃən;-z-]

n. 보내기, 전파, 전달; 전송; (자동차의) 변속 장치

- **the transmission of troops to the border** 국경으로 군대 **파견**
- **an automatic transmission** 자동 **변속 장치**

0888 ★☆☆

mission
[mí∫ən]

n. (외국에 파견하는) 사절단; 임무, 사명(**errand**); (-s) 포교 활동

- The President dispatched an economic **mission** to China.
  대통령은 경제 **사절단**을 중국에 파견했다.
- The ambassador's **mission** is to work for peace with other countries.
  대사의 **임무**는 다른 나라와 함께 평화를 위해 일하는 것이다.

어원	miss (send)	➕	-ion (명접)	➡	보내는 것

---

missionary
[mí∫əneri]

n. (-ies) (외국에 파견하는) 선교사, 전도사

a. 포교의, 전도의

- Christian **missionaries** are sent all over the world.
  기독교 **선교사들**은 전 세계로 파견된다.

0889 ★☆☆

promise
[prámis]

n. 약속(**word**); 장래의 유망함, 촉망

vt. 약속하다

- **break[keep] one's promise** **약속**을 어기다[지키다]
- **a young man of promise** **장래가 유망한** 젊은이
- He made a **promise** to repay the loan in a month.
  = He **promised** to repay the loan in a month.
  그는 대부금을 한 달 뒤에 갚겠다고 **약속했다**.

cf. promise   n. "약속"이라는 뜻의 일반적인 말
     appointment   n. (만날 시간·장소에 대한) 약속; (병원·미장원 등의) 예약
     pledge   n. 굳게 한 약속, 맹세, 서약; (정당 등의) 공약(**commitment**)
     engagement   n. 약혼(**betrothal**); (특정 시간에 ~와 만나기로 한) 약속; 고용 (**employment**); 참여

어원	pro- (forward)	➕	mis(e) (send)	➡	앞으로 보내는 것

0890 ★☆☆

message
[mésidʒ]

n. 전언, 전갈, 메시지

- She left a **message** on my answering machine to call her.
  그녀는 나의 전화 자동 응답기에 자신에게 전화를 달라는 **메시지**를 남겼다.

어원	mess (send)	➕	-age (명접)	➡	보내는 것, 말

---

messenger
[mésəndʒər]

n. 전달자, 전령, 심부름꾼

- **send a letter by messenger** **심부름꾼**을 시켜 편지를 보내다

mo(b), mot   'move(움직이다)'의 의미를 지님

mobile
a.[móubəl]
n.[móubəl;-biːl]

a. 움직이기 쉬운, 이동성이 있는(movable)

n. 움직이는 조각, 모빌

- **a pocket-sized mobile phone** 호주머니 크기의 **휴대** 전화
- The furniture is **mobile**, so you can move it easily.
  그 가구는 **이동성이 있어서** 당신은 그것을 쉽게 이동시킬 수 있다.
- A **mobile** of paper birds hangs over the baby's bed.
  종이새 **모빌**이 아기의 침대 위에 걸려 있다.

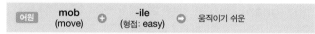
어원   mob (move) ➕ -ile (형접: easy) ➡ 움직이기 쉬운

---

mobility
[moubíləti]

n. 이동성, 기동성(movableness)

---

movie
[múːvi]

n. 영화(motion picture, film); (-s) 영화 상영, 영화 산업

- **cowboy[gangster] movies** 카우보이(갱) **영화**
- Let's go to the **movies** tonight. 오늘밤에 **영화** 보러 갑시다.

어원   mov (move) ➕ -ie (명접) ➡ 움직이는 것

---

move
[muːv]

vi. 움직이다, 이동하다; 이사하다, 이전하다

vt. ~을 움직이다; 감동시키다(touch, affect); 제안하다(suggest)

n. 움직임, 이동, 이사, 이전

- **move the leaves[troops]** 나뭇잎을 **흔들다**(군대를 **이동시키다**)
- The calligrapher **moved** from Seoul to Jeonju.
  그 서예가는 서울에서 전주로 **이사했다**.
- The sad film **moved** the audience to tears.
  그 슬픈 영화는 청중을 **감동시켜** 울렸다.
- I **move** that the meeting (should) be adjourned.
  회의가 휴회될 것을 **제안합니다**.

어원   mov(e) ➡ 움직이다

---

movement
[múːvmənt]

n. 운동, 움직임, 이동; (정치적·사회적) 운동

- **eye[hand] movement** 눈(손)의 움직임
- **a political reform movement** 정치적 개혁 운동

motion
[móuʃən]

n. 운동, 이동; 제안, 제의(**suggestion, proposal**)
* **the motion of a top[the planets]** 팽이의 **운동**〔행성의 **운행**〕

moving
[mú:viŋ]

a. 움직이는; 감동시키는(**touching**)
* **a moving story[scene]** 감동적인 이야기〔장면〕

movable
[mú:vəbl]

a. 움직일 수 있는, 기동성의(**mobile**)
* **a movable wheelchair** 움직일 수 있는 휠체어

0894 ★☆☆

motive
[móutiv]

n. (행위의) 동기, 동인(**incentive**)
* What was his **motive** for setting the house on fire?
  그 집에 불을 지른 그의 **동기**는 무엇이었나?

 어원 mot (move) ➕ -ive (명접) ➡ 움직이게 하는 것

motivate
[móutəveit]

vt. 동기를 부여하다
* A desire for power **motivated** me to study hard.
  권력에 대한 욕망은 내가 열심히 공부하도록 **동기를 주었다**.

motivation
[móutəvéiʃən]

n. 동기 부여
* **Motivation** is a key to success. **동기 부여**는 성공에의 열쇠이다.

0895 ★☆☆

remote
[rimóut]

a. (시간적·공간적으로) 먼, 멀리 떨어진, 외딴(**far away, distant**)
* **a remote village[relative]** **외딴** 마을〔**먼** 친척〕
* Her home is extremely **remote**. 그녀의 집은 대단히 **멀리 떨어져** 있다.

 어원 re- (back) ➕ mot(e) (move) ➡ 뒤로 움직이는

0896 ★★★

mob
[mɑ:b]

n. 〈집합적〉 (무질서한) 군중(**disorderly crowd**), 폭도(**rioters**)
* An angry **mob** gathered outside the palace.
  화난 **군중**이 궁전 밖에 모였다.

 어원 mob (move) ➡ 무질서하게 움직이는 사람들

moment
[móumənt]

n. 순간, 찰나(instant, point); 중요(성)(importance)

- I'll be back in a few **moments**. **곧** 돌아오겠다.
- The **moment** she was alone, she opened the letter.
  그녀는 홀로 있게 **되자마자** 편지를 개봉하였다.

cf. the moment (접속사로 사용되어) ~하자마자(as soon as)

| 어원 | mo
(move) | ➕ | -ment
(명접) | ➡ | 움직이는 그 순간 |

momentary
[móumənteri]

a. 순간의, 찰나의(very brief, transitory)

- a **momentary fear[glimpse]** 순간적인 공포(힐끗 봄)

momentous
[mouméntəs]

a. 매우 중요한, 중대한(of moment, of account)

- a **momentous issue[event]** 중대한 쟁점(사건)

momentum
[mouméntəm]

n. 〈물리〉 (운동하고 있는 물체의) 타성, 가속도, 여세; 운동량

- **gain momentum** 탄력이 붙다
- As the rock rolled down the mountainside, it gathered **momentum**.
  바위는 산중턱 아래로 굴러 떨어지면서 **가속도**가 붙었다.

| 어원 | mo
(move) | ➕ | -ment(um)
(명접) | ➡ | 움직이는 힘 |

mod(e)

'manner(방법; 형식), change(변화)'의 의미를 지님

mode
[moud]

n. 방법, 방식, 양식(manner, way); 유행(fashion, vogue)

- His **mode** of doing business promptly is satisfactory.
  업무를 신속하게 처리하는 그의 **방식**이 만족스럽다.
- The stylish young girl always dresses in the latest **mode**.
  그 멋진 젊은 여자는 늘 최신 **유행**으로 옷을 입는다.

| 어원 | mode
(manner, change) | ➡ | 방법, 변화 |

modern
[mádərn]

a. 현대의(of the present time, contemporary); 현대식의, 최신의

- **modern fashions** 최신의 유행형
- We can see ancient and **modern** buildings next to each other.
  우리는 서로 나란히 서 있는 고대식 건물과 **현대식** 건물을 볼 수 있다.

| 어원 | mod
(change) | ➕ | -ern
(형접) | ➡ | 변화되는 |

modernize
[mádərnaiz]

vt. vi. 현대화하다, 현대식이 되다

• **modernize a kitchen[one's ideas]**
  주방(사고방식)을 **현대화하다**

0901 ★☆☆

model
[mádl]

n. 모형, 견본; 모델, 패션모델(fashion model); 훌륭한 사례, 모범

a. 모형의, 견본의

• **a model apartment[house]** 견본 아파트(주택)
• **a model student[farm]** 모범생(시범 농장)
• It is a **model** of the Eiffel Tower made out of matchsticks.
  그것은 성냥개비로 만들어진 에펠탑의 **모형**이다.
• The **model** often appears in fashion magazines.
  그 **모델**은 패션 잡지에 종종 등장한다.

어원 **mod** (manner) ➕ **-el** ➡ 형식이 되는 것

0902 ★★☆

moderate
[mádərət]

a. (양·크기·높이 등이) 중간 정도의, 적당한(modest); 온건한, 도를 지나치지 않은(not extreme)

n. (정치·종교 등의) 온건주의자

• The garden is of **moderate** size.
  그 정원은 **적당한** 크기이다.
• Be **moderate** in all things.
  만사에 **도를 지나치지** 마라.

어원 **mode(r)** (manner) ➕ **-ate** ➡ 형식을 중요시하는 (사람)

---

immoderate
[imádərət]

a. 중용을 잃은; 지나친, 과도한(excessive, inordinate)

• **immoderate demands[prices]** 과도한 요구(가격)

0903 ★★☆

modest
[mádist]

a. 겸손한, 삼가는(humble); 중간 정도의, 적당한(moderate)

• Be **modest** about your great deeds.
  자신의 공적에 대해 **겸손하라**.

어원 **mod** (manner) ➕ **-est** (형접) ➡ 형식에 맞는

---

modesty
[mádəsti]

n. 겸손, 겸양; 적당함, 절도

• **respect one's natural modesty** 타고난 **겸손**을 존경하다

0904 ★★★

modify
[mádəfai]

vt. (부분적으로) 수정[개조]하다(change partially); 〈문법〉 수식하다

- **a car modified to be used in the desert**
  사막에서 사용되도록 **개조된** 자동차
- In later life, we may **modify** some views we previously held.
  우리가 전에 지녔던 어떤 견해를 말년에는 **바꿀** 수도 있다.

| 어원 | mod(i)
(change) | ➕ | -fy
(동접: make) | ➡ | 변화시키다 |

modification
[màdəfikéiʃən]

n. (부분적) 수정, 개조(change, alteration); 수식

- **a modification of his batting style** 그의 타법의 부분적 **수정**
- **structures of modification** 수식 구조

0905 ★★★

modulate
[mádʒuleit]

vt. (소리를) 바꾸다(alter), 조절하다, 변조하다

- The teacher taught the singer how to **modulate** her voice.
  선생님은 가수에게 목소리를 **조절하는** 방법을 가르쳐 주었다.

| 어원 | mod
(change) | ➕ | ul | ➕ | -ate
(동접) | ➡ | 소리의 크기, 성질을 바꾸다 |

modulation
[màdʒuléiʃən]

n. 조절, 변조

- I listen to FM(frequency **modulation**) radio programs.
  나는 FM(주파수 **변조**) 라디오 프로그램을 듣는다.

cf. AM은 amplitude modulation(진폭 변조)의 약어이다.

0906 ★☆☆

commodity
[kəmádəti]

n. 일용품; 상품(goods, article of trade)

- **household commodities** 가정용품
- Water is a **commodity** in Paris.
  파리에서는 물이 **상품**이다.

| 어원 | com-
(con- :together) | ➕ | mod
(manner) | ➕ | -ity
(명접) | ➡ | 일정한 형식을
함께한 것 |

Daily Test 27

정답 및 해설 p.474

A 다음 영어를 우리말로, 우리말을 영어로 쓰시오.

1 mob _____
2 minister _____
3 momentum _____
4 modest _____
5 commodity _____
6 remote _____
7 mobile _____
8 minimize _____
9 motivate _____
10 modulate _____

11 아주 작은; 사소한 _____
12 현대의, 현대식의 _____
13 약속; 약속하다 _____
14 수정하다, 개조하다 _____
15 줄이다, 작게 하다 _____
16 보내다; 전달하다 _____
17 위임하다; 범하다 _____
18 순간, 찰나; 중요(성) _____
19 적당한; 온건한 _____
20 위원회, 전위원 _____

B 다음 빈칸에 알맞은 단어를 쓰시오.

1 emit ⊜ d _____
2 permit ⊜ a _____
3 submit ⊜ h _____
4 commodity ⊜ g _____
5 modern ⊜ c _____

6 modest ⊜ h _____
7 mode ⊜ m _____
8 modify ⊕ _____
9 transmit ⊕ _____
10 administer ⊕ _____

C 다음 빈칸에 들어갈 알맞은 말을 보기 에서 고르시오. [문장: 기출 또는 기출 변형]

| 보기 | remote | transmit | motivate | commitment |

1 I'd like to thank every one of you for your hard work and _____ to this corporation.

2 This decreasing number is a constant reminder to _____ you to take action to live your life, today.

3 Electric bulbs _____ light but keep out the oxygen that would cause their hot filaments to burn up.

4 If you ever feel ill when traveling in _____ foreign parts, just drop some gunpowder into a glass of warm, soapy water, and swallow it.

311

DAY 28

mor(t) / nat / nounce / nov / ped, pod / pel, puls

mor(t)
[=death]

nat
[=born]

ped, pod
[=foot]

---

mor(t)

'death(죽음)'의 의미를 지님

0907 ★★☆

mortal
[mɔ́:rtl]

a. 죽을 운명의(subject to death); 치명적인(fatal, lethal)

n. 인간(human being)

- **a mortal wound[weapon]** 치명상〔흉기〕
- Man is **mortal**. 인간은 **죽기 마련이다**.
- The poisonous grass is **mortal**. 그 독풀은 **치명적이다**.

| 어원 | mort (death) | ➕ | -al | ➡ | 죽음의 (존재) |

---

mortality
[mɔ:rtǽləti]

n. 죽을 운명; 사망률(death rate)

- The doctors fear that there will be high **mortality**.
  의사들은 **사망률**이 높아질 것을 걱정한다.

0908 ★★☆

immortal
[imɔ́:rtl]

a. 죽지 않는, 불사의(not mortal); 불후의, 불멸의(imperishable)

- **immortal poems[fame]** 불후의 시들〔명성〕
- Ancient Greeks believed their gods were **immortal**.
  고대 그리스 사람들은 자신들의 신들이 **불사한다**고 믿었다.

| 어원 | im- (in-: not) | ➕ | mortal (죽을 운명의) | ➡ | 죽지 않는 |

---

immortality
[ìmɔ:rtǽləti]

n. 불사; 불후, 불멸

- **the immortality of the soul** 영혼의 **불멸**

0909 ★☆☆

murder
[mə́ːrdər]

n. 살인, 살해(homicide); 살인죄

vt. 살인하다, 살해하다(kill inhumanly)

- The woman will be put on trial for **murder** next week.
  그 여자는 **살인죄**로 다음 주에 재판에 회부될 것이다.
- She was **murdered** in the shore while strolling.
  그녀는 산책을 하다가 바닷가에서 **살해되었다.**

| 어원 | **murd** (mort: death) | + | **-er** (어미) | ⇒ | 죽이는 것 |

---

murderer
[mə́ːrdərər]

n. 살인자(killer)

- **a cruel[greedy] murderer** 잔인한(탐욕스러운) **살인자**

0910 ★★★

mortgage
[mɔ́ːrgidʒ]

n. 저당; (저당을 잡히고 빌리는) (장기) 융자 대금

- **mortgage loan** 주택 **담보** 대출
- We make monthly payments on our house **mortgage**.
  우리는 주택 **융자 대금**을 할부로 갚는다.

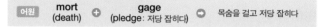
| 어원 | **mort** (death) | + | **gage** (pledge: 저당 잡히다) | ⇒ | 목숨을 걸고 저당 잡히다 |

0911 ★★★

mortify
[mɔ́ːrtəfai]

vt. 굴욕감을 주다, 수치심을 느끼게 하다(humiliate, shame)

- He was **mortified** at her remark. 그는 그녀의 말에 **굴욕감을 느꼈다.**

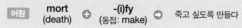
| 어원 | **mort** (death) | + | **-(i)fy** (동접: make) | ⇒ | 죽고 싶도록 만들다 |

0912 ★★☆

mortician
[mɔːrtíʃən]

n. 장의사(undertaker, funeral director)

- Most **morticians** work in funeral homes.
  장의사들 대부분은 장례식장에서 일한다.

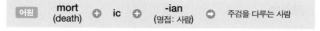
| 어원 | **mort** (death) | + | **ic** | + | **-ian** (명접: 사람) | ⇒ | 주검을 다루는 사람 |

0913 ★★★

morgue
[mɔːrg]

n. 시체 공시소(신원 불명의 시체를 보관하는 장소)

- The police took an unidentified corpse to the **morgue** for an autopsy. 경찰은 부검을 하기 위해 신원이 확인되지 않은 시체를 **시체 공시소**로 옮겼다.

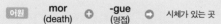
| 어원 | **mor** (death) | + | **-gue** (명접) | ⇒ | 시체가 있는 곳 |

0914 ★★★

mortuary
[mɔ́:rtʃueri]

n. 영안실(funeral home)

- When the patient died, his body was sent to the **mortuary**.
  그 환자가 죽었을 때 그 시체는 **영안실**로 보내졌다.

| 어원 | mort(u) (death) | ➕ | -ary (명접) | ➡ | (매장 이전에) 시체를 보관하는 곳 |

---

nat

'born(태어난)'의 의미를 지님

0915 ★☆☆

nation
[néiʃən]

n. (집합적으로) 국민(people); 국가, 나라(state, country)

- **the top industrial nation of the world**
  세계 최고의 산업**국가**
- The president spoke on radio to the **nation**.
  대통령은 라디오 방송으로 **국민**에게 연설했다.

| 어원 | nat (born) | ➕ | -ion (명접) | ➡ | 태어남 → 국민, 국가 |

---

national
[nǽʃənl]

a. 국민의; 국가의, 국립의

- **national treasures[finance]** 국보[국가 재정]

---

nationality
[næ̀ʃənǽləti]

n. 국적

- **people of many different nationalities**
  여러 다른 **국적**을 지닌 사람들

---

nationalist
[nǽʃənəlist]

n. 민족주의자, 국가주의자

- **a narrow-minded nationalist** 편협한 **민족주의자**

0916 ★☆☆

native
[néitiv]

a. 출생지의, 본토박이인; (그 지방) 고유한, 토착의(indigenous)

n. 본토박이, 원주민

- **native tribes[plants, animals]**
  토착 부족[식물, 동물]
- He is a **native** New Yorker.
  그는 **본토박이** 뉴욕 사람이다.
- Tobacco is **native** to the American continent.
  담배는 아메리카 대륙이 **원산지**이다.

| 어원 | nat (born) | ➕ | -ive | ➡ | 태어난 땅의 |

0917 ★☆☆

nature
[néitʃər]

n. 자연, 자연계; 천성, 본성, 본질(native character); 자연스러움

- **the nature of things[love]** 사물(사랑)의 **본질**
- They stopped to admire the beauties of **nature**.
  그들은 발걸음을 멈추고 **자연**의 미관에 감탄하였다.
- She is generous by **nature**.
  그녀는 **천성**적으로 너그럽다.

| 어원 | nat (born) | ➕ | -ure (명접) | ➡ | 태어나면서부터 존재하는 것 |

---

natural
[nǽtʃərəl]

a. 자연의, 자연 그대로의(🔄 artificial); 타고난, 선천적인(inborn 🔄 acquired); 당연한, 자연스러운

- **a natural right[entertainer]** 타고난 권리(연예인)
- It is **natural** for man to make a mistake.
  사람이 실수하는 것은 **당연하다**.

0918 ★★☆

innate
[inéit]

a. (능력·성질 등이) 타고난, 선천적인(inborn, inherent)

- **an innate talent[kindness]** 타고난 재능(친절)
- He has an **innate** sense of how to fix things.
  그는 물건을 고치는 방법에 대한 **타고난** 감각을 지니고 있다.

| 어원 | in- (in) | ➕ | nat(e) (born) | ➡ | 태어나면서부터 안에 존재하는 |

0919 ★★★

naive
[nɑːíːv]

a. 순진한, 천진난만한(innocent, ingenuous), 단순한(simple)

- It's **naive** of you to believe he'll do what he says.
  그가 말하는 것을 할 거라고 믿다니 당신도 **순진하**군요.

| 어원 | na (nat: born) | ➕ | -ive (형접) | ➡ | 타고난 성품의 |

---

nounce

'report(알리다)'의 의미를 지님

0920 ★☆☆

announce
[ənáuns]

vt. (큰 소리로) 알리다; 발표하다, 선언하다(declare, proclaim)

- **announce one's death[marriage]** ~의 죽음(결혼)을 **알리다**
- It was **announced** that a typhoon was coming.
  태풍이 접근하고 있다고 **발표되었다**.

| 어원 | an- (ad-:to) | ➕ | nounce (report) | ➡ | ~에게 알리다 |

315

announcement
[ənáunsmənt]

n. 발표, 선언
- **the announcement of a special sale** 특별 판매의 **발표**

announcer
[ənáunsər]

n. (라디오·텔레비전의) 아나운서
- **a radio announcer for soccer games** 축구 경기의 라디오 **아나운서**

0921 ★☆☆

pronounce
[prənáuns]

v. 발음하다; (공식적으로) 선언하다, 공표하다(declare)
- In the word "know," the "k" is not **pronounced**.
  "know"라는 단어에서 "k"는 **발음되지** 않는다.
- The priest said, "I now **pronounce** you man and wife."
  "이제 당신들은 남편과 아내임을 **선언하노라**."라고 목사님은 말했다.

| 어원 | pro-
(forward) | ➕ | nounce
(report) | ➡ | 사람들 앞으로 알리다 |

---

pronunciation
[prənʌnsiéiʃən]

n. 발음(법)
- **the pronunciation of American English** 미국식 영어 **발음**

pronouncement
[prənáunsmənt]

n. 선언, 공표(declaration); 성명서
- **issue a pronouncement** 성명을 발표하다

0922 ★★★

denounce
[dináuns]

vt. (공개적으로) 비난하다(condemn, blame)
- She **denounced** the politician as morally corrupt.
  그녀는 그 정치인이 도덕적으로 타락했다고 **비난했다**.

| 어원 | de-
(강조) | ➕ | nounce
(report) | ➡ | 공공연히 나쁘게 알리다 |

---

denunciation
[dinʌnsiéiʃən;-ʃi-]

n. (공개적인) 비난
- **the denunciation of corrupt politicians** 부패한 정치인들에 대한 **비난**

0923 ★★★

renounce
[rináuns]

vt. (권리·주장·습관 등을) 포기하다, 단념하다(give up, relinquish)
- She **renounced** her claim to the property.
  그녀는 재산에 대한 그녀의 권리를 **포기했다**.

| 어원 | re-
(back) | ➕ | nounce
(report) | ➡ | 뒤로 말하다 |

---

renunciation
[rinʌnsiéiʃən;-ʃi-]

n. 포기, 단념
- **the renunciation of one's religion** 종교의 **포기**

nov
'new(새로운)'의 의미를 지님

0924 ★☆☆

novel
n.[nával]
a.[nával]

n. (장편) 소설

a. 새로운, 참신한(new and different)

- **a novel idea[experience]** 참신한 아이디어(새로운 경험)
- The author's new **novel** is a fine work of fiction.
  그 작가의 새 **소설**은 허구의 훌륭한 작품이다.

| 어원 | nov (new) | ➕ | -el (어미) | ➡ | 새로운 (것) |

---

novelist
[návəlist]

n. 소설가

- **several bestsellers by a novelist** 소설가에 의해 쓰여진 몇 편의 베스트셀러

---

novelty
[návəlti]

n. 새로움, 참신함(newness)

- **another novelty in the postwar world** 전후 세계의 또 다른 **새로움**

0925 ★★☆

innovate
[ínəveit]

vi. 혁신하다, 쇄신하다

- The company went bankrupt because of its failure to **innovate**.
  그 회사는 **혁신하는** 데 실패했기 때문에 파산했다.

| 어원 | in- (in) | ➕ | nov (new) | ➕ | -ate (동접) | ➡ | 내면을 새롭게 하다 |

---

innovation
[ìnəvéiʃən]

n. 혁신, 쇄신; 혁신품, 신제품

- Cellular phones were an **innovation** in the 1980s, but now are very common.
  휴대 전화는 1980년대에는 **혁신적 제품**이었으나 지금은 매우 흔하다.

---

innovative
[ínəveitiv]

a. 혁신의, 혁신적인

- **Korea's most innovative architect** 한국의 가장 **혁신적인** 건축가

0926 ★★★

renovate
[rénəveit]

vt. (청소·보수·개조 등으로) 새롭게 하다(renew), 수리하다(repair)

- The old building was completely **renovated** and modernized.
  그 낡은 건물은 완전히 **수리되어** 현대화되었다.

| 어원 | re- (again) | ➕ | nov (new) | ➕ | -ate (동접) | ➡ | 다시 새롭게 하다 |

---

renovation
[rènəvéiʃən]

n. 다시 새롭게 만들기(making new again), 수리
- **the renovation of old cathedrals** 낡은 성당들의 **수리**

0927 ★★★
novice
[návis]

n. 초보자, 초심자(beginner); 신출내기
- **a novice in politics** 정치의 **신출내기**
- She is no **novice** in playing the guitar.
  그녀는 기타 연주에 있어서 절대 **초보자**가 아니다.

| 어원 | nov
(new) | ➕ | -ice
(명접) | ➡ | 한 분야의 새로운 사람 |

---

ped, pod   'foot(발)'의 의미를 지님

0928 ★☆☆
pedal
[pédl]

n. (자전거·자동차·재봉틀·피아노의) 발판, 페달
v. 페달을 밟다, 페달을 밟으며 가다
- **step on a brake pedal** 브레이크 **페달**을 밟다
- The girl **pedaled** her bicycle up the hill.
  그 소녀는 (**페달을 밟아**) 자전거로 언덕을 올랐다.

| 어원 | ped
(foot) | ➕ | -al
(어미) | ➡ | 발로 밟는 판 |

0929 ★★☆
peddle
[pédl]

v. 행상하다, (작은 상품을) 팔러 다니다
- She **peddles** watches from door to door.
  그녀는 시계를 이 집 저 집 **팔고 다닌다**.

| 어원 | ped
(foot) | ➕ | -dle
(어미) | ➡ | 발로 걸으며 장사하다 |

---

peddler
[pédlər]

n. 행상인(vendor)
- **a peddler of vegetables** 채소 **행상인**

0930 ★★☆
expedition
[èkspədíʃən]

n. (군대·조사단의) 원정, 탐험(exploration); 원정대, 탐험대
- **an expedition to the North Pole** 북극 **탐험**
- They made a hunting **expedition**. 그들은 사냥 **원정**을 했다.

| 어원 | ex-
(out) | ➕ | ped
(foot) | ➕ | -ition
(명접) | ➡ | 밖으로 걸어 다님 |

0931 ★★☆

pedestrian
[pədéstriən]

n. 보행자(walker); 도보 여행자　a. 보행하는, 도보의(walking)
- **the pedestrian journey** 도보 여행
- **Pedestrians** crowd the sidewalks at noon.
  정오가 되면 **보행자들**이 그 보도들을 꽉 메운다.

| 어원 | ped(e) (foot) | ⊕ | str (stand) | ⊕ | -(i)an | ⊙ | 발로 서서 다니는 (사람) |

0932 ★★★

impede
[impíːd]

vt. 방해하다, 훼방을 놓다(obstruct, prevent)
- The heavy rain **impeded** our journey. 폭우가 우리의 여행을 **방해했다.**

| 어원 | im- (in-: not) | ⊕ | ped(e) (foot) | ⊙ | 걷지 못하게 하다 |

impediment
[impédəmənt]

n. 방해, 장애(obstruction); 장애물(obstacle); 신체장애
- **an impediment to progress** 진보에의 **장애물**

0933 ★★★

biped
[báiped]

n. 두발짐승
- Humans are **bipeds.** 인간은 **두발짐승**이다.

| 어원 | bi (two) | ⊕ | ped (foot) | ⊙ | 두발짐승 |

• Further Study

quadruped	n. 네발짐승
centipede	n. 지네
bipod	n. (자동 소총의) 양각대
tripod	n. (카메라의) 삼각대; 삼발이

0934 ★★★

pedestal
[pédəstl]

n. (기둥·조각상 등의) 받침대; 기초, 토대(base, cornerstone)
- The **pedestal** is made of expensive Italian marble.
  그 **받침대**는 비싼 이탈리아산 대리석으로 만들어져 있다.

| 어원 | ped(e) (foot) | ⊕ | stal (stand) | ⊙ | 발이 되어 서 있음 |

0935 ★★★

pedicure
[pédəkjuər]

n. 발 치료(chiropody); 발톱 손질
- The woman had a facial, a manicure, and a **pedicure** yesterday.
  그 여자는 어제 얼굴 마사지, 손톱 손질, 그리고 **발톱 손질**을 받았다.

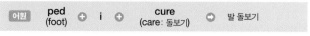

| 어원 | ped (foot) | ⊕ | i | ⊕ | cure (care: 돌보기) | ⊙ | 발 돌보기 |

pedicurist
[pédəkjuərist]

n. 발 치료 전문의(chiropodist)
- **a skillful pedicurist** 숙련된 **발 치료 전문의**

0936 ★★★

expedite
[ékspədait]

vt. (진행·계획 등을) 촉진하다, 신속히 처리하다(speed up)
- **expedite deliveries to customers** 고객에게 배달을 **신속히 하다**
- He **expedited** the plan to build a new bridge.
  그는 새 다리를 건설하려는 계획을 **촉진했다.**

| 어원 | ex-
(out) | + | ped
(foot) | + | -ite
(동접) | ⇒ | 붙잡힌 다리를 자유롭게
빼주다 |

Word Grammar 부정사를 목적어로 취하는 타동사

POINT ▶ 부정사를 목적어로 취하는 타동사는 대부분 미래의 일과 관련된 동사(소망·선택·거절·의도·계획·약속·결심 등)는 동명사를 목적어로 취할 수 없다.

wish 바라다	**hope** 희망하다	**want** 원하다	**expect** 기대하다
desire 바라다	**care** 좋아하다	**choose** 선택하다	**refuse** 거절하다
mean 의도하다	**seek** 노력하다	**plan** 계획하다	**promise** 약속하다
decide 결정하다	**determine** 결심하다	**resolve** 결심하다	**manage** 간신히 ~하다
pretend ~인 체하다	**tend** ~하는 경향이 있다	**agree** 동의하다	**fail** ~하지 못하다

- I hope to see you again. (O) 나는 당신을 다시 만나기를 희망한다.
  cf. (X) I hope seeing you again. 〈hope는 동명사를 목적어로 취하지 않음〉
- She decided to leave school. 그녀는 학교를 그만두기로 결정했다.
- He promised to be here tonight. 그는 오늘밤 이곳에 오기로 약속했다.
- I managed to pass the exam. 나는 가까스로 시험에 합격했다.

---

pel, puls 'drive(물리적·심리적으로 몰다)'의 의미를 지님

0937 ★★☆

compel
[kəmpél]

vt. 강제로 ~하게 하다, 강요하다(force, impel)
- His boss **compelled** him to sign a paper.
  그의 상관은 **강제로** 그를 서류에 서명**하게 하였다.**
- The patient was **compelled** to stay in bed because of his illness.
  그 환자는 병 때문에 병상에 누워 있지 **않을 수 없었다.**

| 어원 | com-
(con-: 강조) | + | pel
(drive) | ⇒ | 억지로 몰다 |

compulsion
[kəmpʌ́lʃən]

n. 강제, 강요(constraint); 충동(impulse)
* **sign a paper under compulsion** 강제로 서류에 서명하다
* **a compulsion to smoke cigarettes** 담배를 피우고 싶은 **충동**

---

compulsory
[kəmpʌ́lsəri]

a. 강요하는(compelling); 의무적인(obligatory ◐ voluntary)
* **compulsory measures to control rioting** 폭동을 통제하는 **강제** 조치
* **compulsory education[subject]** 의무 교육〔**필수** 과목〕

---

compulsive
[kəmpʌ́lsiv]

a. 충동적인(impulsive)
* **a compulsive desire to cry** 울고 싶은 **충동적** 욕구

0938 ★★☆

repel
[ripél]

vt. 쫓아버리다, 격퇴하다(drive back, repulse)
* The general succeeded in **repelling** the invasion.
  그 장군은 침략을 **격퇴하는** 데 성공하였다.

| 어원 | re-
(back) | ➕ | pel
(drive) | ➡ | 뒤로 몰다 |

---

repulsion
[ripʌ́lʃən]

n. 쫓아버리기, 격퇴; 혐오, 반감(aversion, abhorrence)
* **the repulsion of the enemy** 적의 **격퇴**
* **instinctive repulsion for a foreigner**
  외국인에 대한 본능적 **혐오**

0939 ★☆☆

pulse
[pʌls]

v. 맥이 뛰다, 고동치다(beat, throb)　　n. 맥박
* Blood **pulses** through the arteries. 혈액은 동맥 속을 **고동치며 흐른다**.
* The doctor put her fingers on my wrist to feel my **pulse**.
  의사는 **맥박**을 짚기 위해 내 손목에 자신의 손가락을 대었다.

| 어원 | puls(e)
(drive) | ➡ | 맥이 뛰도록 피를 몰다 |

0940 ★★☆

expel
[ikspél]

vt. 몰아내다, 쫓아내다(drive out, eject); 제명[퇴학]시키다
* God, **expel** darkness and vanity from our minds.
  신이여, 우리의 마음에서 어둠과 허영을 **몰아내** 주소서.
* The student was **expelled** for cheating on an exam.
  그 학생은 시험에서 부정행위를 했기 때문에 **퇴학 당했다**.

| 어원 | ex-
(out) | ➕ | pel
(drive) | ➡ | 몰아서 밖으로 쫓아내다 |

expulsion
[ikspʌ́lʃən]

n. 몰아냄, 추방; 제명, 퇴학

· the expulsion of a student from a school 학생의 **퇴학**

0941 ★★☆

propel
[prəpél]

vt. ~을 나아가게 하다, 추진시키다(drive forward)

· The slaves **propelled** the ship by rowing.
노예들은 노를 저어 배를 **나아가게 했다**.

| 어원 | pro-
(forward) | ⊕ | pel
(drive) | ⇨ | 앞으로 나아가게 몰다 |

---

propeller
[prəpélər]

n. 프로펠러, 추진기

· an aircraft propeller 항공기의 **프로펠러**

---

propulsion
[prəpʌ́lʃən]

n. 추진(력)(impulse)

· propulsion systems for ships and rockets 배와 로켓의 **추진** 방식

0942 ★★★

impulse
[ímpʌls]

n. 충동(compulsion); 추진(력)(propulsion)

· She bought a luxury car on **impulse**.
그녀는 **충동**적으로 고급 대형 승용차를 샀다.

· I had a sudden **impulse** to go on a vacation.
나는 휴가를 가고 싶다는 갑작스러운 **충동**에 사로잡혔다.

| 어원 | im-
(in-: into) | ⊕ | puls(e)
(drive) | ⇨ | 마음속으로 몰다 |

---

impulsive
[impʌ́lsiv]

a. (사람·행동이) 충동적인

· an impulsive purchase 충동구매

0943 ★☆☆

appeal
[əpíːl]

vi. 마음에 들다, 흥미를 끌다(attract) (보통 to를 수반); (지지·금전 등을) 호소
[간청]하다(ask for); (상급 법원에) 상소하다

n. 매력; 호소, 간청; 상소

· lose one's sex appeal 성적 **매력**을 잃다

· Does the idea of working abroad **appeal** to you?
해외 근무에 대한 생각이 당신 **마음에 드십니까**?

· The government is **appealing** to everyone to save water.
정부는 모든 사람들에게 물을 절약하라고 **호소하고 있다**.

| 어원 | ap-
(ad-: to) | ⊕ | peal
(pel: drive) | ⇨ | ~로 강하게 몰다 |

Daily Test 28

정답 및 해설 p.475

A 다음 영어를 우리말로, 우리말을 영어로 쓰시오.

1	denounce	_____	11 타고난, 선천적인	_____
2	mortgage	_____	12 알리다; 발표하다	_____
3	novice	_____	13 혁신하다, 쇄신하다	_____
4	repel	_____	14 원정, 탐험	_____
5	mortify	_____	15 강제로 ~하게 하다	_____
6	renounce	_____	16 마음에 들다; 매력	_____
7	impede	_____	17 새롭게 하다, 수리하다	_____
8	expedite	_____	18 ~을 나아가게 하다	_____
9	mortician	_____	19 몰아내다, 제명시키다	_____
10	pedestal	_____	20 충동; 추진(력)	_____

B 다음 빈칸에 알맞은 단어를 쓰시오.

1	native	⊜	i _____	6	novice	⊜	b _____
2	naive	⊜	i _____	7	natural	⊝	a _____
3	compel	⊜	f _____	8	immortal	⋒	_____
4	expedition	⊜	e _____	9	nation	ⓐ	_____
5	renovate	⊜	r _____	10	innovate	⋒	_____

C 다음 빈칸에 들어갈 알맞은 말을 보기 에서 고르시오. [문장: 기출 또는 기출 변형]

보기	innovation	impulse	natural	compels

1 An instantaneous and strong _____ moved him to battle with his desperate fate.

2 The sea strikes our coasts continually, changing their shape and creating dramatic _____ features.

3 Some people who believe that no one should be trusted feel this way because their behavior _____ others to lie to them.

4 A case of the negative impact of a(n) _____ was reported by a researcher examining the spread of snowmobiles in Finland.

DAY 29

pend, pens / ple(n), pli / plic, plex, ply / popul, publ / port

pend, pens
[=hang / weigh]

ple(n), pli
[=fill]

plic, plex, ply
[=fold / weave]

port
[=carry]

---

pend, pens
'hang(매달다), weigh(달다; 숙고하다)'의 의미를 지님

0944 ★☆☆

depend
[dipénd]

vi. (보통 on을 수반) 의존[의지]하다, 신뢰하다(rely, count); ~에 좌우되다

- Children **depend** on their parents for food.
  아이들은 부모에게 식량을 **의존한다**.
- Her success here **depends** on effort and ability.
  이곳에서의 그녀의 성공은 노력과 능력에 **좌우된다**.

| 어원 | de-
(down) | ⊕ | pend
(hang) | ⇨ | 밑으로 매달려 있다 |

---

dependent
[dipéndənt]

a. ~에 의존[의지]하는; ~에 좌우되는

- **dependent on one's parents** 부모에게 **의존하는**

---

dependable
[dipéndəbl]

a. 신뢰[의지]할 만한, 믿을 만한(trustworthy, reliable)

- **a dependable employee** 신뢰할 만한 종업원

---

dependence
[dipéndəns]

n. 의존, 의지, 신뢰(reliance); 종속

- **a dependence on one's parents** 부모에게 **의존**

---

independence
[ìndipéndəns]

n. 독립, 자립

- **the independence of India from Britain** 영국으로부터의 인도의 **독립**

0945 ★★☆

suspend
[səspénd]

vt. 매달다(hang); 연기하다, 잠시 중지하다; 정학시키다

- A chandelier was **suspended** from the ceiling.
  샹들리에가 천장에 **매달려 있다**.
- They **suspended** the game because of heavy rain.
  폭우 때문에 그들은 경기를 **잠시 중단했다**.

| 어원 | sus-
(sub-: under) | ⊕ | pend
(hang) | ⇨ | 아래에 매달다 |

324

suspension
[səspénʃən]

n. 매달기; 연기, 일시적 중지; 정학, 정직
* **a suspension bridge** 현수교

---

suspense
[səspéns]

n. 불안, 걱정(**anxiety**); (영화 등의) 서스펜스, 긴장감
* The action movie created a lot of **suspense**.
  그 액션 영화는 많은 **서스펜스**를 자아냈다.

0946 ★★★

expend
[ikspénd]

vt. (시간·돈·노력을) 쓰다, 보내다(**spend**) (보통 on, in을 수반)
* He **expended** energy, time and care on his work.
  그는 자신의 일에 힘과 시간과 정성을 **들였다**.

cf. expend와 spend는 목적어 뒤는 오는 전치사 on과 in에 주의할 것
* The student spends most of his money on books.
  그 학생은 대부분의 돈을 책에 쓴다. 〈on + 명사〉
* The poet spends most of her time (in) reading.
  그 시인은 대부분의 시간을 독서로 보낸다. 〈in + -ing, in은 생략 가능〉

| 어원 | ex-
(out) | ➕ | pend
(pay) | ➡ | 지불하다 |

0947 ★☆☆

pension
[pénʃən]

n. 연금(**annuity**); (여행 숙박시설) 펜션
* The old lady takes her **pension** from the government.
  그 노파는 정부로부터 **연금**을 받는다.

| 어원 | pens
(weigh) | ➕ | -ion
(명접) | ➡ | 저울에 달아서 주는 것 |

0948 ★★★

ponder
[pándər]

vi. vt. 깊이 생각하다, 숙고하다(**consider, think over**)
* We need time to **ponder** (on) the significance of the event.
  우리는 그 사건의 중요성을 **숙고할** 시간을 필요로 한다.

| 어원 | pond
(pend: weigh) | ➕ | -er
(어미) | ➡ | 숙고하다 |

0949 ★☆☆

pendant
[péndənt]

n. (목걸이·귀걸이 등의) 늘어뜨린 장식, 펜던트
* **a heart-shaped pendant** 하트 모양의 **펜던트**

| 어원 | pend
(hang) | ➕ | -ant
(명접) | ➡ | 매달린 것 |

0950 ★★★

pendulum
[péndʒuləm]

n. (벽시계 등의) 추, 진자
* The clock ticked with each swing of the **pendulum**.
  시계추가 왔다 갔다 할 때마다 시계가 똑딱거렸다.

| 어원 | pend(ul)
(hang) | ➕ | -um
(명접) | ➡ | 매달려 흔들리는 것 |

325

0951 ★★★

compensate
[kámpənseit]

vt. vi. 보상[변상]하다 (보통 for를 수반); 보충[상쇄]하다(offset)

- **compensate for the loss** 손실을 보상(보충)하다
- Nothing can **compensate** (me) for losing my wife.
  그 어떤 것도 (나에게) 아내를 잃은 것을 **보상할** 수 없다.

cf. compensated for ~을 보상(보충)하다(make up for, atone for)

| 어원 | com-
(con-: together) | ⊕ | pens
(weight) | ⊕ | -ate
(동접) | ⊙ | 둘의 무게를 함께 달
아 한쪽을 보충하다 |

compensation
[kàmpənséiʃən]

n. 보상, 변상; 보충, 상쇄

- **in compensation for the loss** 손실에 대한 **보상으로**

0952 ★★☆

impending
[impéndiŋ]

a. (보통 나쁜 일이) 임박한, 일어나려고 하는(imminent)

- **an impending strike[attack]** 임박한 파업(공격)
- War is **impending.** 전쟁이 **임박해** 있다.

| 어원 | im-
(in-: on) | ⊕ | pend
(hang) | ⊕ | -ing
(형접) | ⊙ | (매달려) 떨어질 듯한 |

---

ple(n), pli
'fill(채우다)'의 의미를 지님

0953 ★☆☆

plenty
[plénti]

n. 풍부함, 풍요로움(abundance); 많음(many, much)

- **plenty of food[books]** 많은 음식(책)
- The USA is often called the "land of **plenty.**"
  미국은 종종 "**풍요**의 땅"이라고 불린다.

| 어원 | plen
(fill) | ⊕ | -ty
(명접) | ⊙ | 가득참 |

plentiful
[pléntifəl]

a. 풍부한, 풍요로운(abundant)

- **a plentiful supply of food** 풍부한 식량 공급

0954 ★☆☆

complete
[kəmplíːt]

a. 전부가 갖추어진, 완전한(whole); 철저한, 전적인(thorough)

vt. 전부 갖추다, 완전하게 하다; 완료하다(finish)

- He has a **complete** collection of Elvis Presley records.
  그는 엘비스 프레슬리의 레코드판을 **전부** 소장하고 있다.
- They **completed** the construction of the monument.
  그들은 기념비의 건축을 **완료했다.**

| 어원 | com-
(con-: 강조) | ⊕ | ple(te)
(fill) | ⊙ | 완전히 채우다 |

completion
[kəmplíːʃən]

n. 완료, 완결
- **the completion of her work** 그녀의 작업의 **완료**

0955 ★☆☆

accomplish
[əkámpliʃ;əkʌ́m-]

vt. (임무·계획 등을) 성취하다, 이룩하다(achieve), 실행하다(carry out)
- The diplomat **accomplished** the chief purpose of his visit.
  그 외교관은 방문의 주된 목적을 **이뤘다**.

| 어원 | ac- (ad-:to) | ➕ | compli (complete) | ➕ | -ish (동접) | ➡ | 완전을 향하여 가다 |

---

accomplishment
[əkámpliʃmənt]

n. 성취, 실행(fulfillment); 업적, 공적
- It was one of the president's greatest **accomplishments**.
  그것은 대통령의 가장 큰 **업적** 중 하나였다.

0956 ★☆☆

implement
n.[ímpləmənt]
v.[ímpliment;mənt]

n. 도구, 연장(tool, instrument, utensil)
vt. (약속·의무 등을) 실행[이행]하다(carry out, perform)
- **agricultural[cooking] implement** 농기구[조리 기구]
- The meat company **implemented** a new advertising plan for low-fat beef.
  그 육류 회사는 저지방 쇠고기에 대한 새 광고 기획을 **실행했다**.

| 어원 | im- (in-: in) | ➕ | ple (fill) | ➕ | -ment | ➡ | 안에 채워 넣다 |

0957 ★★★

complement
n.[kámplimənt]
v.[kámpliment]

n. 보충물, 보완물, 완전하게 하는 것; 〈문법〉 보어
vt. 보충[보완]하다(make complete)
- Good brandy is a **complement** to an evening meal.
  고급 브랜디가 저녁 식사를 더욱 **빛나게 해준다**.
- The beautiful garden **complements** the house perfectly.
  아름다운 정원이 있어 그 집은 **나무랄 데 없는 집이 되었다**.

| 어원 | com- (con-: 강조) | ➕ | ple (fill) | ➕ | -ment | ➡ | 완전히 채워서 보충하다 |

---

complementary
[kàmpləméntəri]

a. 보충하는, 보완하는
- **a complementary color** 〈미술〉 보색(補色)

compliment
n.[kámpləmənt]
v.[kámpləment]

n. 칭찬, 찬사(praise, commendation)

vi. 칭찬하다, 찬사를 보내다(praise, commend)

- The bride received many **compliments** on her dress.
  신부는 드레스에 대한 많은 **찬사**를 받았다.
- Her father **complimented** her on her good manners.
  그녀의 아버지는 예절이 바르다고 딸을 **칭찬하였다**.

complimentary
[kàmpləméntəri]

a. 칭찬하는; 무료의(free), 우대의

- **complimentary tickets for the theater** 극장 **무료** 초대권

---

supply
[səplái]

vt. (필요한 것을) 공급하다(provide, furnish) (종종 with를 수반)

n. 공급, 보급; 공급량, 공급품

- **the supply of electricity[raw materials]** 전기〔원료〕의 **공급**
- The government **supplies** us with free books.
  정부는 우리에게 무료 도서를 **공급한다**.
  = The government **supplies** free books to us.

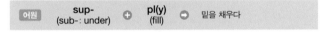

---

supplement
n.[sʌ́pləmənt]
v.[sʌ́pləment]

n. 추가(물), 보충(물); (신문·잡지 등의) 증보, 부록

vt. 추가하다, 보충하다

- **the Times Literary Supplement** 타임스의 문예 **증보물**
- The salaried man **supplements** his wages by working as a gardener on weekends.
  그 봉급생활자는 주말에 정원사로 일하여 임금을 **보충한다**.

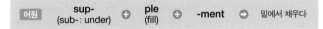

---

comply
[kəmplái]

vi. (요구·명령·규칙 등에) 따르다, 응하다 (보통 with를 수반)

- The employees **complied** with the rules.
  그 종업원들은 규칙에 **따랐다**.

어원 | com- (con-: together) ⊕ pl(y) (fill) ⊃ 함께 채우다

0962 ★★★

deplete
[diplí:t]

vt. 감소시키다(decrease), 다 쓰다, 고갈시키다(use up, exhaust)
- **deplete one's strength[family fortune]** 체력(가산)을 **다 쓰다**
- The cost of this trip has **depleted** our money.
  이번 여행의 비용으로 우리의 돈이 **바닥났다.**

| 어원 | de-
(down) | ➕ | ple(te)
(fill) | ➡ | 채운 것을 줄이다 |

---

plic, plex, ply — 'fold(접다), weave(짜다)'의 의미를 지님

0963 ★☆☆

simple
[símpl]

a. 간단한, 단순한(↔ complex); 이해하기 쉬운, 알기 쉬운(easy to understand); 검소한, 수수한(plain); 어수룩한, 바보 같은(foolish)
- **a book written in simple English** 쉬운 영어로 쓰인 책
- **a simple meal[way of life]** 검소한 식사(생활 방식)
- A knife is one of the **simplest** tools.
  칼은 가장 **단순한** 도구들 중 하나이다.
- You may be joking, but he's **simple** enough to believe you.
  당신은 농담하고 있지만, 그는 당신 말을 그대로 믿을 만큼 **어수룩하다.**

| 어원 | sim
(one) | ➕ | ple
(plic: fold) | ➡ | 한 번 접은 |

---

simplicity
[simplísəti]

n. 간단함, 단순함; 이해하기 쉬움, 평이; 검소; 어수룩함
- **for the sake of simplicity** **간단**하게 하기 위해서

---

simplify
[símpləfai]

vt. 간단하게 하다, 단순하게 하다
- **simplify a complex problem** 복잡한 문제를 **간단하게 하다**

0964 ★☆☆

complicate
[kámpləkeit]

vt. (일을) 복잡하게 하다, 뒤얽히게 하다(make complex)
- Bringing in politics **complicated** the argument.
  정치 문제를 끌어들여 논쟁을 **복잡하게 만들었다.**

| 어원 | com-
(con-: together) | ➕ | plic
(fold) | ➕ | -ate
(동접) | ➡ | 함께 접어 얽히게
하다 |

---

complicated
[kámpləkeitid]

a. 복잡한, 뒤얽힌(intricate ↔ simple)
- **a complicated machine[problem]** 복잡한 기계(문제)

complex
a.[kəmpléks;
　kámpleks]
n.[kámpleks]

a. 복잡한, 얽히고설킨(complicated)

n. 복합체; 〈심리〉 콤플렉스, 복합 관념; (복합·종합) 단지, 건물

- **a complex network of roads** 복잡한 도로망
- **inferiority complex** 열등 콤플렉스
- **a new sports complex** 새 스포츠 종합 단지
- Her political ideas are too **complex** to win support from ordinary people.
  그녀의 정치적 견해는 보통 사람들의 지지를 얻기에는 너무 **복잡하**다.

| 어원 | com-
(con-: together) | ➕ | plex
(weave) | ➡ | 함께 얽혀 짜여진 것 |

---

complexity
[kəmpléksəti]

n. 복잡함, 복잡한 것

- **the complexity of urban life** 도시 생활의 **복잡함**

---

perplex
[pərpléks]

vt. 당황하게 하다, 어찌할 바를 모르게 하다(puzzle, embarrass)

- Her strange silence **perplexes** me.
  그녀의 이상한 침묵이 나를 **당황하게 한다**.
- She looked **perplexed** when she saw her boyfriend.
  그녀는 남자 친구를 보았을 때 **당황한** 표정이었다.

| 어원 | per-
(thoroughly) | ➕ | plex
(weave) | ➡ | 완전히 얽히게 하다 |

---

imply
[implái]

vt. 함축[내포]하다(implicate); 암시[시사]하다(suggest)

- Wealth **implies** responsibility.
  부는 책임을 **내포한다**.
- His manner **implies** that he wants to come with us.
  그의 태도는 그가 우리와 함께 가기를 원한다는 것을 **암시한다**.

| 어원 | im-
(in-: in) | ➕ | ply
(fold) | ➡ | ~안에 접어 싸다 |

---

implication
[ìmplikéiʃən]

n. 함축, 내포; 암시, 시사(suggestion)

- He smiled, but the **implication** was that he didn't believe me.
  그는 웃었지만, 그 **암시**된 뜻은 나를 믿지 못한다는 것이었다.

---

implicit
[implísit]

a. 무언중에 내포된, 암시된(🔄 explicit 명백한, 명시적인)

- **an implicit threat[consent]** 암암리의 협박[동의]

0968 ★☆☆

employ
[implɔ́i;em-]

vt. (사람을) 고용하다(**engage, hire**); (물건을) 사용하다(**use**)

- His company **employs** three secretaries.
  그의 회사 세 명의 비서를 **고용하고 있다.**
- A bird **employs** its beak as a weapon.
  새는 부리를 무기로 **사용한다.**

어원	em- (en-: in)	⊕	ploy (fold)	⊃	안으로 접어 사용하다

---

employee
[implɔ́ii:;em-]

n. 직원, 종업원(🔄 **employer** 고용주, 사용자)

- **fire lazy employees** 게으른 **종업원**을 해고하다

---

employment
[implɔ́imənt;em-]

n. 고용, 사용(🔄 **unemployment** 실업, 실직)

- **Unemployment** became worse as factories closed.
  공장들이 문을 닫았을 때 **실업**은 악화되었다.

0969 ★★★

duplicate
a.,n.[djú:plikət]
v.[djú:plikeit]

a. n. 똑같은 (것), 복제(의), 복사(의); 복제물, 사본
vt. (똑같이) 복제하다, 복사하다(**copy, reproduce**)

- **a duplicate key[action]** 똑같은 열쇠[행동]
- Can you **duplicate** this key for me?
  나에게 이 열쇠의 **복제물을 만들어** 줄 수 있습니까?
- Is this the original or a **duplicate**?
  이것이 원본인가요, **사본**인가요?

어원	du- (two)	⊕	plic (fold)	⊕	-ate	⊃	둘로 접다

0970 ★☆☆

diplomatic
[dìpləmǽtik]

a. 외교의, 외교상의; 외교에 능한

- The leader solved disputes by **diplomatic** means.
  그 지도자는 **외교적** 수단을 통해서 분쟁을 해결했다.

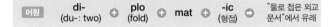

어원	di- (du-: two)	⊕	plo (fold)	⊕	mat	⊕	-ic (형접)	⊃	"둘로 접은 외교 문서"에서 유래

---

diplomat
[dípləmæt]

n. 외교관

- **a capable[cunning] diplomat** 유능한[교활한] **외교관**

---

diplomacy
[diplóuməsi]

n. 외교; 외교적 수완; 사람을 다루는 솜씨(**tact**)

- **international[armed] diplomacy** 국제[무력] **외교**

popul, publ   'people(사람들)'의 의미를 지님

0971 ★☆☆

popular
[pápjulər]

a. 인기 있는, 평판이 좋은; 대중의, 대중적인
- a popular singer[song] 인기 가수(대중가요)
- Prof. Smith is very popular with the students.
  Smith 교수는 학생들에게 매우 **인기가 있다.**

| 어원 | popul
(people) | ➕ | -ar
(형접) | ➡ | 사람들이 있는 |

---

popularity
[pàpjulǽrəti]

n. 인기, 평판; 대중성, 통속성
- The town regained its popularity as a bathing resort.
  그 소도시는 해수욕장으로서의 **인기**를 회복하였다.

0972 ★★★

populate
[pápjuleit]

vt. ~에 살다, 거주하다(inhabit, live in); 거주시키다
- a densely populated area 인구가 조밀한 지역
- Immigrants from all over the world populate New York City.
  전 세계에서 온 이민자들이 뉴욕 시**에 살고 있다.**

| 어원 | popul
(people) | ➕ | -ate
(동접) | ➡ | 사람들이 살다 |

---

population
[pàpjuléiʃən]

n. 인구, 주민수; 〈집합적〉 (특정 지역의) 모든 주민
- the whole population of Seoul 서울의 **모든 주민**
- The population of the city is 60,000. 그 도시의 **인구**는 6만 명이다.

0973 ★★☆

overpopulation
[òuvərpɑpjuléiʃən]

n. 인구 과잉
- Overpopulation leads to overcrowded housing.
  인구 과잉은 주택의 과잉 밀집 현상을 초래한다.

| 어원 | over-
(too much) | ➕ | population
(인구) | ➡ | 너무 많은 인구 |

0974 ★☆☆

public
[páblik]

a. 일반인[대중]의; 공공의, 공중의(⟷ private); 공개된

n. 일반 사람들, 대중(ordinary people)
- a public holiday[official] 공휴일(공무원)
- Public opinion was against the old political system.
  여론은 낡은 정치 체제에 반대했다.

| 어원 | publ
(people) | ➕ | -ic
(형접) | ➡ | 여러 사람의 |

publicity
[pʌblísəti]

n. 널리 알려져 있음, 주지, 평판
- **avoid[seek] publicity** 세상에 알려지는 것을 피하다(유명해지려고 애쓰다)

pub
[pʌb]

n. (대중) 주점, 선술집(public house)
- Great, so I'll meet you at the **pub** around 10 p.m.
  좋아요. 그럼 10시경에 **주점**에서 만나요.

0975 ★☆☆
publish
[pʌ́bliʃ]

vt. (책·신문 등을) 출판[간행]하다(issue); 발표하다(announce)
- **publish a weekly magazine** 주간지를 간행하다
- The complete works were first **published** in 1965.
  그 전집은 1965년에 처음으로 **출판되었다.**

 publ (people) ➕ **-ish** (동접) ➡ 사람들에게 널리 알리다

publication
[pʌ̀bləkéiʃən]

n. 출판(물), 간행(물); 발표, 공표(announcement)
- **the publication of a novel[essay]** 소설[수필]의 출판

0976 ★☆☆
republic
[ripʌ́blik]

n. 공화국
- **the Republic of Korea** 대한민국(약어 ROK)
- Cuba became an independent **republic** after three years of US military rule. 쿠바는 3년간의 미국의 군사 통치 후에 독립된 **공화국**이 되었다.

 re (res: thing) ➕ **public** (공공의) ➡ 공공의 것

port
'carry(나르다, 휴대하다)'의 의미를 지님

0977 ★☆☆
port
[pɔːrt]

n. 항구, 항만(harbor, haven); 〈비유〉 피난처(harbor)
- **a naval[an ice-free] port** 해군 항만(부동항)
- We have to reach a **port** by evening.
  우리는 저녁때까지 **항구**에 도착해야 한다.

 port (carry) ➡ 사람과 물건을 나르는 장소

airport
[ɛ́ərpɔːrt]

n. 공항
- **an international airport** 국제공항

333

opportunity
[àpərtʃúːnəti]

n. (시기적절한) 기회, 호기(chance)

- **a wonderful opportunity for listening to good music**
  좋은 음악을 감상할 절호의 **기회**
- I have had little **opportunity** to travel abroad recently.
  나는 최근에 해외여행을 할 **기회**가 거의 없었다.

| 어원 | op-
(ob-: toward) | ⊕ | port
(항구) | ⊕ | -un(e)
(형접) | ⊕ | -ity
(명접) | ⇨ | 항구를
향한 바람 |

opportune
[àpərtʃúːn]

a. (시기가) 적절한, 적당한(suitable)

- **at the most opportune moment** 가장 **적절한** 순간에

---

portable
[pɔ́ːrtəbl]

a. 들고 다닐 수 있는, 휴대용의(mobile, movable)

- **a portable television** 휴대용 텔레비전
- A businessman uses a **portable** computer when he travels.
  사업가는 여행할 때 **휴대용** 컴퓨터를 사용한다.

| 어원 | port
(carry) | ⊕ | -able
(형접: ~할 수 있는) | ⇨ | 휴대할 수 있는 |

---

import
v.[impɔ́ːrt]
n.[ímpɔːrt]

v. 수입하다(◑ export)   **n.** 수입(품)(◑ export)

- **the import of foreign cars** 외제차의 **수입**
- Korea **imports** oil from Saudi Arabia.
  한국은 사우디아라비아에서 석유를 **수입한다**.

| 어원 | im-
(in-: into) | ⊕ | port
(carry) | ⇨ | 안으로 나르다 |

importance
[impɔ́ːrtəns]

n. 중요성(significance, consequence)

- **a work of vital importance** 매우 **중요**한 일

---

transport
v.[trænspɔ́ːrt]
n.[trǽnspɔːrt]

vt. 수송[운송]하다(carry, convey)   **n.** 운송[수송]

- Trucks **transport** most of our goods to customers.
  트럭이 우리 상품의 대부분을 고객에게 **수송한다**.

| 어원 | trans-
(across) | ⊕ | port
(carry) | ⇨ | 이쪽에서 저쪽으로 옮겨 나르다 |

transportation
[trænspərtéiʃən]

n. 수송 (수단), 운송 (수단)(carriage, conveyance)

- **transportation by air[land]** 항공[육상] **수송**
- **public transportation** 대중**교통** 수단

Daily Test 29

정답 및 해설 p.475

A 다음 영어를 우리말로, 우리말을 영어로 쓰시오.

1	pendulum		11	보상하다; 보충하다
2	implement		12	성취하다, 이룩하다
3	impending		13	함축하다; 암시하다
4	supplement		14	매달다; 연기하다
5	perplex		15	독립, 자립
6	publication		16	보충물; 보충하다
7	duplicate		17	따르다, 응하다
8	complicate		18	칭찬, 찬사; 칭찬하다
9	portable		19	수송하다; 수송
10	overpopulation		20	고용하다; 사용하다

B 다음 빈칸에 알맞은 단어를 쓰시오.

1	ponder	⊜ c	6	implicit	⇔ e
2	opportunity	⊜ c	7	public	⇔ p
3	plenty	⊜ a	8	popular	⋒
4	import	⇔ e	9	complete	⋒
5	simple	⇔ c	10	plenty	ⓐ

C 다음 빈칸에 들어갈 알맞은 말을 보기 에서 고르시오. (문장: 기출 또는 기출 변형)

보기	suspended	complicated	implemented	compensate

1 Hawaii has _____ one of the nation's strictest no-smoking laws.

2 Cymbals are played with sticks while _____ on a string or a stand.

3 As she helped Joan clean up, she tried to think of a way to _____ her for the damage.

4 Our brains involve a much more _____ system than can be accounted for by images taken from nineteenth-century technology.

pos, pon / press / rect, reg / rupt / sci

press
[=press]

rect, reg
[=straight / right / rule]

rupt
[=break]

pos, pon
'put(놓다)'의 의미를 지님

0982 ★☆☆

position
[pəzíʃən]

n. 위치, 장소(location); 입장, 처지(situation); 지위, 신분(status)

- Can you find your **position** on this map?
  당신은 이 지도에서 당신의 **위치**를 찾을 수 있습니까?
- Put yourself in my **position**.
  네가 내 **입장**이 되어 봐라.
- The minister was not contented with his **position**.
  그 장관은 자신의 **지위**에 만족하지 못했다.

| 어원 | pos (put) | ➕ | -ition (명접) | ➡ | 놓은 곳 |

0983 ★☆☆

positive
[pázətiv]

a. 긍정적인, 적극적인(◑ negative 부정적인); 〈의학〉 양성의(◑ negative)

- **a positive attitude toward the future** 장래에 대한 **적극적인** 태도
- I received a **positive** reply to my application to enter the college.
  나는 그 대학에 입학 지원한 것에 대해 **긍정적인** 회답을 받았다.

| 어원 | pos (put) | ➕ | -(i)tive (형접) | ➡ | 자세가 결정된 |

0984 ★★☆

pose
v.[pouz]
n.[pouz]

v. 자세를 취하다; 제기하다

n. 자세(posture)

- **pose question[challenge]** 문제[도전]를 **제기하다**
- **hold a pose sitting on a chair** 의자에 앉아 **포즈**를 취하다
- After the wedding, they all **posed** for a photograph.
  결혼식이 끝난 후 그들 모두는 사진을 찍기 위해 **포즈를 취했다**.

| 어원 | pos(e) (put) | ➡ | 위치에 ~을 놓다. |

0985 ★★★

impose
[impóuz]

vt. (의무·세금을) 부과하다, 지우다(**assess**) (보통 on을 수반); 강요하다

- The government **imposed** taxes on them.
  정부는 그들에게 세금을 **부과하였다**.
- Don't **impose** your opinion on others. 너의 의견을 남에게 **강요하지** 마라.

| 어원 | im- (in: on) | ➕ | pos(e) (put) | ➡ | ~에 (의무를) 놓다 |

imposition
[ìmpəzíʃən]

n. 부과, 과세; 무거운 짐, 부담(**burden**)

- **the imposition of a 10% sales tax** 10퍼센트 판매세의 **부과**

imposing
[impóuziŋ]

a. 인상적인(**impressive**), 당당한(**stately**)

- Nehru was a man with an **imposing** air.
  Nehru는 **당당한** 풍채를 지닌 사람이었다.

0986 ★★★

deposit
[dipázit]

vt. (은행에) 맡기다, 예금하다(**save** ⟷ **withdraw**)

n. 예금(액); 침전물; 보증금, 예약금

- **withdraw one's bank deposit** 은행 **예금**을 인출하다
- She **deposited** $100 in a bank. 그녀는 백 달러를 은행에 **예금했다**.
- Please **deposit** your jewelry in the safe. 당신의 보석을 금고에 **맡기세요**.

| 어원 | de- (down) | ➕ | pos(it) (put) | ➡ | 안전하게 밑에 놓다 |

0987 ★★★

suppose
[səpóuz]

vt. 가정하다(**assume**); 추측[짐작]하다(**guess**)

- Let's **suppose** that you are right. 네가 옳다고 **가정하자**.
- I **suppose** he's gone home. 나는 그가 집에 갔으리라 **추측한다**.

| 어원 | sup- (sub: under) | ➕ | pos(e) (put) | ➡ | 아래에 놓고 생각하다 |

supposition
[sʌ̀pəzíʃən]

n. 가정(**assumption**); 추측, 짐작(**guess**)

- It's a pure **supposition**. 그것은 순전히 **가정**일 뿐이다.

0988 ★☆☆

purpose
[pə́ːrpəs]

n. 목적(**aim, objective**), 의도(**intention**)

- What is the **purpose** of your visiting me? 나를 방문한 **목적**은 무엇이니?
- It wasn't an accident; you did it on **purpose**.
  그것은 우연한 사고가 아니었어. 너는 **의도**적으로 그것을 했어.

cf. on purpose 의도적으로, 고의로(purposely, intentionally)

| 어원 | pur- (pro-: forward) | ➕ | pos(e) (put) | ➡ | 앞으로 내어놓은 것 |

0989 ★★☆

component

[kəmpóunənt;
kɑm-]

n. 구성 요소, 성분(constituent, element)

- Tires, an engine, a body and seats are **components** of a car.
  타이어, 엔진, 차체 그리고 좌석은 차의 **구성 요소들**이다.

| 어원 | com-
(con-: together) | + | pon
(put) | + | -ent
(명접) | ⇒ | 함께 놓여진 것 |

---

press

'press(물리적·심리적으로 누르다, 압박하다)'의 의미를 지님

0990 ★☆☆

press

v.[pres]

n.[pres]

v. 누르다, 밀다(push firmly); 짜다, 으깨다(squeeze); 다림질하다(iron); 압박[요구]하다(pressure)

n. 누르기; 다림질; (the) 언론 기관

- **Press** this button to start the engine. 이 버튼을 **눌러** 엔진을 가동시켜라.
- She **pressed** her boss for a raise in salary.
  그녀는 사장에게 급여 인상을 **요구했다**.
- The **press** covers the president's every move.
  언론 기관은 대통령의 모든 움직임을 보도한다.

| 어원 | press
(press) | ⇒ | 물리적·심리적으로 누르다 |

0991 ★☆☆

pressure

[préʃər]

n. 누르기, 압력; 압박, 중압(oppression)

vt. 압력을 가하다(press)

- **the pressure of poverty** 가난이 주는 **압박감**
- The **pressure** of the water caused the dam to burst.
  물의 **압력**이 댐 붕괴의 원인이 되었다.
- The voters **pressured** the mayor into changing his policy.
  유권자들은 시장에게 **압력을 넣어** 정책을 변경시켰다.

| 어원 | press
(press) | + | -ure | ⇒ | 물리적·심리적으로 누르는 것 |

0992 ★★★

oppress

[əprés]

vt. 억압[압제]하다; 〈비유〉 압박감을 주다(burden), 무겁게 짓누르다

- The tyrant **oppressed** the whole nation. 폭군은 국민 전체를 **억압했다**.
- A sense of failure **oppressed** him. 좌절감이 그를 **짓눌렀다**.

| 어원 | op-
(ob-: against) | + | press
(press) | ⇒ | ~에 대해 짓누르다 |

---

oppression

[əpréʃən]

n. 억압, 압제; 압박(감), 중압감

- **a feeling of deep oppression** 강한 **압박감**

338

oppressive
[əprésiv]

a. (지배자가) 억압하는, 압제적인(tyrannical); 압박감을 주는
- **an oppressive dictator** 억압하는 독재자

0993 ★★★
repress
[riprés]

vt. (감정을) 억누르다, 억제하다; 진압하다(suppress)
- The patient **repressed** his fears about death.
  환자는 죽음에 대한 공포를 **억눌렀다**.
- The police **repressed** a riot by arresting the rioters.
  경찰은 폭도들을 체포하여 폭동을 **진압했다**.

 어원 re-(back) + press(press) ➡ 뒤로 감정을 억누르다

---

repression
[ripréʃən]

n. 억누름, 억제; 진압
- **the repression of feelings** 감정의 **억제**

0994 ★★★
suppress
[səprés]

vt. (개인·단체의) 활동을 못하게 하다, 억압[탄압]하다(constrain); 진압하다
   (put down, subdue)
- **suppress the Communist party** 공산당의 활동을 못하게 하다
- **suppress a riot[an angry mob]** 폭동(분노한 폭도)을 **진압하다**
- All opposition to the government was quickly **suppressed**.
  정부에 대한 모든 항쟁은 신속히 **진압되었다**.

 어원 sup-(sub-: under) + press(press) ➡ 아래로 짓누르다

---

suppression
[səpréʃən]

n. 활동 금지, 탄압; 진압
- **the suppression of public opinion** 여론에 대한 **탄압**

0995 ★☆☆
impress
[imprés]

vt. (깊은) 인상을 주다, 감명을 주다(affect deeply); ~을 찍다(imprint)
- **impress a seal over top-secret papers** 극비 문서에 도장을 **찍다**
- She **impresses** us as a decent woman.
  그녀는 우리에게 품위 있는 여인이라는 **인상을 준다**.

 어원 im-(in-: on) + press(press) ➡ 눌러서 (마음에) 자국을 내다

---

impression
[impréʃən]

n. 인상, 감명
- **a good impression on everyone** 모든 사람에게 주는 좋은 **인상**

---

impressive
[imprésiv]

a. 인상적인, 깊은 인상[감명]을 주는
- **a very impressive play** 아주 **인상적인** 연극

express
[iksprés]

vt. (생각·감정을) 말로 나타내다, 표현하다(**put into words**)

n. 급행, 급행열차; 속달

a. 급행의; 속달편의

- **send a letter by express** 편지를 속달로 보내다
- **an express train[elevator]** 급행열차〔고속 엘리베이터〕
- She couldn't **express** how happy she was then.
  그녀는 그때 얼마나 행복하였는지 **표현할** 수 없었다.

| 어원 | ex-
(out) | ⊕ | press
(press) | ➡ | 밖으로 마음을 밀어내다 |

expression
[ikspréʃən]

n. 표현(법, 력)

- **a hearty expression of welcome** 환영의 진심 어린 **표현**

expressive
[iksprésiv]

a. 표현하는, (~을) 나타내는; 표정이 풍부한

- **be expressive of sorrow** 슬픔을 **나타내다**

compression
[kəmpréʃən]

n. (공기·깡통·옷 등의) 압축, 압착; 요약

- The **compression** of gases in the earth can cause volcanic activity. 땅 속의 가스 **압축**은 화산 활동을 야기할 수 있다.

| 어원 | com-
(con-: together) | ⊕ | press
(press) | ⊕ | -ion
(명접) | ➡ | 모아서 함께
누르기 |

compress
[kəmprés]

vt. 압축[압착]하다(**compact**); 요약하다(**summarize**)

- **compress tin cans and cartons** 깡통과 종이팩을 **압착하다**

rect, reg
'straight(똑바른), right(올바른), rule(통치하다)'의 의미를 지님

correct
[kərékt]

vt. 바로잡다, 교정하다(**make right, amend, rectify**)

a. 올바른(**right**), 정확한(**accurate**)

- **a correct answer[statement]** 올바른 해답〔진술〕
- The teacher **corrected** the student's spelling mistakes.
  선생님은 학생의 철자 실수를 **바로잡아 주었다**.

| 어원 | cor-
(con-: together) | ⊕ | rect
(right) | ➡ | 함께 올바르게 하다 |

correction
[kərékʃən]

n. 바로잡음, 교정

- **make corrections in red ink** 빨간 잉크로 **교정**을 보다

0999 ★☆☆

direct
[dirékt;dai-]

v. 지시하다(instruct); 지도하다(guide); 통제하다(control)

a. 직접적인(◎ indirect); 일직선의(straight)

- **direct rays[evidence]** 직사광선[직접적인 증거]
- She **directed** him to leave the room. 그녀는 그에게 방에서 나가라고 **지시했다**.

| 어원 | di-
(dis-: apart) | ➕ | rect
(straight) | ➡ | 따로 구분되도록 똑바로 하다 |

direction
[dirékʃən;dai-]

n. 지시, 지도, 통제; 방향

- **follow his directions** 그의 **지시**를 따르다
- **move in the opposite direction** 반대 **방향**으로 움직이다

directly
[diréktli;dai-]

ad. 직접적으로(at first hand); 즉시, 곧(at once)

conj. ~하자마자(as soon as)

- Do it **directly**. 즉시 그 일을 해라.
- **Directly** he left home, it began to rain.
  그가 집을 **떠나자마자** 비가 내리기 시작했다.

director
[diréktər;dai-]

n. (조직의) 지휘자, 책임자, 중역, 이사; (영화) 감독, (연극) 연출가

- **a film director** 영화**감독**

directory
[diréktəri;dai-]

n. 주소 성명록

- **a telephone directory** 전화번호**부**

1000 ★☆☆

rectangle
[réktæŋgl]

n. 직사각형

- My textbook is shaped like a **rectangle**. 내 교재는 **직사각형** 모양이다.

| 어원 | rect
(straight) | ➕ | angle
(각) | ➡ | 똑바른 각, 직각 |

● Further Study ●

square	**n.** 정사각형
circle	**n.** 원; 서클, 그룹
cone	**n.** 원추; 솔방울
cylinder	**n.** 원주, 원기둥; (자동차의) 실린더
pyramid	**n.** 사각뿔
cube	**n.** 정육면체, 입방체

1001 ★★★

erect
[irékt]

vt. 똑바로 세우다(set up), 건축하다(build)

a. 똑바로 선(upright)

- **erect a building[monument]**
  빌딩(기념비)을 **건축하다**
- Workmen **erected** a ladder against the building.
  일꾼들은 사다리를 건물에 대어 **세웠다**.
- Hold your head **erect**.
  고개를 **똑바로** 들어라.

| 어원 | e-
(out) | ⊕ | rect
(straight) | ⇒ | 밖에 똑바로 세우다 |

---

erection
[irékʃən]

n. 직립; 건축(물), 건설

- **ancient erections** 고대의 **건축물**

1002 ★☆☆

regulate
[régjuleit]

vt. 규제하다, 통제하다(control)

- Schools **regulate** the behavior of students.
  학교는 학생들의 품행을 **규제한다**.

| 어원 | reg
(rule) | ⊕ | ul | ⊕ | -ate
(동접) | ⇒ | 통치하듯 다스리다 |

---

regulation
[règjuléiʃən]

n. 규제, 통제; 규칙, 규정(rule)

- **break the regulations of a university**
  대학의 **규칙**을 위반하다

1003 ★★☆

reign
[rein]

vi. 군림하다, 통치하다(rule a country)

n. 통치 (기간), 치세(治世)

- The king **reigned** in France for over 70 years.
  그 왕은 70여 년 동안 프랑스를 **통치했다**.

cf. rain(비), rein(고삐)과 동음이의어

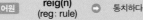
| 어원 | reig(n)
(reg : rule) | ⇒ | 통치하다 |

1004 ★☆☆

region
[ríːdʒən]

n. (상당히 넓은) 지역, 지대, 지방

- **the Arctic[desert, tropical] regions** 북극(사막, 열대) **지방(지역)**

cf. district (region보다는 작은, 명확한 행정) 구획

| 어원 | reg
(rule) | ⊕ | -ion
(명접) | ⇒ | 통치하는 장소 |

1005 ★☆☆

regular
[régjulər]

a. 규칙적인, 정기적인(↔ irregular); 보통의(usual), 정상의(normal)
- **a regular income[size]** 정기 수입[보통 사이즈]
- We should lead a **regular** life.
  우리는 **규칙적인** 생활을 해야 한다.

| 어원 | reg
(rule: 규칙) | ⊕ | ul | ⊕ | -ar
(형접) | ⇒ | 규칙적인 |

1006 ★★★

incorrigible
[inkɔ́ːridʒəbl;-kár-]

a. 교정할 수 없는, 구제할 수 없는(uncorrectable, unredeemable)
- He is an **incorrigible** gambler.
  그는 **구제 불능의** 노름꾼이다.

| 어원 | in-
(not) | ⊕ | cor-
(con-: 강조) | ⊕ | rig
(right) | ⊕ | -ible
(형접: ~할
수 있는) | ⇒ | 바로 잡을
수 없는 |

---

rupt

'break(부수다)'의 의미를 지님

1007 ★☆☆

erupt
[irʌ́pt]

v. (화산이) 분출[폭발]하다(explode); (감정이) 폭발하다(burst out)
- A volcano is **erupting** violently.
  화산이 격렬하게 **분출하고** 있다.
- His repressed emotion **erupted** into violence.
  그의 억눌린 감정은 폭력으로 **폭발했다**.

| 어원 | e-
(out) | ⊕ | rupt
(break) | ⇒ | 부서져 밖으로 나오다 |

---

eruption
[irʌ́pʃən]

n. 분출, 폭발; (감정의) 폭발(outburst)
- **an eruption of rage** 분노의 폭발

1008 ★☆☆

bankrupt
[bǽŋkrʌpt;-rəpt]

a. 파산한, 지불 능력이 없는(insolvent)

n. 파산자, 지불 불능자
- That company went **bankrupt**.
  그 회사는 **파산했다**.

| 어원 | bank
(환전상의 책상) | ⊕ | rupt
(break) | ⇒ | 환전상의 책상이 부서진 |

---

bankruptcy
[bǽŋkrʌptsi]

n. 파산 (상태), 도산
- **go into bankruptcy** 파산하다

1009 ★☆☆

abrupt
[əbrʌpt]

a. 갑작스러운(sudden), 뜻밖의(unexpected)

- The bus came to an **abrupt** stop.
  버스가 **갑작스러운** 정차를 했다.

| 어원 | ab-
(away) | + | rupt
(break) | → | 부서져 떨어진 |

---

abruptly
[əbrʌptli]

ad. 갑자기, 뜻밖에(all of a sudden, out of the blue)

- John arrived **abruptly**.
  John이 **갑자기** 도착했다.

1010 ★★★

corrupt
[kərʌpt]

a. (도덕적·사회적으로) 부패한, 타락한(rotten, dishonest)

vt. vi. 부패시키다[하다], 타락시키다[하다](deprave); 매수하다

- That official is **corrupt** because he takes bribes.
  그 관리는 뇌물을 받기 때문에 **부패하다**.
- He was sent to prison for **corrupting** a policeman with money.
  그는 돈으로 경찰관을 **매수하였다**는 이유로 감옥에 보내졌다.

| 어원 | cor-
(con-: together) | + | rupt
(break) | → | (도덕적·사회적으로) 함께
부서진 |

---

corruption
[kərʌpʃən]

n. 부패, 타락

- **the political corruption** 정계의 **부패**

1011 ★★☆

interrupt
[ìntərʌpt]

vt. 방해하다, 훼방 놓다(interfere with), (대화를) 중단시키다(break in)

- **interrupt a conversation** 대화를 중단시키다
- A storm **interrupted** telephone communications between them.
  폭풍이 그들 사이의 전화 통신을 **방해했다**.

| 어원 | inter-
(between) | + | rupt
(break) | → | 사이로 들어가 부수다 |

1012 ★☆☆

route
[ru:t ;raut]

n. 길, 도로(way, road); 노선, 항로, 루트

- **the shortest route to Boston** 보스턴으로 가는 가장 짧은 **길**
- Buses are running on regular **routes**.
  버스는 정규 **노선**을 운행하고 있다.

| 어원 | route
(broken road에서 유래) | → | 열려진 길 |

1013 ★★☆

routine
[ru:tí:n]

n. 일상, 판[틀]에 박힌 일

a. 일상의, 틀에 박힌(commonplace)

- **a dull, routine job** 단조롭고 **일상적인** 일
- We sometimes need a break from **routine**.
  우리는 때로는 **일상**에서 벗어날 필요가 있다.

| 어원 | route (길) | ➕ | -ine (명접: 지소사) | ➡ | 비좁게 열려 있는 길 |

1014 ★★★

disrupt
[disrʌ́pt]

vt. 혼란에 빠뜨리다(disorganize); (국가·제도를) 붕괴시키다; 떼어 놓다, 끊다(break apart)

- **disrupt a society** 사회를 **혼란케 하다**
- **disrupt a connection[one's telephone service]**
  접속(전화)을 **끊다**
- The news **disrupted** a conference.
  그 소식은 회의를 **혼란에 빠뜨렸다**.

| 어원 | dis- (apart) | ➕ | rupt (break) | ➡ | 부수어 떼어 놓다 |

---

sci   'know(알다)'의 의미를 지님

1015 ★☆☆

science
[sáiəns]

n. 앎, 지식(knowledge); 학문(의 한 분야), 과학; (자연)과학

- **the wonders of modern science** 현대 **과학**의 경이로움들
- **library[language] science** 도서관학(언어학)
- Driving a car is an art, not a **science**.
  차 운전은 기술이지 **과학**이 아니다.

| 어원 | sci (know) | | -ence (명접) | ➡ | 알고 있는 것 |

---

scientific
[sàiəntífik]

a. 과학적인; 체계적인, 학술의; 자연 과학의

- **a scientific research[argument]** 체계적인 연구(학술상의 논쟁)

---

scientist
[sáiəntist]

n. (자연) 과학자

- The student wants to be a **scientist** because she likes aeronautics.
  그 학생은 항공학을 좋아하기 때문에 **과학자**가 되고 싶어 한다.

1016 ★☆☆

conscience
[kánʃəns]

n. 양심, 선악의 판단력(scruple)

- a social[an artistic] conscience 사회적[예술적] 양심
- A guilty conscience needs no accuser. (속담)
  죄지은 양심은 고소인이 필요 없다.(도둑이 제 발 저린다.)

| 어원 | con-
(together) | ➕ | science
(앎) | ➡ | 선과 악을 함께 알고 있는 것 |

conscientious
[kànʃiénʃəs;kɑnsi-]

a. 양심적인(scrupulous)

- a conscientious judge 양심적인 재판관

1017 ★☆☆

conscious
[kánʃəs]

a. 알고 있는, 의식하는(aware) (종종 of를 수반); 제정신의, 의식이 있는; 의식적인, 의도적인

- The captain is conscious of his own faults.
  그 우두머리는 자신의 결점을 알고 있다.
- The patient became conscious after the operation.
  그 환자는 수술 후에 의식을 회복했다.

| 어원 | con-
(together) | ➕ | sci
(know) | ➕ | -ous
(형접) | ➡ | 함께 알고 있는 |

consciousness
[kánʃəsnis]

n. 알아차림, 의식(awareness); 제정신, 의식; 자각, 의식

- the class[race] consciousness 계급[민족] 의식
- lose[gain] consciousness 의식을 잃다[회복하다]

1018 ★☆☆

unconscious
[ʌnkánʃəs]

a. 깨닫지 못하는, 의식하지 못하는 (종종 of를 수반); 의식[제정신]을 잃은; 무의식의, 무심결의(involuntary)

n. 〈정신 분석〉 무의식

- an unconscious act of self-defense 자기방어라는 무의식적 행동
- The politician was unconscious of his mistake.
  그 정치인은 자신의 잘못을 깨닫지 못하고 있었다.

| 어원 | un-
(not) | ➕ | conscious
(의식하는) | ➡ | 의식하지 않는, 알지 못하는,
의식이 없는 |

Daily Test 30

A 다음 영어를 우리말로, 우리말을 영어로 쓰시오.

1	oppress		11	위치; 입장; 신분
2	incorrigible		12	목적, 의도
3	erect		13	바로잡다; 올바른
4	reign		14	부패한; 부패시키다
5	abrupt		15	규제하다, 통제하다
6	suppress		16	양심, 선악의 판단력
7	compression		17	일상; 일상의
8	disrupt		18	지시하다; 직접적인
9	rectangle		19	파산한, 지불 능력이 없는
10	component		20	방해하다, 훼방놓다

B 다음 빈칸에 알맞은 단어를 쓰시오.

1	suppose	⊜ a		6	regular	⇔ i
2	position	⊜ s		7	bankrupt	⋒
3	regulate	⊜ c		8	erupt	⋒
4	positive	⇔ n		9	conscious	⋒
5	deposit	⇔ w		10	impress	ⓐ

C 다음 빈칸에 들어갈 알맞은 말을 보기 에서 고르시오. (문장: 기출 또는 기출 변형)

보기	conscience	imposed	component	regulates

1 The failure of a single _____ of your car's engine could force you to call for a tow truck.

2 We want our children to develop a _____ —a powerful inner voice that will keep them on the right path.

3 A water plant called the sacred lotus _____ its temperature in order to benefit insects that it needs to reproduce.

4 Few young people are completely free of food-related pressures from peers, whether or not these pressures are _____ intentionally.

scribe, script / sent, sens / sequ, secut, su / sid, sed, sess / sol / solv, solut / soph

sent, sens
[=feel]

sequ, secut, su
[=follow]

sid, sed, sess
[=sit]

scribe, script   'write(쓰다)'의 의미를 지님

1019 ★☆☆
describe
[diskráib]

vt. 묘사하다, 기술하다(**depict**); 설명하다(**explain**)

· The reporter **described** the event very carefully.
그 기자는 사건을 매우 신중히 **기술했다**.

| 어원 | de-
(down) | ➕ | scribe
(write) | ➡ | 아래로 써 내려가다 |

description
[diskrípʃən]

n. 묘사, 기술(**depiction**); 설명(**explanation**)

· **be beyond description** 이루 형용할 수 없다

descriptive
[diskríptiv]

a. 묘사적인, 기술적인; 서술의

· **a descriptive passage about life in Russia**
러시아에서의 삶을 **묘사하는** 구절

1020 ★★★
prescribe
[priskráib]

vt. vi. 규정하다, 지시하다(**direct**); (약·요법을) 처방하다

· Laws **prescribe** serious penalties for the crime.
법은 그 죄에 대해 중벌을 **규정하고 있다**.

· The doctor **prescribed** penicillin for her sore throat.
의사는 그녀의 후두염에 페니실린을 **처방했다**.

| 어원 | pre-
(before) | ➕ | scribe
(write) | ➡ | 미리 써 놓다 |

prescription
[priskrípʃən]

n. 규정, 지시(**direction**); 처방(전)

· His doctor wrote him a **prescription** for blood pressure medicine.
그의 의사는 그에게 혈압약 **처방전**을 써 주었다.

1021 ★☆☆

manuscript
[mǽnjuskript]

n. 원고, 손으로 쓴 것[책, 문서](**handwriting**)

- The author's **manuscript** was sent to the editor.
그 저자의 **원고**가 편집자에게 보내졌다.

 | **manu** (hand) ➕ **script** (write) ➡ 손으로 쓴 것

1022 ★★★

ascribe
[əskráib]

vt. (원인을) ~의 탓으로 돌리다 (보통 to를 동반)(**attribute, impute**)

- The politician **ascribed** the failing economy to high taxes.
그 정치인은 추락하는 경제를 높은 세금 **탓으로 돌렸다**.
- The inventor **ascribes** her success to good luck.
그 발명가는 자신의 성공을 행운 **덕으로 돌린다**.

어원 | **a-** (ad- : to) ➕ **scribe** (쓰다) ➡ ~의 탓이라고 쓰다

1023 ★☆☆

script
[skript]

n. (연극·영화·텔레비전 등의) 각본, 대본(**scenario, screenplay**)

- **write a script for comedy** 희극의 **각본**을 쓰다
- Actors should memorize the **script**. 배우는 **대본**을 암기해야 한다.

어원 | **script** (write) ➡ 쓴 것

1024 ★★★

inscribe
[inskráib]

vt. (표면에) 쓰다, 새기다(**engrave**); (헌사를 적어) 헌정하다(**dedicate**)

- Chinese characters were **inscribed** on the rock.
한자가 바위에 **새겨져 있었다**.
- I **inscribe** this book to my wife. 나는 이 책을 아내에게 **헌정한다**.

어원 | **in-** (on) ➕ **scribe** (write) ➡ ~위에 쓰다

---

inscription
[inskrípʃən]

n. 적음, 새김; (표면에 새겨진) 비문, 헌정사

- The tombstone bore a simple **inscription**.
그 묘비는 간단한 **비문**을 담고 있었다.

1025 ★★★

subscribe
[səbskráib]

vi. (예약) 구독하다 (보통 to를 수반)   **vt.** 기부하다(**donate, contribute**)

- She **subscribes** to *Time*, a weekly news magazine.
그녀는 주간 뉴스 잡지인 "타임"을 **구독한다**.
- The golfer **subscribed** $1,000,000 to charities.
그 골퍼는 자선 단체에 백만 달러를 **기부했다**.

 | **sub-** (under) ➕ **scribe** (write) ➡ (계약서) 밑에 이름을 쓰다

subscription
[səbskrípʃən]

n. (신문·잡지 등의) 예약 구독; 기부(금)
- **a year's subscription to a magazine** 잡지의 1년간 **예약 구독**

1026 ★★★

conscription
[kənskrípʃən]

n. 징집, 징병(draft); 징병 제도
- **evade conscription** **징병**을 기피하다
- **Conscription** is necessary for a country's defense.
  징병 제도는 국가의 방위를 위해 필요하다.

| 어원 | con-
(together) | ＋ | script
(write) | ＋ | -ion
(명접) | ➡ | (병적에) 함께
이름 쓰기 |

---

conscript
[kənskrípt]

v. 징집[징병]하다(draft ⟷ volunteer 지원하다)
- **conscripted into the army** 육군에 **징집된**

1027 ★★☆

scribble
[skríbl]

vt. 휘갈겨 쓰다(write hastily); 낙서하다
- She **scribbled** me a note. 그녀는 나에게 메모를 **휘갈겨 써 주었다.**
- The little girl **scribbled** on the wall with a crayon.
  그 어린 소녀는 크레용으로 벽에 **낙서를 했다.**

| 어원 | scribble
(write) | ➡ | '쓰다'에서 유래 |

---

sent, sens
'feel(느끼다)'의 의미를 지님

1028 ★★☆

sense
[sens]

n. 느낌(feeling), 감각; 의식; 판단력, 분별력; 의미

vt. 느끼다, 감지하다(feel)
- **a sense of honor[guilt]** 자존심[죄의식]
- **a man of sense** **분별력**이 있는 사람
- A dog has a keen **sense** of smell. 개는 예민한 후**각**을 지닌다.
- She **sensed** the tension in the room. 그녀는 그 방에서 긴장감을 **느꼈다.**

| 어원 | sens(e)
(feel) | ➡ | 느끼는 것, 느끼다 |

---

sensitive
[sénsətiv]

a. 민감한, 예민한
- Our eyes are **sensitive** to light. 우리의 눈은 빛에 **민감하다.**

---

sensible
[sénsəbl]

a. 분별력[양식] 있는; 느낄 수 있는, 감지할 수 있는
- **a sensible young woman** **분별력 있는** 젊은 여자

350

sensual
[sénʃuəl]

a. 관능적인, 육감적인(carnal)
- **sensual pleasures[lips]** 관능적 쾌락(입술)

sensuous
[sénʃuəs]

a. (심미적으로) 감각적인, 감각을 만족시키는
- **the poetic, sensuous qualities of his paintings**
  그의 그림이 갖는 시적이며 **감각적인** 특질들

sensor
[sénsɔ:r;-sər]

n. 감지기, 센서; 감각 기관
- The **sensor** we recently launched detects even minute movements. 우리가 최근에 출시한 그 **감지기**는 미세한 움직임까지 감지한다.

1029 ★★☆
sensation
[senséiʃən]

n. 감각 (능력)(ability to feel); 선풍적 반응[관심], 센세이션
- I sat on my knees, and now I have no **sensation** in them.
  무릎을 꿇고 앉아 있었더니 지금은 **감각**이 없다.
- The book on the singer's private life caused a great **sensation**.
  그 가수의 사생활에 대한 책은 대단한 **센세이션**을 불러 일으켰다.

 어원 **sens** (feel) + **-ation** (명접) ⇒ 느낌을 불러일으키는 것

sensational
[senséiʃənl]

a. 선풍적인, 세상을 떠들썩하게 하는
- **a sensational event[murder]** 세상을 떠들썩하게 하는 사건(살인)

1030 ★★☆
sentiment
[séntəmənt]

n. 감정, 정서(mental feeling, emotion); 감상(感傷)
- There is strong **sentiment** against her return.
  그녀의 귀환에 반대하는 강한 **정서**가 있다.

 어원 **sent(i)** (feel) + **-ment** (명접) ⇒ 정신적 느낌

sentimental
[sèntəméntl]

a. (다정한) 감정을 나타내는, 감정적인; 감상적인
- The novel full of love and sorrow is so **sentimental**.
  사랑과 슬픔으로 가득 찬 그 소설은 너무 **감상적이**다.

sentimentalism
[sèntəméntəlìzm]

n. 감상주의, 감상적 경향
- **sentimentalism in art** 예술에서의 **감상주의**

1031 ★★★

consent
[kənsént]

vi. 동의하다(agree), 승낙하다 (종종 전치사 to 또는 부정사를 수반)

n. 동의(agreement), 승낙

- Her father didn't **consent** to her going there alone.
  그녀의 아버지는 그녀가 혼자 그곳에 가는 것을 **승낙하지** 않았다.
- She **consented** to go to the movies.
  그녀는 영화를 보러 가는 것에 **동의하였다**.

| 어원 | con-
(together) | ⊕ | sent
(feel) | ➡ | 함께 느끼다 |

1032 ★☆☆

scent
[sent]

n. 냄새, 향기(smell, odor)

- The **scent** of flowers relaxes me. 꽃**향기**가 나를 편안하게 해준다.

| 어원 | scent
(feel) | ➡ | 느끼는 냄새 |

1033 ★★★

resent
[rizént]

vt. 분개하다, 발끈하다

- **resent an unfavorable criticism** 호의적이지 않은 비평에 **발끈하다**
- My friend **resents** being called a fool.
  내 친구는 바보라고 불리는 것에 **분개한다**.

| 어원 | re-
(back) | ⊕ | sent
(feel) | ➡ | 화난 감정을 돌려주다 |

1034 ★☆☆

nonsense
[nánsens;-səns]

n. 무의미한 말[문장, 생각, 행동 등]

- A lot of the government's new ideas are **nonsense**.
  정부의 많은 새로운 계획들은 **무의미한 것**이다.

| 어원 | non-
(not) | ⊕ | sense
(의식) | ➡ | 의식[생각]이 없는 말 |

---

sequ, secut, su   'follow(따라가다, 이어지다)'의 의미를 지님

1035 ★★☆

consequence
[kánsəkwens;
 -kwəns]

n. 결과(result, effect); 중요성(importance)

- The athlete drank heavily and died as a **consequence**.
  그 운동선수는 과음을 한 **결과** 죽음에 이르렀다.
- World War II was an event of great **consequence** in history.
  제2차 세계대전은 역사상 매우 **중요한** 사건이었다.

| 어원 | con-
(together) | ⊕ | sequ
(follow) | ⊕ | -ence
(명접) | ➡ | 어떤 일에 함께
따르는 것 |

1036 ★★★

sequel
[síːkwəl]

n. (소설·영화의) 속편, 후편

- The author's second novel is a **sequel** to his first one.
  그 작가의 두 번째 소설은 첫 번째 소설의 **속편**이다.

어원	sequ (follow)	+	-el (어미)	⇒	잇따르는 것

1037 ★★☆

subsequent
[sʌ́bsikwənt]

a. 뒤이어 일어나는, 그 다음의(succeeding, following)

- **the day subsequent to his death** 그가 사망한 **다음** 날
- We made plans for a visit, but **subsequent** difficulties with the car prevented it.
  우리는 방문 계획을 세웠지만, 차량에 **뒤따른** 어려움으로 방문하지 못했다.

어원	sub- (under)	+	sequ (follow)	+	-ent (형접)	⇒	밑에서 뒤따르는

1038 ★★★

consecutive
[kənsékjutiv]

a. 연속적인, (끊기지 않고) 계속되는(successive)

- **six consecutive numbers** 연속된 여섯 개의 수
- It rained four **consecutive** days. 나흘 동안 **계속해서** 비가 왔다.

어원	con- (together)	+	secut (follow)	+	-ive (형접)	⇒	이어지고 이어지는

1039 ★★☆

execute
[éksikjuːt]

vt. (약속·계획 등을) 실행(이행)하다(perform, carry out); 처형하다

- A computer **executes** the commands given to it.
  컴퓨터는 자신에게 주어진 명령을 **실행한다**.
- Soldiers **executed** the traitors by shooting them.
  병사들은 반역자들을 총살하여 **처형하였다**.

어원	ex- (out)	+	(s)ecut(e) (follow)	⇒	따라 나가다

execution
[èksikjúːʃən]

n. 실행, 이행; 처형, 사형 집행

- **the execution of a murderer** 살인범의 **처형**

1040 ★★★

persecute
[pə́ːrsikjuːt]

vt. (종교·인종적으로) 박해하다; 학대하다, 괴롭히다(oppress)

- She was **persecuted** by the government because of her religion. 그녀는 종교 때문에 정부로부터 **박해를 받았다**.

어원	per- (thoroughly)	+	secut(e) (follow)	⇒	철저히 따라다니다

persecution
[pə̀:rsikjúːʃən]

n. 박해; 학대, 괴롭히기(oppression)
- **the persecution of Christians by the Romans**
  로마인에 의한 기독교도의 **박해**

1041 ★☆☆

suit
[suːt]

n. 옷 한 벌, 정장; 소송(lawsuit)

vt. ~에 어울리다(become)
- **a light traveling suit** 가벼운 여행복
- **win[lose] a suit** 승소(패소)하다
- Black **suits** her very well.
  검은색이 그녀에게 매우 잘 **어울린다**.

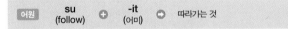

| 어원 | su (follow) | ⊕ | -it (어미) | ⇨ | 따라가는 것 |

---

suitable
[súːtəbl]

a. 적당한, 적합한(proper, appropriate), 어울리는(becoming)
- **clothes suitable for Mass** 미사에 **어울리는** 옷

---

sue
[suː]

v. 소송을 제기하다
- She **sued** me for damages.
  그녀는 나를 상대로 손해배상 **소송을 제기하였다**.

1042 ★☆☆

suite
[swiːt]

n. (호텔·사무실 등의) 스위트룸, (하나로) 이어지는 방; 한 벌, 한 조(set)
- **a suite of furniture** 한 벌의 가구
- The lawyers' offices are in the **suite** on the second floor.
  그 변호사들의 사무실들은 2층의 **스위트룸**에 있다.

| 어원 | su (follow) | ⊕ | -ite (어미) | ⇨ | 이어지는 것 |

1043 ★★☆

sect
[sekt]

n. 파벌(faction); 종파, 당파, 학파
- **a communist[medical] sect**
  공산주의자의(의학계의) **파벌**
- Each religious **sect** in the city has its own church.
  그 도시의 개개의 **종파**는 각각 자신의 교회를 갖고 있다.

| 어원 | sect (follow) | ⇨ | 어떤 교리, 이념, 학설을 따르는 집단 |

sid, sed, sess   'sit(앉다)'의 의미를 지님

1044 ★★☆

preside
[prizáid]

vi. (회의에서) 사회를 맡다, 주재하다

• The chairwoman **presided** over a meeting yesterday.
그 여성 의장이 어제 회의를 **주재했다**.

| 어원 | pre-
(before) | ⊕ | sid(e)
(sit) | ⊙ | 앞에 앉다 |

---

president
[prézədənt]

n. 대통령; 단체의 장(사장, 총장, 은행장, 총재); 의장, 사회자(**chairman**)

• **the President of Harvard** 하버드 대학 총장

cf. chairman 의장, 사회자; 회장

1045 ★☆☆

reside
[rizáid]

vi. (오랜 기간 동안) 거주하다, 살다(**dwell, live**)

• A young poet **resides** in Jacksonville, Florida.
한 젊은 시인이 플로리다 주의 잭슨빌에 **거주한다**.

| 어원 | re-
(back) | ⊕ | sid(e)
(sit) | ⊙ | 뒤로 깊숙이 앉다, 정착하다 |

---

resident
[rézədənt]

n. 거주자(**dweller**); 수련의, 레지던트(병원에서 거주하는 의사)

• **Korean residents in America** 미국의 한국인 **거주자**

---

residence
[rézədəns]

n. 거주(**dwelling**); 거주지, 거처(**dwelling place**)

• His **residence** is a house in Hartford.
그의 **거주지**는 하트포드에 있는 단독 주택이다.

1046 ★★★

subsidy
[sʌ́bsədi]

n. (특히 국가에서 민간단체에 주는) 보조금(**grant**)

• **government subsidies to farmers** 농민에게 주는 정부 **보조금**
• My parents give my brother a **subsidy** every month.
우리 부모님은 형에게 매달 **보조금**을 준다.

| 어원 | sub-
(under) | ⊕ | sid
(sit) | ⊕ | -y
(명사형 접미어) | ⊙ | 밑에 놓고 주는 것 |

1047 ★★☆

sedentary
[sédnteri]

a. 늘 앉아 있는, 앉아서 일하는; 한 곳에 머물러 사는

• **a sedentary shoemaker** 앉아서 일하는 구두장이
• Her **sedentary** job was the cause of her obesity.
그녀의 **앉아서 일하는** 직업은 비만의 원인이었다.

| 어원 | sed
(sit) | ⊕ | ent | ⊕ | -ary
(형접) | ⊙ | 앉아 있는 것에 익숙해진 |

settle
[sétl]

vi. vt. 정착하다, 정주하다; (문제를) 해결하다(**solve**)

- Their family **settled** down in the Midwest and began farming.
  그들의 가족은 미국 중서부에 **정착하고** 농사를 시작하였다.
- The chairman couldn't **settle** the financial difficulties.
  회장은 재정적 곤란을 **해결할** 수 없었다.

| 어원 | settle | ⟹ | seat를 의미하는 고대 영어 setl에서 유래 |

settler
[sétlər]

n. 정착자; 해결자

- **the original settlers in the Midwest**
  중서부의 최초의 **정착민들**

settlement
[sétlmənt]

n. 정착, 정주; 해결, 처리

- **her settlement in Korea** 그녀의 한국 **정주**

session
[séʃən]

n. (의회의) 회기, 개회; (대학의) 학기(**term, semester**)

- **the fall session** 가을 학기
- The U.S. Congress is in **session** until the summer.
  미국 의회는 여름까지 **개회**된다.

| 어원 | sess (sit) | ➕ | -ion (명사형 접미어) | ⟹ | 앉아 있는 기간 |

possess
[pəzés]

vt. 소유하다, 가지다(**own, have**); (마음을) 사로잡다(**obsess**)

- The woman **possesses** wealth and power.
  그 여자는 부와 권력을 **소유하고 있다**.
- The conqueror was **possessed** by ambition.
  그 정복자는 야망에 **사로잡혀** 있었다.

| 어원 | pos (possible: 가능한) | ➕ | sess (sit) | ⟹ | "주인 자리에 앉을 수 있다"에서 유래 |

possession
[pəzéʃən]

n. 소유; (-s) 재산, 소유물(**belongings, property**); 사로잡힘, 홀림

- **a man of great possessions** 큰 재산가
- He is in **possession** of the house.
  = The house belongs to him.
  그는 그 집을 **소유**하고 있다.

1051 ★★★

obsess
[əbsés]

vt. (악마·욕망·두려움 등이) 달라붙다, 사로잡다(possess)
- Fear that someone might kill him **obsessed** him.
  누군가가 자기를 죽이지 않을까 하는 두려움이 그를 **사로잡았다.**
- She got **obsessed** by love. 그녀는 사랑의 **포로가 되었다.**

| 어원 | ob-
(to) | ➕ | sess
(sit) | ➡ | ~에 달라붙어 앉다 |

---

obsession
[əbséʃən]

n. 사로잡힘, 신들림, 강박 관념(possession)
- **an obsession about always being right** 항상 옳아야 한다는 **강박 관념**

| **sol** | 'one(하나), alone(혼자)'의 의미를 지님 |

1052 ★☆☆

sole
[soul]

a. 한 사람뿐인, 하나뿐인(only)
- **the sole heir[relative]** 유일한 상속인(친척)
- She gave age as her **sole** reason for retiring.
  그녀는 연령이 은퇴의 **유일한** 이유라고 말했다.

| 어원 | sol(e)
(one, alone) | ➡ | 단 하나의, 혼자 |

---

solely
[sóulli]

ad. 혼자서, 단독으로(alone, by oneself); 오직, 단지(merely)
- A pioneer goes **solely** on his own way.
  선구자는 **혼자서** 자신의 길을 가고 있다.

1053 ★☆☆

solo
[sóulou]

n. 독창곡, 독주곡; 독창, 독주
- **a cello solo** 첼로 독주(곡)
- The singer sang a **solo** at the concert. 그 성악가는 음악회에서 **독창**을 했다.

| 어원 | sol(o)
(alone) | ➡ | 혼자서 하는 |

1054 ★☆☆

solitary
[sáləteri]

a. 혼자만의(alone); 고독한, 외로운(lonely, lonesome)
- **a solitary journey[walk]** 혼자서 하는 여행(산책)
- The spinster lives alone and enjoys her **solitary** life.
  그 독신녀는 혼자 살면서 **고독한** 삶을 즐긴다.

| 어원 | sol(it)
(alone) | ➕ | -ary
(형접) | ➡ | 혼자 있는 |

solitude
[sάlətjuːd]

n. 혼자 살기, 독거(seclusion); 고독, 쓸쓸함
- **feel solitude in a city** 도시에서 **고독**을 느끼다

1055 ★★★

desolate
a.[désələt]
v.[désəleit]

a. 황량한, 황폐한(waste, devastated); 사람이 살지 않는(uninhabited)

vt. (토지·국토 등을) 황폐하게 하다(devastate)
- **a desolate house[street]** 인기척이 없는 집[거리]
- After the terrible fire, the city was completely **desolate.**
  끔찍한 화재 이후로, 그 도시는 완전히 **황폐해졌**다.

> 어원 de- (강조) ➕ sol (alone) ➕ -ate ➡ 한 사람도 없는

---

solv, solut
'loosen(풀다, 느슨하게 하다)'의 의미를 지님

1056 ★☆☆

solve
[sɑːlv]

vt. (문제·의문을) 풀다, 해결하다(settle)
- She **solved** a difficult problem by reading the directions.
  그녀는 지시사항을 읽고서 어려운 문제를 **풀었다.**

> 어원 solv(e) (loosen) ➡ (문제를) 풀다

---

solution
[səlúːʃən]

n. (문제·의문의) 풀기, 해결; 해답, 해결책(answer); 〈화학〉 용액
- **give a solution to the problem** 문제에 대한 **해결책**을 제시하다
- **a sugar solution** 설탕 **용액**

1057 ★☆☆

resolve
[rizάlv]

vt. vi. 결정[결심, 결의]하다(decide, determine, make up one's mind) (보통 부정사, that절을 수반); 풀다, 해결하다(solve)
- He **resolved** never to go out with her again.
  그는 두 번 다시 그녀와는 사귀지 않으리라 **결심했다.**
- All doubts were **resolved.** 모든 의혹이 **풀렸다.**

> 어원 re- (again) ➕ solv(e) (loosen) ➡ 다시 풀다

---

resolution
[rèzəlúːʃən]

n. 결정, 결심, 확고함(decision, determination)
- **a firm resolution to stop smoking** 담배를 끊고자 하는 굳은 **결의**

---

resolute
[rézəluːt]

a. 굳게 결심한, 단호한(determined)
- He is **resolute** for independence. 그는 독립에 **굳은 결의가 있**다.

1058 ★★☆

dissolve
[dizálv]

vt. vi. 녹(이)다, 용해시키다[하다](melt, fuse); 해체시키다[하다](disband)

- The heat **dissolved** sugar into syrup. 열이 설탕을 **녹여** 시럽으로 만들었다.
- The dictator **dissolved** the National Assembly.
  독재자는 국회를 **해산시켰다.**

| 어원 | dis-
(apart) | ⊕ | solv(e)
(loosen) | ⇒ | 따로따로 느슨하게 하다 |

1059 ★☆☆

absolute
[ǽbsəluːt]

a. 절대의, 절대적인(◐ relative); 완전한(complete), 완벽한(perfect)

- **absolute principles[knowledge]** 절대 원리[지식]
- The king has **absolute** authority over the kingdom.
  왕은 왕국에 대하여 **절대적** 권위를 가지고 있다.

| 어원 | ab-
(from) | ⊕ | solut(e)
(loosen) | ⇒ | 구속에서 풀어 헤쳐진 |

---

absolutely
[ǽbsəluːtli]

ad. 무조건, 절대적으로(◐ relatively); 완전히, 완벽히

- Escape seemed **absolutely** impossible.
  탈주는 **절대적으로** 불가능한 것 같았다.

1060 ★★★

solvent
[sálvənt]

n. 용제, 용매

a. (빚의) 지불 능력이 있는

- **a solvent firm** 지불 능력이 있는 회사
- Water is a **solvent** for sugar. 물은 설탕의 **용제**이다.

| 어원 | solv
(loosen) | ⊕ | -ent | ⇒ | 느슨하게 풀어주는 (물질) |

---

insolvent
[insálvənt]

a. 지불 능력이 없는, 파산한(bankrupt)

- The wasteful woman lost her job and became **insolvent**.
  낭비가 심한 그 여자는 직장을 잃고 **파산했다.**

1061 ★★★

absolve
[æbzálv;-sálv]

vt. 방면(放免)하다, 사면하다(set free) (보통 of를 수반); (책임·의무를)
면제하다, 해제하다(release) (보통 from를 수반)

- **absolve a person from a duty** 의무를 면제하다
- A judge **absolved** a woman of punishment for killing a man.
  판사는 한 남자를 살인한 여자에게 처벌을 **사면해 주었다.**

| 어원 | ab-
(from) | ⊕ | solv(e)
(loosen) | ⇒ | 구속에서 풀어주다 |

soph | 'wise(현명한)'의 의미를 지님

1062 ★☆☆

philosophy
[filásəfi]

n. 철학; 인생철학

- Eat, drink and be merry; that's my **philosophy**.
  먹고 마시고 즐겨라, 그것이 나의 **인생철학**이다.

| 어원 | phil(o)
(love) | ⊕ | soph
(wise) | ⊕ | -y
(명접) | ⇨ | 지혜를 사랑하는 학문 |

1063 ★☆☆

sophomore
[sáfəmɔːr]

n. (미국에서 4년제 대학·고교의) 2학년 학생

- **a freshman, a sophomore, a junior, a senior**
  1학년 학생, **2학년 학생**, 3학년 학생, 4학년 학생

cf. moron 바보, 얼간이(fool, ass, dupe)

| 어원 | soph(o)
(wise) | ⊕ | more
(foolish) | ⇨ | 현명하면서 한편으로는 어리석은 학생 |

1064 ★★★

sophistic
[səfístik]

a. 소피스트의, 궤변적인

- **a sophistic argument** 궤변적인 주장

| 어원 | soph
(wise) | ⊕ | -ist
(명접: 사람) | ⊕ | -ic
(형접) | ⇨ | "현명한 사람의"에서
유래 |

1065 ★★☆

sophisticated
[səfístəkeitid]

a. 세련된, 교양 있는(refined, urbane); 세상 물정에 밝은(worldly wise),
순수하지 않은(not innocent); 정교한, 복잡한(complex)

- **sophisticated computer equipment 복잡한** 컴퓨터 장비
- The child is so **sophisticated** for his age.
  그 아이는 나이에 비해서 **세상 물정**에 매우 **밝**다.

| 어원 | sophist
(궤변론자) | ⊕ | -ic | ⊕ | -ated
(형접) | ⇨ | 궤변론자의 |

Daily Test 31

A 다음 영어를 우리말로, 우리말을 영어로 쓰시오.

1 persecute _____
2 manuscript _____
3 sophomore _____
4 preside _____
5 dissolve _____
6 solvent _____
7 ascribe _____
8 conscription _____
9 sentiment _____
10 consecutive _____

11 구독하다; 기부하다 _____
12 동의하다; 동의 _____
13 결과; 중요성 _____
14 황량한; 황폐하게 하다 _____
15 세련된; 정교한, 복잡한 _____
16 절대적인; 완전한 _____
17 혼자만의; 고독한 _____
18 뒤이어 일어나는 _____
19 정착하다, 해결하다 _____
20 분개하다, 발끈하다 _____

B 다음 빈칸에 알맞은 단어를 쓰시오.

1 possessions ⊜ b _____
2 execute ⊜ p _____
3 consequence ⊜ r _____
4 suitable ⊜ a _____
5 resident ⊜ d _____

6 absolute ⊜ r _____
7 conscript ⊜ v _____
8 resolve ⊙ _____
9 sentiment ⊚ _____
10 prescribe ⊙ _____

C 다음 빈칸에 들어갈 알맞은 말을 보기 에서 고르시오. (문장: 기출 또는 기출 변형)

| 보기 | unconscious | sensitive | description | solitary |

1 His motivation for the long, _____ walk was to decide whether to get married.

2 Making such a(n) _____ concrete and detailed requires not just inspiration but certain practical tools and skills.

3 Whether it is a person lying in the street _____ or someone getting robbed, people will look the other way because they don't want to get involved in any trouble.

4 A computer is rarely more _____ and accurate than a human in managing the same geographical or environmental factors.

DAY 32

spec(t), spic, spise / spir(e) / sta(t), sti, sist

spec(t), spic, spise
[=look]

spir(e)
[=breath]

sta(t), sti, sist
[=stand]

spec(t), spic, spise　　'look(보다)'의 의미를 지님

1066 ★☆☆

respect
[rispékt]

vt. 존경[존중]하다(look up to, esteem ⟳ despise)

n. 존경, 존중; 세목(detail), 점(point); 관련, 관계(relation)

- **in all[many] respects** 모든[많은] **점**에서
- **with respect to income and status** 소득과 신분에 **관련하여**
- I **respect** her as my senior.
  나는 그녀를 나의 선배로서 **존경한다**.
- We must **respect** the feelings of others.
- = We must have **respect** for the feelings of others.
  사람은 남의 감정을 **존중해야 한다**.

| 어원 | re-
(back) | | spect
(look) | ➡ | (우러러) 뒤돌아보다 |

---

respectful
[rispéktfəl]

a. 존경하는, 경의를 표하는

- **be respectful to one's teacher**
  선생님에게 **경의를 표하다**

---

respectable
[rispéktəbl]

a. 존경할만한, 훌륭한(reputable, venerable)

- **a respectable citizen[teacher]** 훌륭한 시민[선생님]

---

respective
[rispéktiv]

a. 개개의, 각각의(of each one)

- **the respective merits of candidates** 후보자들 **개개의** 장점

cf. irrespective of ~ ~와 관계[상관]없이(regardless of)

The hero was loved by all people irrespective of age and sex.
그 영웅은 나이나 성별에 관계없이 모든 사람의 사랑을 받았다.

1067 ★★★

inspect
[inspékt]

vt. (세밀히) 조사[검사]하다(**look into, examine, scrutinize**); 시찰하다
- **inspect a troop[department]** 군대[부서]를 **시찰하다**
- Automakers **inspect** their cars to make sure that they are safe.
  자동차 제조업자들은 자동차가 안전한지를 확인하기 위하여 자동차를 세밀히 **검사한다.**

 어원 | **in-** (into) ⊕ **spect** (look) ➡ 안으로 들여다보다

inspector
[inspéktər]

n. 조사관, 검열관
- The electrical **inspector** looked at our outlets and fuses.
  전기 **검사원**이 우리 집의 콘센트와 퓨즈를 들여다보았다.

1068 ★☆☆

expect
[ikspékt]

vt. 기대하다, 예상하다 (보통 to부정사 혹은 that절을 수반)
- She **expected** him to help her. 그녀는 그가 자신을 도우리라고 **기대했다.**
  = She **expected** that he would help her.

 어원 | **ex-** (out) ⊕ **(s)pect** (look) ➡ 밖을 내다보다

expectation
[èkspektéiʃən]

n. 기대, 예상
- **beyond[below] expectation** 기대 이상으로[이하로]
- **according to expectation** 예상대로

unexpected
[ʌnikspéktid]

a. 예기치 않은, 갑작스러운(**sudden, abrupt**)
- **unexpected guests[results]** 예상치 않은 손님[결과]

1069 ★★★

suspect
v.[səspékt]
n.[sΛspekt]

vt. 혐의를 두다, 의심하다(**doubt**)   **n.** 용의자, 혐의자
- **a murder suspect** 살인 용의자
- The police **suspect** him of stealing the money.
  경찰은 그가 돈을 훔쳤다고 **의심한다.**
- They **suspected** her testimony because she had lied before.
  그녀가 전에 거짓말을 했기 때문에 그들은 그녀의 증언을 **의심했다.**

어원 | **sus-** (sub-: under) ⊕ **(s)pect** (look) ➡ 밑에서 위로 훑어 살펴보다

suspicion
[səspíʃən]

n. 혐의, 의심(**doubt**)
- His humility aroused her **suspicion.** 그의 겸손함이 그녀의 **의심**을 불러 일으켰다.

suspicious
[səspíʃəs]

a. 의심스러운, 의심을 불러일으키는; 의심이 많은(**doubtful**)
- **a suspicious old man** 의심이 많은 노인

1070 ★★★

aspect
[ǽspekt]

n. 관점(viewpoint); 외관, 겉모습(appearance); 측면, 국면(facet)

- **various aspects to a problem** 한 가지 문제에 대한 다양한 **관점**
- **a city regaining its pre-war aspect** 전쟁 전의 **모습**을 되찾고 있는 도시
- You have only considered one **aspect** of human life, but there are many.
  너는 인생의 한 가지 **측면**만을 고려하지만 여러 가지 측면들이 있다.

| 어원 | a-
(ad-: to) | ➕ | spect
(look) | ➡ | ~쪽으로 보이는 것 |

1071 ★★☆

prospect
[práspekt]

n. 전망, 가능성(possibility)(보통 -s); 예상; 전망, 조망(outlook)

- **in prospect of a good harvest** 풍작을 **예상**하여
- **a picturesque prospect** 그림처럼 아름다운 **조망**
- His business **prospects** are bright. 그의 사업 **전망**은 밝다.

| 어원 | pro-
(forward) | ➕ | spect
(look) | ➡ | 앞을 내다보는 것 |

1072 ★☆☆

spectacle
[spéktəkl]

n. 광경, 장관, 구경거리; (-s) 안경(glasses)

- The Independence Day parade was a wonderful **spectacle**.
  독립 기념일 행진은 굉장한 **구경거리**였다.
- I can't read the newspaper without my **spectacles**.
  안경을 쓰지 않고서는 신문을 읽을 수가 없다.

| 어원 | spect(a)
(look) | ➕ | -cle
(명접) | ➡ | 보이는 것, 잘 보도록 도와주는 도구 |

1073 ★★★

conspicuous
[kənspíkjuəs]

a. 눈에 (잘) 띄는, 두드러진(outstanding, noticeable)

- Traffic signs should be **conspicuous**. 교통표지는 **눈에 잘 띄어야** 한다.
- The woman in jeans and a cowboy hat was **conspicuous**.
  청바지를 입고 카우보이모자를 쓴 그 여자는 **눈에 잘 띄었다**.

| 어원 | con-
(강조) | ➕ | spic
(look) | ➕ | -(u)ous
(형접) | ➡ | 잘 보이는 |

1074 ★☆☆

species
[spíːʃiːz;-siːz]

n. 〈생물〉 종(種); 종류(kind, sort)

- *the Origin of Species* 종의 기원(C. Darwin의 저서)
- You can see a diverse **species** of insects in a forest.
  숲에서 다양한 **종류**의 곤충을 볼 수 있다.

| 어원 | spec
(look) | ➕ | -ies
(명접) | ➡ | 눈으로 보아 분류하는 것 |

1075 ★☆☆

specific
[spisífik]

a. 구체적인, 명확한(definite); 특유의, 고유한(peculiar); 특정한, 일정한
- **a way of living specific to Korea** 한국 **고유의** 생활 양식
- **a specific sum of money** **일정한** 금액
- Can you be a little more **specific** on that problem?
  그 문제에 대해서 좀 더 **명확할** 수 없나요?

| 어원 | speci
(species: 종류) | ➕ | fic
(make) | ➡ | 특별한 종류를 만드는 |

specify
[spésəfai]

vt. 분명히[구체적으로] 말하다, 명시하다
- Please **specify** the dates of your absence. 당신의 부재 날짜를 **명시하세요**.

1076 ★☆☆

special
[spéʃəl]

a. (종류가) 특별[특이]한, 독특한(peculiar)
n. 특별한 것[사람](특별 방송, 요리 등)
- **a three-hour television special** 세 시간짜리 텔레비전 **특별** 방송
- A **special** train was provided for the soccer supporters.
  특별 열차가 축구 응원자들에게 제공되었다.

| 어원 | speci
(species: 종류) | ➕ | -al
(형접) | ➡ | 종류가 다른, 볼 만한 (것) |

specialist
[spéʃəlist]

n. 전문가(expert); 전문의
- **a specialist in education[computer design]** 교육[컴퓨터 디자인] **전문가**

specialize
[spéʃəlaiz]

vi. 전문으로 하다; 전공하다(major) (보통 in을 수반)
- **a bus company specializing in tours** 여행을 **전문으로 하는** 버스 회사

specialty
[spéʃəlti]

n. 특별 분야, 전공(a special field); 특산품, (식당의) 전문 요리
- His **specialty** is ancient Greek poetry. 그의 **전공**은 고대 그리스의 시(詩)이다.

especially
[ispéʃəli;es-]

ad. 특히, 각별히(specially)
- I love Hawaii, **especially** in summer. 나는 **특히** 여름에 하와이를 좋아한다.

1077 ★☆☆

specimen
[spésəmən]

n. 견본, 실례(example); (검사·연구용) 표본, 샘플(sample)
- **a fine specimen of 15th century art** 15세기 예술의 훌륭한 **실례**
- Doctors need a urine **specimen**. 의사는 소변 검사용 **샘플**을 필요로 한다.

| 어원 | spec(i)
(look) | ➕ | -men
(명접) | ➡ | 보는 것 → 견본, 표본 |

despite
[dispáit]

prep. ~임에도 불구하고(in spite of, for all, notwithstanding)

- She came to the meeting **despite** her illness.
  = Though she was ill, she came to the meeting.
  그녀는 아픔**에도 불구하고** 회의에 왔다.

| 어원 | de-
(down) | + | spite
(spise: look) | ⇒ | "despise(경멸하다)"의 의미에서
유래 |

Word Grammar | 동명사를 목적어로 취하는 타동사

POINT ▶ 동명사를 목적어로 취하는 타동사는 대부분 과거의 일과 관련된 동사로 부정사를
목적어로 취할 수 없다.

mind 꺼려하다	**escape** 회피하다	**give up** 포기하다	**avoid** 피하다
finish 끝마치다	**enjoy** 즐기다	**postpone** 연기하다	**put off** 연기하다
stop 그만두다	**deny** 부인하다	**admit** 인정하다	**consider** 고려하다
resist 저항하다	**quit** 그만두다	**miss** 놓치다	**practice** 연습하다
appreciate 감사하다	**risk** 위험을 무릅쓰다		

- I finished writing my composition (O) 나는 나의 작문 쓰기를 끝마쳤다.
  cf. I finished to write my composition. (X) 〈finished는 부정사를 목적어로 취하지 않음〉
- Would you mind opening the window? 창문 좀 열어 주시겠습니까?
- You had better avoid keeping company with him. 너는 그와 사귀는 것을 피하는 게 좋다.
- You must not postpone answering his letter any longer.
  너는 그의 편지에 답장하는 것을 더는 연기해서는 안 된다.
- We practice reading English passages aloud every day.
  우리는 영어 단락을 매일 큰 소리로 읽는 연습을 한다.

---

spir(e) | 'breathe(호흡하다)'의 의미를 지님

conspire
[kənspáiər]

v. 음모를 꾸미다, 공모하다(plot, intrigue)

- **conspire against a state**
  반란을 공모하다
- The criminals **conspired** to rob a bank.
  범인들은 은행을 털려고 **공모했다**.

| 어원 | con-
(together) | + | spire
(breathe) | ⇒ | 함께 호흡하여 도모하다 |

conspiracy
[kənspírəsi]

n. 음모, 공모(plot, intrigue)
* **the conspiracy to murder a king** 왕을 살해하려는 **음모**

conspirator
[kənspírətər]

n. 음모자, 공모자(plotter)
* **a cunning and quick conspirator** 교활하고 재빠른 **음모자**

1080 ★★☆

inspire
[inspáiər]

vt. 생기[활기]를 주다(vitalize); 격려하다(encourage); 영감을 주다
* She was **inspired** by a belief in a better future.
  그녀는 보다 나은 미래를 믿음으로써 **생기를 찾았다.**
* His music was **inspired** by the memory of his mother.
  그의 음악은 어머니에 대한 추억에 의해서 **영감을 받았다.**

| 어원 | in- (into) | ➕ | spire (breathe) | ➡ | 안으로 호흡을, 생명을 넣다 |

inspiration
[ìnspəréiʃən]

n. 영감, 창조적 자극
* Poets cannot write without **inspiration**.
  시인은 **영감**이 없이는 글을 쓸 수 없다.

1081 ★★☆

expire
[ikspáiər]

vi. 숨을 내쉬다(breathe out); 숨을 거두다(die); (기한이) 만기가 되다 (terminate)
* My driver's license **expires** in June. 내 운전면허증은 6월에 **만료된다.**
* Our trade agreement with China will **expire** next year.
  중국과의 무역 협정은 내년에 **만기될 것이다.**

| 어원 | ex- (out) | ➕ | (s)pire (breathe) | ➡ | 호흡을 내쉬다, 생명이 나가다 |

1082 ★★★

respire
[rispáiər]

v. 호흡하다, 숨 쉬다(breathe)
* It's healthy to **respire** deeply. **호흡**을 깊이 **하는** 것이 건강에 좋다.

| 어원 | re- (again) | ➕ | spire (breathe) | ➡ | 다시 호흡하다 |

respiration
[rèspəréiʃən]

n. 호흡(breathing)
* **give artificial respiration** 인공호흡을 하다

respiratory
[réspərətɔ:ri]

a. 호흡의, 호흡과 관련된
* **respiratory diseases[difficulties]** 호흡기 질환(호흡 곤란)

1083 ★☆☆

aspire
[əspáiər]

vi. 갈망[열망]하다(long) (보통 to, after, to부정사를 수반)

- The politician **aspired** after wealth and fame.
  그 정치인은 부와 명성을 **갈망했다**.
- The imaginative girl **aspires** to be a great poet.
  그 상상력이 풍부한 소녀는 위대한 시인이 되기를 **갈망한다**.

| 어원 | a-
(ad-: to) | ➕ | spire
(breathe) | ➡ | ~을 지향하여 호흡하다 |

---

aspiration
[æspəréiʃən]

n. 갈망, 열망(longing); 야망(ambition)

- **have no aspiration after honor**
  명예를 **갈망**하지 않다

1084 ★★☆

perspiration
[pə̀ːrspəréiʃən]

n. 발한 (작용)(sweating); 땀(sweat)

- Her skin was damp with **perspiration**.
  그녀의 피부는 **땀**에 젖어 축축했다.
- **Perspiration** cools the skin in hot weather.
  더운 날씨에 **땀을 흘리는 것**이 피부의 열을 식혀 준다.

| 어원 | per-
(through) | ➕ | spir
(breathe) | ➕ | -ation
(명접) | ➡ | 피부를 통해
숨을 쉼 |

---

perspire
[pərspáiər]

vi. 땀을 흘리다(sweat)

- When you **perspire** heavily, you become thirsty soon.
  땀을 심하게 **흘리**면 곧 갈증이 난다.

1085 ★☆☆

spirit
[spírit]

n. 혼, 영혼(soul ⟷ body); 정신, 마음(가짐)(mind); 유령

- The widow feels the **spirit** of her husband, even many years after his death.
  남편이 죽은 지 여러 해가 지났지만 그 미망인은 그의 **영혼**을 느낀다.
- Blessed are the poor in **spirit**. 〔성경〕
  마음이 가난한 자는 복이 있나니.

| 어원 | spir(it)
(breathe) | ➡ | 호흡은 영혼과 연결됨 |

---

spiritual
[spírit∫uəl]

a. 영혼의, 영적인; 정신의

- **a spiritual experience[presence]** 영적인 경험〔존재〕

sta(t), sti, sist   'stand(서다, 세우다)'의 의미를 지님

1086 ★☆☆

state
[steit]

n. 상태, 상황(condition); 국가, 나라(nation); 미국의 주(州)

vt. 진술하다, (명확하게) 말하다(declare definitely)

- **the animals in a wild state** 야생 **상태**의 동물
- **a welfare[sovereign] state** 복지(주권) **국가**
- **the 50 states of the US** 미국의 50개 **주**
- The law **states** that you cannot smoke on airline flights.
  비행 중에 담배를 피울 수 없다고 법에 **명시되어 있다**.

| 어원 | sta(te)
(stand) | | 서 있는 것, 세워 둔 것 |

---

stately
[stéitli]

a. 위엄 있는(dignified), 웅장한(magnificent)

- **a stately tree[building]** 웅장한 나무(건물)

---

statesman
[stéitsmən]

n. 정치가

- **a great statesman** 위대한 **정치인**

cf. politician 〈경멸적〉 정치꾼; 정당 정치가

---

statement
[stéitmənt]

n. 진술, 성명(declaration)

- **make a statement about crimes in the city**
  도시 범죄에 대한 **성명**을 발표하다

1087 ★★☆

status
[stéitəs; stæt-]

n. 지위, 신분(position, standing); 상황, 상태

- **status quo** 현재의 **상황**, 현상(現狀)
- He seemed to forget the **status** of a doctor.
  그는 의사의 **신분**을 망각한 것처럼 보였다.

| 어원 | stat
(stand) | + | -us
(명접) | | 사회에서 서 있는 상태 |

1088 ★☆☆

statue
[stǽtʃu:]

n. 상(像), 조상(彫像)

- **the Statue of Liberty** 자유의 여신**상**
- The architect erected a **statue** of a king on a horse.
  그 조각가는 말 탄 왕의 **상**을 세웠다.

| 어원 | stat
(stand) | + | -ue
(명접) | | 세워 놓은 것 |

stature
[stǽtʃər]

n. 키, 신장(height)

- Most basketball players are tall in **stature**. 농구 선수 대부분은 **키**가 크다.

| 어원 | stat (stand) | + | -ure (명접) | ➡ | 서 있는 것 |

1090 ★★★

statute
[stǽtʃuːt;-tʃut]

n. 법령, 법규(law); 성문법(written law)

- The legislators passed the **statutes** on educational affairs.
국회의원들은 교육 문제에 관한 **법령**을 가결했다.

| 어원 | stat (stand) | + | -ute (명접) | ➡ | 세워놓은 법 |

1091 ★☆☆

static
[stǽtik]

a. 정적인, 움직임이 없는(motionless ◉ dynamic, kinetic)

- The water in the lake is **static**, but it can become dynamic.
호수의 물은 **정적**이나 동적이 될 수도 있다.

| 어원 | stat (stand) | + | -ic (형접) | ➡ | 멈추어 서 있는 |

1092 ★★☆

station
[stéiʃən]

n. 역, 정류장; (관청·시설 등의) 국(局), 서(署), 소(所)

- a railroad[bus] station 철도역[버스 **정류장**]
- a television[radio] station 텔레비전[라디오] 방송**국**
- a police[fire, gas] station 경찰서[소방서, 주유소]

| 어원 | stat (stand) | + | -ion (명접) | ➡ | 세워 두는 곳 |

1093 ★☆☆

estate
[istéit;es-]

n. 재산(property, possessions); 소유지, 토지 소유물

- a large estate with ponds and woods 연못과 숲이 있는 넓은 **소유지**
- *cf.* real estate 부동산(immovables)　　　personal estate 동산(movables)

| 어원 | e- (out) | + | stat(e) (stand) | ➡ | 밖에 세워놓은 것 |

1094 ★☆☆

stable
[stéibl]

a. 안정된(steady), 견고한(firm)　n. 마구간, 외양간

- a cow stable 우사(牛舍)
- My life has been more **stable** since I found a job.
내가 일자리를 찾은 이후로 나의 삶은 더 **안정되었다**.

| 어원 | sta (stand) | + | -ble (형접) | ➡ | 움직이지 않고 서 있는 |

---

stability
[stəbíləti]

n. 안정(성), 견고함

- economic[social] stability 경제적[사회적] **안정**

1095 ★☆☆

substance
[sʌ́bstəns]

n. 물질, 물체(matter); 본질(essence), 실체(reality)
- **the substance of education** 교육의 본질
- This face cream is a white, sticky **substance**.
  이 얼굴에 바르는 크림은 흰색의 끈적거리는 **물질**이다.

| 어원 | sub-
(under) | ⊕ | sta(n)
(stand) | ⊕ | -ce
(명접) | ⊙ | 표면 아래에 있는 것 |

substantial
[səbstǽnʃəl]

a. 본질적인(essential), 실질적인(real); 상당한(considerable)
- **a substantial being** 실재하는 존재
- The dealer earned a **substantial** fortune. 그 상인은 **상당한** 돈을 벌었다.

1096 ★★☆

ecstasy
[ékstəsi]

n. 무아의 경지, 황홀함(rapture)
- The orphan was in a state of **ecstasy** to see his mother.
  그 고아는 어머니를 보고서 **기뻐** 어쩔 줄 몰랐다.

| 어원 | ec-
(ex-: out) | ⊕ | sta(s)
(stand) | ⊕ | -y
(명접) | ⊙ | 정상에서 벗어난 상태 |

1097 ★☆☆

institute
[ínstətjuːt]

vt. 설립하다(establish, set up)

n. 교육[연구] 기관(연구소, 대학, 학원 등)(organization)
- **a language institute** 어학원
- **the Massachusetts Institute of Technology** MIT 공대
- The government **instituted** a consumer protection agency.
  정부는 소비자 보호기관을 **설립했다**.

| 어원 | in-
(in) | ⊕ | sti(t)
(stand) | ⊕ | -ute
(동접) | ⊙ | 안에 세우다 |

institution
[ìnstətjúːʃən]

n. 설립(establishment); 공공단체, 기관
- **an educational[a literary] institution** 교육기관[문학 단체]

1098 ★★☆

constitute
[kánstətjuːt]

vt. 구성하다(make up); (법률을) 제정하다(legislate)
- Ten members **constitute** our society. 열 명의 회원이 우리 협회를 **구성한다**.
- Laws should be **constituted** to protect the weak.
  법은 약자를 보호하도록 **제정되어야 한다**.

| 어원 | con-
(together) | ⊕ | sti(t)
(stand) | ⊕ | -ute
(동접) | ⊙ | 함께 세우다 |

constitution
[kànstətjúːʃən]

n. 구성, 조직(make-up); 헌법
- **an unwritten constitution** 불문헌법

1099 ★☆☆

resist
[rizíst]

vt. vi. ~에 저항[반항]하다(**withstand**); (손상에) 잘 견디다

- **resist an enemy attack** 적의 공격에 **저항하다**
- **the paint designed to resist heat** 열에 잘 **견디도록** 만들어진 페인트
- The bank strongly **resisted** cutting interest rates.
  그 은행은 금리 인하에 강력히 **저항했다.**

| 어원 | re-
(back, against) | ➕ | sist
(stand) | ➡ | 뒤로 저항하며 서다 |

---

resistance
[rizístəns]

n. 저항, 반항; 저항력

- AIDS lowers the body's **resistance** to infection.
  에이즈는 (인체의) 감염에 대한 **저항력**을 떨어뜨린다.

---

resistant
[rizístənt]

a. 저항[반항]하는; (잘) 견디는

- **plants resistant to disease** 질병에 잘 **견디는** 식물들

1100 ★☆☆

assist
[əsíst]

v. 돕다, 거들다(**help, give a hand**)　**n.** (스포츠의) 어시스트

- Her friends **assisted** her in moving to a new apartment.
  친구들이 그녀가 새 아파트로 이사하는 것을 **도와주었다.**

| 어원 | as-
(ad : to) | ➕ | sist
(stand) | ➡ | 곁에 서 있다. |

---

assistance
[əsístəns]

n. 도움, 원조, 지원(**help, aid**)

- **military[technical] assistance** 군사적[기술적] **원조**

---

assistant
[əsístənt]

n. 조력자(**helper**); 보좌하는 사람, 조수

a. 도움이 되는(**helpful**); 보좌의

- His **assistant** types letters and answers the telephone.
  그의 **조수**는 편지를 타이핑하고 전화를 받는다.

1101 ★☆☆

consist
[kənsíst]

vi. ~으로 구성되다(**be composed**) (of를 수반); ~에 있다, 내재하다(**lie**)
(in을 수반); ~과 일치[양립]하다 (with를 수반)

- The committee **consists** of seven members.
  그 위원회는 일곱 명의 회원**으로 구성되어 있다.**
- Her charm **consists** in her wisdom. 그녀의 매력은 그녀의 지혜**에 있다.**
- Health **consists** with temperance. 건강은 절제**와 일치한다.**

| 어원 | con-
(together) | ➕ | sist
(stand) | ➡ | 함께 서 있다 |

consistent
[kənsístənt]

a. (언행·사상 등이) 일치하는, 일관된, 모순이 없는(compatible)

* **the results consistent with my earlier research**
  나의 이전 연구와 **일치하는** 결과들

1102 ★☆☆

insist
[insíst]

v. 주장하다, 강력히 요구하다(maintain) (보통 on 혹은 that절을 수반)

* She **insisted** on his staying here.
* = She **insisted** that he (should) stay here.
  그녀는 그가 이곳에 머물러야 한다고 **주장했다.**
* I **insisted** that he was wrong. 나는 그가 옳지 않다고 **주장했다.**

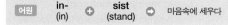

| 어원 | in-
(in) | ➕ | sist
(stand) | ➡ | 마음속에 세우다 |

1103 ★★☆

persist
[pərsíst]

vi. (반대에도 불구하고) 고집하다, 관철하다 (보통 in을 수반); 지속되다(last)

* **persist in a belief** 신념을 **관철하다**
* The old man **persisted** in wearing the old-fashioned hat.
  그 노인은 그 유행이 지난 모자를 쓰겠다고 **고집하였다.**

| 어원 | per-
(thoroughly) | ➕ | sist
(stand) | ➡ | 철저히 (줄곧) 서 있다 |

---

persistent
[pərsístənt;-zís-]

a. 고집하는, 집요한(stubborn); 지속적인(lasting)

* **persistent efforts[attempts]** 집요한 노력[시도]
* **a persistent drought** 지속되는 가뭄

1104 ★☆☆

system
[sístəm]

n. (함께 작용하는) 체계, 조직(망), 장치; 제도, 체제; (신체) 조직, 계통

* **a railroad[computer] system** 철도망[컴퓨터 시스템]
* **an educational[a postal] system** 교육 제도[우편 체계]
* This drug has an influence on your whole **system.**
  이 약은 너의 모든 신체 **조직**에 영향을 미친다.

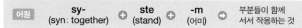

| 어원 | sy-
(syn: together) | ➕ | ste
(stand) | ➕ | -m
(어미) | ➡ | 부분들이 함께
서서 작용하는 것 |

---

systematic
[sìstəmǽtik]

a. 체계적인, 조직적인

* **a systematic approach[research]** 체계적인 접근법[연구]

1105 ★☆☆

steady
[stédi]

a. 확고한, 안정된(firm, stable); 꾸준한, 지속적인

- **a steady foundation[income]** 안정된 기초[수입]
- Slow and **steady** wins the race. [속담]
  천천히 그리고 **꾸준히** 달리는 자가 이긴다.

| 어원 | ste
(stand) | ➕ | ad | ➕ | -y
(형접) | ➡ | 확고히 서 있는 |

1106 ★☆☆

arrest
[ərést]

vt. 체포[검거]하다(seize, apprehend); (시선·관심을) 끌다

n. 체포, 검거

- **arrest his eyes[attention]** 그의 시선[주의]을 **끌다**
- The policeman **arrested** the murderer last night.
  어젯밤에 그 경찰관이 살인범을 **검거했다**.

| 어원 | ar-
(ad-: to) | ➕ | re-
(back) | ➕ | st
(stand) | ➡ | 그 자리에 되돌려 세우다 |

1107 ★☆☆

costly
[kɔ́:stli;kást-]

a. 값비싼, 비용이 많이 드는(expensive); 희생이 큰

- **a costly necklace[victory]** 값비싼 목걸이[**희생이 큰** 승리]
- World War II was the **costliest** war in our history.
  제2차 세계대전은 우리 역사상 가장 **희생이 큰** 전쟁이었다.

| 어원 | cost
(비용, 희생) | ➕ | -ly
(형접) | ➡ | 비용, 희생이 많은 |

1108 ★★★

armistice
[á:rməstis]

n. 휴전 (협정)(truce, cease-fire)

- The two nations signed an **armistice**. 두 나라는 **휴전 협정**을 체결했다.

| 어원 | arm
(무기) | ➕ | i | ➕ | sti
(stand) | ➕ | -ce
(명접) | ➡ | 무기를 세워 둠 |

Word Grammar   형용사와 부사가 동형인 단어

POINT 하나의 단어가 형용사와 부사의 의미를 동시에 갖는 어법이다.

early 이른; 일찍	**fast** 빠른; 빨리	**hard** 힘든; 열심히	**long** 오랜; 오래
short 짧은; 짧게	**slow** 느린; 느리게	**enough** 충분한; 충분히	**late** 늦은; 늦게
far 먼; 멀리	**high** 높은; 높이	**low** 낮은; 낮게	**daily** 매일의; 날마다
weekly 매주의; 주마다	**much** 많은; 대단히	**free** 무료의; 무료로	**near** 가까운; 가까이
deep 깊은; 깊게	**pretty** 예쁜; 꽤	**well** 건강한; 잘	

- He is a fast runner. = He runs fast. 그는 빠른 주자이다. = 그는 빨리 달린다.
- He is hard to please. 그는 비위 맞추기가 까다롭다.
- You must work hard. 당신은 열심히 일해야 한다.

Daily Test 32

정답 및 해설 p.476

A 다음 영어를 우리말로, 우리말을 영어로 쓰시오.

1	conspicuous	11	조사하다, 검사하다
2	specimen	12	장관, 구경거리; 안경
3	armistice	13	음모를 꾸미다, 공모하다
4	substantial	14	진술, 성명
5	statute	15	안정된; 마구간
6	respire	16	설립하다; 교육 기관
7	specialty	17	구성하다; 제정하다
8	aspect	18	숨을 내쉬다; 만기가 되다
9	specialize	19	의심하다; 용의자
10	persist	20	존경하다; 존경

B 다음 빈칸에 알맞은 단어를 쓰시오.

1	despite	⊜ i	6	spirit	⟳ b
2	inspire	⊜ v	7	static	⟳ d
3	conspiracy	⊜ p	8	suspect	ⓐ
4	assistance	⊜ h	9	persist	ⓐ
5	respect	⟳ d	10	aspire	ⓝ

C 다음 빈칸에 들어갈 알맞은 말을 보기 에서 고르시오. (문장: 기출 또는 기출 변형)

보기	static	expectations	substantial	inspired

1 The themes of many of Rembrandt's paintings were _____ by stories in the Bible.

2 According to the survey, a(n) _____ number of us are following the trend common in industrialized countries.

3 If the employee knew that individual rewards were possible, he would be more likely to strive to outperform _____.

4 Scientists have discovered that mobile flowers are visited more often by pollinating insects than their more _____ counterparts.

DAY 33

tact, tang, teg / tain, ten, tin / tend, tens / terr(a)

tact, tang, teg
[=touch]

tain, ten, tin
[=hold]

tend, tens
[=stretch]

---

tact, tang, teg   'touch(만지다; 접촉하다)'의 의미를 지님

1109 ★☆☆

contact
[kántækt]

n. (무엇에의) 접촉(touching); (사람과의) 접촉, 연락(communicating)

vt. 접촉하다, 연락하다(get in touch with)

- My clothes come in **contact** with my skin. 내 옷이 피부에 **닿는다**.
- Have you been in **contact** with your sister recently?
요즈음 당신의 여동생과 **연락**한 적이 있습니까?
- I'll **contact** you by e-mail or telephone.
이메일이나 전화로 당신에게 **연락하겠습니다**.

| 어원 | con-
(together) | ➕ | tact
(touch) | ➡ | 함께 접촉하다 |

1110 ★★★

intact
[intækt]

a. 손상되지 않은(undamaged), 온전한(whole)

- nearly intact medieval monuments
거의 **손상되지 않은** 중세의 기념물들
- The fragile vase arrived **intact**. 깨지기 쉬운 꽃병이 **온전하게** 도착했다.

| 어원 | in-
(not) | ➕ | tact
(touch) | ➡ | 손대지 않은 |

1111 ★★★

tact
[tækt]

n. (남의 기분을 맞추는) 재치, 요령, 눈치 빠름(diplomacy)

- The young teacher showed **tact** in dealing with students.
그 젊은 교사는 학생을 다루는 데 있어서 **요령**을 보였다.

| 어원 | tact
(touch) | ➡ | 사람과 접촉하는 요령 |

---

tactful
[tæktfəl]

a. 재치[요령] 있는, 눈치 빠른(⊙ tactless)

- a tactful salesman[reply] 눈치 빠른 외판원[대답]

1112 ★★★

tactics
[tǽktiks]

n. 전술, 병법(strategy)

- Generals use **tactics** of attacks by artillery, tanks, and foot soldiers. 장군들은 포병, 탱크, 보병에 의한 공격 **전술**을 이용한다.

 tact (touch) ⊕ **-ics** (명접: 학문) ➡ 적과 접촉하는 전투 방법

1113 ★☆☆

tango
[tǽŋgou]

n. 탱고; 탱고곡

- The **tango** is a dance of passion and love.
탱고는 정열과 사랑의 춤이다.

 tang(o) (touch) ➡ 남녀가 접촉하여 한 쌍이 되어 추는 춤

1114 ★★★

tangent
[tǽndʒənt]

a. 접하는, 접선의

n. 접선

- The architect carefully drew a line **tangent** to a circle.
건축가는 원에 **접하는** 선을 조심스럽게 그었다.

 tang (touch) ⊕ **-ent** ➡ 접촉하는 (선)

1115 ★★★

tangible
[tǽndʒəbl]

a. 만져서 알 수 있는(touchable); 유형의(material); 실재하는(real)

- **a visible and tangible object** 볼 수 있고 만져서 **알 수 있는** 물체
- **intangible cultural treasure** 무형 문화재
- **Tangible** assets include cash, real estate, and machines.
유형의 재산은 현금, 부동산, 그리고 기계를 포함한다.

 tang (touch) ⊕ **-ible** (형접: ~할 수 있는) ➡ 만질 수 있는

1116 ★★★

integrate
[íntəgreit]

vt. (전체를 위하여) 통합하다; 인종 차별을 폐지하다(⊖ segregate)

- I **integrated** your suggestion into my plan.
나는 너의 제안을 내 계획에 **통합시켜 넣었다.**

 in- (not) ⊕ **teg(r)** (touch) ⊕ **-ate** (동접) ➡ 손대지 않아 온전하게 하다

integration
[ìntəgréiʃən]

n. (부분의) 통합; 인종 차별의 폐지(⊖ segregation, racism)

- **the integration of the white and black students**
백인 학생과 흑인 학생 간의 인종 차별의 **폐지**

1117 ★★★

integrity
[intégrəti]

n. 정직, 고결(honesty, uprightness); 완전무결(wholeness)

- **the integrity of a poem[nation]** 하나의 시〔국가〕의 **완전무결함**
- Her husband is a man of complete **integrity**.
  그녀의 남편은 전적으로 **정직**한 사람이다.

| 어원 | in-
(not) | ⊕ | teg(r)
(touch) | ⊕ | -ity
(명접) | ➡ | 손대지 않아 완전한 상태 |

1118 ★☆☆

attain
[ətéin]

vt. 달성하다, 이루다(achieve); 도달하다, ~에 이르다(reach)

- The salesperson **attained** her sales goal for the month.
  그 판매 사원은 그 달의 판매 목표를 **달성했다**.

| 어원 | at-
(ad-: to) | ⊕ | tain
(tact: touch) | ➡ | 목표에 손이 닿다 |

1119 ★☆☆

entire
[intáiər;en-]

a. 전부의, 전체의(whole, complete)

- **the entire population of the island** 섬의 **전체** 주민
- The writer wrote the **entire** novel in only two days.
  그 작가는 그 소설 **전체**를 이틀 만에 썼다.

| 어원 | en-
(in-: not) | ⊕ | ti
(tact: touch) | ⊕ | -re
(어미) | ➡ | 손대지 않은 |

---

tain, ten, tin   'hold(잡다: 유지하다)'의 의미를 지님

1120 ★★☆

entertain
[èntərtéin]

vt. 즐겁게 하다(amuse), 여흥을 제공하다; 접대하다

- Madonna was a singer who **entertained** at a local nightclub.
  Madonna는 지방의 나이트클럽에서 **여흥을 제공하는** 가수였다.

| 어원 | enter-
(inter-: between) | ⊕ | tain
(hold) | ➡ | 사람들 사이에서 즐거움을
유지하다 |

---

entertainment
[èntərtéinmənt]

n. 여흥, 오락 (거리)(amusement); 접대

- **provide a wide choice of entertainment** 많은 **오락 거리**를 제공하다

---

entertainer
[èntərtéinər]

n. 연예인; 접대자

- The singer, Michael Jackson, was a well-known **entertainer**.
  가수인 마이클 잭슨은 잘 알려진 **연예인**이었다.

378

1121 ★★☆

sustain
[səstéin]

vt. 떠받치다, 지탱하다(support); 지지하다, 옹호하다(support)

- **the columns that sustain the roof** 지붕을 **떠받치는** 기둥들
- None of these criticisms can be **sustained**.
  이 비평 중 어느 것도 **지지 받을** 수 없다.

| 어원 | sus-
(sub-: under) | + | tain
(hold) | → | 밑에서 떠받치다 |

sustenance
[sʌ́stənəns]

n. 떠받치기, 지탱하기; 지지, 옹호; 음식, 영양(물)

- Water is absolutely necessary for the **sustenance** of life.
  물은 생명의 **영양물**로 절대적으로 필요하다.

1122 ★★☆

abstain
[əbstéin]

vi. 절제하다, 자제하다(refrain) (보통 from을 수반)

- **abstain from smoking[drinking]** 흡연(음주)을 **절제하다**
- We should **abstain** from eating meat for our health.
  우리는 건강을 위하여 육식을 **절제해야 한다**.

| 어원 | abs-
(ab-: away) | + | tain
(hold) | → | 멀리 유지하다 |

abstinence
[ǽbstənəns]

n. 절제, 자제(abstention, temperance)

- **abstinence from smoking** 금연

1123 ★★☆

retain
[ritéin]

vt. 보유[유지]하다, 간직하다(keep)

- **retain one's beauty[an old custom]**
  아름다움(낡은 관습)을 **유지하다**
- The wife **retained** most of her dead husband's property.
  그 부인은 죽은 남편 재산의 대부분을 **간직했다**.
- The old professor **retains** the most vivid recollection of college life.
  그 노교수는 대학 생활의 더없이 생생한 추억을 **간직하고 있다**.

| 어원 | re-
(back) | + | tain
(hold) | → | 뒤에 잡고 있다 |

retentive
[riténtiv]

a. 유지하고 있는; 기억력이 좋은(having a good memory)

- **be retentive of heat[moisture]** 열(습기)을 **유지하다**
- He has a **retentive** memory; he never forgets.
  그는 **좋은 기억력을** 지녀서 결코 잊어버리지 않는다.

1124 ★☆☆

content
[kάntent]

n. (보통 -s) 내용물, 알맹이; (글의) 내용; 목차, 차례

- A customs official examined the **contents** of my suitcase.
세관원이 내 여행 가방의 **내용물**을 조사했다.

어원	con- (together)	+	ten(t) (hold)	⇒	함께 담긴 것

1125 ★★☆

content
[kəntént]

a. 만족한(satisfied, contented)　　**n.** 만족, 만족감(contentment)

vt. 만족시키다(satisfy, make content)

- **to your heart's** content 네 **마음껏**, 흡족하게
- His wife is **content** with her life. 그의 아내는 자신의 인생에 **만족한**다.
- The man **contents** himself with a small house and a regular salary. 그 남자는 작은 집과 정기적인 월급에 스스로 **만족한다**.

어원	content	⇒	contained, satisfied에서 유래

1126 ★★★

tenacious
[tənéiʃəs]

a. 고집이 센(obstinate), 끈질긴, 집요한; 기억력이 좋은(retentive)

- a tenacious salesman 끈질긴 외판원
- The reporter was **tenacious** in speaking to every witness of the crime. 범죄의 목격자 전원과 이야기를 나눌 때 그 기자는 **집요했**다.

어원	ten (hold)	+	aci	+	-ous (형접)	⇒	꽉 잡고 있는

---

tenacity
[tənǽsəti]

n. 고집, 끈질김, 집요함; 좋은 기억력

- The scientist works on her project with **tenacity**.
그 과학자는 **집요**하게 연구 과제에 매달린다.

1127 ★☆☆

continue
[kəntínju:]

vi. vt. 계속되다[하다](go on, go on with), 지속되다[하다](last)

- The storm **continued** for a week. 폭풍은 일주일 동안 **계속되었다**.
- He **continued** to work for a long time. 그는 오랫동안 **계속하여** 일했다.

어원	con- (together)	+	tin (hold)	+	-ue (어미)	⇒	함께 붙잡고 있다

---

continuous
[kəntínjuəs]

a. (시간·공간적으로 끊기지 않고) 계속적인, 끊임없는

- **a continuous supply of blood** 끊임없는 혈액 공급

---

continual
[kəntínjuəl]

a. 계속적인; (시간적으로 사이를 두고) 되풀이 되는

- **a continual barking** 쉴 새 없이 짖어댐

1128 ★☆☆

continent
[kántənənt]

n. 대륙; 육지, 본토

- **the New Continent** 신대륙
- Asia is a **continent**. 아시아는 **대륙**이다.

| 어원 | con-
(together) | ➕ | tin
(hold) | ➕ | -ent
(명접) | ➡ | 함께 잡고 있는 (것) |

---

continental
[kàntənéntl]

a. 대륙의, 대륙성의

- **continental weather** 대륙성 기후

1129 ★★★

rein
[rein]

n. (보통 -s) 고삐; 통제, 억제(check, restraint)

- A cowboy holds his horse's **reins**. 카우보이는 말의 **고삐**를 잡는다.
- The parents keep a tight **rein** on their children.
  그 부모님은 자녀들을 엄격하게 **통제**한다.

| 어원 | re-
(back) | ➕ | in
(tin: hold) | ➡ | 뒤에서 잡다 |

1130 ★★★

lieutenant
[lu:ténənt]

n. (육군) 중위; (조직의) 부관, 부책임자

- If he can't attend, he will send his **lieutenant**.
  그가 참석할 수 없으면 그는 **부책임자**를 보낼 것이다.

| 어원 | lieu
(place: 일자리) | ➕ | ten
(hold) | ➕ | -ant
(명접: 사람) | ➡ | 부재중인 상관의 자
리를 차지하는 사람 |

---

tend, tens
'stretch(뻗다)'의 의미를 지님

1131 ★☆☆

tend
[tend]

vi. ~하는 경향이 있다(be inclined) (보통 to부정사를 수반)

vt. 보살피다, 돌보다(look after)

- Most travelers **tend** to choose a busy restaurant.
  대부분의 여행자들은 붐비는 식당을 선택**하는 경향이 있다**.
- Shepherds **tend** sheep. 양치기는 양을 **보살핀다**.

| 어원 | tend
(stretch) | ➡ | 어떤 방향으로 뻗다 |

---

tendency
[téndənsi]

n. 경향, 추세(inclination, trend)

- **the tendency of bodies to fall toward the earth**
  낙하 물체가 땅을 향하는 **경향**
- **a tendency to despise the poor** 가난한 사람들을 경멸하는 **경향**

intend
[inténd]

vt. ~할 작정이다(mean) (보통 to부정사, 동명사를 수반); (특정 목적을 위해) 의도하다(mean) (보통 for를 수반)

- **the book intended for foreign students only**
  외국인 학생만을 대상으로 **의도된** 책
- I didn't **intend** to hurt your feelings at all.
  나는 너의 기분을 상하게 **할 생각은** 전혀 없었다.
- We **intend** the plan to be carried out. 우리는 그 계획을 실행시킬 **작정이다.**

| 어원 | in-
(in) | ⊕ | tend
(stretch) | ⊙ | 마음 속에서 뻗어 향하다 |

---

intention
[inténʃən]

n. 의도, 의향(intent, meaning); 목적(purpose)

- I have no **intention** of flattering her. 나는 그녀에게 아첨할 **의도**가 없다.

---

intentional
[inténʃənl]

a. 의도적인, 고의적인(deliberate)

- **an intentional insult[neglect]** 의도적인 모욕〔태만〕

---

intentionally
[inténʃənəli]

ad. 의도적으로, 고의적으로(by intention, on purpose)

- **an intentionally concealed fact** 의도적으로 은폐된 사실

---

extend
[iksténd]

vt. (공간·시간적으로) 뻗다(stretch out), 늘이다, 연장하다(lengthen); 넓히다, 확장하다(enlarge, expand)

vi. 늘어나다; ~에 이르다

- **extend a school building[one's power]** 교사를 확장하다〔세력을 뻗치다〕
- He **extended** the antenna on his radio to its full length.
  그는 라디오 안테나를 끝까지 **늘였다.**
- This road **extends** to the airport. 이 도로는 공항으로 **뻗어 있다.**

| 어원 | ex-
(out) | ⊕ | tend
(stretch) | ⊙ | 밖으로 뻗다 |

---

extension
[iksténʃən]

n. 연장; 확장, 증축(enlargement)

- **the extension of one's power[business]** 세력〔사업〕의 확장

---

extensive
[iksténsiv]

a. (장소가) 넓은, 광대한(wide, broad); 광범위한(far-reaching)

- **extensive knowledge[business]** 해박한 지식〔규모가 큰 사업〕

extent
[ikstént]

n. 넓이(area), 범위(scope); 정도(degree)

* **to a certain extent** 어느 정도까지

1134 ★★★

tender
[téndər]

vt. (서류를) 제출하다(present); 제공하다, 내놓다(offer)

* The Prime Minister **tendered** his resignation to the President.
  국무총리는 대통령에게 사표를 **제출했다.**

| 어원 | tend (stretch) | ➕ | -er (어미) | ➡ | 손을 뻗어 제출하다 |

1135 ★★☆

tender
[téndər]

a. (물건이) 부드러운, 연한(soft); 애정 어린(affectionate)

* **a tender steak[fabric]** 부드러운 스테이크[천]
* **a tender glance[tough]** 애정 어린 눈길[만지기]

| 어원 | tender (부드러운) | ➡ | 라틴어 tender의 "부드러운"의 의미에서 유래 |

1136 ★★☆

pretend
[priténd]

vt. ~인 체하다, ~을 가장하다(make believe, feign)

* She **pretended** to grasp things beyond her understanding.
  그녀는 자신이 이해하지 못하는 것들을 이해**하는 체했다.**
* She **pretended** that she was ill. 그녀는 아픈 **체했다.**
  = She **pretended** to be ill.

| 어원 | pre- (before) | ➕ | tend (stretch) | ➡ | 미리 핑계를 펼치다 |

---

pretense
[priténs;prí:tens]

n. (~인) 체하기, 가장(feigning); 핑계, 구실(pretext); 과시

* **make a pretense of kindness** 겉으로 친절한 체하다
* Her son isn't really ill; it's only a **pretense.**
  그녀의 아들은 사실 아프지 않고 단지 **핑계**일 뿐이다.

1137 ★★☆

attend
[əténd]

vt. 출석[참석]하다(be present at)

vi. 주의를 기울이다(pay attention to) (보통 to를 수반); 돌보다 (보통 to를 수반); 시중들다 (보통 on을 수반)

* **attend a meeting[school]** 회의에 **참석하다**[학교에 **다니다**]
* **attend on a king** 왕에 **시중들다**
* You are not **attending** to my words.
  너는 내 말에 **주의를 기울이지** 않고 있다.

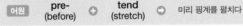

| 어원 | at- (ad-: to) | ➕ | tend (stretch) | ➡ | ~로 주의, 시중을 뻗다 |

attendant
[əténdənt]

n. 시중드는 사람, 수행원　**a.** 시중드는, 따라다니는
- **the maids attendant on the queen** 여왕에게 **시중드는** 하녀들

attendance
[əténdəns]

n. 출석, 참석; 시중, 간호; 〈집합적〉 출석자, 참석자
- **a large attendance at the meeting** 회의의 많은 **참석자**

attention
[əténʃən]

n. 주의(력), 주목(heed)
- Don't pay **attention** to what he says. 그가 말하는 것에 **주의**를 기울이지 마.

attentive
[əténtiv]

a. 주의 깊은, 조심성 있는
- We were **attentive** to what our teacher said.
  우리는 선생님의 말씀에 **주의를 기울였**다.

1138 ★☆☆
tense
[tens]

a. (끈이) 팽팽한, 바짝 당긴(stretched out); (정신적으로) 긴장한(nervous)

vt. vi. 팽팽하게 하다[되다]; 긴장시키다[하다]
- **tense ropes[muscles]** 팽팽한 로프들[근육]
- The kids were **tense** with expectation.
  어린이들은 기대감으로 **긴장되어** 있었다.

 tens(e)
(stretch) ➡ 뻗어서 팽팽한

---

tension
[ténʃən]

n. 팽팽함, 바짝 당기기(tightness, strain); 긴장(nervousness)
- The cold war is not the only expression of **tension** in the world.
  냉전이라는 말이 세계의 **긴장**을 나타내는 유일한 표현은 아니다.

1139 ★★☆
intense
[inténs]

a. (감정·감각이) 강렬한, 격렬한(strong)
- **intense xenophobia[antiwar feeling]** 강렬한 외국인 혐오증[반전 감정]
- The soccer player felt **intense** pain when the bone broke in his arm. 팔이 부러졌을 때 그 축구선수는 **격렬한** 통증을 느꼈다.

 in-
(into) ➕ **tens(e)**
(stretch) ➡ 안으로 뻗어진

---

intensive
[inténsiv]

a. (짧은 시간에) 집중적인(concentrated)
- The beginner took an **intensive** Russian course and learned the language in three months.
  그 초보자는 **집중적인** 러시아어 수업을 받고 석 달 안에 그 언어를 배웠다.

intensify
[inténsəfai]

v. 강렬하게 하다, 강화하다(make intense)

• A smell of rain **intensified** the odor of leaves.
비 냄새가 나뭇잎 향기를 **강하게** 풍기게 했다.

---

terr(a)

'earth(땅; 지구)'의 의미를 지님

1140 ★☆☆

territory
[térətɔ:ri]

n. 영토, 영지(domain); 세력권

• The island of Guam is a **territory** of the USA.
괌 섬은 미국의 **영토**이다.

| 어원 | terr(i)
(earth) | | -tory
(명접) | | 둘러싼 땅의 범위 |

---

territorial
[tèrətɔ́:riəl]

a. 영토의; 세력권의

• **territorial** expansion[waters] 영토 확장(영해)

1141 ★★★

terrestrial
[təréstriəl]

a. 지구(상)의(of the earth)   n. 지구의 생물, 지구인

• **terrestrial** weather[magnetism] 지구의 날씨(자기)
• Science fiction tells of **terrestrials** visiting other planets.
공상과학 소설은 **지구인**이 다른 행성을 방문하는 것에 대해서 이야기한다.

| 어원 | terr(e)
(earth) | | -strial
(어미) | | 지구의 |

1142 ★★★

terrain
[təréin;térein]

n. 지형, 지세

• Maps show the distribution of the earth's **terrain**.
지도는 지구의 **지형**에 대한 분포를 보여준다.

| 어원 | terra
(earth) | | -in
(어미) | | 땅의 모습 |

1143 ★★★

terrace
[térəs]

n. (주택·식당의) 테라스; 계단식 논[밭]

• a sun[roof] **terrace** 일광욕(옥상에 있는) **테라스**
• All rooms have a balcony or a **terrace**. 모든 방에 발코니나 **테라스**가 있다.

| 어원 | terra
(earth) | | -ce
(명접) | | 경사지를 층층으로 깎은 평범한 땅 |

subterranean

[sʌ̀btəréiniən]

a. 지하의, 지하에 있는(underground)

- **a subterranean animal[cable]** 땅속 동물[케이블]
- **Subterranean** streams have cut through limestone to form miles of passages and caves.
  지하수는 석회암을 뚫고 나가서 수 마일에 걸쳐 통로와 동굴을 형성해 왔다.

| 어원 | sub-
(under) | ⊕ | terra
(earth) | ⊕ | -(ne)an
(형접) | ➡ | 땅 밑의 |

Word Grammar 재귀대명사

POINT 인칭대명사의 뒤에 -self 혹은 -selves를 붙인 것을 재귀대명사라 하는데 아래에서 설명된 두 용법과 강조용법이 있다.

○ **재귀용법: 타동사의 목적어로 사용되어 동작이 다시 되돌아오는 경우**

> **apply oneself to ~** ~에 전력하다(give oneself to)
> **pride oneself on ~** ~에 자부심을 갖다(take pride in)
> **absent oneself from~** ~에 결석하다(be absent from)
> **overwork oneself** 과로하다(work too much) **enjoy oneself** 즐거운 시간을 보내다
> **avail oneself of ~** ~을 이용하다(use) **exert oneself** 노력하다(make an effort)
> **kill oneself** 자살하다 (commit suicide) **revenge oneself on ~** ~에 복수하다

- **The diplomat prides himself on his ability to speak six languages.**
  그 외교관은 6개 국어를 말하는 자신의 능력에 자부심을 갖고 있다.

○ **관용적 용법: 전치사＋재귀대명사**

> **for oneself** 자기 힘으로; 자기를 위해 **by oneself** 혼자서(alone)
> **in spite of oneself** 자신도 모르게(unconsciously) **in itself** 본질적으로(naturally)
> **of itself** 저절로(spontaneously)
> **beside oneself** 제정신이 아닌(out of one's mind, almost insane)
> **between ourselves** 우리끼리 이야기인데(between you and me)
> **have ~ to oneself** ~을 독차지하다(keep ~ to oneself)

- **This is between ourselves, okay?** 이것은 우리끼리만 아는 이야기예요. 아셨죠?

Daily Test 33

정답 및 해설 p.476

A 다음 영어를 우리말로, 우리말을 영어로 쓰시오.

1	terrain		11	만져서 알 수 있는
2	subterranean		12	떠받치다; 지지하다
3	terrestrial		13	달성하다; 도달하다
4	integrity		14	대륙; 육지, 본토
5	abstain		15	보유하다, 간직하다
6	tangent		16	~인 체하다
7	intentional		17	계속적인, 끊임없는
8	integrate		18	출석; 시중; 출석자
9	lieutenant		19	영토, 영지; 세력권
10	tenacious		20	강렬한, 격렬한

B 다음 빈칸에 알맞은 단어를 쓰시오.

1	extensive	⊜ w	6	tactful	⟷ t
2	intentional	⊜ d	7	tend	ⓝ
3	entire	⊜ w	8	intense	ⓥ
4	retain	⊜ k	9	intend	ⓝ
5	integrate	⟷ s	10	entertain	ⓝ

C 다음 빈칸에 들어갈 알맞은 말을 보기 에서 고르시오. (문장: 기출 또는 기출 변형)

보기	intentionally	intense	attentive	contacted

1 Apparently, the higher the temperature, the more _____ the flavor.

2 Tom immediately _____ the police, but he was sure he would never see his wallet again.

3 Note taking is one of the activities by which students attempt to stay _____, but it is also an aid to memory.

4 Although the manufacture and sale of such products do not violate the law, _____ making false claims for a product is fraud.

DAY 34

test / tor(t) / tra(ct) / vac, va(n), void

tor(t)
[=twist]

tra(ct)
[=draw]

vac, va(n), void
[=empty]

---

test | 'witness(증언하다; 입증하다)'의 의미를 지님

1145 ★☆☆

protest
v.[prətést;próutest]
n.[próutest]

v. 항의하다, 이의를 제기하다   **n.** 항의, 이의제기(**disapproval**)

- **make a protest against harsh treatment** 가혹한 대우에 **항의하다**
- There was a large crowd in the square, **protesting** against the war.
  광장에 많은 군중이 있었으며 전쟁에 **항의하고** 있었다.

| 어원 | pro-
(before) | ➕ | test
(witness) | ➡ | 앞에서 입증하다 |

Protestant
[prátəstənt]

n. 프로테스탄트, 신교도; (p-) 항의자(**protester**)

- **Protestants** separated from the Roman Catholic.
  프로테스탄트들은 로마 가톨릭에서 분리되어 나왔다.

1146 ★☆☆

contest
n.[kántest]
v.[kəntést]

n. 경쟁, 경연(**competition**); 다툼, 싸움(**fight**)

vt. 경쟁하다(**compete for**); 다투다, 싸우다(**fight for**)

- **a beauty[speech] contest** 미인 선발(웅변) **대회**
- How many people are **contesting** this seat on the council?
  위원회의 이 자리를 얻으려고 몇 사람이 **경쟁하고** 있나요?

| 어원 | con-
(together) | ➕ | test
(witness) | ➡ | 함께 입증하여 다투다 |

1147 ★★★

testament
[téstəmənt]

n. 유언(장)(**will**); 성서

- **Old Testament / New Testament** 구약/신약
- A lawyer read the dead man's last will and **testament**.
  변호사가 고인의 **유언장**을 읽었다. 〈주로 one's last will and testament로 사용됨.〉

| 어원 | test(a)
(witness) | ➕ | -ment
(명접) | ➡ | 입증하기 |

1148 ★★☆

testify
[téstəfai]

v. (특히 법정에서) 증언하다, 증인이 되다(bear witness)

- The suspect **testified** that he had not been there.
  그 용의자는 그곳에 있지 않았다고 **증언했다**.
- Two witnesses **testified** against the defendant.
  두 증인이 피고에게 불리한 **증언을 했다**.

 어원 | **test(i)** (witness) ➕ **-fy** (동접) ➡ 증언하다

---

testimony
[téstəmouni]

n. (법정에서의) (선서) 증언; 증거, 입증

- His poverty is a **testimony** to his honesty. 그의 가난은 정직에 대한 **증거다**.

1149 ★★★

detest
[ditést]

vt. 몹시 싫어하다, 혐오하다(abhor, loathe)

- **detest** war[evil] 전쟁(악)을 **혐오하다**
- I **detest** going on with this research. 나는 이 연구를 계속하기를 **혐오한다**.

 어원 | **de-** (away) ➕ **test** (witness) ➡ 불리한 증언으로 멀리하다

---

detestation
[dì:testéiʃən]

n. 몹시 싫음, 혐오(extreme hatred, abhorrence)

- He has **detestation** for communism. 그는 공산주의를 **혐오한다**.

---

tor(t)

'twist(비틀다)'의 의미를 지님

1150 ★★☆

torture
[tɔ́:rtʃər]

n. 고문; (육체적·정신적) 고통, 고뇌(anguish, agony)

vt. 고문하다; 심한 고통을 주다, 몹시 괴롭히다

- Under water **torture**, he would not admit his guilt.
  물**고문**을 당해도 그는 자신의 유죄를 인정하지 않으려 했다.
- The freedom fighter was **tortured** while in detention.
  그 자유의 투사는 구속되어 있는 동안에 **고문을 당하였다**.

 어원 | **tort** (twist) ➕ **-ure** ➡ 팔, 다리를 비트는 것

1151 ★★☆

torment
n.[tɔ́:rment]
v.[tɔ:rmént]

n. 고통, 고뇌(agony, pain)   vt. 고통을 주다, 괴롭히다(torture)

- He was in **torment** after his lover's death.
  그는 연인의 죽음 후에 **괴로워하고** 있었다.
- He was **tormented** with violent headaches. 그는 심한 두통에 **시달렸다**.

 어원 | **tor** (twist) ➕ **-ment** ➡ 비틀어서 고통을 주다

1152 ★★★

distort
[distɔ́:rt]

vt. 일그러지게 하다(twist out of shape); 왜곡[곡해]하다(pervert)

- Her face was **distorted** with anger.
  그녀의 얼굴은 분노로 **일그러졌다**.
- A liar **distorts** the truth.
  거짓말쟁이는 진실을 **왜곡한다**.

| 어원 | dis-
(apart) | ⊕ | tort
(twist) | ⇒ | (원래 모양을) 갈라지게 비틀다 |

---

distorted
[distɔ́:rtid]

a. 일그러진(twisted); (진리·사실·말이) 왜곡된, 곡해된

- The historian supported the lie with **distorted** facts.
  그 역사학자는 **왜곡된** 사실을 진술하여 거짓말을 뒷받침하였다.

---

distortion
[distɔ́:rʃən]

n. 일그러지게 하기; 왜곡, 곡해(perversion)

- **a gross distortion of the news** 몹시 **왜곡된** 보도

1153 ★★★

retort
[ritɔ́:rt]

v. 말대꾸하다(answer back); 응수하다(reply to)

n. 말대꾸(comeback); 응수, 되받아 치기(counter)

- **make a sharp retort** 날카롭게 **응수**하다
- "It's none of your business!" he **retorted**.
  그는 "네가 관여할 일이 아니야!"라고 **응수했다**.

| 어원 | re-
(back) | ⊕ | tort
(twist) | ⇒ | 되받아 비틀어 치다 |

1154 ★☆☆

torch
[tɔ:rtʃ]

n. 횃불; 〈비유〉 빛, 광명

- The Olympic **torch** is used to light the flame to begin the games.
  올림픽 **성화**는 경기를 시작하기 위해 점화하는 데 이용된다.

| 어원 | tor(ch)
(twist) | ⇒ | 꼬아서 만든 것 |

1155 ★★★

tortuous
[tɔ́:rtʃuəs]

a. 구불구불한, 굽은(winding)

- **a tortuous river** 구불구불한 강
- The road through the mountain was **tortuous** and narrow.
  산을 지나는 길은 **꼬불꼬불하고** 좁았다.

| 어원 | tort
(twist) | ⊕ | -(u)ous
(형접) | ⇒ | 비틀어서 굽은 |

tra(ct) 'draw(끌다)'의 의미를 지님

1156 ★☆☆

tractor
[trǽktər]

n. 트랙터; (트레일러를 끄는) 견인용 트럭

• Farmers use a **tractor** for spring plowing.
농부는 봄갈이에 **트랙터**를 사용한다.

| 어원 | tract (draw) | ➕ | -or (명접) | ➡ | 끄는 것 |

1157 ★☆☆

track
[træk]

n. 지나간 자국, 흔적, 바퀴자국, 발자국(trace); 철도 선로(railroad); (경기) 트랙(타원형의 육상 경주로)

vt. 뒤를 쫓다, 추적하다(follow, pursue)

• **a single[double] track** 단[복]선
• **track and field** 〈집합적〉 육상 경기
• Hunters followed the lion's **tracks**. 사냥꾼들은 사자의 **발자국**을 따라갔다.
• The dog **tracked** the bear to its shelter. 개가 곰의 은신처까지 **쫓아갔다**.

| 어원 | trac(k) (draw) | ➡ | (마차를) 끌고 간 자국 |

1158 ★☆☆

trace
n.[treis]
v.[treis]

n. 남겨진 자취, 흔적, 바퀴자국, 발자국(track)

vt. (~의 흔적을) 따라가다, 추적하다(track)

• **Traces** of footprints were found in the mud.
발자국 **흔적**이 진흙에서 발견됐다.
• Agents **traced** the illegal funds from New York to London.
첩보원들이 뉴욕에서 런던에 이르기까지 불법 자금의 출처를 **추적하였다**.

| 어원 | trac(e) (draw) | ➡ | 끌려진 것, 지나간 것을 보여주는 것 |

1159 ★☆☆

trail
[treil]

vt. vi. 질질 끌다[끌고 가다](drag); 뒤쫓다, 추적하다(follow, track)

n. 지나간 자국(track); (도보여행의) 오솔길, 산길(path)

• Her long bridal gown was **trailing** on the church floor.
그녀의 긴 신부 의상이 교회 바닥 위에 **질질 끌렸다**.
• Detectives **trailed** the criminal to his shelter.
수사관들이 은신처까지 범인을 **뒤쫓았다**.

| 어원 | tra(il) (draw) | ➡ | 끌다 |

---

trailer
[tréilər]

n. 트레일러; (차가 끄는) 이동식 주택(house trailer)

• Some families travel with a **trailer** in which they can sleep and prepare meals. 몇몇 가족은 잠도 자고 식사 준비도 할 수 있는 **트레일러**로 여행한다.

1160 ★★☆

attract
[ətrǽkt]

vt. 끌다, 끌어당기다(**draw, pull**); 매혹하다(**fascinate, allure**)

- The gravitation of the earth **attracts** smaller bodies to it.
  지구의 인력은 더 작은 물체를 지구로 **끌어당긴다**.
- He was **attracted** to her, like a moth to a candle.
  나방이 촛불에 이끌리듯 그는 그녀에게 **매혹되었다**.

| 어원 | at-
(ad: toward) | ✚ | tract
(draw) | ➡ | ~쪽으로 끌어당기다 |

attraction
[ətrǽkʃən]

n. 끌어당김; 매력, 매혹; 구경거리, 명소(名所)

- **a tourist attraction** 관광 **명소**
- Her winning smile and easy manner were **attractions** that drew the public to her. 애교 있는 미소와 편안한 태도가 대중을 그녀에게 끄는 **매력**이었다.

attractive
[ətrǽktiv]

a. 매혹적인, 남을 끌어당기는(**charming, alluring**)

- **an attractive woman** 매혹적인 여자

1161 ★☆☆

subtract
[səbtrǽkt]

vt. 빼다, 감하다(**take away, deduct** ⊙ **add**)

- **Subtract** 5 from 10 and you have 5. 10에서 5를 **빼면** 5가 남는다.

| 어원 | sub-
(under) | ✚ | tract
(draw) | ➡ | 밑으로 끌어내다 |

subtraction
[səbtrǽkʃən]

n. 빼기, 뺄셈(⊙ **addition**)

- The children learned **subtraction** before multiplication.
  아이들은 곱하기에 앞서 **빼기**를 배웠다.

1162 ★★★

extract
v.[ikstrǽkt]
n.[ékstrækt]

vt. (치아·마개 등을) 뽑아내다(**draw out**); 발췌하다(**excerpt**); 추출하다

n. 뽑은 것; 발췌물(**excerpt**); 추출물, 진액(**essence**)

- **make cosmetics from aloe extract** 알로에 **추출물**로 화장품을 만들다
- The dentist **extracted** a decayed tooth.
  치과 의사가 충치를 **뽑았다**.
- The scholar **extracted** a pertinent passage from the book.
  그 학자는 책에서 적절한 구절을 **발췌하였다**.
- The cook **extracted** juice from the fruit. 요리사가 과일에서 즙을 **짜냈다**.

| 어원 | ex-
(out) | ✚ | tract
(draw) | ➡ | 밖으로 끌어내다 |

extraction
[ikstrǽkʃən]

n. 뽑아내기; 발췌; 추출(물); 태생, 혈통(lineage, descent)
- **the extraction of iron from ore** 광석으로부터의 철 **추출**

1163 ★☆☆

abstract
n.[ǽbstrækt]
a.[ǽbstrǽkt;
ǽbstrækt]
v.[æbstrǽkt]

a. 관념적인, 추상적인(◎ concrete); 이론적인(theoretical)

n. 추상예술[미술] 작품; 요약(summary)

vt. 요약하다(summarize, digest)
- **make an abstract of the article** 기사를 **요약**하다
- "Beauty" and "truth" are **abstract** ideas.
  "미"와 "진리"는 **추상적** 개념이다.

| 어원 | abs-
(ab-: away) | ➕ | tract
(draw) | ➡ | 멀리서 끌어내는 |

1164 ★★★

distract
[distrǽkt]

vt. (사람·마음을) 딴 곳으로 돌리다(divert), 산만하게 하다
- Noise **distracts** me, so I can't study for exams.
  소음에 주의력이 **산만해져서** 나는 시험공부를 할 수가 없다.

| 어원 | dis-
(apart) | ➕ | tract
(draw) | ➡ | (주의를) 다른 쪽으로 끌다 |

---

distraction
[distrǽkʃən]

n. 주의를 흩뜨리기[흩뜨리는 것]; 기분전환, 오락(diversion)
- **a good place to study, free from distraction**
  주의력을 흩뜨리는 것이 없는 공부하기에 좋은 장소

1165 ★☆☆

contract
n.[kántrækt]
v.[kəntrǽkt]

n. 계약(서), 약정(agreement)

vt. vi. 계약하다; (근육이) 수축되다; (병에) 걸리다(come down with)
- She signed a **contract** for the purchase of a new car.
  그녀는 새 자동차의 구입을 위해서 **계약서**에 서명하였다.
- When you bend your arms, your muscles **contract**.
  팔을 굽히면 근육이 **수축한다**.
- The old beggar **contracted** tuberculosis.
  늙은 거지는 결핵에 **걸렸다**.

| 어원 | con-
(together) | ➕ | tract
(draw) | ➡ | 함께 끌다 |

---

contractor
[kántræktər]

n. 계약자, 청부업자
- **a building contractor** 건축 **청부업자**

treat
[triːt]

vt. (사람·동물을) 다루다, 대우하다(**deal with**); (병·환자를) 치료하다 (**cure**); 대접하다, 한턱내다(**entertain**)

n. 대접; 한턱내기

- **treat a patient[wound]** 환자〔상처〕를 **치료하다**
- She **treats** him like a little boy. 그녀는 그를 어린애 **취급한다.**
- My friend **treated** me to a birthday dinner.
  내 친구가 내게 생일 저녁을 **사주었다.**

| 어원 | treat (tract: draw) | ➡ | 끌어가 다루다 |

---

treatment
[tríːtmənt]

n. 대우, 처우; 치료(**cure**); 대접

- **a new treatment for cancer** 암의 새로운 **치료법**

---

trait
[treit]

n. (특히 개인의) 특징, 특성(**characteristic**); 이목구비

- **the traits of her face** 그녀 얼굴의 **이목구비**
- Kindness is her best **trait.** 친절함은 그녀의 최상의 **특성**이다.

| 어원 | tra (draw) | ➕ | it (go) | ➡ | 끌고 간 자국 |

---

portray
[pɔːrtréi]

vt. (그림·글로) 묘사하다, 표현하다(**depict, represent**)

- His book **portrays** his mother as an angel.
  그의 저서에서 그의 어머니는 천사로 **묘사되어 있다.**

| 어원 | por- (pro-: forward) | ➕ | tray (tract: draw) | ➡ | 앞으로 끌어내어 표현하다 |

---

portrait
[pɔ́ːrtrit;-treit]

n. 초상화

- **pose for a portrait** 초상화를 그리도록 포즈를 취하다

---

retreat
[ritríːt]

vi. (군대가) 후퇴하다, 퇴각하다(**withdraw**)

n. 후퇴, 퇴각

- **Napoleon's retreat from Moscow** 모스크바로부터 나폴레옹의 **퇴각**
- The defeated army had to **retreat** hastily from the battlefield.
  패배한 군대는 전쟁터에서 서둘러 **후퇴해야 했다.**

| 어원 | re- (back) | ➕ | treat (tract: draw) | ➡ | 군대를 뒤로 끌다 |

1170 ★★★

retract
[ritrǽkt]

vt. (지지·주장·말 등을) 철회하다(**withdraw**)

- The political prisoner refused to **retract** his speeches against the government.
  그 정치범은 반정부 발언을 **철회하기를** 거부했다.

| 어원 | re-
(back) | ➕ | tract
(draw) | ➡ | 뒤로 잡아 당겨 무효로 하다 |

1171 ★★★

protract
[proutrǽkt;prə-]

vi. 연장하다, 오래 끌다(**lengthen in time, prolong**)

- **protract** one's stay[debate] 체류 기간(토론)을 **연장하다**
- The battle was **protracted** for another day.
  그 전투가 하루 더 **연장되었다.**

| 어원 | pro-
(forward) | ➕ | tract
(draw) | ➡ | 앞으로 길게 끌다 |

---

vac, va(n), void   'empty(빈)'의 의미를 지님

1172 ★☆☆

vacant
[véikənt]

a. 텅 빈, 사람이 없는(**empty, void**); (마음·시선 등이) 공허한, 얼빠진

- a **vacant** room[lot] 빈 방(터)
- a **vacant** mind[answer] 공허한 마음(얼빠진 대답)
- She stared into **vacant** space.
  그녀는 **허공을** 응시했다.

| 어원 | vac
(empty) | ➕ | -ant
(형접) | ➡ | 텅 빈 |

---

vacancy
[véikənsi]

n. 텅 빔(**emptiness**); 공허함, 얼빠짐

- the **vacancy** of the room after the children are gone
  아이들이 가버리고 난 후 방의 **텅 빈 상태**

1173 ★☆☆

vacation
[veikéiʃən;və-]

n. 휴가(**holidays**), 방학

- the Christmas[summer] **vacation** 크리스마스(여름) **휴가**
- School children are on **vacation** now.
  초등학생들은 지금 **방학** 중이다.

| 어원 | vac
(empty) | ➕ | -ation
(명접) | ➡ | 자리를 비워둠 |

1174 ★☆☆

vacuum
[vǽkjuəm;-kju(ː)m]

n. 진공; 공허(emptiness)

- **a vacuum cleaner** 진공청소기
- Her death has left a **vacuum** in my mind.
  그녀의 죽음이 내 마음에 **허전함**을 남겼다.

어원 | vac(u) (empty) ⊕ -um (명접) ➡ 텅 빈 상태

1175 ★★★

evacuate
[ivǽkjueit]

vt. (집 등을) 비우다, 비워놓다(leave empty)

- The village is **evacuated** because of floods.
  그 마을은 홍수 때문에 **비어 있다**.

어원 | e- (out) ⊕ vac(u) (empty) ⊕ -ate (동접) ➡ 밖으로 비우다

1176 ★★☆

vanish
[vǽniʃ]

vi. (시야에서) 사라지다, 보이지 않게 되다(disappear)

- The frost **vanished** when the sun came out.
  해가 뜨자 서리가 **사라졌다**.
- She **vanished** into the darkness. 그녀는 어둠 속으로 **사라졌다**.

어원 | van (empty) ⊕ -ish (동접) ➡ 비워서 사라지다

1177 ★★☆

vanity
[vǽnəti]

n. 허영심, 자만(conceit); 덧없음, 허무

- **intellectual[wounded] vanity** 지적(상처 입은) **허영심**
- Perhaps she did it out of **vanity**. 아마 그녀는 **허영심**에서 그렇게 했을 것이다.

어원 | van (empty) ⊕ -ity (명접) ➡ 텅 빈 마음

vain
[vein]

a. 허영심[자만심]이 강한(conceited); (결과가) 실속 없는(without result)

- She tried in **vain** to persuade him. 그녀는 그를 설득하려 애썼으나 **허사였다**.

cf. in vain 보람 없이, 헛되이

1178 ★★★

vaunt
[vɔ́ːnt;váːnt]

vt. vi. 자랑하다, 허풍 떨다(boast of)

n. 자랑, 허풍, 호언장담(boast)

- The successful candidate **vaunted** (of) her ability.
  그 당선자는 자신의 능력을 **자랑했다**.

어원 | vaunt (empty에서 유래) ➡ 속이 비어 자랑하다

1179 ★☆☆

avoid
[əvɔ́id]

vt. 피하다, 회피하다(escape, evade)

• **avoid danger[bloodshed]** 위험〔유혈〕을 **피하다**
• I can't **avoid** meeting her. 나는 그녀를 **만나지 않을 수** 없다.

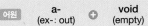

| 어원 | a-
(ex-: out) | ⊕ | void
(empty) | ⇨ | 자리를 비우고 나가다 |

1180 ★★☆

devoid
[divɔ́id]

a. ~이 없는, 결여된(destitute, void) (보통 of를 수반)

• **devoid of malice[personality]** 악의〔개성〕 **없는**
• Politicians are **devoid** of common sense. 정치꾼들은 상식이 **없다**.

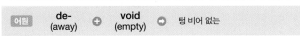

| 어원 | de-
(away) | ⊕ | void
(empty) | ⇨ | 텅 비어 없는 |

Word Grammar 오감의 동사

> **POINT** look, sound, feel, smell, taste의 동사 다음에 부사를 사용하지 않고 형용사를
> 주격보어(subjective complement)로 사용하는 어법이다.
>
> • The story sounds strange. (O) 그 이야기는 이상하게 들린다.
>
> *cf.* The story sounds strangely. (X) 〈주격보어 자리에 부사는 오지 않는다.〉
>
> | **look** ~하게 보이다 | **sound** ~하게 들리다 | **feel** ~하게 느껴지다 |
> | **smell** ~한 냄새가 나다 | **taste** ~한 맛이 나다 | |
>
> • Mary looks healthy. 메리는 건강하게 보인다.
> • This paper feels smooth. 이 종이는 부드럽게 느껴진다.
> • Good medicine tastes bitter to the mouth. 좋은 약은 입에 쓰다.

Daily Test 34

A 다음 영어를 우리말로, 우리말을 영어로 쓰시오.

1 testament _____ 11 고문; 고통; 고문하다 _____

2 protest _____ 12 경쟁, 경연; 경쟁하다 _____

3 distort _____ 13 몹시 싫어하다 _____

4 vaunt _____ 14 다루다; 치료하다; 대접 _____

5 retort _____ 15 사라지다 _____

6 extract _____ 16 텅 빈; 공허한 _____

7 distract _____ 17 지나간 자국, 흔적 _____

8 vanity _____ 18 묘사하다, 표현하다 _____

9 tortuous _____ 19 남겨진 자취; 따라가다 _____

10 retreat _____ 20 비우다, 비워놓다 _____

B 다음 빈칸에 알맞은 단어를 쓰시오.

1 torment ⊜ a_____ 6 abstract ⟷ c_____

2 trait ⊜ c_____ 7 testify ⋒ _____

3 contract ⊜ a_____ 8 attract ⓐ _____

4 retract ⊜ w_____ 9 vacant ⋒ _____

5 subtract ⟷ a_____ 10 treat ⋒ _____

C 다음 빈칸에 들어갈 알맞은 말을 보기 에서 고르시오. (문장: 기출 또는 기출 변형)

보기	trait	attractive	avoid	distorting

1 Life is a contest, a struggle to preserve independence and _____ failure.

2 You wonder if perhaps you just lack discipline, as if it were an inborn _____.

3 Longer and more _____ textbooks cost more money to produce, resulting in higher selling prices to students.

4 Counselors need to learn how to read these messages without _____ or overinterpreting them in order to establish and maintain relationships with their clients.

DAY 35

val, vail / ven(t) / vers, vert

val, vail
[=strong / worth]

vent
[=come]

vers, vert
[=turn]

val, vail	'strong(강한), worth(가치 있는)'의 의미를 지님

1181 ★☆☆

value
[vǽljuː]

n. (사물의) 가치, 값어치(**worth**); (-s) 가치관

vt. (가치·값어치를) 평가하다(**assess**); 소중히[가치있게] 여기다

- **value friendship[manual labor]**
  우정〔육체노동〕을 **소중히 여기다**
- She is a rich woman who owns many pieces of art of great **value**.
  그녀는 **값비싼** 예술품을 많이 소유하고 있는 부유한 여자이다.

어원	val- (worth)	➕	-ue (어미)	➡	가치 있는 것

---

valuable
[vǽljuəbl;-ljubl]

a. 가치 있는, 소중한(**precious** ⏺ **valueless, worthless**)

- **a valuable painting[friend]**
  값비싼 그림〔**귀중한 벗**〕

---

valuables
[vǽljuəblz]

n. 귀중품

- **lock one's valuables in a safe**
  귀중품을 금고에 보관하다

1182 ★☆☆

invaluable
[invǽljuəbl]

a. 매우 가치있는, 매우 소중한(**priceless, extremely valuable**)

- **one's invaluable help[advice]**
  매우 가치 있는 도움〔조언〕
- It makes you so **invaluable** as a friend.
  그렇기 때문에 자네는 친구로서 **매우 소중하다**.

어원	in- (not)	➕	valu(e) (평가하다)	➕	-able (형접: 할 수 있는)	➡	평가할 수 없을 정도인

1183 ★☆☆

valid
[vǽlid]

a. 타당한, 근거 있는(just, well-founded); (법적으로) 유효한
(↔ invalid)
- **a valid objection[reason]** 타당한 반대(이유)
- **a passport[train ticket] valid for a year** 1년간 유효한 여권(기차표)
- Her criticism of egoism is undoubtedly **valid.**
이기주의에 대한 그녀의 비판은 틀림없이 **근거가 있다.**

| 어원 | val-
(strong) | ➕ | -id
(어미) | ➡ | 강한, 가치 있는 |

validity
[vəlídəti]

n. 타당성, 정당성; 법적인 효력
- **question the validity of an intelligence test**
지능 검사의 **타당성**에 의문을 품다

1184 ★☆☆

prevail
[privéil]

vi. 이기다, 승리하다(win, triumph); 널리 퍼져있다(be widespread),
만연[유행]하다; 설득하다(persuade)
- Our team **prevailed** over our rival in a tough game.
우리 팀은 힘든 경기에서 호적수를 **이겼다.**
- Dead silence **prevailed.** 죽음과 같은 고요가 **주위에 깔려 있었다.**
- Can I **prevail** upon you to stay a little longer?
좀 더 오래 계시라고 당신을 **설득해도** 될까요?

| 어원 | pre-
(before) | ➕ | vail
(strong) | ➡ | ~보다 앞서 강하다 |

prevalent
[prévələnt]

a. 널리 퍼진(widespread), 유행하는
- **a prevalent disease[belief]** 널리 퍼진 질병(신념)

1185 ★☆☆

avail
[əvéil]

vt. vi. 쓸모가 있다, 유익하다

n. 이익(benefit, advantage), 소용(use)
- Our protests were to no **avail.** 우리의 저항은 **소용**없었다.
- You should **avail** yourself of every chance to improve your
English. 당신은 영어 실력을 향상시키려면 모든 기회를 **이용해야** 한다.

cf. avail oneself of ~을 이용(사용)하다(use, take advantage of)

| 어원 | a-
(ad-: to) | ➕ | vail
(worth) | ➡ | ~에 가치가 있다 |

available
[əvéiləbl]

a. 이용[사용]할 수 있는(usable); 입수할 수 있는, 획득할 수 있는
(obtainable)
- **available funds[means]** 이용할 수 있는 자금(수단)

1186 ★★★

evaluate
[ivǽljueit]

vt. (가치·정도 등을) 평가[견적]하다(estimate, appraise)

- **evaluate a report[one's property]** 보고서[재산]를 **평가하다**
- No action can be **evaluated** apart from its motive.
  어떠한 행위도 그 동기를 도외시하고 **평가될 수 없다.**

| 어원 | e-
(out) | ➕ | val(u)
(worth) | ➕ | -ate
(동접) | ➡ | 밖으로 가치를 내다 |

---

evaluation
[ivæ̀ljuéiʃən]

n. 평가, 견적

- My boss did an **evaluation** of my job performance.
  사장이 나의 업무 수행 능력을 **평가**했다.

1187 ★★★

invalid
[ínvəlid]

a. 병약한(weak by illness)

n. 병약자, 병자(patient)

- He lived the life of a hopeless **invalid** for five years.
  그는 5년 동안 절망적인 **병자**의 삶을 살았다.
- I love my **invalid** mother so much. 나는 **병약하신** 어머니를 몹시 사랑한다.

| 어원 | in-
(not) | ➕ | val
(strong) | ➕ | -id
(어미) | ➡ | 강하지 않은 (사람) |

1188 ★★★

valor
[vǽlər]

n. 용맹, 무용(heroic courage, bravery), 용기(courage)

- The old soldier received a medal for **valor** in battle.
  그 노병은 전투에서의 **용맹**으로 훈장을 받았다.

| 어원 | val
(strong) | ➕ | -or
(명접) | ➡ | 강한 것 |

---

valorous
[vǽlərəs]

a. 용감한, 용기 있는(valiant, brave, courageous)

- **a valorous knight[warrior]** 용감한 기사[전사]

---

ven(t)

'come(오다)'의 의미를 지님

1189 ★☆☆

event
[ivént]

n. 중요한 사건[일](important occurrence); 〈스포츠〉 한판 승부, 경기
(competition); 행사, 모임(gathering)

- **the main event on the boxing card** 권투 시합의 본 **시합**
- Marriage is one of the biggest **events** in a person's life.
  결혼은 한 사람의 인생에서 가장 큰 **일** 중 하나이다.

| 어원 | e-
(out) | ➕ | vent
(come) | ➡ | 밖으로 나온 것 |

1190 ★☆☆

invent
[invént]

vt. 발명하다, 고안하다(contrive); (거짓을) 꾸미다, 날조하다(make up)

- **invent a lie[an excuse, a story]**
  거짓말[변명, 이야기]을 **꾸미다**
- Trains were **invented** long before cars.
  기차는 자동차 훨씬 이전에 **발명되었다**.

| 어원 | in-
(in) | ➕ | vent
(come) | ➡ | (머리) 속에 떠오르다 |

---

invention
[invénʃən]

n. 발명(품), 고안(품); 꾸민 이야기, 날조

- Necessity is the mother of **invention**. 〔속담〕
  필요는 **발명**의 어머니.

---

inventor
[invéntər]

n. 발명가

- **the inventor of the telephone** 전화기 **발명가**

---

inventive
[invéntiv]

a. 발명의, 발명에 재능이 있는; 독창적인(creative)

- **an inventive writer[composer]** 독창적인 작가[작곡가]

1191 ★☆☆

adventure
[ædvéntʃər;əd-]

n. 모험(심)(enterprise)

v. (위험을 무릅쓰고) 모험하다(venture)

- **bold adventures** 대담한 모험
- The young woman **adventured** her life on an undertaking.
  젊은 여자는 사업에 목숨을 **걸었다**.

| 어원 | ad-
(to) | ➕ | vent
(come) | ➕ | -ure
(명접) | ➡ | 접근해 오는 일 |

1192 ★☆☆

venture
[véntʃər]

n. (위험한·사업상의) 모험; 투기 (사업)(speculation)

vt. vi. (위험을 무릅쓰고·돈을 걸고) 모험을 하다

- Two companies made a joint **venture** to send a rocket to the moon.
  두 회사는 달에 로켓을 보내는 공동 **벤처** 사업을 시작했다.
- He **ventured** his whole fortune on the speculation.
  그는 투기사업에 전 재산을 걸었다.
- Nothing **ventured**, nothing gained. 〔속담〕
  범의 굴에 들어가야 범의 새끼를 잡는다.

| 어원 | venture | ➡ | adventure에서 ad가 탈락된 형태 |

1193 ★☆☆

prevent
[privént]

vt. 예방하다(avert); 막다, 방해하다(hinder, keep)

- **prevent a forest fire[price increases]** 산불(물가 상승)을 **예방하다**
- We can **prevent** flu from spreading.
  우리는 유행성 감기가 확산되는 것을 **예방할 수 있다.**
- The heavy rain **prevented** the helicopter from taking off.
  폭우가 헬리콥터의 이륙을 **방해했다.**

cf. prevent A from -ing A가 ~하지 못하게 하다(hinder A from -ing)

어원	pre- (before)	⊕	vent (come)	⊙	(사건이 일어나기) 전에 오다

---

prevention
[privénʃən]

n. 예방, 방지(precaution); 방해(hindrance)

- **the prevention of crime[war]** 범죄(전쟁) **방지**
- **a prevention against disease[social evils]**
  질병(사회악)에 대한 **예방책**

---

preventive
[privéntiv]

a. 예방의, 방지하는; 방해하는

- **a preventive measure against juvenile crimes**
  청소년 범죄에 대한 **예방** 조치

1194 ★★★

convene
[kənví:n]

vi. vt. 모이다, 회합하다(assemble); 모으다, 소집하다(call up)

- The committee members **convened** for a meeting at 9:00 A.M.
  위원회 위원들이 오전 9시에 회의를 위해 **모였다.**
- The manager **convened** the committee members at 9:00 A.M.
  경영자가 오전 9시에 위원회 위원들을 **소집했다.**

어원	con- (together)	⊕	ven(e) (come)	⊙	함께 오다

1195 ★★★

convention
[kənvénʃən]

n. (정치·종교·사회단체 등의) 집회, (대표자) 회의; 관례, 인습(custom)

- **break conventions of daily life** 일상생활의 **관례**를 깨뜨리다
- The Democratic and Republican Parties hold **conventions**
  every four years.
  민주당과 공화당은 4년마다 전당**대회**를 연다.

어원	con- (together)	⊕	vent (come)	⊕	-ion (명접)	⊙	함께 오는 것

---

conventional
[kənvénʃənl]

a. 집회의, 대회의; 관례적인, 인습적인(customary)

- "Good morning" is a **conventional** greeting.
  "안녕하십니까"는 **관례적인** 인사이다.

avenue
[ǽvənjuː]

n. (대체로 가로수가 있는) 대로(大路), 큰 거리(main street); (도시의) 거리, ~가

- **the Fifth Avenue of New York** 뉴욕 5번가
- People love to walk down the **avenues** of San Francisco.
  사람들은 샌프란시스코의 **대로**를 따라 걷는 것을 좋아한다.

어원	a- (ad-: to)	⊕	ven (come)	⊕	-ue (어미)	⊳	~로 이르는 길

---

revenue
[révənjuː]

n. (정부의) 세입; 수입(income), (-s) 총수입

- **revenues from patent, investment, and service**
  특허, 투자 그리고 서비스로부터의 **수입**
- The government has a huge need for tax **revenue**.
  정부는 세금 **수입**을 몹시 필요로 한다.

어원	re- (back)	⊕	ven (come)	⊕	-ue (어미)	⊳	(다시) 돌아오는 것

---

convenient
[kənvíːnjənt]

a. (시간 · 필요 등에) 편리한, 사용하기 쉬운(easy to use ⊜ inconvenient)

- **use a convenient tool** 편리한 도구를 사용하다
- If it is not **inconvenient** to you, I'd like to meet you now.
  당신에게 **불편하지** 않다면 지금 만나고 싶어요.

어원	con- (together)	⊕	ven(i) (come)	⊕	-ent (형접)	⊳	함께 오는 → 편리한

convenience
[kənvíːniəns]

n. 편리, 편의, 편리한 사정

- **convenience stores[goods]** 편의점〔일용 잡화품〕

---

vers, vert
'turn(돌다, 돌리다)'의 의미를 지님

---

version
[və́ːrʒən;-ʃən]

n. 번역(서)(translation); (개인적인) 설명, 의견; (한 가지에 대한) 변형

- **two different versions of the accident** 그 사건에 관한 다른 두 **설명**
- **a stage version of a novel** 소설을 극화한 **것**
- The freshman has read the English **version** of the novel.
  그 신입생은 그 소설의 영어 **번역판**을 읽었다.

어원	vers- (turn)	⊕	-ion (명접)	⊳	돌아 전환된 것

1200 ★☆☆

diverse
[divə́:rs;daivərs]

a. (종류·모양·성격이) 다양한(**various, varied**); 다른(**different**)

* **two widely diverse cultures** 전혀 **다른** 두 문화
* Los Angeles has **diverse** races, including many Asians, African-Americans, and Mexicans.
  LA는 많은 아시아인, (아프리카계) 미국 흑인, 멕시코 인을 포함하여 인종이 **다양하다**.

 di-
(dis-: apart) vers(e)
(turn) ➡ 떨어져 돌고 있는

diversity
[divə́:rsəti;dai-]

n. 다양성(**variety**); 다름, 차이(**difference**)

* **a diversity of methods[interests]** 다양한 방법(관심)

diversify
[divə́:rsəfài;dai-]

vt. 다양하게 하다, 변화를 주다(**vary**)

* **diversify one's skills[interests]** 기술(흥미)을 **다양화하다**

1201 ★☆☆

universe
[júːnəvəːrs]

n. 우주(**cosmos**); 전 세계(**the whole world**), 전 인류(**mankind**)

* An astronomer explores the **universe** by telescope.
  천문학자는 망원경으로 **우주**를 탐구한다.
* The whole **universe** knows it. 온 세계의 사람들이 그것을 알고 있다.

 uni-
(one) ➕ vers(e)
(turn) ➡ 하나로 변한 것

universal
[jùːnəvə́ːrsəl]

a. 보편적인, 일반적인(**general, ubiquitous**); 우주의

* **a universal practice among savages** 미개인들 사이에서의 **보편적인** 관습

university
[jùːnəvə́ːrsəti]

n. (종합)대학교

* **enter the university** 대학에 들어가다(enter college)
* *cf.* college 단과대학, 전문대학

1202 ★☆☆

divorce
[divɔ́:rs]

vt. 이혼하다; 분리하다(**separate**)

n. 이혼; 분리

* She **divorced** her husband. 그녀는 남편과 **이혼하였다**.
* Life and art cannot be **divorced**. 인생과 예술은 **분리될** 수 없다.
* She sued her husband for **divorce**. 그녀는 남편에게 **이혼** 소송을 제기했다.

 di-
(dis: apart) vorc(e)
(vert: turn) ➡ 떨어져 살기로 (등을) 돌리다

1203 ★★★

versatile
[və́:rsətl]

a. 다재다능한(all-round); 다용도의(multipurpose)

- **a versatile tool** 다용도의 도구
- The singer is a **versatile** musician who can play many instruments.
  그 가수는 여러 가지 악기를 연주할 수 있는 **다재다능한** 음악가이다.

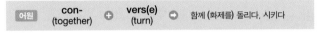

| 어원 | vers (turn) | ⊕ | at | ⊕ | -ile (형접: easy) | ➡ | (여러 방면으로) 쉽게 돌릴 수 있는 |

1204 ★☆☆

converse
[kənvə́:rs]

vi. 대화하다, 이야기를 주고받다

- She **conversed** with her classmates about the next exam.
  그녀는 급우들과 다음 시험에 대해 **이야기를 나누었다.**

| 어원 | con- (together) | ⊕ | vers(e) (turn) | ➡ | 함께 (화제를) 돌리다, 시키다 |

---

conversation
[kὰnvərséiʃən]

n. 대화, 대담(talk)

- He had a **conversation** with his girlfriend about the party.
  그는 여자 친구와 파티에 대해 **대화**를 나누었다.

1205 ★★★

converse
a.[kənvə́:rs;
  kά:nvə:rs]
n.[kά:nvə:rs]

a. (방향·순서가) 반대의, 역의(opposite, adverse)

n. 반대, 역(opposite)

- **a converse arrangement[opinion]** 반대의 배열[의견]
- A **converse** wind slowed down the airplane.
  역풍으로 인하여 비행기의 속도가 느려졌다.

| 어원 | con- (강조) | ⊕ | vers(e) (turn) | ➡ | 방향을 반대로 돌린 |

1206 ★★☆

reverse
[rivə́:rs]

vt. (방향·순서를) 반대로 하다, 뒤집다

a. n. 반대(의), 역(의)(opposite)

- **in a reverse order[direction]** 반대 순서로[방향으로]
- The jetliner abruptly **reversed** its course owing to unexpected engine trouble.
  제트 여객기는 예상치 못한 엔진 고장으로 인하여 갑자기 항로의 방향을 **반대로 돌렸다.**

| 어원 | re- (back) | ⊕ | vers(e) (turn) | ➡ | 뒤로 돌리다 |

---

reversal
[rivə́:rsəl]

n. 되돌리기, 반전

- **a perfect reversal of situation** 상황의 완전한 **반전**

1207 ★☆☆

advertise
[ǽdvərtaiz]

vt. vi. 광고하다, 선전하다

- Our company **advertises** cars on television and in newspapers.
  우리 회사는 텔레비전과 신문에 차를 **광고한다**.

| 어원 | ad-
(to) | ➕ | vert
(turn) | ➕ | -ise
(동접) | ➡ | ~쪽으로 돌려서 향하다 |

---

advertisement
[ædvərtáizmənt;
-ədvə:rtis-]

n. 광고, 선전(advertising, commercial)

- Put an **ad** in the local paper to sell your car.
  당신 차를 팔려면, 지역 신문에 **광고**를 내세요.

1208 ★★★

convert
v.[kənvə́:rt]
n.[kánvə:rt]

vt. vi. 변화시키다[되다](change), 변형시키다(transform); (종교를) 개종
시키다[하다], (이념을) 전향시키다[하다]

n. 개종자, 전향자

- **convert water into steam** 물을 증기로 **변화시키다**
- The Buddhist wants to **convert** to Catholicism.
  그 불교 신자는 가톨릭교로 **개종하고** 싶어 한다.
- She was a Catholic, but now she is a **convert** to Buddhism.
  그녀는 가톨릭 신자였으나 지금은 불교로 **개종한 사람**이다.

| 어원 | con-
(강조) | ➕ | vert
(turn) | ➡ | 완전히 바꾸다 |

---

conversion
[kənvə́:rʒən;-ʃən]

n. 변화, 변형; 개종, 전향

- **one's conversion from Hinduism to Buddhism**
  힌두교에서 불교로의 **개종**

---

convertible
[kənvə́:rtəbl]

a. 변형할 수 있는, 개조할 수 있는; 개종[전향]할 수 있는

n. 컨버터블(접는 지붕이 달린 자동차)

- **a convertible couch** (펼치면 침대가 되는) **개조할 수 있는** 긴 의자
- A glamorous woman is driving a **convertible**.
  한 매력적인 여자가 **컨버터블**을 운전하고 있다.

1209 ★☆☆

vertical
[və́:rtikəl]

a. 수직의, 곧추 선(upright, perpendicular)

- **a vertical cliff** 곧추 선 절벽
- The giant plane screamed down in an almost **vertical** dive.
  그 거대한 비행기는 거의 **수직으로** 강하하여 날카로운 소리를 냈다.

cf. a vertical line 수직선 a horizontal line 수평선 a diagonal line 대각선

| 어원 | vert
(turn) | ➕ | -ical
(형접) | ➡ | 돌기에 알맞은, 정점의 |

divert
[divə́:rt;dai-]

vt. 딴 데로 돌리다(distract); 기분을 전환시키다, 즐겁게 해주다(amuse)

- **divert oneself in walking** 산책으로 기분 전환을 하다
- A loud noise **diverted** her attention from her work.
  큰 소음은 그녀의 주의력을 작업에서 **딴 데로 돌렸다.**

| 어원 | di-
(dis-: away) | ➕ | vert
(turn) | ➡ | 딴 데로 돌리다 |

diversion
[divə́:rʒən;dai-]

n. 주의를 딴 데로 돌리기; 기분 전환, 오락(entertainment)

- Sports are good for **diversion.** 스포츠는 **기분 전환**에 좋다.

avert
[əvə́:rt]

vt. (얼굴·시선 등을) 돌리다(turn away); (위험을) 피하다(avoid), (사고를)
예방하다(prevent)

- **avert a war[an accident]** 전쟁(사고)을 예방하다
- She **averted** her eyes from his stare.
  그녀는 그의 응시에서 눈을 **돌렸다.**

| 어원 | a-
(ab-: away) | ➕ | vert
(turn) | ➡ | 딴 데로 돌리다 |

anniversary
[æ̀nəvə́:rsəri]

n. (연례적인) 기념일

- **celebrate a wedding anniversary** 결혼**기념일**을 축하하다
- Today is the **anniversary** of the day when we met first.
  오늘은 우리가 처음 만났던 날의 **기념일**이다.

| 어원 | ann(i)
(year) | ➕ | vers
(turn: 돌다) | ➕ | -ary
(명접) | ➡ | 매년 돌아오는 것 |

Daily Test 35

정답 및 해설 p.450

A 다음 영어를 우리말로, 우리말을 영어로 쓰시오.

1 valor _____
2 avert _____
3 advertise _____
4 convene _____
5 invaluable _____
6 avail _____
7 divert _____
8 versatile _____
9 divorce _____
10 convention _____

11 평가하다. 견적하다 _____
12 이기다; 널리 퍼져 있다 _____
13 변화시키다; 개종자 _____
14 세입; 수입, 총수입 _____
15 편리한, 사용하기 쉬운 _____
16 예방하다; 막다 _____
17 (연례적인) 기념일 _____
18 우주; 전 세계, 전인류 _____
19 다양한; 다른 _____
20 수직의, 곧추 선 _____

B 다음 빈칸에 알맞은 단어를 쓰시오.

1 evaluate ⊜ e _____
2 prevalent ⊜ w _____
3 universal ⊜ g _____
4 diverse ⊜ v _____
5 valid ⬌ i _____

6 valuable ⬌ w _____
7 advertise ⓝ _____
8 converse ⓝ _____
9 diverse ⓝ _____
10 value ⓐ _____

C 다음 빈칸에 들어갈 알맞은 말을 보기 에서 고르시오. [문장: 기출 또는 기출 변형]

보기	available	convenient	evaluate	ventured

1 When photography _____ to represent living things, they had to be immobilized.

2 It is advisable for consumers to go home, and _____ and weigh the purchase decision.

3 What's more, a number of good, inexpensive car security devices are now _____ on the market.

4 In the near future, I believe that most people will wear user-friendly computer equipment, making their daily lives even more _____.

DAY 36

vi(a), vey, voy / vis, vid / viv, vit / voc, vok / volv(e), volu

vi(a), vey, voy
[=way]

voc, vok
[=call, voice]

volv(e), volu
[=roll]

vi(a), vey, voy 'way(길)'의 의미를 지님

1213 ★☆☆

via
[váiə;ví:ə]

prep. ~을 경유하여(by way of); ~을 통해서, ~에 의해서(by means of)

- **receive information via mass media**
  대중매체**를 통해** 정보를 얻다
- We flew to Athens **via** Paris and Rome.
  우리는 파리와 로마**를 경유하여** 아테네로 비행하였다.

| 어원 | via
(way) | ➡ | 길을 거쳐서 |

1214 ★★☆

obvious
[ábviəs]

a. 분명한, 명백한(evident, manifest)

- **an obvious defect[advantage]**
  명백한 결점[이점]
- It's very **obvious** that he is lying.
  그가 거짓말하고 있음이 **분명하**다.

| 어원 | ob-
(toward) | ➕ | vi
(way) | ➕ | -ous
(형접) | ➡ | 길을 향하는, 길에 있어
잘 보이는 |

1215 ★★☆

previous
[prí:viəs]

a. (시간·순서 등이) 이전의, 먼저의, 앞선(prior, earlier)

- Have you had any **previous** experience, or is this new to you?
  이전의 경험이 있으신가요, 혹은 이것이 당신에게 처음인가요?
- **Previous** to her marriage, she was a fashion model.
  결혼 **이전에** 그녀는 패션모델이었다.

cf. previous to ~의 이전에, ~에 앞서서(prior to, before)

| 어원 | pre-
(before) | ➕ | vi
(way) | ➕ | -ous
(형접) | ➡ | 길을 먼저 가는 |

1216 ★★☆

convey
[kənvéi]

vt. 운반[수송]하다(transport); (감정·생각 등을) 전달하다(communicate)

- Trains **convey** passengers and goods.
  기차는 승객과 화물을 **실어 나른다**.
- I can't **convey** my feelings in words. 나는 감정을 말로 **전달할** 수 없다.

| 어원 | con-
(together) | ➕ | vey
(way) | ➡ | 함께 길을 가다 |

conveyance
[kənvéiəns]

n. 운반, 수송(transportation); 전달(communication)

- **conveyance by land[by water]** 육상[수상] 운수
- **conveyor belt** 〈기계〉 컨베이어 벨트

1217 ★☆☆

convoy
[kánvɔi;kɔ́nvɔi]

vt. 호송하다, 호위하다(escort)

n. 호송, 호위(escort); 호위대[함]

- An aircraft carrier **convoyed** five oil tankers.
  한 척의 항공모함이 다섯 척의 유조선을 **호위했다**.
- We decided to travel in **convoy** for safety.
  우리는 안전을 위해서 **호위대**를 구성하여 여행하기로 결정했다.

| 어원 | con-
(together) | ➕ | voy
(way) | ➡ | 함께 길을 가며 보호하다 |

1218 ★★★

envoy
[énvɔi;á:n-]

n. 공사(公使), 외교사절(diplomatic messenger)

- The minister was sent as an **envoy** to solve a dispute.
  그 장관이 분쟁을 해결하기 위해 **공사**로 보내어졌다.

| 어원 | en-
(in: in) | ➕ | voy
(way) | ➡ | 안에 임무를 갖고 길 떠나는 사람 |

• Further Study •

ambassador	**n.** 대사(大使)
consul	**n.** 영사(領事)
emissary	**n.** 특사, 사절
messenger	**n.** 전갈(message)을 전하는 사람, 전령, 심부름꾼

1219 ★☆☆

voyage
[vɔ́iidʒ]

n. 항해(sailing); 항공 여행, 우주여행

- **go on a voyage to Europe** 유럽으로의 **항해** 길에 오르다
- For their honeymoon, they took a **voyage** around the world.
  그들은 신혼여행으로 세계 일주 **항해**를 했다.

| 어원 | voy
(way) | ➕ | -age
(어미) | ➡ | 멀리 길 떠나기 |

vis, vid	'see(보다)'의 의미를 지님

1220 ★☆☆

video
[vídiou]

a. 영상의 　**n.** 비디오, (텔레비전·비디오테이프의) 영상

- The Korean artist is very famous in the field of **video** art.
  그 한국의 아티스트는 **영상** 예술의 분야에서 매우 유명하다.
- We saw a movie on **video**. 우리는 영화를 **비디오**로 보았다.

어원	**vid(e)** (see)	＋	**-o** (어미)	➡	눈으로 보는 (것)

1221 ★☆☆

visa
[ví:zə]

n. 비자, 사증

- Do you need a **visa** to visit Canada? 캐나다를 방문하려면 **비자**가 필요하니?

cf. Visa 미국의 신용카드(credit card)의 이름

어원	**vis** (see)	＋	**-a** (어미)	➡	입국할 때 보여주는 것

1222 ★☆☆

vision
[víʒən]

n. 시각, 시력(eyesight); 선견지명(foresight), 통찰력(insight)

- She had good[poor, clear] **vision**.
  그녀는 **시력**이 좋다(나쁘다, 또렷하다).
- We need a leader of **vision**. 우리는 **선견지명**이 있는 지도자가 필요하다.

어원	**vis** (see)	＋	**-ion** (명접)	➡	보는 것

---

visible
[vízəbl]

a. 눈에 보이는, 가시의(seeable ⟷ invisible)

- Music is **invisible**; we can just hear and feel it.
  음악은 **눈에 보이지** 않아서 우리는 그것을 단지 듣고 느낄 뿐이다.

---

visual
[víʒuəl]

a. 시각의, 시력의(optical)　**n.** (영화·사진·도표 등의) 시각 자료

- a **visual** art[nerve, organ] **시각** 예술(신경, 기관)

1223 ★☆☆

advise
[ədváiz]

vt. 충고하다, 조언하다(counsel)

- Her teacher **advised** her to go to college.
  그녀의 선생님은 그녀에게 대학에 가라고 **조언했다**.

어원	**ad-** (to)	＋	**vis(e)** (see)	➡	~쪽을 보도록 하다

---

advice
[ədváis]

n. 충고, 조언(counsel, tip)

- He followed his friend's **advice** and didn't drop out of school.
  그는 친구의 **충고**를 받아들여서 학교를 그만 두지 않았다.

1224 ★☆☆

television
[téləviʒən]

n. 텔레비전 (수상기)

- **watch a ball game on television** TV로 야구 시합을 시청하다
- What's on **television** tonight? 오늘밤 TV에서 무슨 프로그램을 하지?

| 어원 | tele-
(far) | ➕ | vis
(see) | ➕ | -ion
(명접) | ➡ | 멀리서 보는 것 |

televise
[téləvaiz]

vt. vi. 텔레비전으로 방송하다(broadcast by television)

- All major TV networks **televised** the Presidential elections.
  모든 주요 텔레비전 방송사들이 대통령 선거를 **방송했다.**

1225 ★★★

revise
[riváiz]

vt. 고치다, 변경하다(amend); (원고·책을) 교정하다

- **revise one's opinion[the constitution]** 의견〔헌법〕을 **고치다**
- The author **revised** his book several times before publishing it.
  그 저자는 책을 출판하기 전에 몇 번이나 **교정을 보았다.**

| 어원 | re-
(again) | ➕ | vis(e)
(see) | ➡ | 반복하여 보다 |

revision
[riví ʒən]

n. 개정, 교정; (책의) 개정판(revised edition)

- **a full-scale revision of laws** 법의 전면적 **개정**

1226 ★★★

supervise
[sú:pərvaiz]

vt. (일·노동자 등을) 감독하다, 관리하다(superintend)

- The boss **supervises** a bookkeeping department of 15 employees.
  그 관리자는 15명의 직원이 있는 경리 부서를 **감독한다.**

| 어원 | super-
(above) | ➕ | vis(e)
(see) | ➡ | 위에서 바라보다 |

supervisor
[sú:pərvaizər]

n. 감독, 관리인(superintendent)

- **a supervisor of a manufacturing operation** 제조 작업의 **감독자**

1227 ★☆☆

evidence
[évədəns]

n. 증거(proof)

- The lawyer presented the murder weapon as **evidence** in court.
  변호사는 법정에서 살인 흉기를 **증거**로 제출했다.

| 어원 | e-
(out) | ➕ | vid
(see) | ➕ | -ence
(명접) | ➡ | 밖으로 보이는 것 |

evident
[évədənt]

a. 명백한, 분명한(obvious, manifest)

- It was too **evident** to require proof. 너무도 **명백해** 증거가 필요 없었다.

provide
[prəváid]

vt. 공급하다, 제공하다(supply, furnish)

vi. 대비하다, 준비하다; 부양하다(support) (보통 for를 수반)

- **provide for a large family** 대가족을 **부양하다**
- Parents **provide** their children with food, clothes, and shelter.
  = Parents **provide** food, clothes, and shelter for their children.
  부모는 자식에게 의식주를 **제공한다.**
- The salaried man **provides** for his old age by saving money each month.
  그 봉급 생활자는 매달 돈을 저축해서 노년에 **대비한다.**

 어원 | **pro-** (before) ➕ **vid(e)** (see) ➡ 미리 보고 대비하다

provision
[prəvíʒən]

n. 공급, 제공; 준비, 대비; (-s) 식량, 양식(supplies of food)

- **the provision of necessities for the poor**
  빈민을 위한 필수품 **공급**
- We are running out of **provisions.**
  우리는 **식량**이 떨어지고 있다.

interview
[íntərvjuː]

vt. 인터뷰하다, 회견하다; 면접하다

n. 인터뷰, 회견; 면접

- A reporter **interviewed** the mayor about the city's problems.
  한 기자가 도시 문제에 관해 시장을 **인터뷰했다.**

 어원 | **inter-** (mutually) ➕ **view** (보다) ➡ 서로 보다

interviewer
[íntərvjuːər]

n. 인터뷰하는 사람; 면접관(● **interviewee** 면접 받는 사람)

- The **interviewer** asked me how old I was.
  그 **면접관**은 내가 몇 살인지를 물었다.

viv, vit
'live(살다), life(삶)'의 의미를 지님

vivid
[vívid]

a. (묘사·기억 등이) 생생한(graphic); (색깔·빛 등이) 선명한(vibrant)

- **a vivid description[recollection]** 생생한 묘사[추억]
- **a vivid coloring[flash of lightning]** 선명한 채색[섬광]
- It is still **vivid** in my memory. 그것은 아직도 내 기억에 **생생하다.**

 어원 | **viv** (live) ➕ **-id** (형접) ➡ 살아있는 듯한

1231 ★★☆

vital
[váitl]

a. 활기 있는, 생기가 넘치는(animated, vigorous); 없어서는 안 될 (indispensable), 중대한(most important)

- She has a **vital** personality.
  그녀는 **활달한** 성격을 지니고 있다.
- Your support is **vital** for the success of my plan.
  너의 지원은 내 계획의 성공에 **극히 중대하다**.

어원	vit (life)	➕	-al (형접)	➡	생명의

vitality
[vaitǽləti]

n. 활력, 생기(vigor)

- **a style[song] full of vitality** 생기 넘치는 문체[노래]

vitalize
[váitəlàiz]

vt. 활력을 주다, 활기[생기]를 주다(animate)

- Good food **vitalizes** the blood.
  좋은 음식은 혈액에 **활력을 준다**.

1232 ★★★

revitalize
[rì:váitəlaiz]

vt. 새로운 활력을 불어 넣다

- Government action **revitalized** a weak economy.
  정부의 조치는 무기력한 경제에 **새로운 활력을 불어 넣었다**.

어원	re- (again)	➕	vitalize	➡	다시 생명을 주다

1233 ★☆☆

vitamin
[váitəmin]

n. 비타민

- Oranges contain **vitamin** C.
  오렌지는 **비타민** C를 함유한다.

어원	vit (life)	➕	amine (아민)	➡	생명과 아미노산, 생명에 필요한 영양소

voc, vok
'call(부르다), voice(목소리)'의 의미를 지님

1234 ★☆☆

vocal
[vóukəl]

a. 목소리의, 음성에 관한; 성악(용)의

- **the vocal organs** 발성기관
- We like **vocal** music better than instrumental (music).
  우리는 기악보다 **성악**을 더 좋아한다.

어원	voc (voice)	➕	al (형접)	➡	목소리의

1235 ★☆☆

vocabulary
[vəkǽbjuleri]

n. 어휘, 용어

- **enlarge one's vocabulary**
  어휘를 확장하다
- The learner has a large **vocabulary** of English words.
  그 학습자는 영어 단어의 많은 **어휘**를 알고 있다.

| 어원 | voc(a)
(call) | ⊕ | bul
(지소사) | ⊕ | ary
(명접) | ➡ | 사물의 이름을 부를 때
쓰는 것 |

1236 ★☆☆

vocation
[voukéiʃən]

n. 직업(job, occupation), 천직(calling); 신의 부르심, 소명

- Her writing is not a **vocation**, but a hobby.
  그녀의 글쓰기는 **직업**이 아니고 취미이다.
- The Buddhist felt a **vocation** for the religious life.
  그 불교 신자는 신앙생활에 대한 **소명**을 느꼈다.

| 어원 | voc
(call) | ⊕ | -ation
(명접) | ➡ | 신의 부르심 |

vocational
[voukéiʃənl]

a. 직업의, 직업상의

- **a vocational aptitude[disease]**
  직업상의 적성[질병]

1237 ★★★

advocate
v.[ǽdvəkeit]
n.[ǽdvəkət;-keit]

vt. 지지하다, 옹호하다(support), 주장하다; 변호하다(plead)

n. 지지자, 옹호자(supporter), 주장자; 변호사(lawyer, attorney)

- **an advocate for the poor**
  가난한 사람들을 위한 **변호사**
- The opposition party **advocates** a reduction in taxes.
  야당은 세금을 줄일 것을 **주장했다**.
- The statesman is an **advocate** of world government.
  그 정치가는 세계 정부의 **지지자**이다.

| 어원 | ad-
(to) | ⊕ | voc
(call) | ⊕ | -ate
(동접) | ➡ | ~로 외치다 |

1238 ★☆☆

vowel
[váuəl]

n. 모음(◐ consonant 자음)

- The **vowels** in the English alphabet are a, e, i, o, u, and sometimes y.
  영어의 자모에서 **모음**은 a, e, i, o, u와 때때로 y이다.

| 어원 | vow
(voice) | ⊕ | -el
(어미) | ➡ | 목의 성대를 울리고 나오는 소리 |

volv(e), volu   'roll(말다; 구르다)'의 의미를 지님

1239 ★☆☆

volume
[válju:m;-ljəm]

n. 책, 서적(book); (전집 등의) 권; 양, 분량(quantity); 음량, 볼륨

- The dictionary is the largest **volume** on that shelf.
  그 사전이 저 책꽂이에서 가장 두꺼운 **책**이다.
- **Volume** 3 has just appeared.
  제3**권**이 방금 나왔다.
- There is a large **volume** of traffic on the highways this summer.
  올 여름 고속도로에는 교통**량**이 많다.
- Please, turn up the **volume** on the radio.
  라디오의 **음량**을 높여주세요.

| 어원 | volu (roll) | ➕ | -me (어미) | ➡ | 말아놓은 것, 두루마리 |

1240 ★★☆

evolve
[iválv]

vi. vt. (점차적으로) 발전하다[시키다](develop); 〈생물〉 진화하다

- Agriculture **evolved** slowly over thousands of years.
  농업은 수천 년에 걸쳐 서서히 **발전했다**.
- Humans **evolved** directly from apes.
  인간은 원숭이로부터 직접 **진화하였다**.

| 어원 | e- (out) | ➕ | volve (roll) | ➡ | 밖으로 굴러가다 |

---

evolution
[evəlú:ʃən;i:və-]

n. 전개, 발전(development); 진화

- **the theory of evolution** 진화론

1241 ★★☆

revolve
[riválv]

vi. vt. (축을 중심으로) 회전하다(rotate); (천체가) 공전하다

- **a revolving door[stage]** 회전문[회전 무대]
- The earth **revolves** around the sun once a year.
  지구는 1년에 한 번씩 태양 주위를 **공전한다**.

| 어원 | re- (again) | ➕ | volve (roll) | ➡ | 반복하여 구르다 |

---

revolution
[rèvəlú:ʃən]

n. 회전; (천체의) 공전; 혁명

- **rotating at 3,000 revolutions per minute**
  분당 삼천 번 **회전 운동**을 하는
- **the revolution against the government** 반(反)정부 **혁명**

cf. rotation 자전

1242 ★★★

involve
[inválv]

vt. (필연적으로) 포함하다(include), 수반하다(entail), 필요로 하다 (need); (일·범죄에) 끌어들이다, 연루시키다(implicate)

- **a woman involved in a conspiracy** 음모에 **연루된** 여자
- Taking the job **involves** living abroad.
  그 직업을 갖는 것은 해외 생활을 **수반한다**.

| 어원 | in-
(in) | ➕ | volve
(roll) | ➡ | 안으로 말아 넣다 |

involved
[inválvd]

a. 복잡한(complicated); 관련된, (사건·범죄에) 연루된(implicated)

- More than one person is **involved** in this crime.
  한 사람 이상이 이 범죄에 **연루되어** 있다.

1243 ★★★

revolt
[rivóult]

vi. 반란을 일으키다, 모반을 일으키다(rebel, mutiny)

n. 반란, 폭동(rebellion, insurrection); 반항, 반역

- **rise in revolt against oppression**
  억압에 저항하여 **반란**을 일으키다
- The unemployed people **revolted** against the dictator.
  실직자들은 독재자에 항거하여 **반란을 일으켰다**.

| 어원 | re-
(back) | ➕ | volt
(roll) | ➡ | 뒤로 굴러가다 |

Word Grammar "명사+명사" 구조, 복합명사

POINT ▶ 앞 명사가 뒤에 오는 명사를 설명하여 "어떤~" 혹은 "분류"의 관계가 성립되는 어법이다. 하나의 단어로 간주하여 학습하세요.

street tree 가로수	**school auditorium** 학교 강당	**winter vacation** 겨울 방학
birthday party 생일 파티	**summer resort** 피서지	**car door** 자동차 문
tennis shoes 테니스 신발	**conference room** 회의실	**book store** 서점
gold medal 금메달	**stone wall** 돌담	**iron bridge** 철교
brain surgery 뇌 수술	**eye operation** 눈 수술	**science fiction** 공상 과학 소설
sign language 수화	**time signal** 시보	**kitchen counter** 조리대
blood type 혈액형	**air conditioner** 냉방 장치	**birth control** 산아 제한
door knob 문손잡이	**answer sheet** 답안지	

Daily Test 36

정답 및 해설 p.477

A 다음 영어를 우리말로, 우리말을 영어로 쓰시오.

1	envoy	_____	11 분명한, 명백한	_____
2	volume	_____	12 항해; 항공 여행	_____
3	convoy	_____	13 이전의, 먼저의, 앞선	_____
4	revitalize	_____	14 지지하다; 지지자	_____
5	vocation	_____	15 시각, 시력; 선견지명	_____
6	revolve	_____	16 생생한; 선명한	_____
7	vowel	_____	17 감독하다, 관리하다	_____
8	revolt	_____	18 포함하다, 수반하다	_____
9	provision	_____	19 활기 있는; 중대한	_____
10	vocal	_____	20 ~을 경유하여, ~을 통해서	_____

B 다음 빈칸에 알맞은 단어를 쓰시오.

1	revise	⊜ a_____	6	interviewer	⟷ i_____
2	visual	⊜ o_____	7	vital	ⓥ _____
3	evidence	⊜ p_____	8	evolve	ⓝ _____
4	convey	⊜ t_____	9	advise	ⓝ _____
5	vowel	⟷ c_____	10	television	ⓥ _____

C 다음 빈칸에 들어갈 알맞은 말을 (보기)에서 고르시오. (문장: 기출 또는 기출 변형)

보기	vital	obvious	evolved	convey

1 He sought to _____ a message rather than simply to please his patrons.

2 The most _____ salient feature of moral agents is a capacity for rational thought.

3 The harshness of their surroundings is a(n) _____ factor in making them strong and sturdy.

4 They have _____ from small, cat-sized mammals to swift animals closely linked to human life.

접미어 Suffix(1)

D A Y 37

art + ist

magic + (i)an

사람을 나타내는 명사형 접미어

-er, -or, -ant, -ent, -ee, -eer, -ist, -ar, -(i)an, -ary, -ster, -ive

1. 동사·명사·형용사 + -er ⇒ 사람, 사물

: -er은 one who(~하는 사람, 행위자), that which(~하는 데 쓰이는 사물)의 의미를 나타낸다.

★ bake (굽다)		**baker**[béikər] 제빵사
★ lead (지도하다)		**leader**[líːdər] 지도자
★ murder (살해하다)		**murderer**[mə́ːrdərər] 살인범
★ employ (고용하다)		**employer**[implɔ́iər;em-] 고용주
★ strange (이상한, 낯선)	➕ **-er** ➡	**stranger**[stréindʒər] 낯선 사람
★ foreign (외국의)		**foreigner**[fɔ́ːrənər;fár-] 외국인
★ garden (정원)		**gardener**[gàːrdnər] 정원사
★ harvest (수확하다)		**harvester**[háːrvistər] 수확하는 사람, 수확기
★ jewel (보석)		**jeweler**[dʒúːələr] 보석상

2. 동사 + -or ⇒ 사람, 사물

: -or은 one who(~하는 사람, 행위자), that which(~하는 데 쓰이는 사물)의 의미를 나타낸다.

★ invent (발명하다)		**inventor**[invéntər] 발명가
★ conquer (정복하다)		**conqueror**[káŋkərər] 정복자
★ sail (항해하다)	➕ **-or** ➡	**sailor**[séilər] 선원
★ edit (편집하다)		**editor**[édətər] 편집자
★ elevate (올리다)		**elevator**[éləveitər] 엘리베이터

3. 동사 + -ant, -ent ⇒ 사람, 사물

: -ant, ent는 those who(~하는 사람, 행위자), that which(~하는 것)의 의미를 나타낸다.

★ serve (섬기다)		**servant**[sə́ːrvənt] 하인
★ assist (돕다)		**assistant**[əsístənt] 보조원, 조수
★ correspond (통신하다)	➕ **-ant** **-ent** ➡	**correspondent**[kɔ̀ːrəspándənt;kàr-] 통신원
★ preside (사회를 보다)		**president**[prézədənt] 대통령, 사장
★ reside (거주하다)		**resident**[rézədənt] 거주자

4. 동사 · 명사 + -ee ⇒ 사람

: -er, -or로 끝나는 명사가 행위자를 나타내는 것과는 상대적으로, -ee는 그 행위를 당하거나 받는 사람의 의미를 나타낸다.

★ commit (위탁하다)
★ employ (고용하다)
★ refuge (피난하다)

＋ **-ee** ⇒

committee [kəmíti] 위원(회)
employee [implɔ́i] 종업원, 직원
refugee [rèfjudʒíː] 피난인, 망명자

5. 명사 + -eer ⇒ 사람

: -eer은 person concerned with(관계자)의 의미를 나타낸다.

★ voluntary (자발적 행동)
★ mountain (산)
★ engine (엔진, 기관)

＋ **-eer** ⇒

volunteer [vὰləntíər] 지원자, 자원자
mountaineer [màuntəníər] 등산가
engineer [èndʒiníər] 기사, 기술자

6. 명사 + -ist ⇒ 사람

: -ist는 one who[〜하는 사람 ⇒ agent(행위자), follower(-ism의 추종자)]의 의미를 나타낸다.

★ art (예술, 미술)
★ novel (소설)
★ socialism (사회주의)
★ nationalism (민족주의)
★ psychology (심리학)
★ botany (식물학)

＋ **-ist** ⇒

artist [áːrtist] 예술가, 미술가
novelist [návəlist] 소설가
socialist [sóuʃəlist] 사회주의자
nationalist [nǽʃənəlist] 민족주의자
psychologist [saikálədʒist] 심리학자
botanist [bátənist] 식물학자

7. 동사 + -ar ⇒ 사람

: -ar은 agent(행위자)의 의미를 나타낸다.

★ beg (구걸하다)
★ lie (거짓말하다)
★ burgle (밤 도둑질하다)

＋ **-ar** ⇒

beggar [bégər] 거지
liar [láiər] 거짓말쟁이
burglar [bɔ́ːrglər] 밤도둑, 강도

8. 명사 + -(i)an ⇒ 사람

: -(i)an은 agent(행위자), person concerned with(관계자)의 의미를 나타낸다.

★ comedy (희극)
★ Europe (유럽)
★ history (역사)
★ library (도서관)
★ magic (마법, 마술)

＋ **-(i)an** ⇒

comedian [kəmíːdiən] 희극배우
European [jùərəpíːən; jɔ̀ːr-] 유럽인
historian [histɔ́ːriən] 역사가
librarian [laibréəriən] 사서
magician [mədʒíʃən] 마법사, 마술사

9. 형용사 · 명사 + -ary ⇒ 사람, 사물

: person or thing concerned with(관계자, 혹은 관계물)의 의미를 나타낸다.

★ adverse (반대의)
★ secret (비밀, 기밀)
★ mission (전도)

＋ **-ary** ⇒

adversary [ǽdvərseri] 반대자, 적
secretary [sékrəteri] 비서
missionary [míʃəneri] 전도사

10. 동사·형용사 + -ster ⇒ 사람

: -ster은 agent(행위자), somebody(형용사의 성질을 가진 사람)의 의미를 나타낸다.

★ gang (집단을 이루다)
★ game (도박하다)
★ young (젊은)

➕ **-ster** ➡

gangster[gǽŋstər] 깡패
gamester[géimstər] 도박꾼
youngster[jʌ́ŋstər] 젊은이

11. 동사 + -ive ⇒ 사람

: -ive는 agent(행위자), person concerned with(관계자)의 의미를 나타낸다.

★ represent (대표하다)
★ capture (사로잡다)
★ relate (관계를 맺다)

➕ **-ive** ➡

representative[rèprizéntətiv] 대표자
captive[kǽptiv] 포로
relative[rélətiv] 친척, 일가

추상적 개념의 명사형 접미어

-al, -ment, -ance, -ence, -ion, -ness, -ity, -(e)ty, -ure, -(i)tude, -t, -(e)ry, -dom, -th, -y, -o(u)r, -ice, ism, -ship, -ic(s), -hood

1. 동사 + -al ⇒ 추상명사

: -al은 act(행위)의 의미를 나타낸다.

★ approve (승인하다)
★ deny (부정하다, 부인하다)
★ revive (부활시키다)
★ survive (살아남다)

➕ **-al** ➡

approval[əprú:vəl] 승인
denial[dináiəl] 부정, 부인
revival[riváivəl] 부활
survival[sərváivəl] 생존

2. 동사 + -ment ⇒ 추상명사

: -ment는 act(행위), result(결과), state(상태), means(수단)의 의미를 나타낸다.

★ pay (지불하다)
★ agree (동의하다)
★ move (움직이다)
★ improve (개선하다)

➕ **-ment** ➡

payment[péimənt] 지불
agreement[əgrí:mənt] 동의
movement[mú:vmənt] 움직임
improvement[imprú:vmənt] 개선, 향상

3. 동사·형용사 + -ance, ence ⇒ 추상명사

: -ance[ancy], ence[ency]는 act(행위), state(상태), quality(성질)의 의미를 나타낸다.

★ admit (들이다)
★ enter (들어가다)
★ inherit (상속하다)
★ maintain (유지하다)
★ occur (발생하다)
★ depend (의존하다)
★ excel (능가하다)
★ prefer (~을 더 좋아하다)

➕ **-ance
-ence** ➡

admittance[ædmítns;əd-] 입장, 허가
entrance[éntrəns] 입장
inheritance[inhérətəns] 상속
maintenance[méintənəns] 유지
occurrence[əkə́:rəns;əkʌ́r-] 발생, 사건
dependence[dipéndəns] 의존
excellence[éksələns] 우수
preference[préfərəns] 더 좋아함, 선호

4. 동사 + -ion ⟹ 추상명사

: -ion, -sion, -tion, -ation, -ition은 act(행위), result(결과), state(상태) 등의 의미를 나타낸다.

★ possess (소유하다)   **possession**[pəzéʃən] 소유
★ decide (결정짓다)   **decision**[disíʒən] 결정
★ conclude (결론을 내리다)   **conclusion**[kənklúːʒən] 결론
★ compel (강요하다)   **completion**[kəmplíːʃən] 강제
★ admit (들이다)   **admission**[ædmíʃən;əd-] 입장, 입장료
★ educate (교육하다)   **education**[èdʒukéiʃən] 교육
★ define (정의하다)   **definition**[dèfəníʃən] 정의
★ compete (경쟁하다)   **competition**[kàmpətíʃən] 경쟁
★ add (더하다)   **addition**[ədíʃən] 부가
★ repeat (반복하다)   ➕ **-ion** ➡ **repetition**[repətíʃən] 반복
★ inform (알리다)   **information**[ìnfərméiʃən] 정보
★ interpret (통역하다)   **interpretation**[intəːrpritéiʃən] 통역
★ limit (제한[한정]하다)   **limitation**[lìmətéiʃən] 제한, 한정
★ realize (실현하다)   **realization**[rìːəlizéiʃən] 실현
★ apply (응용하다)   **application**[æ̀pləkéiʃən] 응용
★ classify (분류하다)   **classification**[klæ̀səfikéiʃən] 분류
★ identify (동일시하다)   **identification**[aidèntəfikéiʃən] 동일시
★ simplify (단순화하다)   **simplification**[sìmpləfikéiʃən] 단순화

5. 형용사 + -ness ⟹ 추상명사

: -ness는 quality(성질), state(상태) 등의 의미를 나타낸다.

★ kind (친절한)   **kindness**[káindnis] 친절
★ weak (약한)   **weakness**[wíːknis] 허약함
★ bold (대담한)   ➕ **-ness** ➡ **boldness**[bóuldnis] 대담
★ conscious (의식적인)   **consciousness**[kánʃəsnis] 의식

6. 형용사 + -ity, -(e)ty ⟹ 추상명사

: -ity, -(e)ty는 quality(성질), state(상태) 등의 의미를 나타낸다.

★ equal (동등한)   **equality**[ikwáləti] 동등, 평등
★ popular (인기 있는)   **popularity**[pàpjulǽrəti] 인기
★ anxious (걱정하는)   **anxiety**[æŋzáiəti] 걱정
★ various (여러 가지의)   **variety**[vəráiəti] 다양함
★ poor (가난한)   **poverty**[pávərti] 가난, 빈곤
★ safe (안전한)   **safety**[séifti] 안전
★ gay (명랑한, 쾌활한)   ➕ **-ity / -(e)ty** ➡ **gaiety**[géiəti] 명랑, 쾌활
★ pious (경건한)   **piety**[páiəti] 경건, 신심
★ loyal (충성스러운)   **loyalty**[lɔ́iəlti] 충성
★ novel (새로운)   **novelty**[návəlti] 새로움
★ stupid (어리석은)   **stupidity**[stjuːpídəti] 어리석음
★ vulgar (저속한)   **vulgarity**[vʌlgǽrəti] 천박함

7. 동사 + -ure ⇒ 추상명사
: -ure는 act(행위), result(결과) 등의 의미를 나타낸다.

★ **create** (창조하다)		**creature** [krí:tʃər] 피조물
★ **fail** (실패하다)	➕ **-ure** ➡	**failure** [féiljər] 실패
★ **please** (기쁘게 하다)		**pleasure** [pléʒər] 기쁨
★ **depart** (출발하다)		**departure** [dipá:rtʃər] 출발

8. 형용사 + -(i)tude ⇒ 추상명사
: -(i)tude는 quality(성질), state(상태) 등의 의미를 나타낸다.

★ **solitary** (고독한)		**solitude** [sálətju:d] 고독
★ **apt** (적절한)	➕ **-(i)tude** ➡	**aptitude** [ǽptətju:d] 적절
★ **grateful** (감사하는)		**gratitude** [grǽtətju:d] 감사
★ **multiple** (다수의)		**multitude** [mʌ́ltətju:d] 다수

9. 동사 + -t ⇒ 추상명사
: -t는 act(행위), state(상태) 등의 의미를 나타낸다.

★ **complain** (불평하다)		**complaint** [kəmpléint] 불평
★ **restrain** (억제하다)	➕ **-t** ➡	**restraint** [risréint] 억제
★ **join** (결합하다)		**joint** [dʒɔ́int] 접합 부분
★ **weigh** (무게를 달다)		**weight** [wéit] 무게

10. 동사·형용사·명사 + -(e)ry ⇒ 추상명사
: -(e)ry는 act(행위), state(상태), quality(성질)의 의미를 나타낸다.

★ **bribe** (뇌물을 주다)		**bribery** [bráibəri] 뇌물
★ **rob** (빼앗다)	➕ **-(e)ry** ➡	**robbery** [rábəri] 강도질, 강탈
★ **brave** (용감한)		**bravery** [bréivəri] 용감한 정신[행위]
★ **slave** (노예)		**slavery** [sléivəri] 노예 신분[제도]

11. 형용사·명사 + -dom ⇒ 추상명사
: -dom은 state(상태), domain(영토, 영역), rank(계급, 지위) 등의 의미를 나타낸다.

★ **free** (자유로운)		**freedom** [frí:dəm] 자유
★ **wise** (현명한)	➕ **-dom** ➡	**wisdom** [wízdəm] 지혜
★ **king** (왕)		**kingdom** [kíŋdəm] 왕국

12. 형용사·동사 + -th ⇒ 추상명사
: -th는 act(행위), state(상태), quality(성질)의 의미를 나타낸다.

★ **long** (긴)		**length** [leŋkθ;lenθ] 길이
★ **grow** (성장하다)	➕ **-th** ➡	**growth** [grouθ] 성장
★ **strong** (강한)		**strength** [streŋkθ] 강함, 힘
★ **warm** (따뜻한)		**warmth** [wɔ:rmθ] 따뜻함

13. 동사·형용사 + -y ⇒ 추상명사

: -y는 act(행위), result(결과), state(상태), quality(성질)의 의미를 나타낸다.

* **deliver** (배달하다)
* **recover** (회복하다)
* **difficult** (어려운, 힘든)
* **honest** (정직한)

+ **-y** **⇒**

delivery[dilívəri] 배달
recovery[rikʌ́vəri] 회복, 복구
difficulty[dífikʌlti] 어려움, 난관
honesty[ánisti] 정직

14. 동사·형용사 + -o(u)r ⇒ 추상명사

: -o(u)r은 act(행위), quality(성질), state(상태)의 의미를 나타낸다.

* **err** (잘못하다)
* **ardent** (열심인)
* **splendid** (화려한, 장엄한)

+ **-o(u)r** **⇒**

error[érər] 잘못, 실수
ardo(u)r[á:rdər] 열심
splendo(u)r[spléndər] 화려, 장엄

15. 동사·형용사·명사 + -ice ⇒ 추상명사

: -ice는 state(상태), quality(성질)의 의미를 나타낸다.

* **serve** (봉사하다)
* **note** (주목하다)
* **just** (정당한)
* **coward** (겁쟁이)

+ **-ice** **⇒**

service[sə́:rvis] 서비스
notice[nóutis] 주목
justice[dʒʌ́stis] 공정, 정의
cowardice[káuərdis] 겁, 비겁

16. 주의 및 특성의 명사형 접미어: -ism

* **ego** (자아, 자신)
* **social** (사회적인)
* **criticize** (비평하다)
* **natural**(자연적인)

+ **-ism** **⇒**

egoism[í:gouizm;ég] 이기주의
socialism[sóuʃəlizm] 사회주의
criticism[krítəsizm] 비평
naturalism[nǽtʃrəlizm] 자연주의

17. 자격 및 특성의 명사형 접미어: -ship

* **friend** (친구)
* **sportsman** (운동가)
* **citizen** (시민)
* **premier** (수상)

+ **-ship** **⇒**

friendship[fréndʃip] 우정
sportsmanship[spɔ́:rtsmənʃip] 운동가 정신
citizenship[sítəzənʃip] 시민의 신분, 시민권
premiership[primʃíərʃip;prí:miər-] 수상의 임기

18. 학문의 명사형 접미어: -ic(s)

* **economy** (경제)
* **political**(정치의)
* **physical** (물리적인)
* **logos** (이성, 하나님의 말씀)

+ **-ic(s)** **⇒**

economics[èkənámiks;ì:k] 경제학
politics[pálətiks] 정치학
physics[fíziks] 물리학
logic[ládʒik] 논리학

19. 시대·관계의 명사형 접미어: -hood

* **child** (아이)
* **brother** (형제)
* **neighbor** (이웃 사람)
* **likely**(가능성 있는)

+ **-hood** **⇒**

childhood[tʃáildhud] 어린 시절, 유년기
brotherhood[brʌ́ðərhud] 형제간의 관계, 형제애
neighborhood[néibərhùd] 이웃, 인근
likelihood[láiklihud] 가능성

Daily Test 37

A 다음 영어를 우리말로, 우리말을 영어로 쓰시오.

1	brotherhood	_____	11	공정, 정의	_____
2	economics	_____	12	어려움, 난관	_____
3	naturalism	_____	13	지혜	_____
4	citizenship	_____	14	감사	_____
5	burglar	_____	15	가난, 빈곤	_____
6	cowardice	_____	16	경쟁	_____
7	strength	_____	17	발생, 사건	_____
8	robbery	_____	18	대표자	_____
9	creature	_____	19	위원(회)	_____
10	consciousness	_____	20	낯선 사람	_____

B 다음 중 성질이 다른 하나를 고르시오.

1 ① failure ② conqueror ③ magician ④ secretary

2 ① creature ② movement ③ adversary ④ possession

3 ① restraint ② resident ③ assistant ④ president

4 ① captive ② relative ③ representative ④ effective

5 ① honesty ② friendly ③ difficulty ④ recovery

C 다음 빈칸에 들어갈 알맞은 말을 보기 에서 고르시오. (문장: 기출 또는 기출 변형)

보기	kindness	survival	delivery	variety

1 Thank you for years for reliable _____ of a first-rate newspaper.

2 Due to this trade, the plant _____ became widespread in a region.

3 I would like to ask for the _____ in your heart to forgive my unintended offense.

4 Our _____ in the everyday world requires us to perform thousands of small tests without failure.

DAY 38 접미어 Suffix(2)

anima + ate- ⇒ animate

동사형 접미어
-en, ize, -(i)fy, -ate

1. 형용사 · 명사 + -en ⇒ 동사
: -en은 make(~하게 하다), become(~이 되다)의 의미를 나타낸다.

* ripe (익은, 여문)
* soft (부드러운)
* weak (약한) ⊕ **-en** ⇒
* fright (공포)
* haste (신속)
* strength (힘)

ripen [ráipən] 익게 하다, 익다
soften [sɔ́:fən;sáf-] 부드럽게 하다[되다]
weaken [wíːkən] 약하게 하다, 약해지다
frighten [fráitn] 겁먹게 하다
hasten [héisn] 서두르다, 급하게 가다
strengthen [stréŋkθən] 강하게 하다

2. 형용사 · 명사 + -ize ⇒ 동사
: -ize는 make(~한 상태로 만들다, ~하게 하다), become(~이 되다)의 의미를 나타낸다.

* civil (시민의)
* special (특별한)
* general (일반의) ⊕ **-ize** ⇒
* symbol (상징)
* harmony (조화)
* critic (비평가)

civilize [sívəlaiz] 문명화하다
specialize [spéʃəlaiz] 전문화하다
generalize [dʒénərəlaiz] 일반화하다
symbolize [símbəlaiz] 상징하다
harmonize [háːrmənaiz] 조화롭게 하다
criticize [krítəsaiz] 비평하다

3. 형용사 · 명사 + -(i)fy ⇒ 동사
: -(i)fy는 make(~으로 만들다, ~화하다)의 의미를 나타낸다.

* pure (순수한)
* just (올바른, 공정한)
* simple (간단한) ⊕ **-(i)fy** ⇒
* glory (영광, 영예)
* class (분류)
* identity (동일함, 신원)

purify [pjúərifai] 정화하다
justify [dʒʌ́stəfai] 정당화하다
simplify [símpləfai] 단순화하다
glorify [glɔ́ːrəfai] 찬미하다
classify [klǽsəfai] 분류하다
identify [aidéntəfai] 동일시하다

4. 명사 + -ate ⇒ 동사

: -ate는 make(~하게 하다, 하다)의 의미를 나타낸다.

★ origin (기원, 유래)		**originate** [ərídʒəneit] 유래하다
★ anima (생명)	➕ **-ate** ➡	**animate** [ǽnəmeit] 생명을 불어 넣다
★ calculation (계산)		**calculate** [kǽlkjuleit] 계산하다
★ fascination (매혹)		**fascinate** [fǽsəneit] 매혹하다

형용사형 접미어

-ous, -ish, -able, -ible, -ate, -ite, -ant, -ent, -ic, -ical, -ive, -(a)tive, -(i)tive, -al, -ial, -ual, -some, -ly, -y, -like, -ar, -ary, -ful, -less

---

1. 명사 · 동사 + -ous ⇒ 형용사

: -ous는 having the quality of(~의 성질을 가진)의 의미를 나타낸다.

★ danger (위험)		**dangerous** [déindʒərəs] 위험한
★ disaster (재난)	➕ **-ous** ➡	**disastrous** [dizǽstrəs] 재난의
★ fame (명성)		**famous** [féiməs] 유명한
★ continue (연속하다)		**continuous** [kəntínjuəs] 연속적인

2. 명사 + -ish ⇒ 형용사

: -ish는 resembling(~을 닮은), tending to(~하는 경향이 있는), somewhat(약간), belonging to(~에 속하는)의 의미를 나타낸다.

★ child (어린이)		**childish** [tʃáildiʃ] 유치한
★ fool (바보)	➕ **-ish** ➡	**foolish** [fúːliʃ] 어리석은
★ self (자신)		**selfish** [sélfiʃ] 이기적인
★ Turk (터키 사람)		**Turkish** [təːrkiʃ] 터키의

3. 명사 · 동사 + -able, -ible ⇒ 형용사

: -able, -ible은 capable of(~할 수 있는), fit for(~에 적합한), tending to(~하는 경향이 있는) 등의 다양한 의미를 나타낸다.

★ rely (믿다, 의지하다)		**reliable** [riláiəbl] 믿을 수 있는
★ move (움직이다)		**movable** [múːvəbl] 움직일 수 있는
★ flex (구부리다)	➕ **-able** **-ible** ➡	**flexible** [fléksəbl] 구부릴 수 있는
★ reason (이성)		**reasonable** [ríːzənəbl] 합리적인
★ contempt (경멸, 멸시)		**contemptible** [kəntémptəbl] 경멸할 만한

4. 명사 · 동사 + -ate, -ite ⇒ 형용사

: -ate, ite는 of(~의), having the quality of(~의 성질이 있는)의 의미를 나타낸다.

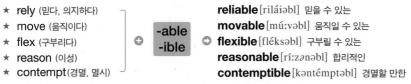
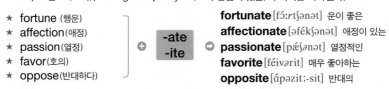

★ fortune (행운)		**fortunate** [fɔ́ːrtʃənət] 운이 좋은
★ affection (애정)		**affectionate** [əfékʃənət] 애정이 있는
★ passion (열정)	➕ **-ate** **-ite** ➡	**passionate** [pǽʃənət] 열정적인
★ favor (호의)		**favorite** [féivərit] 매우 좋아하는
★ oppose (반대하다)		**opposite** [ápəzit; -sit] 반대의

5. 명사 · 동사 + -ant, -ent ⇒ 형용사

: -ant, -ent는 doing something(~을 하는), having the quality of(~의 성질을 가진)의 의미를 나타낸다.

★ triumph(승리)		**triumphant**[traiʌ́mfənt] 승리한
★ please(기쁘게 하다)		**pleasant**[plézənt] 즐거운
★ ignore(무시하다)	➕ **-ant** ➡	**ignorant**[ígnərənt] 무지한, 무식한
★ differ (다르다)	**-ent**	**different**[dífərənt] 다른
★ suffice (충분하다)		**sufficient**[səfíʃənt] 충분한

6. 명사 + -ic, ical ⇒ 형용사

: -ic, ical은 of(~의), concerning(~에 관한, ~과 관련된)의 의미를 나타낸다.

★ poet (시)		**poetic**[pouétik] 시의, 시적인
★ base (기초)		**basic**[béisik] 기초적인
★ type (유형, 전형)	**-ic**	**typical**[típikəl] 전형적인
★ history (역사)	➕ **-ical** ➡	**historic**[histɔ́ːrik;-tɑ́r-] 역사적으로 유명한
		historical[histɔ́ːrikəl;-tɑ́r-] 역사를 다루는
★ economy(경제)		**economic**[èkənámik;ì:k-] 경제의
		economical[èkənámikəl;ì:k-] 절약하는

7. 동사 · 명사 + -ive, -(a)tive, -(i)tive ⇒ 형용사

: -ive, -(a)tive, -(i)tive는 tending to(~하는 경향이 있는), having the quality of(~의 성질이 있는)의
의미를 나타낸다.

★ impress (인상을 주다)		**impressive**[imprésiv] 인상적인
★ instruct (가르치다)		**instructive**[instrʌ́ktiv] 교훈적인
★ effect (효과)	**-ive**	**effective**[iféktiv] 효과적인
★ mass (덩어리)	➕ **-(a)tive** ➡	**massive**[mǽsiv] 크고 묵직한
★ imagine (상상하다)	**-(i)tive**	**imaginative**[imǽdʒənətiv;-neit-] 상상력이 풍부한
★ talk (이야기하다)		**talkative**[tɔ́ːkətiv] 수다스러운
★ create (창조하다)		**creative**[kriéitiv] 창조적인

8. 명사 + -al ⇒ 형용사

: -al, -ial, -ual은 of(~의), relating to(~과 관계가 있는), characteristic of(~의 특유의)의 의미를
나타낸다.

★ habit (습관)		**habitual**[həbítʃuəl] 습관적인
★ intellect (지력, 지성)		**intellectual**[ìntəléktʃuəl] 지적인
★ spirit (정신)		**spiritual**[spíritʃuəl] 정신적인
★ center (중심)		**central**[séntrəl] 중심의
★ exception (예외, 제외)	➕ **-al** ➡	**exceptional**[iksépʃənl] 예외의
★ form (형상, 모양)		**formal**[fɔ́ːrməl] 형식적인
★ commerce (상업)		**commercial**[kəmɔ́ːrʃəl] 상업의
★ race (인종)		**racial**[réiʃəl] 인종의
★ essence (본질)		**essential**[əsénʃəl;es-] 본질적인

9. 동사 · 명사 · 형용사 + -some ⇒ 형용사

: -some은 tending to(~하는 경향이 있는), producing(~을 낳는)의 의미를 나타낸다.

★ tire (지루하게 하다)
★ trouble(성가심, 곤란)
★ weary(지친, 피곤한)

 -some ⇒

tiresome[táiərsəm] 귀찮은, 따분한
troublesome[trʌ́blsəm] 성가신, 골치 아픈
wearisome[wíərisəm] 지치게 하는

10. 명사 + -ly ⇒ 형용사

: -ly는 like(~와 같은, ~와 닮은), every(~마다)의 의미를 나타낸다.

★ coward (겁쟁이)
★ heaven (천국, 천당)
★ cost (비용)
★ friend(친구)

 -ly ⇒

cowardly[káuərdli] 겁이 많은
heavenly[hévənli] 천국의
costly[kɔ́:stli;kást-] 비싼
friendly[fréndli] 우호적인

11. 명사 + -y ⇒ 형용사

: -y는 full of(가득 찬), having(가지고 있는), tending to(~하는 경향이 있는)의 의미를 나타낸다.

★ dust (먼지)
★ health (건강)
★ luck (행운)
★ noise (소음)

⊕ -y ⇒

dusty[dʌ́sti] 먼지 낀
healthy[hélθi] 건강한; 건전한
lucky[lʌ́ki] 운이 좋은
noisy[nɔ́izi] 소란스러운

12. 명사 + -like ⇒ 형용사

: -like는 similar to(~과 비슷한), resembling(~를 닮은)의 의미를 나타낸다.

★ child (어린이)
★ man (남자)
★ god (신)

⊕ -like ⇒

childlike[tʃáildlaik] 어린이다운
manlike[mǽnlàik] 남자다운
godlike[gádlaik] 신과 같은

13. 명사 · 동사 + -ary ⇒ 형용사

: -ar, -ary는 of(~의), relating to(~과 관련된)의 의미를 나타낸다.

★ family (가족)
★ circle (원)
★ muscle (근육)
★ pole (극)지대
★ element (성분, 요소)
★ legend (전설)
★ moment (순간)
★ imagine (상상하다)

⊕ -ary ⇒

familiar[fəmíljər] 친근한
circular[sə́:rkjulər] 원형의
muscular[mʌ́skjulər] 근육의
polar[póulər] 극지방의
elementary[eləméntəri] 초보의
legendary[lédʒəndəri] 전설의
momentary[móumənteri] 순간의
imaginary[imǽdʒəneri] 상상의, 가상의

14. 명사 · 동사 + -ful ⇒ 형용사

: -ful은 full of(가득 찬), having the quality of(~의 성질을 가진)의 의미를 나타낸다.

★ hope (희망)
★ power (힘)
★ care (주의)
★ faith (신념, 확신)

⊕ -ful ⇒

hopeful[hóupfəl] 희망 찬
powerful[páuərfəl] 강력한, 힘이 넘치는
careful[kɛ́ərfəl] 주의 깊은
faithful[féiθfəl] 충실한, 성실한

15. 명사 · 동사 + -less ⇒ 형용사

: -less은 without(~이 없이, ~이 없는), cannot(~할 수 없는)의 의미를 나타낸다.

★ count (세다)
★ end (끝내다)
★ care (주의)
★ doubt (의심, 의혹)
★ price (가격)

➕ **-less** ➡

countless [káuntlis] 셀 수 없는
endless [éndlis] 끝없는
careless [kɛ́ərlis] 부주의한
doubtless [dáutlis] 의심할 여지없는
priceless [práislis] 값을 매길 수 없는

· 부사형 접미어

-ly, -ward(s), -way(s), -wise

---

1. 형용사 + -ly ⇒ 부사

: -ly는 형용사에 붙어 부사를 형성한다.

★ loud (목소리가 큰)
★ comfortable (편안한)
★ eager (열망하여)
★ noble (고상한)

➕ ➡

loudly [láudli] 큰소리로
comfortably [kʌ́mftəbli;-fərt-] 편안하게
eagerly [íːɡərli] 열심히
nobly [nóubli] 숭고하게

2. 부사 · 명사 + -ward(s) ⇒ 부사

: -ward(s)는 in the direction of(~의 방향으로)의 의미를 나타낸다.

★ sea (바다)
★ home (집)
★ east (동쪽)
★ up (위로)

➕ ➡

seaward [síːwərd] 바다 쪽으로
homeward [hóumwərd] 집을 향하여
eastward [íːstwərd] 동쪽으로
upward [ʌ́pwərd] 위쪽으로

3. 형용사 · 명사 + -way(s), -wise ⇒ 부사

: -way(s), -wise는 in the direction or manner of(~의 방향, 방법으로)의 의미를 나타낸다.

★ all (모든)
★ any (어떤)
★ half (반, 중간)
★ like (유사한)
★ other (다른)

➕ ➡

always [ɔ́ːlweiz;-wiz] 항상
anyway [éniwei] 어쨌든
halfway [hǽfwéi] 중도에서
likewise [láikwaiz] 마찬가지로
otherwise [ʌ́ðərwaiz] 달리, 그렇지 않으면

정답 및 해설 p.478

A 다음 영어를 우리말로, 우리말을 영어로 쓰시오.

1	flexible	_____	11 연속적인	_____
2	contemptible	_____	12 성가신, 골치 아픈	_____
3	doubtless	_____	13 편안하게	_____
4	affectionate	_____	14 충분한	_____
5	talkative	_____	15 운이 좋은	_____
6	wearisome	_____	16 끝없는	_____
7	homeward	_____	17 부드럽게 하다[되다]	_____
8	momentary	_____	18 분류하다	_____
9	cowardly	_____	19 강력한, 힘이 넘치는	_____
10	exceptional	_____	20 전형적인	_____

B 다음 빈칸에 알맞은 단어를 쓰시오.

1	symbol	ⓥ _____	6 impress	ⓐ _____
2	identity	ⓥ _____	7 ignore	ⓐ _____
3	passion	ⓐ _____	8 calculation	ⓥ _____
4	intellect	ⓐ _____	9 special	ⓥ _____
5	loud	ⓐ𝖽 _____	10 rely	ⓐ _____

C 다음 빈칸에 들어갈 알맞은 말을 보기 에서 고르시오. [문장: 기출 또는 기출 변형]

보기	economic	creative	otherwise	healthy

1 Although every nerve in his body cautioned _____, he slowly pushed the door open.

2 Cities in Western Europe tend to be economically _____ compared with their suburbs.

3 Time pressure leads to frustration and when we are frustrated or experience other negative emotions, our thinking becomes narrower and less _____.

4 The money that migrant workers are sending home functions as a kind of financial aid, and further improves the _____ well-being of the home country.

VOCA
부록
TALK

① 경제·금융

☐ abacus	n. 주판	☐ launch	v. (신상품을) 출시하다(release)
☐ account	n. 예금 계좌	☐ liability	n. 부채(debt), (법적인) 의무
☐ appraise	v. (가치·가격을) 감정하다, 평가하다	☐ loan	n. 대출, 대부금
☐ asset	n. 자산	☐ manage	v. 경영하다, 관리하다
☐ bankrupt	n. 파산자 a. 지불 능력이 없는, 파산한	☐ M & A	기업 인수 합병(merger and acquisition)
☐ in the black	흑자[이익]를 내는(having a surplus)	☐ mortgage	n. 주택 담보 대출
☐ bill	n. 계산서; 지폐; 법안	☐ monetary	a. 금전상의
☐ budget	n. 예산 v. 예산을 세우다	☐ monopoly	n. 독점
☐ commercial	a. 상업의	☐ net profit	순이익
☐ commodity	n. 상품, 일용품	☐ payment	n. 지불
☐ cost-cutting	a. 비용 절감의	☐ PR	n. 홍보(public relations)
☐ currency	n. 화폐, 통화; 유통, 흐름	☐ produce	v. 생산하다 n. 농산물
☐ cut down on	(비용·수량을) 줄이다(reduce)	☐ property	n. 재산, 소유물(belongings)
☐ deficit	n. 적자, 손실(red, loss)	☐ real estate	부동산(realty)
☐ demand	n. 수요(⬌supply)	☐ recession	n. 불경기, 경기 침체(slump, depression)
☐ deposit	v. 예금하다 n. 예금(액); 보증금, 예약금	☐ recruit	v. (신입사원·신병을) 모집하다
☐ distribute	v. 분배하다	☐ redeem	v. 현금[상품]으로 바꾸다
☐ expenditure	n. 지출, 소비	☐ refund	n. v. 환불(하다)
☐ extra	a. 여분의, 추가의, 별도 계산의	☐ reimburse	v. 변제하다, 상환하다
☐ financial	a. 재정상의	☐ skyrocket	v. 급상승하다(soar)
☐ firm	n. 회사 a. 확실한, 고정된 v. 확실하게 하다	☐ share	n. 할당, 몫 v. 공유하다
☐ free of charge	무료로(free, for nothing)	☐ speculation	n. 투기
☐ frugal	a. 검소한, 절약하는(thrifty)	☐ stagnation	n. 불경기(depression)
☐ fund	n. 자금 v. (사업 등에) 자금을 대다	☐ statement	n. 명세서; 성명, 진술
☐ GDP	국내 총생산(gross domestic product)	☐ stock	n. 주식; 재고품
☐ GNP	국민 총생산(gross national product)	☐ stockholder	n. 주주(shareholder)
☐ guarantee	n. 보증(하다)	☐ utility price	(전기·가스 등의) 공공요금
☐ inflation	n. 통화 팽창(⬌deflation)	☐ warranty	n. 보증서
☐ interest rate	n. 이자율	☐ withdraw	v. (예금을) 인출하다(draw out)
☐ investment	n. 투자		

❷ 문학 · 언어

□ artifact	n. (천연물에 대비하여) 인공물; 인공 유물	□ letter	n. 문자(文字)(character)
□ adaptation	n. 각색 (작품); 적응	□ literacy	n. 읽고 쓰는 능력
□ anecdote	n. 일화	□ literature	n. 문학 (작품); 문헌
□ anonymous	a. 익명의, 작자 불명의	□ manipulate	v. 다루다; 조작하다
□ autobiography	n. 자서전	□ metaphor	n. 은유
□ banality	n. 진부함, 진부한 말	□ mordant	a. 신랄한, 통렬한(pungent)
□ bilingual	a. 두 나라 말을 하는	□ myth	n. 신화; (잘못된) 통념, 근거 없는 믿음
□ body language	신체 언어	□ narrative	n. 이야기, 서술 a. 서술적인
□ coin	v. (신조어를) 만들어내다 n. 동전	□ nonverbal communication	비언어적 의사소통
□ comment	n. 논평, 의견 v. 논평하다, 의논하다	□ notion	n. 개념, 관념
□ connotation	n. 함축, 암시(◎ denotation)	□ obfuscate	v. (판단 등을) 흐리게 하다
□ context	n. 문맥, 전후 관계; 정황	□ obscure	a. 애매모호한(ambiguous, vague)
□ copy	n. (책·잡지 등의) 부; 사본	□ panel	n. 토론 참석자, 심사 위원; 계기판
□ critic	n. 평론가, 비평가(reviewer)	□ paradox	n. 역설, 자기모순
□ decipher	v. 해독하다, 판독하다	□ paragraph	n. 단락, 문단
□ describe	v. 묘사하다, 그리다; 기술하다	□ plot	n. 줄거리; 음모 v. 음모를 꾸미다
□ dialect	n. 사투리	□ prose	n. 산문, 산문체; 평범함
□ draft	n. 초고, 초안; 밑그림	□ prolific	a. (작가의) 다작의; (상상력이) 풍부한
□ edition	n. (간행물의) 판, 쇄	□ refer to	v. ~을 언급하다; ~을 참조하다
□ emphasize	v. 강조[중시]하다(stress, underline)	□ reminiscence	n. 추억, 회상
□ exaggerate	v. 과장하다	□ sign language	n. 수화(手話), 손짓 언어
□ forum	n. 공개 토론(의 프로그램)	□ simile	n. 직유
□ hypothesis	n. 가설, 가정(assumption)	□ stereotype	n. 고정관념, 판에 박힌 문구(cliché)
□ illiterate	a. 읽고 쓰지 못하는, 글자를 모르는	□ texting	n. 문자 보내기(text messaging)
□ implication	n. 함축적 의미, 암시	□ term	n. 용어, 표현; 임기, 기간
□ induce	v. 귀납하다(◎ deduce)	□ theme	n. 주제
□ infer	v. 추론하다(deduce, reason)	□ tragic	a. 비극적인
□ interpret	v. 해석하다; 통역하다	□ verbal	a. (서술이 아닌) 말의, 구두의
□ ironic	a. 반어적인	□ verse	n. 시구, 운문; (노래의) 구절
□ legible	a. (글이) 읽기 쉬운, 판독할 수 있는	□ version	n. (책·음악이 전과 다른) ~판[형태]

③ 날씨 · 기후

□ average temperature	평균 기온	□ heavy snow	폭설
□ avalanche	n. 눈사태	□ humidity	n. 습기; 습도
□ barometer	n. 기압계; 척도, 기준	□ iceberg	n. 빙산
□ blast	n. 돌풍, 폭발	□ ice cap	만년설(perpetual snow)
□ blizzard	n. 심한 눈보라	□ infrared rays	적외선
□ blow	v. (바람이) 불다	□ lightning	n. 번개
□ breeze	n. 산들바람, 미풍	□ lunar eclipse	월식
□ Celsius	n. 섭씨(Centigrade)	□ melt	v. 녹다(thaw)
□ chilly	a. 쌀쌀한, 차가운	□ meteorological	a. 기상의
□ damp	a. 습기 찬, 축축한	□ mild	a. 온화한, 포근한
□ dawn	n. 새벽, 여명(daybreak)	□ moisture	n. 습기, 수분
□ dazzle	v. 눈부시다, 눈부시게 하다	□ phenomenon	n. 현상
□ degree	n. (온도계 등의) 도	□ pour	v. (비가) 퍼붓다
□ dim	a. 흐릿한, 어두침침한	□ precipitation	n. 강우[강설]량
□ drain	v. 배수하다; 고갈시키다	□ rainfall	n. 강우(량)
□ drip	v. (물방울이) 뚝뚝 떨어지다(trickle)	□ scattered	a. 산발적인
□ drizzle	n. 이슬비	□ shower	n. 소나기
□ drought	n. 가뭄	□ sleet	n. 진눈깨비
□ Fahrenheit	n. 화씨	□ slippery	a. 미끄러운
□ flood	n. 홍수(deluge)	□ sloppy	a. (길이) 질퍽한
□ fluctuate	v. (온도·물가 등이) 오르내리다	□ solar eclipse	일식
□ foggy	a. 안개 낀(misty)	□ sparkle	v. 불꽃을 튀기다, 번쩍이다
□ forecast	v. 예상하다, 예측하다; (날씨를) 예보하다	□ temperate	a. 온대의, 온화한
□ freeze	v. 얼다, 동결시키다	□ thermometer	n. 온도계
□ frost	n. 서리	□ thunderstorm	n. 뇌우(천둥과 번개를 동반한 폭풍우)
□ glacier	n. 빙하	□ tropical	a. 열대의, 열대성의
□ global warming	n. 지구온난화 (현상)	□ typhoon	n. 태풍
□ gust	n. 돌풍, 질풍	□ ultraviolet rays	자외선
□ hail	n. 우박 v. 싸락눈[우박]이 내리다	□ vapor	n. 수증기 v. 증발하다
□ hardy	a. 튼튼한, 내구력이 있는	□ warmth	n. 온기

④ 환경·생태계

☐ acid rain	n. 산성비	☐ greenhouse effect	n. 온실효과
☐ alternative	n. 대안, 대체; 양자택일	☐ habitat	n. (동·식물의) 서식지
☐ biodiversity	n. 생물 다양성	☐ industrial waste	n. 산업폐기물
☐ biosphere	n. 생물권	☐ logging	n. 벌목, 벌채
☐ carbon dioxide	n. 이산화탄소	☐ natural resources	천연자원
☐ circumstances	n. 환경(surroundings, environment)	☐ natural selection	자연 선택, 자연 도태
☐ conserve	v. 보존하다, 보호하다(preserve)	☐ noxious	a. 유독한, 유해한
☐ contaminate	v. 오염시키다(pollute)	☐ organism	n. 유기체, 생명체
☐ converge	v. (한곳에) 모이다	☐ outback	n. 미개척지, 오지
☐ correlation	n. 상관관계	☐ ozone layer	n. 오존층
☐ crude	a. 가공하지 않은, 조잡한	☐ petroleum	n. 석유
☐ deficiency	n. 부족, 결핍	☐ photosynthesis	n. 광합성
☐ deforest	v. 삼림을 벌채하다	☐ pollutant	n. 오염물질
☐ deplete	v. 고갈시키다	☐ preserve	v. 보존하다, 저장하다
☐ destruction	n. 파괴	☐ productive	a. 비옥한; 다산의; 생산적인
☐ deteriorate	v. 악화하다, 악화시키다	☐ purify	v. 정화하다
☐ discard	v. 버리다	☐ rainforest	n. 열대 우림
☐ discharge	v. 방출하다; 배설하다	☐ reclaim	v. 개간하다, 개척하다
☐ disposable	a. 처분할 수 있는; 일회용의	☐ recycle	v. 재활용하다
☐ dormant	a. 잠자는, 동면하는	☐ reserve	n. 예비 v. 예약하다
☐ eco-friendly	a. 친환경적인(environmentally friendly, green)	☐ run out of	~을 다 써버리다, ~이 바닥나다
☐ emission	n. 방출; 배기가스	☐ sanctuary	n. 보호 구역; 신성한 장소
☐ endangered	a. 멸종 위기에 처한	☐ shelter	n. 은신처, 피난처
☐ environmentalist	n. 환경(보호)론자	☐ snowmelt	n. 눈 녹은 물, 해빙
☐ exploit	v. 착취하다; 개발[개척]하다	☐ species	n. (동·식물의) 종
☐ extinction	n. 멸종	☐ surface	n. 표면, 수면
☐ extract	v. 추출하다, 뽑아내다	☐ survive	v. 살아남다; ~보다 오래 살다
☐ exterminate	v. 박멸하다	☐ wasteland	n. 황무지
☐ fertile	a. 비옥한, 기름진(⊗ barren)	☐ wildlife	n. 야생 생물
☐ fossil fuel	n. 화석 연료		

⑤ 사고·재난

☐ abrupt	a. 뜻밖의, 갑작스러운(sudden)	☐ fatal	a. 치명적인(lethal)
☐ accident	n. 사고, 우연한 일	☐ hardship	n. 어려움
☐ affect	v. ~에 영향을 미치다(have an effect on)	☐ identify	v. 신원을 확인하다, 식별하다; 자신을 동일시하다
☐ alert	n. 경계, 경보 a. 경계하는, 방심하지 않는	☐ incident	n. 사건, 사고
☐ beware	v. 조심하다, 경계하다	☐ inevitable	a. 불가피한, 피할 수 없는
☐ blaze	n. 불길, 화염 v. 불꽃을 내며 타다	☐ insurance	n. 보험
☐ breakdown	n. 고장, 파손	☐ investigate	v. 조사하다, 수사하다(look into)
☐ bully	v. 약자를 괴롭히다, 왕따 시키다 n. 양아치	☐ misfortune	n. 불행, 역경
☐ burst	v. 터지다, 파열하다	☐ mishap	n. 사고, 불상사
☐ calamity	n. 참사, 대재난(disaster, catastrophe)	☐ nuisance	n. 성가신[골치 아픈] 것[사람]
☐ casualty	n. 사상자	☐ obsolete	a. 쓸모없게 된, 구식의(outdated)
☐ caution	v. ~에게 경고하다 n. 경고, 주의; 조심	☐ ominous	a. 불길한, 나쁜 징조의(inauspicious)
☐ choke	v. 질식시키다, 질식하다(suffocate)	☐ overcome	v. 극복하다, 이겨내다(surmount)
☐ collapse	v. 붕괴하다, 무너지다 n. 붕괴, 파탄	☐ panic	n. 공황, 공포(horror, fear)
☐ coordinate	v. 협력하다, 조정하다	☐ peril	n. 위험, 위태(danger, hazard)
☐ cope with	~에 대처하다	☐ plight	n. 곤경, 궁지(predicament)
☐ crack	v. 깨지다, 금이 가다	☐ precaution	n. 예방조치(prevention)
☐ crash	v. 충돌하다, 부딪치다 n. 충돌; 충격	☐ predator	n. 약탈자, 포식자
☐ crumble	v. 부서지다, 무너지다	☐ revive	v. 되살리다, 소생시키다
☐ damage	n. 손해, 손상(impairment)	☐ scared	a. 겁에 질린
☐ dangerous	a. 위험한(hazardous, perilous)	☐ shatter	v. 산산이 부수다, 박살내다
☐ demolition	n. 파괴, 철거	☐ smash	v. 충돌하다; 힘껏 차다
☐ devastate	v. 황폐시키다, 망치다	☐ suicide	n. 자살
☐ disorder	n. 무질서, 혼란(chaos)	☐ traffic jam	교통 체증(bumper-to-bumper traffic)
☐ disrupt	v. 분열시키다, 붕괴시키다	☐ undermine	v. 몰래 손상시키다
☐ drown	v. 익사하다, 익사시키다	☐ venom	n. (뱀·전갈 등의) 독(poison, toxin)
☐ emergency	n. 비상사태	☐ warning	n. 경고
☐ excessive	a. 지나친, 과도한		
☐ extinguish	v. 끄다		
☐ evacuate	v. 대피시키다, 철수하다		

⑥ 법 · 범죄

☐ abuse	n. 학대; 남용, 오용 v. 학대하다	☐ innocent	a. 무죄의(⊙ guilty)
☐ accomplice	n. 공범	☐ insufficient	a. 불충분한, 부족한
☐ accusation	n. 고발, 고소; 비난	☐ jail	n. 교도소(prison) v. 투옥하다
☐ acquittal	n. 무죄방면, 석방	☐ judge	n. 법관 v. 재판하다
☐ allegation	n. (충분한 근거가 없는) 주장, 단언	☐ jury	n. 배심원
☐ amend	v. 고치다, 개정하다	☐ justify	v. 정당화하다
☐ amnesty	n. 사면	☐ lawsuit	n. 소송
☐ apprehend	v. 체포하다; 이해하다, 파악하다	☐ legal	a. 합법적인; 법률의(lawful)
☐ a show of hands	거수	☐ legislate	v. 법률을 제정하다, 입법하다(enact, constitute)
☐ catch ~ red-handed	~을 현장에서 붙잡다	☐ obedience	n. 복종
☐ commit	v. (죄를) 범하다, 저지르다	☐ offense	n. 위반, 반칙; 범죄
☐ condemn	v. 비난하다, 책망하다; 몰수하다	☐ overturn	v. 뒤집다, 전복시키다
☐ convict	v. ~에게 유죄라고 선고하다	☐ plead	v. 항변하다, 변론하다
☐ deceive	v. 속이다, 기만하다	☐ prohibit	v. (법률·권한으로) 금하다
☐ defendant	n. 피고(⊙ plaintiff)	☐ prosecutor	n. 검찰관, 기소 검사
☐ defense	n. 방어; 변호	☐ release	v. 풀어놓다; 석방하다
☐ deliberate	a. 심사숙고한, 신중한 v. 숙고하다	☐ restrict	v. 제한하다, 한정하다
☐ detain	v. 감금하다	☐ retain	v. 보유하다, 유지하다
☐ deter	v. 저지하다, 그만두게 하다	☐ sentence	v. (형량을) 선고하다 n. 선고, 판결
☐ disguise	v. 위장하다, 숨기다	☐ smuggle	v. 밀수하다
☐ enforce	v. 시행하다, 집행하다	☐ strike	n. 파업(walkout, sabotage)
☐ evade	v. 피하다, 모면하다	☐ sue	v. 고소하다, 소송을 제기하다
☐ evidence	n. 증거	☐ suspect	n. 용의자
☐ extenuate	v. (죄를) 가볍게 하다, 정상을 참작하다	☐ swindler	n. 사기꾼(cheater, fraud)
☐ fine	n. 벌금 v. 벌금을 부과하다	☐ testimony	n. 증언; 공식 선언
☐ fair	a. 공평한, 공정한	☐ trial	n. 재판
☐ forge	v. 위조하다, 모조하다	☐ verdict	n. (배심원들의) 평결; 판정, 결정
☐ guilt	n. 유죄, 죄책감	☐ witness	n. 목격자 v. 목격하다
☐ illegal	a. 불법적인, 위법의		
☐ impeachment	n. 탄핵		

7 공학 · 기술

☐ access	n. 접속, 접근 v. ~에 접속하다	☐ mechanical engineering	기계 공학
☐ achieve	v. 이루다, 성취하다	☐ mission	n. 우주 비행(space flight); 임무
☐ advance	n. 진보, 발전 v. 나아가다, 전진하다	☐ navigator	n. 항해사, 조종사; 위치 파악기
☐ analysis	n. 분석	☐ nuclear	a. 핵의, 원자력의
☐ automated	a. 자동화된, 자동의(automatic)	☐ nuke	n. 핵무기(nuclear weapon)
☐ boundless	a. 무한한, 끝이 없는	☐ obstacle	n. 장애, 장애물
☐ breakthrough	n. 돌파구; (과학 등의) 비약적 발전	☐ optimize	v. 최적화하다; 최대한 활용하다
☐ calculate	v. 계산하다; 산출하다	☐ out of order	고장이 난
☐ clone	n. (생명체의) 복제, 복제 생물 v. 복제하다	☐ outdated	a. 시대에 뒤진, 구식의(out of date)
☐ controversial	a. 논쟁의 여지가 있는	☐ phenomenon	n. 현상
☐ desktop computer	탁상용 컴퓨터(desktop)	☐ plant	n. 공장, 기계 장치
☐ duplicate	v. 복제하다 n. 사본, 복제품	☐ practical	a. 실용적인, 실제적인
☐ durable	a. 내구성이 있는, 오래 견디는	☐ precise	a. 정확한, 명확한(☺ imprecise)
☐ electrical	a. 전기의	☐ reflect	v. 반사하다; 반영하다; 숙고하다
☐ equipment	n. 장비, 설비	☐ reproduction	n. 번식, 재생
☐ experiment	n. 실험	☐ resistant	a. 저항력이 있는
☐ factor	n. 요인, 인자	☐ revolution	n. 회전
☐ feasible	a. 실행 가능한, 가능성 있는(practicable)	☐ secure	a. 안전한, 위험이 없는 v. 확보하다
☐ friction	n. 마찰, 불화	☐ soak	v. 적시다, 흡수하다
☐ generate	v. (전기·열을) 발생시키다	☐ solid	a. 고체의, 단단한
☐ guideline	n. 지침, 정책	☐ state-of-the-art	a. 최신식의, 최첨단의
☐ impact	n. 충격, 영향	☐ swell	v. 부풀다 n. 팽창
☐ insert	v. 삽입하다, 끼워 넣다	☐ systematic	a. 체계적인; 조직적인
☐ install	v. 설치하다, 비치하다	☐ take action	조치를 취하다(take measures)
☐ IT	정보기술(information technology)	☐ transform	v. 바꾸다, 변형시키다
☐ laptop computer	휴대용 컴퓨터(laptop, notebook)	☐ telecommunications	n. 원격 통신
☐ machinery	n. 기계 장치, 기계류	☐ teleconference	n. 원격 (화상) 회의
☐ maintenance	n. 보수, 유지	☐ transition	n. 변천, 과도기
☐ material	n. 재료, 물질	☐ transparent	a. 투명한
☐ mechanical	a. 기계상의, 기계적인	☐ viable	a. 실행 가능한(practicable)

8 물리 · 화학

□ activate	v. 활성화하다, 반응을 촉진하다
□ alchemist	n. 연금술사
□ antiaging	n. a. 노화 방지(의)
□ atom	n. 원자
□ biochemistry	n. 생화학
□ boundary	n. 한계, 범위
□ carbon dioxide	이산화탄소
□ chemical	a. 화학의, 화학적인 n. 화학 물질
□ circulate	v. 순환하다; 운행하다
□ combustive	a. 연소성의
□ component	n. 구성 요소, 성분
□ compound	n. 합성물, 혼합물 v. 합성해서 ~을 만들다
□ consist of	~으로 구성되다
□ constant	a. 일정한, 불변한
□ constituent	n. 구성 요소(component)
□ dense	a. 밀집한, 빽빽한; 조밀한
□ detonate	v. 폭발하다(explode)
□ diffuse	v. ~을 발산하다
□ dissolve	v. 녹이다, 용해하다
□ dysfunction	n. 기능 장애 v. 기능 장애를 일으키다
□ electron	n. 전자
□ element	n. 원소; 요소
□ equivalent	a. 동등한, 상응하는 n. 등가물
□ evaporate	v. 증발하다, 기화하다
□ exposure	n. 노출; 폭로, 적발
□ extensive	a. 광범위한, 포괄적인
□ exude	v. 스며 나오다[나오게 하다]
□ fertility	n. 비옥, 다산; 번식력
□ finite	a. 한정된; 유한의(◎ infinite)
□ function	n. 기능, 작용 v. 작용하다

□ hydrogen	n. 수소
□ hypothesis	n. 가설; 가정(assumption)
□ immerse	v. 담그다, 적시다
□ impurity	n. 불순; 불결
□ inorganic chemistry	무기화학
□ kinetics	n. 역학, 동역학(dynamics)
□ make up	~을 구성하다
□ molecule	n. 분자
□ motion	n. 움직임; 제안
□ nuclear	a. 원자력의, 핵에너지의
□ object	n. 물체(body)
□ oxygen	n. 산소
□ particle	n. 입자
□ phase	n. (변화, 발달의) 단계
□ pliable	a. 유연한, 휘기 쉬운
□ pore	n. (기공·세공·털구멍 등) 작은 구멍
□ precaution	n. 예방 조치; 예방책
□ pressure	n. 압력; 기압; 압박감
□ proportion	n. 비율; 부분
□ radiation	n. 방사(放射), 복사
□ radioactivity	n. 방사능
□ react	v. 반응하다; 반작용하다
□ recognize	v. 알아차리다, 인식하다
□ residue	n. 나머지; (화학 처리 후의) 잔재
□ robotics	n. 로봇 공학
□ solution	n. 용액
□ substance	n. 물질; 내용
□ synthetic	a. 합성의, 인조의
□ turn into	~으로 변하다
□ velocity	n. 속도(speed)

주제별 어휘

9 학교 · 교육

□ absent	a. 결석한; 결여된, 없는
□ academic	a. 학구적인, 학문의
□ acquire	v. 습득하다; 획득하다
□ adolescence	n. 청소년기
□ alumnus	n. 졸업생, 동창
□ application	n. 지원, 신청; 응용, 적용
□ approve	v. 허가하다, 승인하다
□ aptitude	n. 적성, 소질
□ assignment	n. 과제물; 할당
□ bother	v. 귀찮게 하다, 괴롭히다(vex, tease)
□ brilliant	a. 명석한, 총명한(very intelligent)
□ cheat	v. 부정행위를 하다, 속이다
□ corporal punishment	n. 체벌
□ cram	v. 벼락공부를 하다 n. 벼락공부
□ curriculum	n. 교육과정
□ degree	n. 학위; 정도
□ diploma	n. 졸업증서, (학위) 증서
□ discipline	n. 학문 분야, 학과; 징벌, 징계
□ dormitory	n. 기숙사
□ drop out	v. 낙제하다; 중퇴하다
□ dyslexia	n. 난독증
□ elementary	a. 기본의, 초등의
□ enroll	v. 등록하다, 입학하다
□ entrance	n. 입학; 입구
□ examination	n. 시험
□ faculty	n. 교수진; 능력, 재능
□ flunk	v. (시험에) 낙제하다
□ fellowship	n. (대학원생에게 주는) 연구비, 장학금
□ guidance	n. 안내, 지도
□ institute	n. 기관; 연구소, 협회
□ instruct	v. 가르치다, 지시하다

□ intelligence	n. 지능, 지력
□ intensive	a. 집중적인
□ kindergarten	n. 유치원(preschool)
□ knowledgeable	a. 박식한, 총명한
□ major	a. 주요한 n. 전공과목
□ minor	a. 소수의 n. 미성년; 부전공 과목
□ partial	a. 일부분의, 부분적인; 편파적인
□ pedagogy	n. 교육학(pedagogics)
□ pilgrim	n. 성지 순례자
□ primary	a. 주요한; 첫째의; 초등의
□ principal	n. 교장 a. 주요한
□ proficient	a. 숙달된, 능숙한(skillful)
□ prospective	a. 장래의, 예비의
□ puberty	n. 사춘기
□ recite	v. 암송하다, 재인용하다
□ recognition	n. 인지, 인식
□ required	a. 필수과목의
□ SAT(Scholastic Aptitude Test)	n. (미국) 학습 능력 적성 시험
□ scholarship	n. 장학금; 학문, 학식
□ secondary	a. 중등의, 제2의
□ semester	n. 학기
□ sign up	v. 신청하다, 등록하다
□ spoil	v. 망치다; 버릇없게 만들다
□ submit	v. 제출하다, 제시하다
□ subsidy	n. 보조금(grant)
□ suspend	v. 정학시키다; 일시 정지하다
□ term	n. 학기; 기간, 임기, 용어
□ text	n. 원문(original); 교과서(textbook)
□ trainee	n. 훈련생, 견습생
□ tutor	n. 개인교사

⑩ 건강 • 의학

☐ acupuncture	n.v. 침(을 놓다)
☐ addicted	a. 중독된
☐ aggravate	v. (병·괴로움 등을) 악화시키다
☐ allergic	a. 알레르기가 있는
☐ alleviate	v. (고통을) 완화하다, 경감하다
☐ Alzheimer's (disease)	n. 알츠하이머 병, 노인성 치매
☐ anorexia	n. 거식증
☐ asthma	n. 천식
☐ autism	n. 자폐증
☐ checkup	n. 건강진단
☐ chronic	a. 만성의(◑ acute)
☐ clinic	n. (전문 분야) 병원, 진료소
☐ coma	n. 혼수상태, 코마
☐ complication	n. 합병증; 복잡; 문제
☐ contraceptive	n. 피임약
☐ coverage	n. (보험의) 보상 범위; 보도, 취재 범위
☐ delivery room	분만실
☐ diagnosis	n. 진단
☐ digestive system	소화 기관
☐ disability	n. 장애, 불리한 신체 조건
☐ dose	n. (약의) 1회 복용량
☐ endemic	n. 풍토병 a. 풍토[지병]병의
☐ epidemic	n. 유행[전염]병(plague) a. 유행[전염]성의
☐ exhaustive	a. 소모적인; 철저한, 총망라한
☐ euthanasia	n. 안락사
☐ fatigue	n. 피로
☐ first aid	n. 응급 처치
☐ healthful	a. 건강에 좋은(wholesome)
☐ herb	n. 풀(grass); 약초
☐ hospitalize	v. 입원시키다
☐ immune	a. 면역의
☐ insane	a. 제정신이 아닌, 미친(crazy)
☐ infection	n. 감염, 전염
☐ inhale	v. (숨을) 들이쉬다, 흡입하다(breathe in)
☐ injection	n. 주사(shot)
☐ insomnia	n. 불면증(sleeplessness)
☐ life expectancy	n. 기대 수명
☐ mental hospital	정신 병원(lunatic asylum)
☐ nutritional supplement	영양 보조제
☐ nutrition	n. 영양
☐ obesity	n. 비만(obese)
☐ operation	n. 수술(surgery)
☐ over-the-counter	처방전 없이 살 수 있는, 약국에서 파는
☐ overweight	a. 과체중의, 비만의
☐ pass away	v. 서거하다, 세상을 떠나다
☐ pharmacist	n. 약사
☐ prescribe	v. 처방하다; 지시하다, 규정하다
☐ prevention	n. 예방, 예방책
☐ reaction	n. 반응
☐ recover	v. (건강을) 회복하다, 되찾다(regain)
☐ relieve	v. (고통·부담을) 완화하다, 경감하다
☐ remedy	n. 치료(법, 약)
☐ sanitation	n. (공중) 위생(hygiene)
☐ side effect	부작용
☐ sunscreen	n. 자외선 차단제(sunblock)
☐ symptom	n. 증상
☐ syndrome	n. 증후군
☐ unconscious	a. 의식을 잃은
☐ vaccinate	v. 예방 접종을 하다(inoculate)
☐ veterinarian	n. 수의사(vet)
☐ well-being	n. 행복, 안녕

주제별 어휘

443

1. 소리의 변화(9가지 발음법)

학문을 하는 데 있어서 이론이 뒷받침되지 못하는 실제는 사상누각(to build a castle in the air)과 같은 것으로 실제와 이론은 하나가 되어 조화를 이루어야 하는 것이다(Practice should go hand in hand with theory.). 그 방안으로 자연스럽게 영어를 듣고(Listening), 말하기(Speaking)에 있어서 학생들이 필수적으로 익혀야 할 9가지 발음법(Nine Pronunciations)을 소개한다. 사전에 실린 발음은 미국인의 입에서 그대로 발음되지 않고 소리의 변화(Sound Change)를 거쳐서 어떤 다른 소리가 되는데, 학생들이 미국인의 소리를 잘 이해하지 못하는 주된 원인은 바로 이 소리의 변화이다. 이 소리의 변화과정을 필자가 제시한 9가지 발음법을 통해서 이론적으로 이해한 다음, 실제적으로 연습하고, 응용하고, 문제풀기를 함으로써 학생 여러분은 듣기평가에 완벽하게 대비할 수 있다.

Let's study English together.

Nine Pronunciations

1 Come on in은 [커머닌]으로 발음된다.

2 bus는 [버스]가 아닌 [버ㅅ]로 발음하라.

3 computer는 [컴퓨러] 혹은 [컴퓨더]로 발음된다.

4 center는 [세너]로 발음될 수 있다.

5 meet you는 [미츄]로 발음된다.

6 have to는 [해프터]로 발음하라.

7 gas station은 [개ㅅ테이션]으로 발음된다.

8 last concert는 [래ㅅ칸서ㅌ]으로 발음된다.

9 애매모음 [ə]는 애매하게 발음하라.

• Further Study • 9가지 발음법 이외의 더 깊이 있는 학습

Come on in은 [커머닌] 으로 발음된다

theory

한글 '심인섭'은 [시민섭]으로, '먼 이웃'은 [머니욷]으로 발음된다. '숙영이는 늦은 저녁밥을 먹었다.'가 [수경이는 느즌 저녁바블 머거따]로 들린다. 한글과 마찬가지로 영어에서도 앞 음절의 받침으로 사용된 자음은 뒤 음절의 모음으로 이어져 발음된다. 자연스럽고 쉽게 발음될 수 있는 까닭이다.

practice A

• abuse : [əbjúːs]   • disappoint : [disəpɔ́int]

• unable : [ʌ̀néibl]   • weekend : [wíːkend]

practice B

• look at : [lúk-æt] ➡ [lú-kæt]

• in front of : [in-fɾʌ́nt-əv] ➡ [in-fɾʌ́n-təv]

  or [in-fɾʌ́-nəv]

• some of us : [sʌm-əv-ʌs] ➡ [sʌ-mə -vʌs]

• wrap it up : [ræp-i t-ʌp] ➡ [ræ-pi- řəp]

practice C

• Let's have a party. ➡ [hæ-və]

• I live i n a house. ➡ [li-vi-nə]

• Can I find a job? ➡ [kæ-nai-fain-də]

• If I were a bird, I could fly to you. ➡ [i-fai]

지상강좌

• 자음이동현상
(Consonant Transfer)

자음으로 끝나는 단어 다음에 모음으로 시작되는 단어가 오면 자음은 뒤에 오는 모음에 연결되어 소리 난다. 이러한 소리의 변화로 인하여 이 자음과 모음은 한 음절을 이루는 것처럼 들리므로 다른 단어로 착각하기 쉽다. 따라서 평소에 연음훈련을 많이 하여야 한다. 단, pause를 두거나 comma로 끊어져 있으면 당연히 연음되지 않는다.

•ORIENTATION
언어현상은 인위적(artificial)이기보다는 자연스러운(natural) 과정이다. 긴장을 풀고 목에서 힘을 빼고 가볍게 발음하라.

◀ [n]다음의 [t]는 [n]에 동화되어 탈락될 수도 있다.(Pronunciation 4 참조)

◀ 모음 사이의 [t]는 연음 [ř]로 변하여 부드럽게 발음된다.(Pronunciation 3 참조)

◀ party는 [파리]로 발음하라.
  (Pronunciation 3 참조)

Pronunciation 1

종성 자음 + 초성 모음 ➡ | 자음 + 모음 |

◉ 이어지는 자음과 모음은 한 음절로 발음된다.

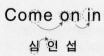

Come on in
심 인 섭

2 bus는 [버스]가 아닌 [버ㅅ]로 발음하라

theory

man[mæn]을 [매느]로 발음하는 한국인은 없으나 it[it], that[ðæt], not[nɑt], but[bʌt]을 [이트], [대트], [나트], [버트]로 발음하는 학생이 있다는 것은 부끄러운 일이다. [이트], [대트], [나트], [버트] 혹은 [잍], [댇], [낟], [벋]으로, 즉 1음절로 읽어야 한다. 자음 다음에 불필요한 "으"를 부착하여 음절수를 늘리지 말고 음절수에 따라서 읽어라.

practice A

- have : [hæv] • kind : [kaind]
- advice : [ədváis] • ignorance : [ígnərəns]

practice B

- cross belt : [krɔːs-belt]
- hot dog : [hát-dɔ̀ːg]
- special school : [spéʃəl-skúːl]
- stand up : [stænd-ʌ́p] ➡ [stæn-dʌ́p] or [stæ-nʌ́p]

practice C

- Might is right.
- They were good friends.
- I should clean the room.
- She fastened down lifeboats on the deck.

지상강좌

• **음절수에 따라서 읽어라.**

모음은 음절의 중심을 이루어 모음의 수가 곧 음절의 수이다. 모음이 하나이면 1음절로, 모음이 둘이면 2음절로, 모음이 셋이면 3음절로 읽어라. 무의식적으로 "으"를 부착하는 습관은 global village에서 사라져야 한다. (모음과 자음에 대해서는 Further Study를 참조하세요.)

•**ORIENTATION**

가슴에 손을 대고서 [이트] 혹은 [잍]과 [이트]를 소리 내어 보아라. 음절수에 따라서 가슴이 두근거릴 것이다. 즉 [이트]은 1번, [이트]는 2번 가슴이 두근거린다. fish[fiʃ]와 fishy[fiʃi]를 구분할 수 있으면 OK이다.

◀ [n] 다음의 [d]는 [n]에 동화되어 탈락될 수도 있다.(Pronunciation 4 참조)

◀ 모음이 3개이므로 3음절로 발음한다.

◀ 모음이 4개이므로 4음절로 발음한다.

◀ 모음이 5개이므로 5음절로 발음한다.

◀ 모음이 8개이므로 8음절로 발음한다.

Pronunciation 2

duck[dʌk] ➡ [더ㅋ] 혹은 [덕]
habit[hǽbit] ➡ [해비ㅌ] 혹은 [해빝]
minimum[mínəməm] ➡ [미너멈]

❍ 음절수에 따라서 읽어라.

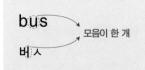

모음이 한 개

3

computer는 [컴퓨러] 혹은 [컴퓨더]로 발음된다

theory

우리 학생들은 water[wɔ́ːtər]가 [워러] 혹은 [워더]로 발음되는
것에 매우 익숙해 있다. 영어를 처음 접하는 중학교 혹은 초등학교
때부터 그렇게 배웠으며, [워터]보다는 [워러] 혹은 [워더]가 발음
하기 쉽다는 것을 무의식적으로 느꼈기 때문이다. 모음과 모음 사
이의 경음 [t]는 연음 [ř] 혹은 [d]로 발음되는데 특히 앞 강모음과
뒷 약모음일 경우가 대부분이다.

practice A

• water : [wɔ́ːtər] ➡ [wɔːřər]

• tomato : [təméitou] ➡ [təméiřou]

practice B

• a lot of : [ə-lát-əv] ➡ [ə-lá-təv] ➡ [ə-lá-řəv]

• heart attack : [háːrt-ətæ̀k] ➡ [háːr-tətæ̀k] ➡ [háːr-
řətæ̀k]

• pick it up : [pík-it-ʌp] ➡ [pí-ki-tʌp] ➡ [pí-ki-řʌp]

• Take it easy. : [téik-it-iːzi] ➡ [téi-ki-tiːzi] ➡ [téi-ki-
řiːzi]

practice C

• I bought a book. [bɔ́ːt-ə] ➡ [bɔ́ː-řə]

• She hates me, but I love her. [bʌ́t-ai] ➡ [bʌ́-řai]

• I don't know what it is. [hwát-it-iz] ➡ [hwá-ři-řiz]

• What do I do? [hwát-du] ➡ [hwát-də] ➡ [hwá-řə]

Pronunciation 3

[모음] + [t] + [모음] ➡ [모음] + [ř] 혹은 [d] + 모음

◐ [t]가 [ř] 혹은 [d]로 발음된다.

지상강좌

• **intervocalic "t"의 유성음화**

무성음 [t]가 모음 사이 즉 유성음
사이에서 유성음 [ř] 혹은 [d]로 변하는
동화현상(同化, Assimilation)이다.
이러한 발음현상으로 인하여 미국식
영어발음은 훨씬 부드럽게 들리는 것이다.

• **[r]과 [ř]의 구분**

[r]은 혀가 입천장에 닿지 않는
반전음(反轉音, retroflex sound)이고,
[ř]은 혀끝이 윗니에서 윗 잇몸 쪽으로
이동하며 소리 나는 설탄음(舌彈音,
flapped sound)이다.

◀ 종성자음 [t]가 초성모음 [ə]로 이어져
발음된다.(Pronunciation 1 참조)
◀ heart attack은 Further Study를
반드시 참조하세요.

• **ORIENTATION**

다음 단어들도 기본어휘이므로 반복하여
숙달하자.

i) party, catalogue, elevator,
escalator, city, citizen, item, forty,
theater, writer, butter, matter,
bottom, total

ii) meeting, eating, visiting, waiting,
putting, getting, shouting

iii) visited, devoted, indicated

◀ 이완모음 [ə]는 Pronunciation 9를
참조하세요.

Compúter

[모음] + [t] + [모음]
↓
[ř] 혹은 [d]

center는 [세너]로 발음될 수도 있다

theory

Don't cry에서 [n] 다음의 [t]를 생략하여 [doun-krai]로 발음하는 것이 우리 학생들에게 매우 익숙해져 있다. Pronunciation 3와 같은 이유이기 때문이다. Don't cry의 경우처럼 center에서도 [n] 다음의 [t]를 탈락시키면 쉽게 발음된다. [n] 다음의 [t] 혹은 [d]는 [n]에 동화되어 탈락되는 경향이 있다.

practice A

• twenty : [twénti] ➡ [twénni] ➡ [twéni]

• interview : [íntərvjùː] ➡ [ínnərvjùː] ➡ [ínərvjùː]

practice B

• I want to be a singer. = I wanna be a singer. :
[wɔ́ːnt-tu] ➡ [wɔ́ːn-tu] ➡ [wɔ́ː-nə]

• point at : [pɔ́int-æt] ➡ [pɔ́in-tæt] or [pɔ́i-næt]

• a moment ago : [móumənt-əgóu] ➡ [móumen-təgou]
or [móumen-əgou]

practice C

• I can't help laughing. [kǽnt] ➡ [kǽn]

• He doesn't know it. [dʌ́znt] ➡ [dʌ́zn]

• She couldn't go there. [kúdnt] ➡ [kúdn]

• Don't count on others. ➡ [doun-káu-nən]

Pronunciation 4

[n] + [t] 혹은 [d] ➡ [n]

● [n] 다음의 [t] 혹은 [d]는 탈락

지상강좌

• [n] 다음의 [t] 탈락현상

[n] 다음의 [t]는 강모음과 약모음 사이에서 자주 탈락된다. 이것은 [n]과 [t], 두 음의 조음점이 서로 같기 때문에 [t]가 [n]에 동화(Assimilation)되어 [t]음이 생략되어 들리는 것이다.

•ORIENTATION
다음 단어들도 기본단어이므로 반복하여 숙달하자.
dentist, international, and, friend, grant, front, beyond, behind

◀ [t]가 [n]에 동화되어 [n]으로 변하면 [n]이 두 개이다. 중복되는 두 개의 자음은 앞 자음이 탈락되고 뒷 자음만 발음된다. (Pronunciation 7 참조)

◀ want to는 [wɔ́ːn-tu] 혹은 [wɔ́ː-nə]로 발음하라.

◀ 종성자음은 초성모음으로 이어져 발음된다. (Pronunciation 1 참조)

◀ can과 can't은 실제적으로 구분이 힘든 단어이다. 강세에 주의하여 발음하라.

• I can swim. : 조동사 can은 강세가 없으므로 [kən] 혹은 [kn]으로 발음된다.

• I can't swim. : 부정어 can't에는 강세를 주어 발음한다. [kǽn]

---

c e n t e r
↓
[n] 다음의 [t]는 탈락

5

meet you는 [미츄]로 발음된다

theory

Pronunciation 1~4를 통해서 각 단어가 개별적으로 분리되어 발음되지 않고 서로 영향을 주거나 받는다는 것을 이해하였다. meet과 you가 개별적으로 발음되지 않고 [t]와 [j]가 결합하여 [tʃ]로 변하면 발음이 쉽고 부드러워진다. 자음 [t], [d], [s], [z]는 반모음 [j]와 결합하여 각각 [tʃ], [dʒ], [ʃ], [ʒ]로 발음된다.

practice A

- don't you : [dount-ju] ➡ [doun-tʃu]
- did you : [did-ju] ➡ [di-dʒu]
- miss you : [mis-ju] ➡ [mi-ʃu]
- as you know : [æz-ju] ➡ [æ-ʒu]

practice B

- I want you. [wɔːnt-ju] ➡ [wɔːn-tʃu]
- I'm mad about you. [əbáut-ju] ➡ [əbau-tʃu]
- Could you help me? [kud-ju] ➡ [ku-dʒu]
- Would you mind my smoking? [wud-ju] ➡ [wu-dʒu]
- I want to kiss you. [kis-ju] ➡ [ki-ʃu]
- Pass your words. [pæs-juər] ➡ [pæ-ʃuər]
- Raise your hand. [reiz-juər] ➡ [rei-ʒuər]

지상강좌

• 상호동화
(Reciprocal Assimilation)
자음과 반모음 [j]음이 서로 만나서 전혀 다른 음으로 변하는 경우가 있는데 이렇게 앞, 뒤의 음이 서로 동화되어 생기는 소리의 변화를 상호동화라 한다. 단, 영·미인들 중에서는 두 음을 서로 동화시키지 않고 개별적으로 발음하는 경우도 있다.

•**ORIENTATION**
다음의 예도 여러분의 발음을 기름지게 하여줄 것이다. 반복하여 숙달하자.

l) get you, bet you, what you say, aren't you

ii) said you, spend your money, told you, with you

iii) this year, bless you, wish you

iv) because you, as yet, tells you

◀ want to는 [wɔ́ːn-tu] 혹은 [wɔ́ː-nə]로 읽는다. (Pronunciation 4 참조)

Pronunciation 5

[t] + [j] ➡ [tʃ], [d] + [j] ➡ [dʒ]
[s] + [j] ➡ [ʃ], [z] + [j] ➡ [ʒ]

m e e t y o u

[t] + [j]
↓
[tʃ]

6 have to는 [해ㅍ터]로 발음하라

theory

복수형 어미 '-s'가 boys에서는 유성음 [z]로, books에서는 무성음 [s]로 발음된다. boys의 유성음 [ɔi]와는 유성음 [z]로, books의 무성음 [k]와는 무성음 [s]로 대응하여 발음되는 것이다. have to에서는 무성음 [t]의 영향으로 인하여 유성음 [v]가 무성음 [f]로 변한 것이다. 무성음은 무성음과, 유성음은 유성음과 결합하여 좀 더 쉽게 발음될 수 있다.

practice A

무성음 + 무성음

• ca<u>ps</u> : [kæps]

• po<u>ts</u> : [pɑts]

• sea<u>ts</u> : [si:ts]

• pi<u>cks</u> : [piks]

• cea<u>sed</u> : [si:st]

• pri<u>ced</u> : [praist]

• ra<u>ced</u> : [reist]

유성음 + 유성음

• ca<u>bs</u> : [kæbz]

• po<u>ds</u> : [pɑdz]

• see<u>ds</u> : [si:dz]

• pi<u>gs</u> : [pigz]

• sei<u>zed</u> : [si:zd]

• pri<u>zed</u> : [praizd]

• rai<u>sed</u> : [reizd]

practice B

• ha<u>ve t</u>o : [hǽv-tu] ➡ [hǽf-tu] ➡ [hǽf-tə]

• ha<u>s t</u>o : [hǽz-tu] ➡ [hǽs-tu] ➡ [hǽs-tə]

• ha<u>d t</u>o : [hæd-tu] ➡ [hǽt-tu] ➡ [hǽ-tu] or [hǽ-ɾə]

• u<u>sed t</u>o : [júːzd-tu] ➡ [júːst-tu] ➡ [júːs-tə]

지상강좌

• 앞에서 설명한 동화현상 중의 하나이다.

Further Study에서 무성음과 유성음을 익히면 쉽게 이해할 수 있다. 무성자음 9개 [p, t, k, f, θ, s, ʃ, tʃ, h]는 암기하자. 나머지 자음과 모든 모음은 유성음이다.

• ORIENTATION

특히 복수형 어미, 3인칭 단수 현재시제의 어미, 과거시제의 어미에 주의하여 학습하여라. 영어를 처음 배우기 시작한 때부터 무조건적으로 암기하였던 부분이 이제야 이해될 것이다. 이해되었으면 반복하여 숙달하자.

◀ 강세가 없는 모음에 자주 나타나는 애매모음 [ə]는 언제나 주의하자. (Pronunciation 9 참조)

◀ [ɾ]는 Pronunciation 3을 참조하여 반드시 숙지하자.

◀ 중복되는 두 개의 자음은 앞의 것이 탈락되어 발음된다.(Pronunciation 7 참조)

Pronunciation 6

$$\left[\begin{array}{c} \text{[무성음]} + \text{[무성음]} \\ \text{[유성음]} + \text{[유성음]} \end{array}\right]$$ 은 발음하기가 쉽다.

h a v e   t o

[v] + [tu]

↓

[f-tə]

gas station은 [개ㅅ테이션]으로 발음된다

theory

우리말의 '거붑'이 '거북'으로([ㅂ]+[ㅂ]→[ㅂ]+[ㄱ]), '소곰'이 '소금'으로([ㅗ]+[ㅗ]→[ㅗ]+[ㅡ]), '간난'이 '가난'으로 ([ㄴ]+[ㄴ]→[ㄴ])으로 변하였다는 것과 그 이유를 학생 여러분들은 알고 있을 것이다. 학생들의 귀에 익은 영어 Yes, sir가 [je-sər]로 발음되듯이, 영어의 중복되는 두 개의 자음은 앞 자음이 탈락되어 발음되지 않고 뒷 자음만 발음된다.

practice A

· Yes, sir : [jes-sər] ➡ [je-sər]

· bus stop : [bʌs-stɑp] ➡ [bʌ-stɑp]

· last try : [læst-trái] ➡ [læs-trái]

· next train : [nekst-tréin] ➡ [neks-tréin]

· take care : [teik-kɛər] ➡ [tei-kɛər]

· orange juice : [ɔ́:rindʒ-dʒu:s] ➡ [ɔ́:rin-dʒu:s]

practice B

· I guess so. [ges-sou] ➡ [ge-sou]

· It's so relaxing. [its-sou] ➡ [it-sou]

· You should do it. [ʃud-du] ➡ [ʃu-du]

· She went out with the book. [wið-ðə] ➡ [wi-ðə]

· Take a hot drink and then go to bed.
　　　　　[ænd-ðen] ➡ [æn-ðen]

지상강좌

· 이화작용(異化, Dissimilation)

서로 같은 자음이 이어질 때 앞 자음은 편의상 발음되지 않는다. 특히 빨리 말할 때는 앞 자음이 거의 생략되어 들린다. 같은 음의 반복을 피하려는 현상이다.

· ORIENTATION

Yes, sir를 [jes-sər]로, 즉 자음 [s]를 두 번 발음하여 보아라. 어색하기 짝이 없을 것이다. 습관이란 이렇게 무서운 것이다. 역으로 생각하여 보자. bus stop을 [버스 스탑] 혹은 [버스 스토프]로 읽었던 학생이 2음절 [버ㅅ탑]으로 읽으려면 매우 어색할 것이다. 그러나 천리 길도 한 걸음부터이다. 여러 차례 native speaker의 발음을 듣고 말하면, 오히려 [버스 스탑]이 어색해질 것이다. 그때가 바로 진정으로 그 지식이 여러분의 일부가 되는 순간이다.

You can make knowledge a part of yourself.

Pronunciation 7

$$[s] + [s] ➡ [s]$$
$$[t] + [t] ➡ [t]$$
$$[d] + [d] ➡ [d]$$

◯ 중복되는 두 개의 자음은 뒷 자음만 발음된다.

gas station

탈락

last concert는 [래ㅅ칸서ㅌ]으로 발음된다

theory

한글 '물+좀'이 '무좀'으로 변하여, 즉 자음 [ㅈ] 앞의 자음 [ㄹ]이 탈락되어 쉽고 자연스럽게 발음된다. 영어의 Christmas에서도 [t]가 생략되어 [krísməs]로 발음되는 것을 학생들은 인식하지는 못하였으나 이미 쉽게 발음하고 있다. 자음이 3~4개 연속되어 있으면 발음하기가 어려우므로 하나의 자음을 생략하는데, 특히 자음과 자음 사이의 [t] 혹은 [d]가 보통 탈락된다.

practice A

• postcard : [póustkɑːrd] ➡ [póuskɑːrd]

• investment : [invéstmənt] ➡ [invésmənt]

practice B

• fast food : [fæst-fúːd] ➡ [fæs-fúːd]

• first class : [fəːrst-klǽs] ➡ [fəːrs-klǽs]

• West Point : [wést-pɔ́int] ➡ [wés-pɔ́int]

• next size : [nekst-sáiz] ➡ [neks-sáiz]

practice C

• You must finish the work. [mʌst-fíniʃ] ➡ [mʌs-fíniʃ]

• It was my first visit. [fəːrst-vízit] ➡ [fəːrs-vízit]

• The glass is empty. [émpti] ➡ [émti]

• Swimming is beyond me. [bijɔ́nd-mi] ➡ [bijɔ́n-mi]

◀ Point는 Pronunciation 4를 참조하여 발음하세요.

◀ beyond me는 Pronunciation 4를 참조하여 학습하십시오.

지상강좌

• **Omission of Final [t] Sound**

단어 끝에 오는 [t]는 탈락되어 거의 소리 나지 않는 경향이 있다. 더욱이 [t]의 앞과 뒤에 자음이 있을 때는 발음하기가 어려우므로 /t/가 탈락된다.

• **ORIENTATION**

여러분들이 알고 있는 단어 중에서 다음의 예도 있다.

handsome : [hǽnsəm]

handkerchief : [hǽŋkərtʃif]

grándfàther : [grǽnfàːðər]

grándmòther : [grǽnmʌ̀ðər]

whistle : [hwisl]

Pronunciation 8

[자음] + [t] 혹은 [d] + [자음] ➡ [자음] + [자음]

❍ 자음 사이의 [t] 혹은 [d]는 탈락

last concert

[자음] + [t] + [자음]

↳ 탈락

애매모음 [ə] 는 애매하게 발음하라

theory

모음 [ə] 는 강세(accent)가 있는 음절에 나타나는 경우는 없고, 항시 애매하고 약하게 발음되므로 애매모음(obscure vowel)이라 부른다. 한글의 [어]만큼 입을 열고 혀와 성대의 긴장을 풀고 목구멍 안쪽에서 가볍게 소리를 내는 느낌으로 [어] 하고 짧게 발음하면 된다. native speaker가 발음할 때는 묵음(silent)에 가깝게 들리는 경우도 있다.

practice A

- together : [təgéðər]
- ago : [əgóu]
- ballad : [bǽləd]
- total : [tóutəl]

┌ • n. miracle : [mírəkl]
└ • a. miraculous : [mirǽkjələs]

┌ • n. Canada : [kǽnədə]
└ • a. Canadian : [kənéidiən]

practice B

- pass away : [pǽs-əwéi] ➡ [pǽ-səwéi]
- far away : [fɑːr-əwèi] ➡ [fɑ́ː-rəwèi]
- come again : [kʌm-əgéin] ➡ [kʌ-məgéin]
- have a cold : [hǽv-ə-kóuld] ➡ [hǽ-və-kóuld]

practice C

- What am I supposed to do?
  [hwát-æm-ái] ➡ [hwá-ɾə-mái]
- What do they do? [hwát-du] ➡ [hwá-ɾə]

Pronunciation 9

강세가 없는 모음은 많은 경우

1) 애매모음 [ə]로 약하게 발음된다.
2) 탈락되어 발음되지 않는다.

지상강좌

• 애매모음 [ə]

한국인들은 [ə]을 [ʌ]와 똑같이 힘주어 발음하는데, 그렇게 하면 영어를 모국어로 말하는 사람들에게 매우 부자연스럽게 들린다. 또한 native speaker의 발음을 hearing할 때도 어려워진다. 그러나 사전지식을 갖고서 훈련하면 큰 어려움은 없으리라 본다.

◀ total은 [토를] 혹은 [토들]로 발음하라. (Further Study 참조)

◀ 강세가 없는 모음은 대부분 애매모음 [ə]로 발음되는데, 아예 탈락되어 발음되지 않는 경우도 있다. (total, bottom, Italy)

◀ 종성자음이 초성모음으로 이어져 하나로 발음된다. (Pronunciation 1 참조)

◀ 모음 사이의 [t] 는 [ɾ]로 발음될 수 있다. (Pronunciation 3 참조)

• ORIENTATION
당장 사전을 펼쳐서 애매모음 [ə] 의 존재를 구석구석에서 확인하여 보아라. 자연스러운 영어발음을 익히는 데 있어서 필수적인 모음이다.

1. Pronunciation 3을 좀 더 자세히 학습하자.

a) 모음과 모음 사이에 [t]가 위치하나 한 단어 내에서 뒷모음에 강세가 있을 경우에는 [t]를 그대로 발음한다.

- hotel : [houtél]
- detail : [ditéil]
- return : [ri:tə́:rn]
- attack : [ətǽk]

다음 쌍을 비교하여 학습하여라.

- Italy : [ítəli] ➡ [íɾli]
  Italian : [itǽljən]

- metal : [métəl] ➡ [meɾl]
  metalic : [mətǽlik]

- photograph : [fóutəgræ̀f] ➡ [fóuɾəgræ̀f]
  photography : [fətágrəfi]
  photographer : [fətágrəfər]

b) 모음과 모음 사이의 [d]는 좀 더 약한 음 [ɾ]로 발음될 수 있다.

- body : [bádi] ➡ [báɾi]
- daddy : [dǽdi] ➡ [dǽɾi]
- ladder : [lǽdər] ➡ [lǽɾər]
- rider : [ráidər] ➡ [ráiɾər]

2. 한 단어 내에서 모음과 [l] 사이의 [t]는 역시 [ɾ]로 약화되어 발음될 수 있다.

- little : [lítl] ➡ [líɾl]
- bottle : [bátl] ➡ [báɾl]
- Seattle : [si:ǽtl] ➡ [si:ǽɾl]
- hospital : [háspitəl] ➡ [háspiɾl]
- total : [tóutəl] ➡ [tóuɾl]

3. [ʃ] 앞의 [s]는 [ʃ]에 동화되어 발음되지 않는 경향이 있다.

- tennis shoes : [ténis-ʃùz] ➡ [téniʃ-ʃùz] ➡ [ténə-ʃùz]
- this show : [ðis-ʃóu] ➡ [ðiʃ-ʃóu] ➡ [ði-ʃóu]
- this shirt : [ðis-ʃə́:rt] ➡ [ðiʃ-ʃə́:rt] ➡ [ði-ʃə́:rt]

지상강좌

◀ 앞에서 학습한 heart attack을 이제 분석하여 보면 그 이유를 깨달을 수 있을 것이다.
[há:rt-ətæ̀k] ➡ [há:r-tətæ̀k] ➡ [há:r-ɾətæ̀k]
[t]의 뒷 모음 [æ]에 강세가 있기 때문에 [t]가 그대로 발음된다.

◀ "강세가 없는 모음은 이완모음 [ə]가 많이 사용되거나, [ə]조차도 발음되지 않는다."는 말은 역시 숲言이다. (Pronunciation 9 참조)

◀ 강세가 없는 모음이 발음되지 않는 경우이다. (Pronunciation 9 참조)

◀ 중복되는 두 개의 같은 자음은 앞 자음이 발음되지 않는다. (Pronunciation 7 참조)

4. 자음과 모음, 무성음과 유성음

학생 여러분이 익히 알고 있겠지만 자음과 모음, 그리고 무성음과 유성음에 대해서 자세히 학습해보자.

a) 자음과 모음(Consonants and Vowels)

구강(Oral Cavity)을 통과하는 공기가 입술이나 혀의 움직임으로 마찰이나 막힘 등의 방해를 받으며 생성되는 소리를 자음(子音)이라 부르고, 그러한 방해를 받지 않으면서 공기가 자유롭게 구강을 빠져나가면서 생성되는 소리를 모음(母音)이라 부른다. 모든 모음이 음절의 중심을 이루어 모음의 수가 곧 음절의 수인데 반하여 자음은 음절수와 아무런 연관성이 없다.

b) 무성음과 유성음(Voiceless and Voiced Sounds)

폐에서 흘러나온 공기는 기관(Trachea)을 통해 성문(Glottis)이라고 불리는 성대(Vocal Cord) 사이의 통로를 통과한다. 이때 성문이 열린 상태에서 공기가 아무런 저항을 받지 않고 통과 되면 무성음(無聲音)이 생성되며, 성대를 적당히 긴장시켜 성문을 닫은 상태에서 공기가 통과되면 성대가 진동(Vibration)되면서 유성음(有聲音)이 생성된다. 모든 모음은 유성음이며, 성대가 진동하지 않는 무성자음과 성대가 진동하는 유성자음이 있다.

성대가 진동하지 않을 때

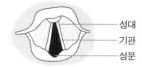

성대
기관
성문

성대가 진동할 때

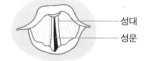

성대
성문

무성자음 : [p], [t], [k], [f], [θ], [s], [ʃ], [tʃ], [h]
　　　　　　 ↕　↕　↕　↕　↕　↕　↕　↕　↕
유성자음 : [b], [d], [g], [v], [ð], [z], [ʒ], [dʒ], [m]
　　　　　　 [n], [ŋ], [l], [r], [j], [w]

◀ 무성자음 9개는 암기하자. 9개의 무성자음을 제외한 모든 자음과 모든 모음은 유성음이다.

◀ [j]와 [w]는 모음과 자음의 중간에 있는 음으로 반모음 혹은 반자음이라 부른다. 단, 자음으로 간주한다

ORIENTATION

여기까지 학습하느라 수고하셨습니다. 필자의 지시에 따라 정성을 들여 학습했다면 어느 정도 소리의 변화를 이해하였으리라 믿습니다. 그러나 언어는, 특히 발음은 이해가 아니라 습관이 중요합니다. Pronunciation 1로 다시 돌아가 어색하고 까다로운 발음이 입에서 자연스럽게 발음될 때까지 반복하세요.

2. 강세의 규칙

1. 일반 원칙

(1) 장음절 혹은 이중모음을 포함하는 음절에 강세 [′]가 있다.
(2) -y로 끝나는 2음절어는 첫 음절에 강세 [′]가 있다.
(3) 접두어·접미어에는 보통 강세 [′]가 없다.
(4) 그러나 by-, in-, out-, pro-, wel- 같은 접두사는 예외 있음.
(5) 또한, -ee, -eer, -ese, -ever 등과 같은 접미사는 예외이다.
(6) 명사·형용사 ➡ 앞에 ; 동사 ➡ 뒤에 있음 (2음절어에 한하여)

(1) 장음절 혹은 이중모음을 포함하는 음절에 강세 [′]가 있다.

absorb [əbzɔ́:rb] v. 흡수하다
artist [á:rtist] n. 예술가, 미술가
famous [féiməs] a. 유명한
paper [péipər] n. 종이

(2) -y로 끝나는 2음절어는 첫 음절에 강세 [′]가 있다.

angry [ǽŋgri] a. 성난, 화난
pretty [príti] a. 예쁜, 귀여운
study [stʌ́di] n. 학문, 연구

(2)′ -y [ai]로 발음될 때는 뒤(-y)에 강세 [′]가 있다.

supply [səplái] v. 공급하다
reply [riplái] v. 대답하다
rely [rilái] v. 의존하다

(3) 접두어·접미어에는 보통 강세 [′]가 없다.
① 접두어
mistake [mistéik] n. 잘못
discover [diskʌ́vər] v. 발견하다
asleep [əslí:p] a. 잠든

② 접미어
passive [pǽsiv] a. 수동의
agreeable [əgrí:əbl] a. 기분좋은, 마음에드는
beautiful [bjú:təfəl] a. 아름다운

(4) 다음과 같은 접두어는 예외가 상당히 많다.
[by-, in-, out-, pro-, wel-]
by-product [báiprὰdəkt] n. 부산물
income [ínkʌm] n. 수입, 소득
influence [ínfluəns] n. 영향(력)
outdoor [áutdɔ̀:r] a. 집 밖의
problem [prάbləm] n. 문제
prophecy [prάfisi] n. 예언
welfare [wélfɛ̀ər] n. 안녕, 복지
welcome [wélkəm] n. 환영

(5) 다음과 같은 접미어는 예외이다.
[-ee, -eer, -ese, -ever, -esque, -oon, -self[-selves], -teen]
employee [implɔíí:] n. 고용인, 종업원
refugee [rèfjudʒí:] n. 피난민, 난민
career [kəríər] n. 이력, 경력
engineer [èndʒiníər] n. 기사, 기술자
Japanese [dʒæ̀pəní:z] a. 일본의
Chinese [tʃainí:z] a. 중국의
however [hauévər] ad. 아무리 ~일지라도
picturesque [pìktʃərésk] a. 그림과 같은
typhoon [taifú:n] n. 태풍
myself [maisélf] pron. 나 자신
ourselves [àuərsélvz] pron. 우리 자신
thirteen [θə̀:rtí:n] n. a. 13(의)

(6) 명사·형용사 ➡ 앞에 ; 동사 ➡ 뒤에 있음 (2음절어에 한해서)
① pre-noun post-verb group (명전동후)
conduct [kándəkt] n. 행동, 처신
        [kəndʌ́kt] vt. 행동하다

desert [dézərt] n. 사막
       [dizə́:rt] vt. 버리다

record [rékərd] n. 기록
       [rikɔ́:rd] vt. 기록하다

insult [ínsʌlt] n. 모욕
　　　　[insʌ́lt] vt. 모욕하다

protest [próutest] n. 항의
　　　　[prətést] vt. 항의하다

object [ábdʒikt] n. 물건, 물체
　　　[əbdʒékt] vt. 반대하다

import [ímpɔ:rt] n. 수입
　　　[impɔ́:rt] vt. 수입하다

increase [ínkri:s] n. 증가
　　　　[inkrí:s] vt. 증가하다

conflict [kánflikt] n. 투쟁
　　　　[kənflíkt] vt. 투쟁하다

contract [kántrækt] n. 계약
　　　　[kəntrǽkt] vt. 수축되다

digest [dáidʒest] n. 요약, 개요
　　　[daidʒést] vt. 요약하다

impress [ímpres] n. 인상
　　　　[imprés] vt. 인상을 주다

produce [prádjù:s] n. 농산물
　　　　[prədjú:s] vt. 산출하다

contrast [kántræst] n. 대조, 대비
　　　　[kəntrǽst] vt. 대조하다

project [prádʒekt] n. 계획, 기획
　　　　[prədʒékt] vt. 계획하다

contest [kántest] n. 경쟁
　　　　[kəntést] vt. 경쟁하다

transport [trǽnspɔ̀:rt] n. 수송
　　　　　[trænspɔ́:rt] vt. 수송하다

② pre-adjective post-verb group(형전동후)
absent [ǽbsənt] a. 결석한
　　　[æbsént] vt. 결석하다

frequent [frí:kwənt] a. 잦은, 빈번한
　　　　　[fri(:)kwént] vt. 자주 가다

perfect [pə́:rfikt] a. 완벽한
　　　[pə(:)rfékt] vt. 완벽하게 하다

③ exceptional group(예외)
[pre-stress]
　comment [kámənt] vi. 논평하다
　visit [vízit] vt. 방문하다
　limit [límit] vt. 제한하다
　offer [ɔ́:fər] vt. 제공하다
　rescue [réskju:] vt. 구조하다
　comfort [kʌ́mfərt] vt. 위로하다
[post-stress]
　respect [rispékt] n. 존경, 존중
　consent [kənsént] n. 동의
　lament [ləmént] n. 비탄
　report [ripɔ́:rt] n. 보고(서)
　neglect [niglékt] n. 태만
　cement [simént] n. 시멘트

2. 음절과 어미에 의한 특수원칙

　　　　　　　　-ous
① 단자음　　-al　①´ ＿ ＿ ＋단자음＋ous
　　　　　　　　　　　　(전전 음절에 강세)
② 복자음 ＋ -ent ⇒ ②´ ＿ ＋복자음＋ous
　　　　　　　　　　　　(전 음절에 강세)
③ 모　음　　-ence　③´ ＿ ＋모음＋ous
　　　　　　　　　　　(전전 음절에 강세)
　　　　　　　　-ive

(1) -ous
　① generous [dʒénərəs] a. 푸짐한
　　dangerous [déindʒərəs] a. 위험한

　② enormous [inɔ́:rməs] a. 거대한
　　disastrous [dizǽstrəs] a. 재난의

　③ laborious [ləbɔ́:riəs] a. 힘든
　　obvious [ábviəs] a. 명백한

(2) -al
　① original [ərídʒənəl] a. 최초의
　　capital [kǽpitəl] a. 주요한
예외 survival [sərváivəl] n. 생존

② abnormal [æbnɔ́ːrməl] a. 비정상의
   triumphal [traiʌ́mfəl] a. 개선식의
예외 interval [íntərvəl] n. 간격

③ habitual [həbítʃuəl] a. 습관적인
   material [mətí(ː)riəl] a. 물질의

(3) -ent, -ant, -ence, -ance

① magnificent [mægnífisnt] a. 장대한
   omnipotent [ɑmnípətənt] a. 전능한
   endurance [indʒúərəns] n. 인내(력)
   inheritance [inhéritəns] n. 상속
예외 allowance [əláuəns] n. 고려, 참작

② abundant [əbʌ́ndənt] a. 풍부한
   assistant [əsístənt] n. 조수
   occurrence [əkɔ́ːrəns] n. 발생, 사건
   admittance [ədmítəns] n. 입장
예외 excellence [éksələns] n. 우수
   acquaintance [əkwéintəns] n. 잘 아는 사람

③ convenient [kənvíːnjənt] a. 편리한
   obedient [oubíːdiənt] a. 순종하는

(4) -ive

① relative [rélətiv] a. 상대적인
   negative [négətiv] a. 부정의
예외 creative [kri(ː)éitiv] a. 창조적인

② objective [əbdʒéktiv] a. 객관적인
   reflective [rifléktiv] a. 반사하는
예외 adjective [ǽdʒiktiv] n. 형용사

③ -ive는 바로 앞에 모음이 오지 않음

3. 강세 음절의 위치에 의한 분류

(1) 바로 앞 음절에 강세 [′]가 있는 경우(끝에서 둘째 음절에)

1) i + 다른 모음

① -ion
   decision [disíʒən] n. 결정
   conclusion [kənklúːʒən] n. 결말

education [èdʒukéiʃən] n. 교육
graduation [grædʒuéiʃən] n. 졸업

② -ior
   superior [supíːriər] a. 보다 나은
   senior [síːnjər] a. 손위의

③ -io
   folio [fóuliòu] n. 2절지
   radio [réidiòu] n. 라디오
   studio [stjúːdiòu] n. 방송실, 영화 촬영소

④ -ian
   musician [mjuːzíʃən] n. 음악가
   politician [pɑ̀litíʃən] n. 정치가
   magician [mədʒíʃən] n. 마술사

⑤ -iar
   familiar [fəmíljər] a. 친숙한
   peculiar [pikjúːljər] a. 독특한

2) i + 자음

① -ic ➡ economic [ìkənámik] a. 경제의
② -ible ➡ responsible [rispánsəbl]
            a. 책임이 있는
③ -ican ➡ American [əmérikən] a. 아메리카의
④ -ibute ➡ contribute [kəntríbjuːt] v. 기부하다

(2) 끝에서 셋째 음절에 강세 [′]가 있는 경우

① -ate
   accumulate [əkjúːmjəlèit] v. 쌓아 올리다
   communicate [kəmjúːnəkèit] v. 전달하다
   congratulate [kəngrǽtʃulèit] v. 축하하다

② -tute
   constitute [kánstətjùːt] v. 구성하다

③ -tude
   attitude [ǽtitjùːd] n. 태도
   solitude [sálətjùːd] n. 고독
   latitude [lǽtətjùːd] n. 위도

④ -ize
   civilize [sívəlàiz] v. 문명화하다
   realize [ríːəlàiz] v. 실현하다
   organize [ɔ́ːrgənàiz] v. 조직하다

⑤ -fy

satisfy [sǽtisfài] v. 만족시키다
magnify [mǽgnəfài] v. 확대하다
amplify [ǽmpləfài] v. 넓히다

⑥ -y로 끝나는 추상명사

philosophy [filásəfi] n. 철학
psychology [saikálədʒi] n. 심리학
geography [dʒiːágrəfi] n. 지리

(3) 두 음절 건너서(즉, 끝에서 넷째 음절에) 강세 [′]가 있는 경우

-ture

literature [lítərətʃùər] n. 문학
agriculture [ǽgrəkʌltʃər] n. 농업
temperature [témpərətʃər] n. 온도

(4) 첫 음절에 강세 [′]가 있는 경우

① -ism

patriotism [péitriətìzəm] n. 애국심
communism [kámjənìzəm] n. 공산주의
mechanism [mékənìzəm] n. 기구, 구조

② -ary, -ory, -ery

contrary [kántreri] a. 반대의
dormitory [dɔ́ːrmitɔ̀ːri] n. 기숙사
예외 contemporary [kəntémpərèri] a. 동시대의

③ -at

democrat [déməkræt] n. 민주주의자
aristocrat [ǽristəkræt] n. 귀족
diplomat [dípləmæt] n. 외교관

3. 모음의 발음 규칙

Rule 1

ow의 발음 [ou], [au], [ɑ]가 된다.

① [ou] ➡ blow [blou] v. 불다
bowl [boul] n. 주발, 사발
crow [krou] n. 까마귀

meadow [médou] n. 목초지, 초원
know [nou] v. 알고 있다

② [au] ➡ allow [əláu] v. 허락하다
brow [brau] n. 이마
drown [draun] v. 익사시키다
endow [indáu] v. (재능을) 부여하다
owl [aul] n. 올빼미
frown [fraun] n. 찡그린 얼굴
clown [klaun] n. 어릿광대
coward [káuərd] n. 겁쟁이

③ [ɑ] ➡ acknowledge [əknálidʒ] v. 인정하다
knowledge [nálidʒ] n. 지식

Rule 2

au의 말음 [ɔː], [æ], [ei]이다.

① [ɔː] ➡ author [ɔ́ːθər] n. 저자
autumn [ɔ́ːtəm] n. 가을
caught [kɔːt] v. catch의 과거형
fault [fɔːlt] n. 결점, 흠

② [æ] ➡ aunt [ænt] n. 아주머니
laugh [læf] v. 웃다

③ [ei] ➡ gauge [geidʒ] n. 계(량)기

Rule 3

a의 발음 [e], [ei], [æ], [ɑː], [ɔː], [ɑ], [ə], [i], [ɛː]이다.

① [e] ➡ any [éni] a. 얼마간, 조금은
many [méni] a. 많은
Thames [temz] n. 템스 강

② [ei] ➡ paper [péipər] n. 종이
danger [déindʒər] n. 위험
radio [réidiòu] n. 라디오
chamber [tʃéimbər] n. 방, 회의실
vague [veig] a. 애매한
cradle [kréidl] n. 요람

③ [æ] ➡ add [æd] v. 더하다
apparent [əpǽrənt] a. 명백한

calendar [kǽlindər] n. 달력
salmon [sǽmən] n. 연어

④ [ɑ:] ➡ father [fɑ́:ðər] n. 아버지
balm [bɑːm] n. 향유
psalm [sɑːm] n. 찬송가
calm [kɑːm] a. 고요한

⑤ [ɔ:] ➡ all [ɔːl] a. 전체의
salt [sɔːlt] n. 소금
bald [bɔːld] a. 대머리의
call [kɔːl] v. 부르다
wall [wɔːl] n. 벽, 담
walk [wɔːk] v. 걷다

⑥ [ɑ] ➡ quality [kwɑ́ləti] n. 품질
wander [wɑ́ndər] v. 방황하다
want [wɑnt] v. 원하다

⑦ [ə] ➡ canal [kənǽl] n. 운하
(강세 없음) infamous [ínfəməs] a. 악명 높은
lament [ləmént] v. 슬퍼하다
maternal [mətə́:rnəl] a. 어머니의

⑧ [i] ➡ climate [kláimit] n. 기후
(강세 없음) preface [préfis] n. 서문
surface [sə́:rfis] n. 표면
bandage [bǽndidʒ] n. 붕대

⑨ [ɛ:] ➡ area [ɛ́:riə] n. 면적
parent [pɛ́:rənt] n. 부모
various [vɛ́(:)riəs] n. 여러 가지의, 다른

Rule 4

ea의 발음 [e], [iː], [ei] 등이 있다.

① [e] ➡ breakfast [brékfəst] n. 아침 식사
cleanse [klenz] v. 청결하게 하다
feather [féðər] n. 깃털
meadow [médou] n. 목초지
peasant [pézənt] n. 농부, 소작인
sweat [swet] n. 땀
leather [léðər] n. 가죽

② [iː] ➡ disease [dizíːz] n. 질병
feast [fiːst] n. 축제
meat [miːt] n. 고기
peak [piːk] n. 끝, 첨단

③ [ei] ➡ break [breik] v. 깨뜨리다
great [greit] a. 위대한
steak [steik] n. 스테이크

Rule 5

ai의 발음 [ei], [i] 등이 있다.

① [ei] ➡ aid [eid] n. 도움
raise [reiz] v. 들어올리다
waist [weist] n. 허리
nail [neil] n. 손톱, 발톱

② [i] ➡ bargain [bɑ́:rgin] n. 거래
mountain [máuntin] n. 산
portrait [pɔ́:rtrit] n. 초상화

Rule 6

o의 발음 [ou], [ʌ], [ɑ], [ɔ:], [ə], [uː], [u] 등이 있다.

① [ou] ➡ both [bouθ] a. 양쪽의
comb [koum] n. 빗
ghost [goust] n. 유령
globe [gloub] n. 지구
hole [houl] n. 구멍
only [óunli] a. 유일한
bold [bould] a. 대담한
bone [boun] n. 뼈
choke [tʃouk] vt. 질식시키다

② [ʌ] ➡ colo(u)r [kʌ́lər] n. 색
comfortable [kʌ́mfərtəbl] a. 편안한
dozen [dʌ́zn] n. 1다스, 12개
monkey [mʌ́ŋki] n. 원숭이
oven [ʌ́vən] n. 오븐
tongue [tʌŋ] n. 혀
dove [dʌv] n. 비둘기

③ [ɑ] ➡ bomb [bɑm] n. 폭탄
collar [kálər] n. (옷의)깃, 칼라
clock [klɑk] n. 시계
college [kálidʒ] n. 대학
bottom [bátəm] n. 밑바닥

④ [ɔː] ➡ cloth [klɔːθ] n. 옷감, 천
cost [kɔːst] n. 가격, 비용
boss [bɔːs] n. 두목
lorry [lɔ́ːri] n. 화물 자동차

⑤ [ə] ➡ horizon [həráizn] n. 지평선, 수평선
(강세 없음) occur [əkə́ːr] v. 발생하다
command [kəmǽnd] n. 명령
melody [mélədi] n. 멜로디

⑥ [uː] ➡ lose [luːz] v. 잃다
prove [pruːv] v. 증명하다

⑦ [u] ➡ bosom [búzəm] n. 가슴
wolf [wulf] n. 늑대

Rule 7
oo의 발음 [uː], [u], [ʌ] 등이 있다.

① [uː] ➡ choose [tʃuːz] v. 선택하다
fool [fuːl] n. 바보
loose [luːs] a. 느슨한
smooth [smuːð] a. 매끄러운
tool [tuːl] n. 도구
bloom [bluːm] n. 꽃

② [u] ➡ foot [fut] n. 발
hood [hud] n. 두건
hook [huk] n. 쇠고리, 걸쇠
wood [wud] n. 목재
cook [kuk] v. 요리하다

③ [ʌ] ➡ blood [blʌd] n. 피
flood [flʌd] n. 홍수

Rule 8
oa의 발음 [ou], [ɔː] 등이 있다.

① [ou] ➡ approach [əpróutʃ] v. 접근하다
road [roud] n. 도로
throat [θrout] n. 목
boast [boust] n. 자랑, 허풍
cloak [klouk] n. 외투, 망토
coach [koutʃ] n. (4륜의)큰 마차
load [loud] v. 싣다

② [ɔː] ➡ abroad [əbrɔ́ːd] ad. 외국에
board [bɔːrd] n. 널빤지
oar [ɔːr] v. 노를 젓다
soar [sɔːr] v. 높이 날아오르다

Rule 9
or은 [ɔːr], [əːr], [ər] 등으로 발음된다.

① [ɔːr] ➡ fork [fɔːrk] n. 포크
horse [hɔːrs] n. 말
border [bɔ́ːrdər] n. 가장자리
pork [pɔːrk] n. 돼지고기
sword [sɔːrd] n. 칼
thorn [θɔːrn] n. 가시

② [əːr] ➡ work [wəːrk] v. 일하다
world [wəːrld] n. 세계
worm [wəːrm] n. 벌레
worth [wəːrθ] a. ~할 가치가 있는

③ [ər] ➡ author [ɔ́ːθər] n. 저자
(강세 없음) comfort [kʌ́mfərt] n. 위로, 위안
effort [éfərt] n. 노력

Rule 10
ear의 발음 [əːr], [ɛər], [iər], [ɑːr]가 된다.

① [əːr] ➡ earth [əːrθ] n. 지구
learn [ləːrn] v. 배우다
pearl [pəːrl] n. 진주
earn [əːrn] v. (일하여 돈을) 벌다

② [εər] ➡bear [bɛər] n. 곰

pear [pɛər] n. 배

swear [swɛər] v. 맹세하다

③ [iər] ➡ beard [biərd] n. 턱수염

fear [fiər] n. 두려움

hear [hiər] v. 듣다

④ [ɑːr] ➡ heart [hɑːrt] n. 마음, 심장

hearth [hɑːrθ] n. 난로

Rule 11
air의 발음 [εər]이다.

[εər] ➡ air [εər] n. 공기

hair [hɛər] n. 머리카락

pair [pɛər] n. 한 쌍(벌, 컬레)

fair [fɛər] a. 공평한, 공정한

Rule 12
ur의 발음 [əːr]가 된다.

[əːr] ➡ hurt [həːrt] v. 상처 입히다

occur [əkə́ːr] v. 발생하다

burden [bə́ːrdn] n. 짐, 부담

burn [bəːrn] v. 타다

urge [əːrdʒ] v. 재촉하다

urn [əːrn] n. 단지, 항아리

Rule 13
er의 발음 [əːr], [ər]가 된다.

① [əːr]➡ alternative [ælté ́ːrnətiv]
n. 양자택일

interpret [intə́ːrprit] v. 통역하다

ferment [fə́ːrment] n. 효소

② [ər] ➡ energy [énərdʒi] n. 정력
(강세 없음) interval [íntərvəl] n. 간격

shepherd [ʃépərd] n. 목동

Rule 14
ar의 발음 [ɑːr], [ɔːr], [ər]가 된다.

① [ɑːr] ➡architect [ɑ́ːrkitèkt] n. 건축가

farm [fɑːrm] n. 농장

remarkable [rimɑ́ːrkəbl] a. 주목할만한

star [stɑːr] n. 별

martyr [mɑ́ːrtər] n. 순교자

② [ɔːr] ➡ reward [riwɔ́ːrd] n. 보답, 보수

dwarf [dwɔːrf] n. 난쟁이

quarter [kwɔ́ːrtər] n. 4분의 1

war [wɔːr] n. 전쟁

warn [wɔːrn] v. 경고하다

③ [ər] ➡ particular [pərtíkjulər] a. 특별한
(강세 없음) sugar [ʃúgər] n. 설탕

wizard [wízərd] n. 마법사

Rule 15
ough의 발음 [ɔː], [ʌf], [au], [ou] 등이 있
다.

① [ɔː] ➡ bought [bɔːt] v. buy의 과거형

brought [brɔːt] v. bring의 과거형

sought [sɔːt] v. seek의 과거형

thought [θɔːt] v. think의 과거형

② [ʌf] ➡ enough [inʌ́f] a. 충분한

rough [rʌf] a. 조잡한, 거친

tough [tʌf] a. 단단한, 질긴

③ [au] ➡ bough [bau] n. 큰 나뭇가지

drought [draut] n. 가뭄

plough [plau] n. 쟁기

④ [ou] ➡ though [ðou] conj. ~에도 불구하고

dough [dou] n. 밀가루 반죽

Rule 16
are의 발음 [εər]가 된다.

[εər] ➡ bare [bɛər] a. 벌거벗은

care [kɛər] n. 근심, 걱정

rare [rɛər] a. 희귀한, 드문
fare [fɛər] n. 승차 요금
hare [hɛər] n. 토끼

Rule 17
ir의 발음 [əːr]가 된다.

[əːr] ➡ circle [sə́ːrkl] n. 원
stir [stəːr] v. 휘젓다
birthday [bə́ːrθdèi] n. 생일
virtue [və́ːrtʃuː] n. 미덕
whirl [hwəːrl] n. 회전, 소용돌이

Rule 18
ou의 발음 [au], [uː], [ʌ], [ou]가 된다.

① [au] ➡ aloud [əláud] ad. 큰 소리로
foul [faul] a. 불결한
ounce [auns] n. 온스(무게의 단위)
trousers [tráuzərz] n. 바지
arouse [əráuz] v. 깨우다
devout [diváut] a. 독실한
lounge [laundʒ] n. 휴게실

② [uː] ➡ group [gruːp] n. 그룹
route [ruːt] n. 노선, 항로
routine [ruːtíːn] n. 판에 박은 일
soup [suːp] n. 수프

③ [ʌ] ➡ country [kʌ́ntri] n. 나라
cousin [kʌ́zən] n. 사촌
southern [sʌ́ðərn] a. 남쪽의
moustache [mʌ́stæʃ] n. 콧수염

④ [ou] ➡ shoulder [ʃóuldər] n. 어깨
soul [soul] n. 영혼

Rule 19
e의 발음 [iː], [i], [e]가 된다.

① [iː] ➡ complete [kəmplíːt] a. 완전한
decent [díːsənt] a. 품위 있는
extreme [ikstríːm] a. 극단의

genius [dʒíːnjəs] n. 천재
immediate [imíːdiət] a. 즉시의
scene [siːn] n. 장면
scheme [skiːm] n. 계획

② [i] ➡ event [ivént] n. 사건
pretty [príti] a. 예쁜
regret [rigrét] n. 후회

③ [e] ➡ delicate [déləkit] a. 섬세한
energy [énərdʒi] n. 정력
precious [préʃəs] a. 귀중한
skeleton [skélitən] n. 골격, 해골
medal [médəl] n. 훈장
shelf [ʃelf] n. 선반

Rule 20
ei의 발음 [ei], [iː], [ai] 등이 있다.

① [ei] ➡ eight [eit] n. 여덟
freight [freit] n. 화물 운송(료)
reign [rein] n. 통치
rein [rein] n. 고삐
weigh [wei] v. 무게를 달다

② [iː] ➡ ceiling [síːliŋ] n. 천장
receipt [risíːt] n. 영수증
seize [siːz] v. 붙잡다
deceit [disíːt] n. 속임, 사기

③ [ai] ➡ height [hait] n. 높이

Rule 21
i의 발음 [ai], [iː], [i]로 발음된다.

① [ai] ➡ Christ [kraist] n. 예수 그리스도
climate [kláimit] n. 기후
island [áilənd] n. 섬
lively [láivli] a. 활발한
primary [práimèri] a. 초보의
blind [blaind] a. 눈먼
bribe [braib] n. 뇌물

② [i:] ➡ fatigue [fətíːg] n. 피로
　　　　machine [məʃíːn] n. 기계
　　　　police [pəlíːs] n. 경찰
　　　　unique [juːníːk] a. 독특한

③ [i] ➡ children [tʃíldrən] n. 아이들
　　　　risen [rízn] v. rise의 과거 분사
　　　　liquid [líkwid] n. 액체

Rule 22

u의 발음 [ʌ], [u], [juː], [uː] 등이 있다.

① [ʌ] ➡ butter [bʌ́tər] n. 버터
　　　　pulse [pʌls] n. 맥박
　　　　dumb [dʌm] a. 벙어리의
　　　　hug [hʌg] n. 포옹
　　　　blush [blʌʃ] n. 홍조
　　　　blunt [blʌnt] a. 무딘

② [u] ➡ butcher [bútʃər] n. 백정, 푸주간
　　　　pull [pul] v. 당기다
　　　　bull [bul] n. 황소
　　　　bush [buʃ] n. 관목
　　　　cushion [kúʃən] n. 방석

③ [juː] ➡ humor [hjúːmər] n. 유머
　　　　acute [əkjúːt] a. 날카로운
　　　　cube [kjuːb] n. 입방체
　　　　curio [kjú(ː)riòu] n. 골동품

④ [uː] ➡ truth [truːθ] n. 진리
　　　　brute [bruːt] n. 짐승
　　　　crude [kruːd]
　　　　a. 날것의, 자연 그대로의

Rule 23

aw의 발음 [ɔː]로 발음된다.

[ɔː] ➡ awkward [ɔ́ːkwərd] a. 어색한, 서툰
　　　　dawn [dɔːn] n. 새벽
　　　　jaw [dʒɔː] n. 턱
　　　　law [lɔː] n. 법률

Rule 24

ew의 발음 [uː], [juː], [ou]로 발음된다.

① [uː] ➡ chew [tʃuː] v. 씹다
　　　　crew [kruː] n. 승무원
　　　　Jew [dʒuː] n. 유태인
　　　　jewel [dʒúːəl] n. 보석

② [juː] ➡ few [fjuː] n. 소수
　　　　dew [djuː] n. 이슬

③ [ou] ➡ sew [sou] v. 꿰매다

Rule 25

our의 발음 [əuər]*, [uər], [ɔːr], [əːr]로 발음
된다.

① [əuər] ➡ flour [fláuər] n. 밀가루
　　　　hour [áuər] n. 한 시간
　　　　sour [sauər] a. 신, 시큼한

② [u] ➡ tour [tuər] n. 관광여행

③ [ɔːr] ➡ course [kɔːrs] n. 진로
　　　　court [kɔːrt] n. 뜰
　　　　mourn [mɔːrn] v. 슬퍼하다
　　　　source [sɔːrs] n. 근원, 원천

④ [əːr] ➡ journey [dʒə́ːrni] n. 여행
　　　　courtesy [kə́ːrtəsi] n. 예절 바름

ORIENTATION

까다롭고 어려운 "강세의 규칙"과 "모음의 발음 규칙"을
학습하느라 수고하셨습니다. 필자의 의도에 따라
학습했다면 어느 정도 이해하였으리라 믿습니다. 그러나
언어는, 특히 발음은 이해가 아니라 습관이 생명입니다.
처음으로 다시 돌아가 어색한 발음이 입에서 자연스럽게
발음될 때까지 큰 소리로 반복하세요.

A

1 풀다 2 이기적인 아닌, 이타적인 3 불순물이 섞인; 불순한, 부도덕한 4 대접이 나쁜, 불친절한; 살기 힘든 5 읽고 쓸 줄 모르는, 문맹의; 무학의, 무식한; 문맹자 6 같지 않은, 동등(평등)하지 않은; ~을 감당 못하는 7 분리할 수 없는, 불가분의; 헤어질 수 없는 8 움직일(이동할) 수 없는, 정지된 9 없어서는 안 되는, 필수적인 10 짐을 내리다, 부리다 11 unlike 12 unidentified 13 inescapable 14 insensitive 15 unlucky 16 unreal 17 untidy 18 unbearable 19 undo 20 untimely

B

1 uncomfortable 2 insufficient 3 unrelated 4 unreasonable 5 notorious 6 slovenly 7 reveal 8 unsuitable 9 illiteracy 10 illicit

C

1 uneasy 2 unidentified 3 unlocked 4 indispensable

해석

1 그는 갑자기 불쾌한 어둠이 내부에서부터 자신을 삼켜버리는 듯한 기분을 느꼈다.

2 이 신원미상의 군인은 손바닥을 편 채로 나의 아버지에게 손을 내밀었다.

3 그 인형은 손가락에 반지를 끼고 있었고, 아주 작은 열쇠를 쥐고 있었는데, 그것은 상자를 여는 것이었다.

4 과학은 물론 동시대의 작가에게 절대적으로 필요한 정보의 원천이다.

A

1 악용(남용, 오용)하다; 학대(혹사)하다; 욕하다, 비방하다; 악용, 남용, 오용; 학대, 혹사; 욕설, 욕지거리 2 부업; 취미 3 복종하지 않다, 거역하다, 위반하다 4 흩뿌리다; 살포하다; 퍼뜨리다, 유포하다 5 배열하다, 배치하다; ~할 마음이 내키게 하다; 처분하다, 처리하다; 매각하다, 팔아 버리다 6 흩어지게 하다; ~을 퍼뜨리다, 보급하다 7 몹시 싫어하다, 혐오하다 8 납치하다, 유괴하다 9 불만스러운, 불평을 품은; 불만, 불평; 불만을 느끼게 하다, 불평을 품게 하다 10 불명예, 치욕; 명예를 더럽히다, 체면을 잃게 하다

11 amend 12 dishonest 13 distinguish 14 dislike 15 disagree 16 discourage 17 disappear 18 display 19 discontinue 20 disapprove

B

1 plentiful 2 illness 3 encourage 4 confusion, chaos 5 neglect 6 unusual 7 disperse 8 disabled 9 disappearance 10 discovery

C

1 disappear 2 absorbing 3 distinguish 4 scattered

해석

1 가려움이 사라지지 않으면 긁지 말고 약을 복용하세요.

2 종이를 만드는 것이 이산화탄소를 흡수할 수 있는 나무를 사용하는 것임을 고려하라.

3 우리는 끊임없이 옳고 그름을 구별하고, 적절한 행동을 본받을 필요가 있다.

4 베토벤의 죽음 후에, 이 악보집들은 사방으로 흩어졌고, 많은 경우 훼손되었다.

A

1 항체 2 가끔, 때때로 3 비만한 4 지켜보다; 관찰하다; 지키다, 준수하다; 말하다, 비평하다 5 외설스러운, 음란한 6 순종하는, 유순한 7 간섭하는, 참견하기 좋아하는 8 반공산주의자; 반공산주의의, 반공의 9 밀수품; 밀수품의 10 ~의 감정(기분)을 해치다, 불쾌하게 하다; 위반하다, 어기다 11 antarctic 12 contrast 13 controversy 14 oppose 15 antibiotic 16 counterattack 17 counterfeit 18 obstruct 19 occasion 20 obstacle

B

1 sympathy 2 synonym 3 acquire 4 watch 5 opposite 6 accessible 7 rival 8 obesity 9 offensive 10 force

C

1 Contrary 2 obstacles 3 occasions 4 controversy

1 일반적으로 알려진 것과는 반대로, 대부분의 문어는 수영을 잘 못한다.

2 유년시절에 미래를 위해 장애물과 역경에 대처하는 법을 배운다.

3 클라이데일즈종(말의 종)이 결혼식과 같은 특별한 행사용 퍼레이드 말로 복귀하고 있다.

4 나는 그 백신은 논쟁의 여지가 있기 때문에 그 주지사는 백신이 스스로 완벽함을 증명될 때까지 기다려야 한다고 주장한다.

Day 04

A

1 ~에게 조언을 청하다, 상의(상담)하다; 참고하다; 상의(의논)하다 2 공동으로 일하다, 협력하다 3 일치하다, 부합하다; 편지 왕래하다, 통신하다 4 자문위원회, 협의회 5 동반 상승효과, 시너지 효과 6 모으다; 편찬(편집)하다 7 입증(확증)하다; 확인하다 8 농축하다(되다), 응축하다; 요약하다 9 교향곡, 심포니 10 공존하다, 같은 시간(공간)에 존재하다
11 confront 12 contain 13 contemporary
14 contaminate 15 conserve 16 cooperate
17 concentrate 18 correlate 19 compromise
20 company

B

1 hide 2 begin 3 pity 4 ordinary
5 destroy 6 asymmetry 7 progressive
8 combination 9 communication
10 competitive

C

1 contains 2 construct 3 composed
4 confirmed

1 그것은 황산이나 재를 거의 포함하지 않고, 오염물질을 거의 방출하지 않아서 매우 깨끗하다.

2 병원은 새의 서식지인 7에이커의 땅에 걸쳐 주차장을 세우려고 계획했다.

3 그렇게 거대한 구조물이 평범한 돌로 만들어 졌다는 사실을 알면 놀랄 것이다.

4 Leuven대학의 벨기에 연구원들은 맛과 온도 사이에 어떤 관계가 있는지 입증했다.

Day 05

A

1 밝게 하다, 조명하다; 계몽(교화)하다 2 덫(올가미)에 빠뜨리다; 함정에 빠뜨리다 3 내륙의, 오지의; 국내의; 내륙으로, 오지로; 내륙, 오지 4 권리(권한)을 주다 5 ~을 교도소에 넣다, 투옥하다 6 계몽(교화)하다; 가르치다 7 ~을 사랑 받게 하다 8 노예로 만들다, 노예의 처지로 만들다 9 구체화하다, 구현하다 10 제목을 붙이다; 권리(자격)를 주다
11 inhale 12 income 13 illustrate
14 enthusiasm 15 enclose 16 endanger
17 enrich 18 insight 19 invade 20 enforce

B

1 collision 2 expand 3 really 4 outgo
5 outdoor 6 invasion 7 endangered
8 enclosure 9 enforcement 10 investment

C

1 endanger 2 income 3 invest 4 impact

1 어떤 사기 행위는 건강과 심지어 사람들의 생명조차 위험하게 만든다.

2 이 도표는 미국과 전 세계의 가정의 수입 분포를 보여준다.

3 중요한 구매를 위해서는 마지막 결정을 하기 전에 시간을 좀 더 투자하는 것이 현명하다.

4 화석 연료의 연소가 환경에 미치는 영향에 대한 우려가 대체 연료에 대한 관심을 증폭시키도록 돕는다.

Day 06

A

1 지우다, 삭제하다 2 발생, 발발 3 증발하다(시키다); 사라지다 4 ~보다 무겁다; ~보다 중요하다 5 생산(량, 물); 출력, 산출된 정보 6 솔직한, 노골적인 7 ~보다 오래 지속되다(가다) 8 배출구, 출구; 배출구; 할인 판매점 9 변두리, 교외 10 무법자, 상습 범죄자; 불법화하다 11 extinguish 12 outdo
13 excuse 14 outlive 15 emergence
16 outstanding 17 outlook 18 expose
19 utter 20 exchange

B

1 result 2 summary 3 reason 4 import
5 appearance 6 prospect 7 utterly
8 exhausted, exhaustive 9 extinct
10 emergence, emergency

C

1 emerges 2 exhausted 3 expose
4 exchanged

해석

1 맹점은 특정한 분야의 배움에 대한 저항으로부터
   나타난다.

2 그는 흠뻑 젖어 있었고, 오랜 기다림으로 몹시
   지쳐 보였다.

3 이 이야기들은 미국 사업의 좀 더 어두운 면을
   드러내지만, 이 책은 법률적인 조언을 제공하지
   않는다.

4 하나의 집단이 다른 집단과 더 많이 접촉하면 할수록,
   물건과 사상이 교환되기 더 쉽다.

Day 07 　　　　　　　 P.85

A

1 ~의 마음을 사로잡다(빼앗다), 열중(몰두)하게 하다
2 조상, 선조 3 신중한, 조심성 있는 4 생산, 제조; 제조품,
제품 5 맨 먼저의; 가장 중요한, 으뜸의 6 우세한, 탁월
한; 지배적인, 주된 7 제안, 제의; 청혼 8 예측(예상)하
다, 예보하다; 예측(예상), 예보 9 예방 조치, 예방책; 조
심, 경계 10 조성, 촉진, 장려; 승진 11 premature
12 preview 13 foresight 14 ancestor, forebear
15 forehead 16 promote 17 pursue
18 ancient 19 preserve 20 advance

B

1 old-fashioned 2 manufacture 3 suggest
4 bias 5 plan 6 consumer 7 prejudiced
8 anticipation 9 advanced 10 preservation

C

1 predicted 2 forehead 3 preserve
4 promote

해석

1 부모에게 감세를 확장시켜 주는 것이 출산율을 크게
   증가시킬 것이라고 예측된다.

2 모자는 살을 에는 듯한 바람으로부터 머리와 이마를
   보호한다.

3 많은 사람들은 미래를 위해 경험을 간직하고자 여
   행이나 휴가 중에 셀 수 없이 많은 사진을 찍는다.

4 자전거 도로는 자동차 운전자와 자전거 타는 사람들
   간의 예측 가능성을 증가시켜 규칙적인 교통 흐름의
   촉진을 돕는다.

Day 08 　　　　　　　 P.94

A

1 대신하다, 뒤를 잇다; 바꾸다, 교체하다 2 추신;
후기 3 보류하다, 유보하다; 억제하다, 제지하다
4 사후의, 사후에 일어나는; 사후에 출판된 5 대표
자, 대리인; 대표하다 6 후세, 후대 7 저항하다; 잘
견디다, 버티어 내다 8 전후의 9 소매(하다, 의, 로)
10 오후 11 represent 12 repay 13 revive
14 reveal 15 remove 16 renown 17 resign
18 recover 19 withdraw 20 reproduce

B

1 put off 2 disclose 3 celebrity 4 eliminate
5 multiply 6 wholesale 7 deposit
8 repayment 9 renewal 10 resignation

C

1 revived 2 reproduced 3 renowned
4 reveal

해석

1 그 프로젝트는 새롭게, 그리고 크게 수정된 형태
   로 4년 후에 재개되었다.

2 반 고흐의 그림은 포스터, 엽서, 커피잔, 티셔츠를
   통해서 끊임없이 재생산되고 있다.

3 먼 마을을 방문할 때 완벽한 예의범절로 유명한 사
   람에 관한 오래된 일본 전설이 있다.

4 그의 초상화는 심리학적인 통찰을 통해 인간의
   내면의 본성을 드러낸다.

Day 09 　　　　　　　 P.104

A

1 군주, 국왕; 주권자, 통치자; 절대 권력을 지닌; 독
립된 2 초강대국 3 압도하다, 맥을 못 추게 하다; 제
압하다 4 초자연의, 불가사의한; 초자연적 신비(현
상) 5 떠받치다, 지탱하다; 지지(옹호)하다 6 ~에

범람하다; 범람하다, 넘치다; 범람, 홍수; 과잉, 과다
7 음속보다 빠른, 초음속의 **8** 머리 위에, 하늘 높이;
머리 위의(를 지나는) **9** 반란, 봉기 **10** 미신
11 superior **12** superficial **13** surround
14 overcome **15** surface **16** upstairs
17 survive **18** overlook **19** upright
20 overhear

B

1 improve **2** abroad **3** highest **4** mysterious
5 support **6** superlative **7** downstairs
8 inferiority **9** overwhelming
10 surroundings

C

1 survive **2** superior **3** upset **4** overlook

해석

1 가로수는 1평방미터밖에 안 되는 구멍의 포장도로
에서 살아남기 힘들다.

2 많은 종류의 우수한 커피콩에서 강한 향은 보존되는
방법으로 카페인이 제거되고 있다.

3 나는 그의 반응에 너무 화가 나고 속이 상해서 남은
학기 동안 쉬지 않고 공부했다.

4 손주들이 특별한 도움이 필요하든지 아니든지 간에,
조부모는 우연히 일어나는 학습의 가치를 간과해서는
안 된다.

Day 10 — P.116

A

1 경멸하다, 깔보다 **2** 버리다, 아주 떠나다; 탈영(탈
주)하다; 사막, 황야 **3** 잠재의식의; 잠재의식 **4** 빈곤
한, 궁핍한; ~이 없는, 결핍된 **5** 사망한; 사망한 사
람(들), 고인 **6** 해저의; 잠수함 **7** 기형으로 만들다,
불구로 만들다 **8** 지하철; 지하도 **9** 떠맡다; 착수하다
10 떠나다, 출발하다; 떠나다, 하직하다
11 souvenir **12** determine **13** sublime
14 despair **15** descend **16** substitute
17 depress **18** underline **19** understand
20 underdeveloped

B

1 proclaim **2** comprehend **3** experience
4 discover **5** ancestor **6** attach **7** attack
8 suggestion **9** departure **10** suffering

C

1 depart **2** declared **3** undergone
4 underground

해석

1 모든 여행자는 출발하기 전에 적당한 여행 보험을
들어야 한다.

2 이 자그마한 생물이 미국에서 멸종위기 종으로
분류된 첫 번째 파리로 선언된 특성을 지닌다.

3 부모가 천둥에 반응하는 것을 보고 천둥을 두려워
하는 것을 배운 아이들은 비슷한 조건 반사를 겪게
되었다.

4 지하수원으로부터의 압력이 알갱이 입자들을 분리
시키고 떠 있게 하여 입자들 사이의 마찰을 줄일 것
이다.

Day 11 — P.125

A

1 고발(고소, 기소)하다; 비난(책망)하다 **2** 모으다,
축적하다; 쌓아 올리다; 축적되다, 늘어나다 **3** 사이
에 들어가다; 중재(조정)하다 **4** 반대의; 반대하는;
불리한, 불운한 **5** 간격, 거리; 간격, 사이 **6** 익숙해
지게 하다, 습관을 들이다 **7** 안의, 내부의, 실내의;
안쪽, 내부 **8** 중독시키다, 빠지게 하다; 중독자
9 ~에 인접하다, 이웃하다; 인접하다 **10** 출현, 도래
11 adapt **12** accommodate **13** interfere
14 arrogant **15** intermediate **16** accompany
17 appoint **18** international **19** approach
20 adopt

B

1 name **2** business **3** explanation
4 misfortune **5** habitual **6** mediate
7 adjustment **8** adversity **9** accommodation
10 interference

C

1 adversity **2** accumulated **3** advent
4 adapted

해석

1 어떤 영웅들은 어려운 상황에서 놀랄만한 업적을
수행함으로써 엄청난 역경에 직면했을 때 빛이 난다.

2 나는 정신이 없다보니 집안의 모든 물건을 필요 이
상으로 두 세 개씩 더 쌓아 놓고 있는 것을 종종 발
견한다.

3 운하를 건설한 사람들이 고려하지 않았던 것은 철도의 출현이 분명히 운하의 즉각적인 쇠락을 가져올 것이라는 사실이었다.

4 새로운 연구에 따르면 더 따뜻해진 기후에 적응한 곤충들이 더 높은 개체 수 증가율을 보여준다.

Day 12

P.131

A

1 굴하지 않고 버티다, 계속하다 **2** 대서양을 횡단하는 **3** 방언, 사투리 **4** 옮겨심다; 이식하다; 옮겨심기; 이식 **5** 향기, 방향; 향수; 향기로 채우다; 향수를 뿌리다 **6** 대화, 회화 **7** 대각선의 **n.** 대각선, 사선 **8** 성전환자; 성전환의 **9** 변증법; 변증법의 **10** 번역(서, 문) **11** permanent **12** transfer **13** perfect **14** transparent **15** persuade **16** transform **17** diagram **18** translate **19** persuasive **20** diameter

B

1 excellent **2** eternal **3** conversion **4** conversation **5** opaque **6** perseverance **7** transformation **8** translation **9** perfection **10** persuasive

C

1 transatlantic **2** transfer **3** transplant **4** translate

해석

1 Potter 씨가 아주 큰 대서양 횡단 정기 여행선 중 하나를 타고 유럽으로 가고 있었다.

2 올림픽 규칙은 다른 사람에게 입장권을 양도할 수는 있지만, 경제적인 이득을 위해 그렇게 하는 것은 안 된다고 정해져 있다.

3 한 환자가 사망했다고 판정되었을 때, 그것은 장기 이식 수술과 관련된 모든 사람들에게 혼란스러운 순간이다.

4 말에 대한 장난이 포함된 농담은 다른 언어들로 번역하기 어렵고 어떤 경우는 사실상 불가능하다.

Day 13

P.142

A

1 양서 동물; 수륙 양용 비행기〔장갑차〕 **2** 독재자, 절대 군주 **3** 악의, 적의 **4** 양손잡이의 **5** 장난(기);

해, 손해 **6** 자치, 자치권; 자율, 자주 **7** 원형 극장, 원형 경기장 **8** 전능한, 무한한 힘을 가진 **9** 전보 **10** 헐뜯다, 비방하다 **11** misunderstand **12** ambiguous **13** misfortune **14** multiply **15** ambition **16** automatic **17** misuse **18** omnipresent **19** multitude **20** telescope

B

1 televise **2** increase **3** self-government **4** adversity **5** error **6** mislay **7** damage **8** felony **9** miserable **10** mischievous

C

1 misplaced **2** multiplying **3** mistakes **4** automatic

해석

1 그는 호텔로 급하게 오느라고 지갑을 어디에 두었는지 잊어버렸다.

2 이기기 위해서, 그들은 어림짐작하고, 곱하고, 나누고, 그리고 측정하는 그들의 기술을 연습해야만 했다.

3 그날 이후로, 나는 내 아들의 좋은 행동에 주목하고 잘못은 중요하게 여기지 않도록 열심히 노력했다.

4 오늘날 공장에서 자동화된 기계와 산업용 로봇들이 인간 작업자들의 자리를 대체하고 있다

Day 14

P.155

A

1 격년의, 2년에 한 번의 **2** 군주 **3** 네발짐승 **4** 독점, 독점 판매, 독점권 **5** 반신반인 **6** 독백 **7** 하찮은, 사소한 **8** 단조로운, 변화가 없는 **9** 10종 경기 **10** 어스름; 땅거미, 황혼; 황혼기 **11** monk **12** union **13** octopus **14** bilingual **15** unique **16** twist **17** hemisphere **18** triple **19** unify **20** millionaire

B

1 bike **2** combine **3** dull **4** sovereign **5** sole, singular **6** semiannual **7** regular **8** dusk **9** nun **10** monopolize

C

1 monopoly **2** twofold **3** tricycles **4** unique

469

1 한 회사가 거래의 어떤 영역에 있어서 독점권을 가지면 고객에게는 좋지 않다.

2 지난 5년간 객사한 사람의 수가 두 배 증가한 것으로 나타났다.

3 그들에게 집안에 들어오기 전에 세발자전거를 치워야 한다는 것을 말해 줄 필요가 있다.

4 순수미술 작품은 독특함 때문에 (높이) 평가 받는 동시에, 그것은 대중적인 소비를 위해 복제될 수 있기 때문에 (높이) 평가 받기도 한다.

Day 15 P.167

A

1 제정하다; 상연하다 2 기민한, 민첩한 3 점성술 4 침착, 차분함 5 활동하게 하다, 작동하게 하다; 활성화하다 6 만장일치, 전원 합의 7 꾸밈이 없는, 천진난만한, 순박한 8 ~을 멀리하다, 소원하게 하다; 소외시키다 9 방어벽, 바리케이드 10 소행성; 불가사리 11 agenda 12 artisan 13 agent 14 disaster 15 alternate 16 actually 17 animate 18 considerate 19 astronaut 20 astronomy

B

1 accurate 2 change 3 respond 4 natural 5 actress 6 passive 7 egoism 8 considerate, considerable 9 embarrassment 10 unanimous

C

1 enacted 2 exact 3 interactions 4 alter

해석

1 그들은 주민들과 상점들의 불평에 응하여 법을 제정했다고 말했다.

2 그들은 이 나무 타는 사람들이 가장 크고 가장 높은 나무들의 정확한 위치를 알게 되면 그 나무들에 오르기 위해 기를 쓸 것을 걱정하고 있다.

3 사람들은 이종 문화 간의 의사소통이 필수적인 수많은 상호작용 속에서 스스로를 발견할 것이다.

4 곤충 개체 수의 증가는 공중 보건, 농업 및 자연 보호에 심각한 영향을 끼칠 수 있으며, 전체 생태계를 변화시킬 수도 있다.

Day 16 P.180

A

1 교전 중의; 호전적인, 싸움을 좋아하는 2 동시에 발생하다; 일치하다, 부합하다 3 자서전 4 자만, 허영심 5 마음을 사로잡다, 매혹하다 6 아름답게 꾸미다, 장식하다 7 가로채다; 진로를 가로막다, 차단하다; 가로채기; 방해, 차단 8 능력, 역량 9 마음속에 품다; 마음에 그리다, 상상하다; 임신하다 10 작은 폭포, 인공 폭포 11 biology 12 rebel 13 perceive 14 casualty 15 decay 16 incident 17 deceive 18 participate 19 occupy 20 capture

B

1 deteriorating 2 accidental 3 charming 4 perception 5 exceptional 6 acceptable 7 capability 8 coincidence 9 rebellion 10 biological

C

1 coincidence 2 occupy 3 acceptable 4 intercepts

해석

1 당신은 단지 우연의 일치에 기초한 의심만 있을 뿐 증거가 전혀 없다.

2 습관이 머리카락을 잡아 뜯을 때처럼 손과 관련된 것이면, 그러면 다른 용도로 손을 사용하도록 노력하라.

3 의견의 불일치를 공개적으로 표출하는 것은 가정의 갈등을 관리하고 그것을 수용 가능한 범위 안에 두는 뛰어난 방법이다.

4 수비수가 공격수의 패스를 중간에 가로 채거나 차단시키면 즉시 공격수가 되어 반대편 진영으로 향하게 된다.

Day 17 P.192

A

1 뒤집(히)다, 전복시키다 2 전임자, 선배; 이전 것 (모델) 3 살인; 살인자 4 변덕, 일시적 기분 5 곳, 갑(岬) 6 양보하다; 인정하다, 시인하다 7 대량 학살 8 절개하다; 새기다, 조각하다 9 육체를 부여하다; 구체화하다, 실현시키다 10 잘라 내다; 삭제하다 11 precise 12 intercede 13 suicide

14 decisive 15 proceed 16 carnal
17 achieve 18 succeed 19 capital
20 procedure

B

1 stop 2 brief 3 agree 4 failure 5 pesticide
6 follow 7 herbivore 8 accessible
9 excessive 10 decide

C

1 succeed 2 succession 3 precise
4 achieve

1 그러한 믿음을 가진 이들은 신과학기술이 해로운
   부작용 없이 궁극적으로 성공할 거라 가정한다.

2 강사가 연속적으로 새로운 개념을 제시하면, 학생
   들의 얼굴에서 고통과 좌절의 표시가 나타나기 시
   작한다.

3 그들이 정말 직장을 떠날 때 그들의 정확한 기술과
   잘 어울리는 일자리를 찾는 것은 종종 어렵고 시간
   이 걸린다.

4 연구에 따르면 미술은 학생들이 모든 과목에서 높은
   수준의 집중력을 성취하는 데 도움이 될 뿐만 아니라,
   스트레스를 해소하는 데도 도움이 된다고 한다.

Day 18 P.202

A

1 불일치, 부조화; 갈등; 불협화음 2 은둔자, 속세를
버린 사람 3 시체, 송장 4 방해하다, 방지하다 5 뚱
뚱한, 비대한 6 다시 만들다, 재현하다 7 창조, 창작;
창작물, 창조물 8 일치, 조화; 일치하다, 조화하다
9 폭로하다, 누설하다 10 신체의, 육체상의
11 courage 12 include 13 encouragement
14 creative 15 conclude 16 seclude
17 cordial 18 corporation 19 exclude
20 close

B

1 prevent 2 fat 3 finish 4 cowardly
5 include 6 discourage 7 decrease
8 abstract 9 creative 10 disclosure

C

1 decrease 2 exclude 3 credible 4 creative

1 과일 껍질을 먹는 것은 오염의 원인이 되는 음식물
   쓰레기의 양을 줄이는 데 도움을 줄 수 있다.

2 사회적으로 이미 소외된 사람들을 투표에서 제외
   하는 것은, 카스트 제도를 만드는 것처럼 우리의
   민주주의를 훼손한다.

3 대부분의 소비자들에게 친숙한 만화책 영웅들은
   실제 유명인들보다 더 믿을 만하고 효과적일 수 있다.

4 만약 독창적인 의견을 내는 것보다 오히려 옳은
   대답을 하는 것만 걱정한다면 당신은 창의적인
   과정의 기초 단계를 건너 뛰어 버리게 될 것이다.

Day 19 P.214

A

1 다시 발생하다, 재발하다 2 ~에게 주다, 부여하다
3 침략, 침입, 습격 4 의식, 예배; 숭배; 사이비 종교;
예찬, 열광 5 축복; 식전(식후)의 감사 기도 6 일화
7 짧은 여행, 소풍 8 용서하다 9 교제, 교류 10 정
규 과목 이외의, 과외의 11 current 12 donate
13 curriculum 14 contradict 15 concur
16 cultivate 17 dictate 18 cultured
19 agriculture 20 dedicate

B

1 point out 2 proverb 3 progress 4 devoted
5 contribute 6 subtraction 7 currency
8 editorial 9 occurrence 10 colonize

C

1 cultivated 2 agricultural 3 indicate
4 occurs

1 자제력은 타고 나는 것이 아니라 (연마해서) 길러지는
   능력이다.

2 코스타리카는 수많은 소작농으로 이루어진 농업
   경제를 발전시켰다.

3 최근의 연구는 사람들이 진정으로 원하는 것이
   그들의 부모님들과 같은 특성을 지닌 배우자라는
   것을 보여준다.

4 새로 나온 카메라는 열에 따라 밝은 빛의 빨간색,
   오색지색, 노란색 띠를 보여 주며 사람이 거짓말을
   할 때 자동으로 발생하는 이 미묘한 얼굴의 홍조
   (紅潮)를 기록한다.

Day 20

A

1 적도, 주야 평균선 2 모범적인, 본보기가 되는; 전형적인 3 공평한, 공정한 4 되찾기, 되사기; 구원, 구제 5 경제학 6 안내하다; 지휘하다; 처신하다; 안내; 지휘; 처신, 행실 7 애매한, 명확하지 않은 8 유도(설득)하여 ~하게 하다; 귀납하다 9 면제하다; 면제된 10 계속되다, 지속되다; 최후의(에); 최근의(에) 11 reduce 12 interest 13 durable 14 prompt 15 absent 16 equivalent 17 adequate 18 example 19 introduce 20 presence

B

1 specimen 2 sufficient 3 go on 4 inequality 5 attendance 6 luxury 7 introduction 8 endurance 9 ecological 10 essential

C

1 last 2 introduction 3 essential 4 reduces

해석

1 그는 아들에게 평생 동안 지속될지 모르는 열정을 불러일으키고 있다는 것을 알지 못했다.

2 사물의 새로운 질서를 도입할 때 주도권을 잡기란 매우 어렵다고 어떤 철학자가 말한 적이 있다.

3 나일론이 전쟁 준비에 필수품이 되어서 제2차 세계전쟁이 발발하면서 나일론 스타킹이 사라졌다.

4 식이 섬유는 콜레스테롤 수치와 혈당량을 낮추는 데 도움을 주고, 이것은 심장병과 당뇨병의 위험을 줄여 준다.

Day 21

A

1 결점이 있는, 결함이 있는 2 애정이 넘치는, 다정한 3 능력, 재능; 학부, 교수진 4 안녕, 잘 가거라; 작별 인사; 작별, 고별 5 용이하게 하다, 촉진하다 6 통행, 왕래; 주요 도로, 대로 7 복지, 후생; 안녕, 행복; 사회 보장 (제도) 8 감염시키다, 전염시키다 9 수여하다, 주다 10 허구의, 꾸며낸; 소설적인 11 manufacture 12 prefer 13 efficient 14 affect 15 factor 16 refer 17 fare 18 infer 19 qualify 20 benefit

B

1 postpone, put off 2 certify 3 skillful 4 fault, flaw 5 lacking 6 barren 7 satisfaction 8 beneficial 9 effective 10 facilitate

C

1 profits 2 manufactured 3 proficient 4 infected

해석

1 회사들은 이익을 추구해야 하지만 도덕적으로도 여전히 책임을 져야 한다.

2 비닐이 항상 쉽게 경제적으로 재활용할 수 있는 것은 아니며 일단 제조되면 사실상 영원히 지속될지도 모른다.

3 Jack-of-all-trades는 수많은 일에 숙달되어 있다고 주장하지만 단 한 가지도 잘 수행하지 못하는 사람들을 가리킨다.

4 눈이 따갑고 감염될 때까지 손으로 눈을 비비던 35세의 한 여성은 눈을 비비고 싶을 때 화장을 하는 것이 도움이 된다는 것을 깨달았다.

Day 22

A

1 풍부한, 풍요로운; 부유한 2 파편, 조각; 단편; 부서지다, 산산 조각나다 3 빗나가게 하다, 빗나가다 4 충실, 충성; 충실도 5 불순물을 없애다, 정제하다(되다); 세련되게 하다(되다) 6 골절; 부러뜨리다, 깨지다 7 불굴의 정신, 인내 8 신앙심이 없는 사람, 무신론자; 이교도 9 위반하다, 어기다; 침해하다 10 도전하다; 반항하다, 저항하다 11 reflect 12 fragile 13 confide 14 influence 15 flexible 16 define 17 fluent 18 reinforce 19 finance 20 force

B

1 limited 2 strong 3 part, portion 4 console, consolation 5 confident 6 definitely 7 reflection 8 faithful 9 finally 10 comfortable

C

1 force 2 reinforce 3 confident 4 define

해석

1 만약에 캔의 바닥이 평평하다면 압축된 기체의 힘이 금속을 바깥쪽으로 밀어낼지도 모른다.

2 각각의 격려의 표현이 그녀가 뭔가 매우 특별한 일을 하고 있다는 생각을 강화하는 것처럼 여겨졌다.

3 여행의 모든 측면에서 비용을 감당할 수 있을 것이라고 확신할 수 있도록 당신의 예산을 현실적으로 만들도록 하라.

4 다시 말해, 출생 순서는 가족 내에 있어 당신의 역할을 규정할 수도 있지만, 당신이 어른이 되어 다른 사회적 역할을 받아들여가면서, 전혀 중요하지 않게 된다.

Day 23

A

1 녹(이)다, 용해하다(시키다); 융합시키다, 연합하다; 융합하다, 결합하다; 퓨즈 2 무료로, 공짜로; 무료의, 공짜의 3 도망자, 도주자; 도망치는; 일시적인, 덧없는 4 사실적인, 생생한; 도표의, 그래프의; 그래픽 아트의 5 발산하다; 보급하다, 퍼뜨리다 6 지리학; 지리, 지형 7 핑계, 구실; 속임수 8 불명예스러운, 치욕적인 9 아끼지 않는, 후한; 낭비하는; 풍부한, 넘치는 10 기쁘게 하다; 만족시키다, 충족시키다 11 refuse 12 refuge 13 gratitude 14 refund 15 paragraph 16 ingredient 17 congratulate 18 aggressive 19 progress 20 grade

B

1 offensive 2 useless 3 component 4 extent 5 thankful 6 conservative 7 graceful 8 confusion 9 agreement 10 gradually

C

1 futile 2 photographs 3 gradually 4 Aggressive

해석

1 Michael의 문을 열려는 헛된 시도는 그저 그의 두려움만 키울 뿐이었다.

2 출판업자들은 색과 사진을 더 추가함으로써 활자의 시각적 정교함을 높이는 일을 추구해 왔다.

3 더 흔한 경우에 서식지 전체가 완전히 사라지는 것이 아니라 그 대신에 점진적으로 줄어서 결국에는 오직 작은 면적의 서식지들만이 남게 된다.

4 공격적인 태도는 타인의 권리를 공공연히 침해하는 방법으로 자신의 생각과 감정을 표현하는 것과 권리를 방어하는 것을 포함한다.

Day 24

A

1 내쫓다, 추방하다 2 유전(인)자 3 출판하다; 발행하다; 공표하다; 출판, 발행, 공표; 출판물, 호; 쟁점, 문제점 4 반대, 이의 5 재주가 있는, 영리한; 솜씨 좋은, 정교한 6 비참한, 처참한; 비굴한 7 사법의, 재판의; 공정한 8 서식지 9 순회, 순환, 일주; 회로, 회선 10 온화한, 점잖은; 사납지 않은, 관대한; 가문이 좋은, 양가 태생의 11 generate 12 inject 13 inhabit 14 injury 15 initiate 16 justify 17 transit 18 prohibit 19 generous 20 perish

B

1 depressed, dispirited 2 resident 3 whole 4 right 5 objective 6 authentic 7 accept 8 habituate 9 transient 10 exhibition

C

1 perishable 2 generates 3 rejected 4 injury

해석

1 상하기 쉬운 점심 도시락은 밀폐된 가방에 넣고 음식을 적절하게 서늘한 상태로 보관하기 위해 그것을 아이스 팩에 넣어라.

2 나는 그 그림을 보고 있는 사람들에게 풍경화가 내게 준 것과 똑같은 강렬한 감정을 불러일으키는 그런 풍경화를 그리고 싶다.

3 선택을 할 수 있는 많은 것들 중에서 하나의 항목을 고를 때, 거부한 항목들의 매력적인 특징들이 선택한 항목에서 나오는 만족감을 감소시킬 것이다.

4 우리들 중 많은 사람은 무릎에 상처가 있고 그것은 자전거 타기라는 새로운 기술을 익히고자 하는 열망으로 몸에 상처를 입을 때까지도 끈질기게 해냈다는 것을 입증하는 것이다.

Day 25

A

1 법률을 제정하다, 입법하다 2 우스꽝스러운, 터무니없는 3 합법적인, 정당한; 합리적인 4 현혹시키다, 속이다 5 대표자, 대리인; ~을 대표(대리)로 파견하다; 위임하다 6 간주곡; 막간, 사이 7 문자 그대로의, 원문에 충실한; 문자(상)의 8 유산, 유증; 유산, 유물 9 공모하다 10 찬사, 칭찬; 추도사 11 elegant 12 privilege 13 illusion 14 literate

15 psychology 16 neglect 17 apology
18 elect 19 logic 20 allude

B

1 inheritance 2 representative 3 fantasy
4 prolog(ue) 5 commend 6 botany 7 society
8 loyalty 9 collection 10 intellect

C

1 election 2 apology 3 intellectual 4 illusion

해석

1 1889년 그 작은 나라는 남미에서 최초의 자유
   선거를 실시했다.
2 매일 우리는 일종의 경솔한 행동에 대한 답변으로
   저명인사들로부터 사과를 배우게 되는 것 같다.
3 몇몇 사람들은 그것의 형식적 유형이나 독창성을
   감상하면서 그것의 형식과 구조에 지적으로 접근한다.
4 사람들은 시간의 압박을 경험할 때 더 창의적이게
   된다는 환상에서 살고 이 현상에 대해 눈치 채지
   못한다.

Day 26 \qquad P.299

A

1 미치광이; 광적인 열중가, ~광; 광적인, 광기의
2 큼, 방대함; 중요성 3 보통의, 평범한, 이류의
4 장엄한, 장대한; 위엄 있는 5 명백한, 뚜렷한; 명시
하다 6 금언, 격언 7 잘 다루다, 솜씨 있게 조작하다;
조작하다, 교묘히 조종하다 8 도벽 9 수갑; 수갑을
채우다 10 온도계 11 masterpiece 12 manual
13 mediate 14 measure 15 maintain
16 migrate 17 immediate 18 immense
19 meantime 20 magnify

B

1 obvious 2 enlarge 3 meanwhile 4 in the
middle of 5 minority 6 emigrate 7 minimum
8 immediately 9 manipulation 10 magnify

C

1 manual 2 majority 3 dimension 4 migrant

해석

1 나는 수동 기어로 운전하는 것에 익숙지 않아서 기어는
   자동이어야 한다.

2 방대한 대부분의 활동에서 최선을 다한다는 것, 또는
   잘해야만 한다는 것 조차도 무엇인가를 하는 데
   장애물이 된다.
3 이것들은 내 모든 감각을 결합하여 순간적으로 나를
   또 다른 차원의 삶으로 데려가 주는 깊은 즐거움이다.
4 유럽의 몇몇 국가에서는, 이주 노동자들이 현지
   국민으로는 부족한 중요한 기술을 산업화된 국가에
   제공하고 있다.

Day 27 \qquad P.311

A

1 군중, 폭도 2 장관; 성직자, 목사; 봉사하다, 돌보다
3 타성, 가속도, 여세; 운동량 4 겸손한, 삼가는; 중간
정도의, 적당한 5 일용품; 상품 6 먼, 멀리 떨어진, 외
딴 7 움직이기 쉬운, 이동성이 있는; 움직이는 조각,
모빌 8 최소로 하다 9 동기를 부여하다 10 바꾸다,
조절하다, 변조하다 11 minute 12 modern
13 promise 14 modify 15 diminish 16 transmit
17 commit 18 moment 19 moderate
20 committee

B

1 discharge 2 allow 3 hand in 4 goods
5 contemporary 6 humble 7 manner 8
modification 9 transmission
10 administration

C

1 commitment 2 motivate 3 transmit
4 remote

해석

1 저는 이 회사에 대한 여러분 모두의 노고와 헌신에
   대해 감사를 드리고 싶습니다.
2 이 감소하는 수치가 오늘날 당신에게 당신의 삶을
   살아가도록 동기를 부여하는 지속적인 신호이다.
3 전구는 빛을 전달하지만 뜨거운 필라멘트를 타게
   할 수 있는 산소를 막아준다.
4 먼 외국을 여행하다가 속이 안 좋으면, 따뜻한 비
   눗물 한 잔에 화약을 넣어 마셔 보아라.

Day 28

A

1 비난하다 2 저당; 융자 대금 3 초보자, 초심자; 신출내기 4 쫓아버리다, 격퇴하다 5 굴욕감을 주다, 수치심을 느끼게 하다 6 포기하다, 단념하다 7 방해하다, 훼방을 놓다 8 촉진하다, 신속히 처리하다 9 장의사 10 받침대; 기초, 토대 11 innate 12 announce 13 innovate 14 expedition 15 compel 16 appeal 17 renovate 18 propel 19 expel 20 impulse

B

1 indigenous 2 innocent, ingenuous 3 force 4 exploration 5 renew, repair 6 beginner 7 artificial, acquired 8 immortality 9 national 10 innovation

C

1 impulse 2 natural 3 compels 4 innovation

해석

1 순간적이고 강한 충동은 그가 자신의 비참한 운명과 싸우도록 만들었다.

2 바닷물이 지속적으로 해안을 치면 해안의 모양이 바뀌고, 인상적인 자연지형이 만들어진다.

3 신뢰할 사람이 아무도 없다고 믿는 일부 사람들이 있다. 일반적으로 그들이 이렇게 느끼는 이유는 그들의 행동이 다른 사람들로 하여금 거짓말을 하도록 강요하기 때문이다.

4 기술 혁신의 부정적 영향과 관련된 사례가 핀란드에서 설상차의 보급을 조사한 한 연구원에 의해 보고되었다.

Day 29   P.335

A

1 추, 진자 2 도구, 연장; 실행(이행)하다 3 임박한, 일어나려고 하는 4 추가(물), 보충(물); 증보, 부록; 추가하다, 보충하다 5 당황하게 하다, 어찌할 바를 모르게 하다 6 출판(물), 간행(물); 발표, 공표 7 똑같은 (것), 복제(의), 복사(의); 복제물, 사본; 복제하다, 복사하다 8 복잡하게 하다, 뒤얽히게 하다 9 들고 다닐 수 있는, 휴대용의 10 인구 과잉 11 compensate 12 accomplish 13 imply 14 suspend 15 independence 16 complement 17 comply 18 compliment 19 transport 20 employ

B

1 consider 2 chance 3 abundance 4 export 5 complex 6 explicit 7 private 8 popularity 9 completion 10 plentiful

C

1 implemented 2 suspended 3 compensate 4 complicated

해석

1 하와이는 국가의 가장 엄격한 금연법 중 하나를 시행해 왔다.

2 심벌은 스탠드나 줄에 매달려 있으면 막대로 연주된다.

3 Kate는 자신의 부주의에 대해 죄책감을 느꼈다. 그녀는 Joan이 청소하는 것을 도우면서 손해를 보상할 방법을 생각해내려 애썼다.

4 우리의 뇌는 19세기 기술로부터 끌어낸 이미지에 의해 설명될 수 있는 것보다 훨씬 더 복잡한 체계를 포함한다.

Day 30   P.347

A

1 억압(압제)하다; 압박감을 주다 2 교정할 수 없는, 구제할 수 없는 3 똑바로 세우다, 건축하다; 똑바로 선 4 군림하다, 통치하다; 통치 (기간), 치세 5 갑작스러운, 뜻밖의 6 억누르다, 억제하다; 진압하다 7 압축, 압착; 요약 8 혼란에 빠뜨리다; (국가·제도를) 붕괴시키다; 떼어 놓다, 끊다 9 직사각형 10 구성 요소, 성분 11 position 12 purpose 13 correct 14 corrupt 15 regulate 16 conscience 17 routine 18 direct 19 bankrupt 20 interrupt

B

1 assume 2 situation, status 3 control 4 negative 5 withdraw 6 irregular 7 bankruptcy 8 eruption 9 consciousness 10 impressive

C

1 component 2 conscience 3 regulates 4 imposed

해석

1 자동차 엔진의 부품 한 개의 고장이 견인차를 부르게 할 수도 있다.

2 우리는 자녀들이 양심, 즉 그들을 옳은 길로 이끌어 줄 수 있는 내면의 강한 목소리를 발달시키기를 원한다.

3 연꽃(sacred lotus)이라고 불리는 수중 식물은 번식하는 데 필요한 곤충들에게 이롭게 하려고 자신의 온도를 조절한다.

4 음식과 관련된 압박이 의도적으로 강요된 것이든 혹은 그렇지 않은 또래로부터 그러한 압박에서 완전히 자유로운 젊은이들은 거의 없다.

Day 31
P.361

A

1 박해하다; 학대하다, 괴롭히다 2 원고, 손으로 쓴 것 [책, 문서] 3 2학년 학생 4 사회를 맡다, 주재하다 5 녹(이)다, 용해시키다(하다); 해체시키다(하다) 6 용제, 용매; (빛의) 지불 능력이 있는 7 ~의 탓으로 돌리다 8 징집, 징병; 징병 제도 9 감정, 정서; 감상 10 연속적인, 계속되는 11 subscribe 12 consent 13 consequence 14 desolate 15 sophisticated 16 absolute 17 solitary 18 subsequent 19 settle 20 resent

B

1 belongings 2 perform 3 result 4 appropriate 5 dweller 6 relative 7 volunteer 8 resolution 9 sentimental 10 prescription

C

1 solitary 2 description 3 unconscious 4 sensitive

해석

1 그가 긴 시간 동안 홀로 산책한 동기는 결혼을 할지 결정하기 위한 것이었다.

2 그런 구체적이며 상세한 묘사를 하는 것은 영감뿐 아니라 어떤 실용적인 도구나 기술도 필요하다.

3 사람이 길거리에 의식이 없이 누워 있건, 강탈을 당하건, 사람들은 어떤 문제에 휘말리기를 원하지 않기 때문에 반대 방향을 쳐다 볼 것이다.

4 컴퓨터는 동일한 지리적 혹은 환경적 요인들을 관리하는 데 있어 좀처럼 인간보다 민감하지도 정확하지도 않다.

Day 32
P.375

A

1 눈에 (잘) 띄는, 두드러진 2 견본, 실례; 표본, 샘플 3 휴전 (협정) 4 본질적인, 실질적인; 상당한 5 법령, 법규; 성문법 6 호흡하다, 숨 쉬다 7 특별 분야, 전공; 특산품, 전문 요리 8 관점; 외관, 겉모습; 측면, 국면 9 전문으로 하다; 전공하다 10 고집하다, 관철하다; 지속되다 11 inspect 12 spectacle 13 conspire 14 statement 15 stable 16 institute 17 constitute 18 expire 19 suspect 20 respect

B

1 in spite of 2 vitalize 3 plot 4 help 5 despise 6 body 7 dynamic 8 suspicious 9 persistent 10 aspiration

C

1 inspired 2 substantial 3 expectations 4 static

해석

1 많은 렘브란트 그림의 주제는 성경에 있는 이야기에 의해 영감을 받았다.

2 설문조사에 따르면 우리 중 상당수가 선진국에서 흔한 그러한 추세를 따르고 있다.

3 만일 직원이 개인 보상이 가능한 것을 안다면, 그는 기대를 뛰어넘기 위해 노력할 가능성이 더 컸을 것이다.

4 과학자들은 꽃가루를 옮기는 곤충들이 정적인 꽃들보다 움직이는 꽃들을 더 자주 찾아 간다는 것을 알아냈다.

Day 33
P.387

A

1 지형, 지세 2 지하의, 지하에 있는 3 지구(상)의; 지구의 생물, 지구인 4 정직, 고결; 완전무결 5 절제하다, 자제하다 6 접하는, 접선의; 접선 7 의도적인, 고의적인 8 통합하다; 인종 차별을 폐지하다 9 중위; 부관 10 고집이 센, 끈질긴, 집요한; 기억력이 좋은 11 tangible 12 sustain 13 attain 14 continent 15 retain 16 pretend 17 continuous 18 attendance 19 territory 20 intense

B

1 wide 2 deliberate 3 whole 4 keep
5 segregate 6 tactless 7 tendency 8 intensify
9 intention 10 entertainment

C

1 intense 2 contacted 3 attentive
4 intentionally

해석

1 온도가 높으면 높을수록 분명히 맛이 더 강하다

2 Tom은 즉시 경찰에 연락했지만 지갑을 다시는 볼 수 없을 거라는 것을 확신했다.

3 노트 필기는 학생들이 집중하기 위해 시도하는 활동 중 하나지만 기억하는 데에도 도움이 된다.

4 그러한 제품의 생산과 판매가 위법이 아님에도 불구하고 의도적으로 상품에 대한 허위 주장을 하는 것은 사기이다.

Day 34 P.398

A

1 유언(장); 성서 2 항의하다, 이의를 제기하다; 항의, 이의제기 3 일그러지게 하다; 왜곡(곡해)하다 4 자랑하다, 허풍 떨다; 자랑, 허풍, 호언장담 5 말대꾸하다; 응수하다; 말대꾸; 응수, 되받아 치기 6 뽑아내다; 발췌하다; 추출하다; 뽑은 것; 발췌물; 추출물, 진액 7 딴 곳으로 돌리다; 산만하게 하다 8 허영심, 자만; 덧없음, 허무 9 구불구불한, 굽은 10 후퇴하다, 퇴각하다; 후퇴, 퇴각 11 torture 12 contest 13 detest 14 treat 15 vanish 16 vacant 17 track 18 portray 19 trace 20 evacuate

B

1 agony 2 characteristic 3 agreement
4 withdraw 5 add 6 concrete 7 testimony
8 attractive 9 vacancy 10 treatment

C

1 avoid 2 trait 3 attractive 4 distorting

해석

1 삶은 싸움, 즉 자립을 보존하고 실패를 피하는 투쟁이다.

2 마치 그것이 타고난 특징인 양 당신은 자기 절제가 부족한 것이 아닌지 의아해 한다.

3 더 길고 더 많은 흥미를 돋우는 교과서는 생산하는 데 더 많은 돈이 필요하고, 결국 학생들에게 비싼 가격에 팔리게 된다.

4 상담원들은 왜곡하거나 확대 해석하지 않으면서 고객과 관계를 만들고 유지하기 위해서 이런 메시지들을 읽는 방법을 배울 필요가 있다.

Day 35 P.409

A

1 용맹, 무용, 용기 2 돌리다; 피하다, 예방하다 3 광고하다, 선전하다 4 모이다, 회합하다; 모으다, 소집하다 5 매우 가치있는, 매우 소중한 6 쓸모가 있다, 유익하다; 이익, 소용 7 딴 데로 돌리다; 기분을 전환시키다, 즐겁게 해주다 8 다재다능한; 다용도의 9 이혼하다; 분리하다; 이혼; 분리 10 집회, 회의; 관례, 인습 11 evaluate 12 prevail 13 convert 14 revenue 15 convenient 16 prevent 17 anniversary 18 universe 19 diverse 20 vertical

B

1 estimate 2 widespread 3 general
4 various, varied 5 invalid 6 worthless
7 advertisement 8 conversation 9 diversity
10 valuable

C

1 ventured 2 evaluate 3 available
4 convenient

해석

1 사진술이 살아있는 것을 표현하려고 모험했을 때 그것들은 움직이지 않도록 되어야만 했다.

2 고객들은 집에 가서 구매결정에 대해 평가하고 심사숙고해 보는 것이 현명하다.

3 게다가 이제는 품질 좋고 값 싼 수많은 자동차 보안 장치들이 시장에 나와 있다.

4 나는 가까운 미래에 대부분의 사람들이 그들의 일상을 훨씬 더 편리하게 해줄 사용자 친화적인 컴퓨터 장비를 휴대할 것이라고 믿는다.

Day 36
P.419

A
1 공사, 외교사절 2 책, 서적; 권; 양, 분량; 음량, 볼륨
3 호송하다, 호위하다; 호송, 호위; 호위대(함) 4 새로운 활력을 불어 넣다 5 직업, 천직; 신의 부르심, 소명
6 회전하다; 공전하다 7 모음 8 반란을 일으키다, 모반을 일으키다; 반란, 폭동; 반항, 반역 9 공급, 제공; 준비, 대비; 식량, 양식 10 목소리의, 음성의, 음성에 관한; 성악(용)의 11 obvious 12 voyage 13 previous
14 advocate 15 vision 16 vivid 17 supervise
18 involve 19 vital 20 via

B
1 amend, alter 2 optical 3 proof 4 transport
5 consonant 6 interviewee 7 vitalize
8 evolution 9 advice 10 televise

C
1 convey 2 obvious 3 vital 4 evolved

해석
1 그는 단순히 후원자의 마음에 들려고 하기보다는 오히려 메시지를 전달하려고 했다.

2 도덕적 행위자로서의 인간의 가장 두드러진 특징은 이성적인 사고를 할 수 있는 능력이다.

3 그들의 거친 환경은 그들을 강하고 튼튼하게 만드는 필수적인 요인이다.

4 그들은 고양이 크기의 작은 포유류에서 인간 생활과 밀접한 관련을 맺는 빠른 동물로 진화해 왔다.

Day 37
P.426

A
1 형제간의 관계, 형제애 2 경제학 3 자연주의
4 시민의 신분, 시민권 5 밤도둑, 강도 6 겁, 비겁
7 강함, 힘 8 강도질, 강탈 9 피조물, 창조물 10 의식
11 justice 12 difficulty 13 wisdom
14 gratitude 15 poverty 16 competition
17 occurrence 18 representative
19 committee 20 stranger

B
1 ① 2 ③ 3 ① 4 ④ 5 ②

C
1 delivery 2 variety 3 kindness 4 survival

해석
1 몇 년 동안 일등급 신문의 믿을 수 있는 배달에 감사합니다.

2 이런 교역 때문에 그 식물의 변종이 널리 퍼졌다.

3 제가 의도하지 않게 기분을 상하게 해드린 것에 대해 너그럽게 용서해 주시기를 부탁드립니다.

4 일상적인 세계에서의 생존은 우리에게 수천 가지의 사소한 시험을 실패 없이 수행하도록 요구한다.

Day 38
P.432

A
1 구부릴 수 있는 2 경멸할 만한 3 의심할 여지없는
4 애정이 있는 5 수다스러운 6 지치게 하는 7 집을 향하여
8 순간의 9 겹이 많은 10 예외의 11 continuous
12 troublesome 13 comfortably 14 sufficient
15 fortunate 16 endless 17 soften 18 classify
19 powerful 20 typical

B
1 symbolize 2 identify 3 passionate
4 intellectual 5 loudly 6 impressive
7 ignorant 8 calculate 9 specialize
10 reliable

C
1 otherwise 2 healthy 3 creative 4 economic

해석
1 그의 몸의 모든 신경이 그러지 말라고 경고를 했음에도 불구하고 그는 천천히 밀어서 문을 열었다.

2 서구 유럽의 도시들은 그들의 교외 지역과 비교할 때 경제적으로 건전한 경향이 있다.

3 시간 압박이 좌절감을 가져오고 좌절감이나 다른 부정적인 감정을 경험했을 때 우리의 생각은 더 좁아지고 덜 창의적이 된다.

4 이주 노동자들이 고국에 보내는 돈은, 일종의 재정적인 도움의 기능을 하고 더 나아가 고국의 복지를 향상시킨다.

deflect	244	detachment	112	disagreeable	27
deform	114	detail	114	disagreement	27
deformed	114	detect	113	disappear	28
defy	240	detective	113	disappearance	28
degree	255	determine	113	disapproval	27
deject	269	determined	113	disapprove	27
dejected	269	detest	389	disarm	21
dejection	269	detestation	389	disarmament	21
delegate	279	devoid	397	disaster	163
delegation	279	devour	115	disastrous	163
delude	284	devout	115	discharge	29
delusion	284	diagonal	129	disclose	195
demigod	154	diagram	130	disclosure	195
denounce	316	dialect	130	discontent	28
denunciation	316	dialectic	130	discontinuance	25
depart	113	dialog(ue)	130	discontinue	25
departure	113	diameter	129	discord	197
depend	324	dictate	209	discourage	26
dependable	324	dictation	209	discouraged	27
dependence	324	dictator	209	discover	28
dependent	324	diction	209	discovery	28
depict	110	dictionary	209	disease	24
deplete	329	dictum	210	disgrace	24
deposit	337	differ	235	disgraceful	260
depress	110	difference	235	dishonest	24
depressed	110	different	235	dishonesty	24
depression	110	diffidence	239	disinterested	25
descend	110	diffident	239	dislike	27
descendant	110	diffuse	252	dismiss	22
descent	110	diffusion	252	dismissal	22
describe	348	dimension	297	disobedience	26
description	348	diminish	300	disobey	26
descriptive	348	diminutive	301	disorder	25
desert	111	diplomacy	331	disperse	22
desolate	358	diplomat	331	display	21
despair	112	diplomatic	331	displease	26
desperate	112	direct	341	displeasure	26
despicable	111	direction	341	disposable	24
despise	111	directly	341	disposal	24
despite	366	director	341	dispose	23
destine	115	directory	341	disposed	23
destiny	115	disability	25	disposition	24
destitute	111	disable	25	disregard	26
detach	112	disabled	25	disrupt	345
detached	112	disagree	27	disseminate	22

수능 어법어휘, 단기간에 마스터하자!

▶ 수능에 반드시 출제되는 핵심 어법과 빈출 어휘 수록
▶ 수능 어법어휘의 최신 출제경향을 반영한 신경향 문제 수록
▶ 어법 분석과 어휘 파악 능력을 향상시킬 수 있는 실전문제 수록
　(Mini 실전모의고사, 어법 실전모의고사, 어휘 실전모의고사, 어법어휘 실전모의고사)

바짝 수능 어법어휘 모의고사

이대희 지음 | 225×300 | 본책 84쪽, 정답 및 해설 60쪽 | 9,800원

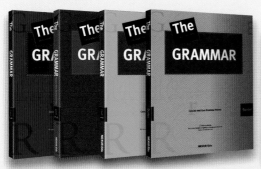
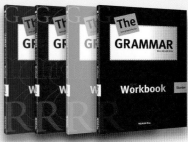